"十三五"国家重点出版物出版规划项目

知识产权经典译丛（第5辑）

国家知识产权局专利局复审和无效审理部◎组织编译

专利的真正价值

——判定专利和专利组合的质量

〔美〕拉里·M.戈德斯坦（Larry M. Goldstein）◎著

顾雯雯　林委之　于行洲　郑娟娟◎译

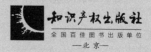

知识产权出版社

全国百佳图书出版单位

——北京——

图书在版编目（CIP）数据

专利的真正价值：判定专利和专利组合的质量/（美）拉里·M. 戈德斯坦著；顾雯雯等译. —北京：知识产权出版社，2020.1

书名原文：True Patent Value：Defining Quality in Patents and Patent Portfolios

ISBN 978 - 7 - 5130 - 6388 - 3

Ⅰ. ①专… Ⅱ. ①拉… ②顾… Ⅲ. ①专利权—研究 Ⅳ. ①D913.04

中国版本图书馆 CIP 数据核字（2019）第 186158 号

内容提要

本书是美国专利律师拉里·M. 戈德斯坦博士对于如何从客观角度考量一件专利或一个专利组合的质量与价值的论述，其通过探讨研究案例、经验启示、规则原理来尝试定义"什么样的专利是优质的和有价值的"，也就是"具有真正价值"的专利。本书基于作者的丰富专业经验，以深入浅出的文笔解析传授实用的知识与方法，理论教学与实践指导意义强，是广大专利从业人士不可多得的专业良伴。

读者对象：从事知识产权相关领域的研究人员和相关从业人员。

责任编辑： 卢海鹰　王瑞璞		**责任校对：** 王　岩	
执行编辑： 周　也		**责任印制：** 刘译文	

知识产权经典译丛

国家知识产权局专利局复审和无效审理部组织编译

专利的真正价值
——判定专利和专利组合的质量

［美］拉里·M. 戈德斯坦（Larry M. Goldstein）　　著

顾雯雯　林委之　于行洲　郑娟娟　译

出版发行：知识产权出版社 有限责任公司		网　　址：http：//www.ipph.com	
社　　址：北京市海淀区气象路 50 号院		邮　　编：100081	
责编电话：010 - 82000860 转 8116		责编邮箱：wangruipu@cnipr.cn	
发行电话：010 - 82000860 转 8101/8102		发行传真：010 - 82000893/82005070/82000270	
印　　刷：三河市国英印务有限公司		经　　销：各大网上书店、新华书店及相关专业书店	
开　　本：720mm×1000mm　1/16		印　　张：22.25	
版　　次：2020 年 1 月第 1 版		印　　次：2020 年 1 月第 1 次印刷	
字　　数：415 千字		定　　价：120.00 元	
ISBN 978-7-5130-6388-3			
京权图字：01-2019-7436			

总　序

当今世界，经济全球化不断深入，知识经济方兴未艾，创新已然成为引领经济发展和推动社会进步的重要力量，发挥着越来越关键的作用。知识产权作为激励创新的基本保障，发展的重要资源和竞争力的核心要素，受到各方越来越多的重视。

现代知识产权制度发端于西方，迄今已有几百年的历史。在这几百年的发展历程中，西方不仅构筑了坚实的理论基础，也积累了丰富的实践经验。与国外相比，知识产权制度在我国则起步较晚，直到改革开放以后才得以正式建立。尽管过去三十多年，我国知识产权事业取得了举世公认的巨大成就，已成为一个名副其实的知识产权大国。但必须清醒地看到，无论是在知识产权理论构建上，还是在实践探索上，我们与发达国家相比都存在不小的差距，需要我们为之继续付出不懈的努力和探索。

长期以来，党中央、国务院高度重视知识产权工作，特别是十八大以来，更是将知识产权工作提到了前所未有的高度，作出了一系列重大部署，确立了全新的发展目标。强调要让知识产权制度成为激励创新的基本保障，要深入实施知识产权战略，加强知识产权运用和保护，加快建设知识产权强国。结合近年来的实践和探索，我们也凝练提出了"中国特色、世界水平"的知识产权强国建设目标定位，明确了"点线面结合、局省市联动、国内外统筹"的知识产权强国建设总体思路，奋力开启了知识产权强国建设的新征程。当然，我们也深刻地认识到，建设知识产权强国对我们而言不是一件简单的事情，它既是一个理论创新，也是一个实践创新，需要秉持开放态度，积极借鉴国外成功经验和做法，实现自身更好更快的发展。

自 2011 年起，国家知识产权局专利复审委员会*携手知识产权出版社，每年有计划地从国外遴选一批知识产权经典著作，组织翻译出版了《知识产权经典译丛》。这些译著中既有涉及知识产权工作者所关注和研究的法律和理论问题，也有各个国家知识产权方面的实践经验总结，包括知识产权案

---

* 编者说明：根据 2018 年 11 月国家知识产权局机构改革方案，专利复审委员会更名为专利局复审和无效审理部。

件的经典判例等，具有很高的参考价值。这项工作的开展，为我们学习借鉴各国知识产权的经验做法，了解知识产权的发展历程，提供了有力支撑，受到了业界的广泛好评。如今，我们进入了建设知识产权强国新的发展阶段，这一工作的现实意义更加凸显。衷心希望专利复审委员会和知识产权出版社强强合作，各展所长，继续把这项工作做下去，并争取做得越来越好，使知识产权经典著作的翻译更加全面、更加深入、更加系统，也更有针对性、时效性和可借鉴性，促进我国的知识产权理论研究与实践探索，为知识产权强国建设作出新的更大的贡献。

当然，在翻译介绍国外知识产权经典著作的同时，也希望能够将我们国家在知识产权领域的理论研究成果和实践探索经验及时翻译推介出去，促进双向交流，努力为世界知识产权制度的发展与进步作出我们的贡献，让世界知识产权领域有越来越多的中国声音，这也是我们建设知识产权强国一个题中应有之意。

申长雨

2015 年 11 月

作者简介

  拉里·M. 戈德斯坦（Larry M. Goldstein）是一位美国专利律师，专攻信息和通信技术领域。先后取得文学学士学位（哈佛大学）、工商管理硕士学位（西北大学凯洛格商学院），以及法学博士学位（芝加哥大学法学院），主要工作包括评估专利质量、管理专利组合，以及积极参与专利申请的起草和审查。戈德斯坦先生主编了《专利质量丛书》，一共 4 卷，包含《临时专利申请：使用与滥用》（*Provisional Patent Applications：Use and Abuse*，与吉·佩尔伯格先生合著，2018）、《攻坚专利：避免最常见的专利错误》（*Ligation-proof Patents：Avoiding the Most Common Patent Mistakes*，2014）、《专利组合：质量、创造和成本》（*Patent Portfolios：Quality，Creation and Cost*，2015），以及《专利的真正价值：判定专利和专利组合的质量》（*True Patent Value：Defining Quality in Patents and Patent Portfolios*，2013），其中，后两本图书的中译本收录在知识产权出版社有限责任公司出版的《知识产权经典译丛》中。戈德斯坦先生还帮助构建了 3G 宽带码分多址技术 FRAND 许可的专利池，并且与布赖·N. 凯西合著了《技术专利许可：21 世纪专利许可、专利池和专利平台的国际性参考书》（*Technology Patent Licensing：An International Reference on 21st Century Patent Licensing，Patent Pools and Patent Platforms*，2004）一书。该书已被翻译成中文并于 2018 年 1 月由法律出版社出版。关于作者的详细信息可以参考其个人网页 http://truepatentvalue.com/。

致 谢

衷心感谢以下各位校阅了本书的部分或者全部内容：Jonathan A. Barney（位于美国加利福尼亚纽波特海滩的 PatentRating, LLC 的创始人和首席执行官），Michael L. Craner（位于美国宾夕法尼亚的 MediaComm Innovations 的总裁），Dr. Benjamin Fechner（来自德国慕尼黑的专利律师），Brian N. Kearsey（来自英国伦敦的 W－CDMA 专利池创始人），Joseph Kessler（位于以色列特拉维夫的 FIG LLC，Intellectual Property Finance Group 的常务董事），John C. Paul（位于美国华盛顿特区的 Finnegan，Henderson，Farabow，Garrett & Dunner 的合伙人），Grant K. Rowan（位于美国华盛顿特区的 WilmerHale 的合伙人），Richard N. Weiner（来自美国宾夕法尼亚的公司和证券律师）和 Gal Zuckerman（来自以色列特拉维夫的工程师和企业家）。

同时，本书作者要特别提及几位同仁，他们以不同方式给予了作者鼓励，包括 John Sarallo、Jacob Katz、Menachem Kenan、Eli Jacobi、Brian Kearsey、Bill McCall、Andrew Ramer 以及 Joseph Kessler。谢谢你们，我的朋友。

感谢我的妻子 Jessica，她给予了我最大的支持。

译者序

—— 回归初心

随着《中华人民共和国专利法》于 1985 年 4 月 1 日正式施行，现代专利制度开始在中国生根发芽，转眼间已经是三十四年。三十年的时间，不过是历史长河的一瞬，但是对于中国的专利事业来讲却是翻天覆地的变化。法律制度不断完善，创新保护意识不断增强，申请量不断增长，从业人数不断增加，中国专利制度取得了举世公认的巨大成就。尤其是 2018 年，国家知识产权局得以重新组建，最高人民法院知识产权法庭得以设立，中国专利制度翻开了新的篇章。

几代人的努力，成绩可谓斐然。作为专利事业的从业者，固然要有职业自信和职业自豪，但是也要有清醒的头脑，有一点历史使命感和责任感。迄今为止，社会各界对于专利的价值，还没有完全达成共识，对于如何让知识产权制度成为激励创新的基本保障，还在不断探索。毋庸讳言，还有部分人申请专利的目的，仅仅满足于获得授权证书，对于如何将专利作为保护创新的工具还缺乏行之有效的实践经验。

专利权是一种法律拟制，归根结底是一种排除权。专利权不同于传统的物权，传统实物资产的占有、使用、收益，具有天然的排他性，而专利是无形资产，多个主体可以同时占有、使用、收益。如果没有法律制度的安排，创新者难以以合法的形式独享创新的成果，专利的真正价值无法得以实现，势必严重影响创新者的投入热情，进而阻碍社会的发展进步。

如何实现专利的价值固然是个问题，但是在此之前还要解决专利本身的价值问题，不是每一件授权的专利都有同样的价值，不是每一件授权的专利都有实现价值的机会。实物资产的价值发现是通过市场实现的，同类实物资产的竞争使得价格围绕价值动态浮动，从而价值得以最终发现。但是专利要获得授权，必须满足新颖性、创造性的要求，其本身是孤品，每件专利能否作为保护创新的工具，从而实现其应有的价值，要进行专业的评估，只有真正有价值的专利才有实现价值的机会。

如何评估专利的价值，理论可谓不一而足。美国伟大的法学家、联邦最高法院大法官霍姆斯曾经有个著名的论述："法律的生命不是逻辑，而是经验。"对于法律从业者来说，理论知识固然重要，实践经验不可或缺。关于专利价值的发现，国内还缺乏经过实践检验的经验总结，拉里·M.戈德斯坦的这本《专利的真正价值——判定专利和专利组合的质量》具有很好的借鉴价值。作为一名经验丰富的美国专利律师，作者在该书中不仅给出了具有真正价值的专利和专利组合的评估示例，而且还进行了系统的经验总结，可借鉴性很强，值得从业者一读。

机缘巧合，我们有幸接受了知识产权出版社有限责任公司卢海鹰女士的委派，参与了本书的翻译，前前后后历时一年有余。四名译者，或者是国内高新技术企业的知识产权总监，或者是专利审查的老兵，或者在美国研学知识产权制度，或者专门从事国内外知识产权的许可转让，无论是申请、审查、诉讼、许可转让都有一定的经验。即便如此，接受任务之始的信心满满，交稿之时变成了忐忑不安，衷心希望我们的翻译成果能够基本流畅地传达了作者的本意。谬误之处，敬请读者赐教。

本书的第一章、第二章由郑娟娟女士翻译，第三章、第四章由顾雯雯女士翻译，第五章、第六章由林委之先生翻译，剩余部分由于行洲翻译。对于不同译者的翻译内容我们进行了多次的交叉核对，全书由于行洲统稿。在翻译的过程中，卢海鹰女士、王瑞璞先生、周也先生给予了精心指导和细致的文稿校对，我们受益良多，使得译稿增色不少，在此致以由衷的谢意。

希望读者喜欢。

于行洲

2019 年 5 月 18 日
写于未名湖畔

原著前言

不仅如此，我的子民们，我要提醒你们：著书无止境，多学身疲惫。（旧约，12：12）

为何再写一本关于专利的书？

笔者是一名注册的美国专利商标局执业专利律师，具有物理和通信技术背景。在过去的数年，笔者专注于专利商业化，因为收购和出售的业务需求，分析过数千项专利。笔者曾为许多客户提供服务，这些客户总是问笔者同一个问题：

怎么知道我的专利质量如何？

在不止一项专利的情况下，问题会有稍许不同："如何知道我的专利组合质量如何？"但是在这些年来，笔者分析了那么多专利，没有人曾问过笔者：

如何知道我的专利是低劣、糟糕、无用的？

专利拥有者希望拥有有价值的东西。他们可能不愿意设想拥有的专利不过是一堆垃圾。但是专利的"价值"非常难以定义。专利不同于建筑或者机器设备，无法触摸、检测、调整、维修。专利是抽象、无形、受制于大量的不可见的条件和考虑因素。

笔者写本书的目的是帮您回答这个基本问题："怎么知道我的专利质量如何？"

衍生的问题是"我的专利质量有多么好？"也就是确定专利的金融价值或者量化价值的问题。这个衍生的问题不是本书的主要目的，但本书考虑的很多案例可以洞察这个问题的答案。

此书为谁而著？

人们如果试图或者需要理解专利的价值，本书可能有所裨益，尤其是对如下的阅读对象：

（1）专利律师和专利代理师。如果您在撰写一项专利，会需要一些指导原则以理解专利是否是优质的，或者更广义地说，是否有价值。本书为您收集了一些真实的案例，在这些案例中我们将会看到哪些特定的行为导致成功创造有价值的专利，或者使其归于失败。

（2）工程师和企业家。如果您在审阅一项专利律师或者专利代理人撰写的专利申请，您会想在提交申请之前弄清楚（假设美国专利商标局批准了该项专利），这份申请会不会最终得到一项优质的专利。或者，您想获得可有助于改进专利价值的启示。如果您对专利出售或者对外许可感兴趣，您也会想弄懂专利的金融价值。

（3）公司经理、董事会成员、专利经纪人（或者其他专利商业化的从业者）。您拥有一项专利，您想做些事情，在采取行动之前，您必须弄清楚它的价值。专利经纪人若要给经理人或者董事提供咨询，也会存在同样的需求。

（4）投资银行家、投资顾问、股票分析师以及公司经纪人。您或者您的公司不拥有专利，但是作为股票分析师、公司的潜在投资人、公司经纪人，您需要分析相应公司的专利，试图弄清待考虑的专利是否有价值，以及该专利对于公司价值的影响如何。

如果您发现您身处以上任何场景，本书将会有所裨益。不过，根据您的具体身份角色的不同，您可能只需阅读相关章节，其余部分可以一带而过。

此书涵括那些内容？

当我们考问一项专利是否优质，我们实际上是在考虑从客观视角上来看，其是否有质量。

若一项专利满足以下条件，则客观上来看是优质的：

（1）具有有质量的权利要求，即权利要求的撰写质量高。

（2）权利要求得到说明书正文的充分支持。

一项专利被称为优质的专利，意味着专利的撰写值得肯定，专利说明书和权利要求尽善尽美。

然而，一项优质的专利并不等于一项有价值的专利。一项专利要是既优质又有价值的，需要进一步满足以下条件：

（1）基于该专利的权利要求，他人有重大的侵权行为。

（2）外部没有发生减损或者摧毁专利价值的事件。专利可能一度非常有价值，但是外部事件会摧毁它的价值。

如图1所示，优质专利（意味着高质量）并不一定具有价值，但是高质量是有价值的前提条件。换言之，如果一项专利质量不高（非优质），它不会

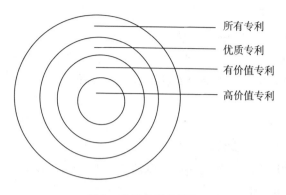

所有专利
优质专利
有价值专利
高价值专利

图 1　专利价值的层级

有什么价值。❶

图 1 中这些同心圆代表了不同的概念：

● 最大的圆，"所有专利"，表示现存的所有专利，涵括优质专利和非优质专利。

● 第二个圆，"优质专利"，包括专利权利要求和说明书的撰写质量都非常高的专利，即专利保护主题的撰写水平尽善尽美。

● 第三个圆，"有价值的专利"，包括被侵权的优质专利，并且其价值没有因为外部事件被摧毁。不是所有的优质专利都是有价值的，但是同心圆表示只有优质的专利才是有价值的专利。本书主要讨论的是有价值的专利。本书通过探讨研究案例、经验启示、规则原理，试图去定义什么样的专利是优质的和有价值的。这样的专利才真正具有价值。

● 最小的圆，"高价值专利"，包括了那些通过市场和金融的完整分析，而被认定不仅仅是有价值的，而且是高价值的专利。本书顺便会提及市场和金融分析。但本书的目的更在于定义专利的内在质量和价值，而内在质量和价值构成了市场和金融分析的基础。

本书将解释上述这些概念的本质含义。讨论的问题包括："何为优质的专利权利要求？""什么是对权利要求的充分支持？""权利要求的最大保护范围是什么？""什么样的外部事件能摧毁专利的价值？"

最终，专利的价值是由权利要求决定的。裁决下级联邦法院专利案件的美国联邦上诉法院前首席法官 Giles S. Rich 曾在 1990 年写下一句名言："游戏的

---

❶ 可能存在这样的案例，即专利的质量难以确定，但是依然可以因为专利权利要求的保护范围很大而认定其具有非常高的价值。例如，专利 US5133079，我们将在第五章详细讨论这个案例。尽管如此，主流观点还是认为低质量的专利不具有什么价值。

名字叫权利要求。"❶

本书中确认优质专利的结论需要通过两步：

（1）专利经过他人而不是专利权人评估显示其在某种程度上是有效的，如果没有这种有效性，无论这个专利是否优质或者有价值，它都不是本书研究考虑的对象。

（2）确定专利的有效性后，基于多年评估过数千专利的个人经验，笔者选择了一些范例可以帮助您理解本书所说的优质专利。

如何评估优质专利的有效性？可以使用五种评估手段，笔者称为："通往有效性要过的五项指标"：

（1）法院之关：专利诉讼获胜，这也意味着专利权人通过法院判决或者庭外和解获得数百万美元的赔偿。

（2）美国国际贸易委员会（International Trade Commission，ITC）之关：专利在 ITC 的行政裁决中获胜，ITC 颁发了禁令，禁止侵权者进口侵权产品。

（3）出售：专利以不菲的价格售出。

（4）标准必要专利：专利被纳入专利池，该专利池涉及一个巨大的市场。

（5）基础专利：通过技术主题、优先权日期❷，尤其是被他人的大量引用，可以确认是开创性专利或者基础专利。

这五种评估手段本身，暗示专利可能是有价值的，但还无法断定专利一定是有价值的。下面以上述五项指标来进行考量。

专利的价值可能完全从金融角度考虑，对专利权人意味着现金流：（1）法庭胜诉；（3）专利售出；（4）专利池许可收入。专利的价值也可能不仅是从金融的角度，而是从竞争的优势来看，例如（2）ITC 对竞争对手颁布的贸易禁令或者（5）获得竞争优势的基础专利。

有的专利可以通过不止一种评估手段，例如（1）法庭胜诉和（2）获得禁令，或者（1）法庭胜诉和（5）基础专利。通过的评估手段越多，专利优质的可能性越高，专利具有的价值可能越大，具有如图1所示的高价值的可能性越大。

当然不是所有通过了一种评估手段的专利都可以作为优质专利的合适示

---

❶ RICH G S. The extent of the protection and interpretation of claims – American perspectives ［J］. 21 Int'l Rev. Indus. Prop. & Copyright L. , 1990：497，499. Rich 法官认为专利本身提供的保护范围即为专利人通过权利要求宣示的范围。因此，本书将关注于专利的权利要求，专利价值基本上是由权利要求确定的。

❷ 专利的优先权日是专利提交申请的日期。如果专利没有更早的申请可以指定，优先权日就是专利的首先申请日。如果专利指定了更早的申请，优先权日就是该申请的申请日。

例。笔者评估了很多通过了一种或多种评估手段的案例，从中挑选了几个最佳案例来解释优质专利的概念。

本书内容可以分为三大部分：

第一篇——基本概念：对专利基本概念的介绍（第一章）和对专利评估基本概念的介绍（第二章）。

第二篇——优质专利的案例：为了对专利进行深入分析，以前述"五项指标"来进行划分：

- 法院之关（第三章）、ITC 之关（第四章）、出售（第五章）、标准必要专利（第六章）、基础专利（第七章）。第三章到第七章的行文结构基本相似：首先是主题简要介绍，然后是相关专利的权利要求探讨，最后以案例经验启示结束。

- 除了评估单件专利，本书第七章还讨论了优质专利组合。专利组合是由一家公司或者实体拥有的一组专利。弄懂优质专利组合的构成对于相关人员非常重要，尤其是对于两类人：一类是公司经理人、公司董事、专利经纪人；另一类是投资银行家、投资顾问、股票分析师以及公司经纪人。

第三篇——总结：以一问一答的形式给出总结，还包含本书使用的术语、缩写词。第八章的内容和术语部分对于本书的每位读者都是有用的。

如何阅读此书？

如果您有兴趣和时间，通读本书自然是最好的选择。如果您时间紧张，或者某些特定的主题引起了您的兴趣，您可以按照如表 1 所示选取感兴趣的内容，略过其余章节。

表1　阅读推荐

读者	阅读内容和阅读顺序	推荐原因
专利律师或者专利代理师	第八章、第三章至第七章。术语表按需	第八章是本书总结。第三章至第七章是案例
工程师和企业家	第一章至第二章、第八章、然后第三章至第七章中的经验启示。术语表按需	第一章至第二章是基础。第八章是本书总结。第三章至第七章您可主要关注经验启示
公司经理人、公司董事、专利经纪人以及其他专利商业化的从业者	第一章至第二章、第八章。术语表按需。如果需要弄懂专利组合，需要阅读第七章	第一章至第二章是基础。第八章是本书总结。第七章主要探讨专利组合，供选择阅读
投资银行家、投资顾问、股票分析师以及公司经纪人	第一章至第二章、第八章、然后第七章。术语表按需	第一章至第二章是基础。第八章是本书总结。第七章对弄懂专利组合至关重要

本书概览

第一章　专利入门

对于那些缺少专利法背景的读者，本章提供了入门的基础知识。对于专利局的审查程序以及授权后进行专利修改的再审程序，本章简要介绍了一些关键内容。

第二章　专利评估

本章有三个主题。

第一，评估专利的方法很多，但是基本可以分为两种——基础评估和金融评估。本书关注基础评估，主要考虑通过专利获得的技术保护，并构成了金融评估的基础。量化评估或者金融评估主要解决专利许可或者专利诉讼中的费用问题。量化评估或者金融评估在本书中有所提及，但不是本书关注的重点。

第二，基础评估方式分为两种。第一种，笔者称为"专家式基础分析法"（Expert Fundamental Analysis，EFA），通过技术专家人工分析专利的权利要求、说明书以及申请历史。第二种，笔者称为"代理式基础分析法"（Proxy Fundamental Analysis，PFA），通过使用预先定义的因子自动给专利质量打分。两种评估方式都非常重要，本书都有所涉及，但相对更关注"专家式基础分析法"。在实践中，专利组合中的所有或者大多数专利都会使用代理式基础分析法，只有对于少数需要人工分析的专利才会采用专家式基础分析法。

第三，介绍了几个关键概念，尤其是创新点（Point of Novelty，PON）。创新点是权利要求可以产生价值的创新之处。严格地讲，专利中不会有什么新的东西，因为任何事物都是这个世界已经存在的，不会凭空产生。然而，创新点引入了人们在该环境下未曾想到的结构部件或者方法步骤，从这种意义上讲，专利才会获得专利局的授权。

第三章　优质专利的法庭判例

本章有两个主题。

第一，简要介绍了专利诉讼的基本知识。

第二，介绍了四个诉讼判例，这些判例均获得了数百万美元的判决赔偿或者巨额的庭外和解费用。为什么会获得这样的诉讼结果？是什么让这些专利变得优质？

第四章　优质专利的 ITC 判例

本章有三个主题。

第一，专利纠纷可能会发生在法院和 ITC。法院诉讼程序和 ITC 的行政程序有所区别，这些区别将予以介绍。

第二，介绍两个在 ITC 的行政程序中获胜的纠纷判例。为什么这些公司可以获胜？是什么让这些专利变得优质？

第三，简要介绍了另外五个 ITC 纠纷判例。每个判例提供一个经验启示点。

第五章　优质专利的出售

本章有两个主题。

第一，简要讨论了为什么在当今的市场中，专利如此引人关注？

第二，专利出售存在两种形式——单个专利或者作为专利组合的一部分。在此提供了两个案例，第一个案例是单个专利的出售，第二个案例是作为专利组合的一部分出售。本章主要考虑的是作为单个专利的出售，而不是作为专利组合的一部分（专利组合将在第七章讨论）出售。

第六章　专利池中的必要专利

本章有三个主题。

第一，介绍了专利池的概念。标准组织——通常是公共组织——创造技术标准以便各项产品协调工作。专利覆盖标准中的技术。如果一个标准的实现必然侵犯某一项专利的专利权，则该专利被称为标准必要专利。一项专利要获准成为专利池中的专利，必须经过技术和法律专家的审核，证明确实是技术标准的必要专利。组织管理专利池的私人组织被称为"专利池管理人"，负责管理获准进入专利池的必要专利集合。专利必要性的概念将会进行介绍。

第二，介绍一个案例，案例中某一专利被发现是必要专利，因而获准进入专利池。该专利是电子视听标准 MPEG－2 中的一项必要专利。

第三，介绍三个与第三代蜂窝宽带技术 CDMA（W－CDMA）相关的案例。在这些案例中，专利因为被发现是标准必要专利而获准加入专利池。在介绍这三个案例之前，为有助于您理解，将会简要介绍蜂窝系统的功率控制技术。

第七章　基础专利

本章有两个主题。

第一，介绍前向它引和基础专利的概念。

第二，介绍三个案例，案例中的专利有数百次前向它引。每个案例包含何为优质专利的经验启示，以及何为优质专利组合的经验启示。

第八章　总　结

归根结底，什么是专利的价值，确定专利真正价值的标准是什么？本章将采用一问一答的形式，总结相关的经验启示。本章不是前述章节的简单拷贝，而是相关主题的总结升华。涉及以下主题。

- 什么是优质专利？
- 什么是有价值的专利权利要求？
- 什么是专利权利要求的充分支持？
- 什么样的外部事件会摧毁专利的价值？
- 什么是优质的专利组合？
- 终极考虑。

后　记

评论专利在商业和技术中的角色。

术语（包括缩写词）

列出大约 80 个本书使用的术语的定义。这些术语应该与第八章一同阅读。

附　录

附录是第五章讨论的专利 US5133079，帮助您理解专利文档的结构和组成部分。

目　　录

第一篇　基本概念

第三篇　总　结

第一篇

基本概念

第一章
专利入门

本章介绍关于专利的基本概念，不需要任何的技术或法律预备知识即可理解。

Ⅰ. 专利的基本概念

（1）知识产权的类型

（2）实用发明专利和其他专利❶

（3）专利的地域性

（4）两个重要技术领域：信息通信技术和生物化学制药❷

（5）实用发明专利的文档结构

（6）美国法律的相关条款❸

（7）专利权利要求的结构

（8）独立和从属权利要求

（9）须知的专利权利要求形式

Ⅱ. 专利审查程序

（1）专利权的获得

（2）专利的再审程序

---

❶ 有几种专利类型，在本书后面会进一步解释。本书只考虑所谓的"实用发明专利"，实用发明专利保护发明的结构和/或操作，而非外观设计。

❷ 专利专家把全球的专利分为两种宽泛的技术类别，一类技术被称为"ICT"，信息通信技术（Information & Communication Technologies）的简称；另一类技术被称为"BCP"，生物化学制药（Bio - Technologies，Chemical，and Pharmaceutical）的简称。这些概念下面会进一步讨论。

❸ 本书专注于美国专利，虽也会提及其他地域的专利，包括亚洲多地、加拿大、欧洲多地，特别是在第七章，但是本书重点是美国专利。然而，本书中讨论的优质专利的定义和原则也适用于具有实用发明专利的**任何**国家。虽然不同国家的专利法规和司法审判存在不同，这将会影响特定专利在特定国家的效力，但是优质专利的基本原则不变。

Ⅰ. 专利的基本概念

（1）知识产权的类型

专利是知识产权的一种，其他几种知识产权还包括：商标、著作权、商号、商业秘密等，本书不作讨论。有很多问题会源于几种知识产权的冲突，或协调不同知识产权的方式，以更好地帮助公司或专利权人。例如，知识产权领域的一个常见问题是：我们应该申请专利从而公开一项技术，还是把该技术作为商业秘密？这是一个有趣的问题，但是不属于本书的讨论范围，本书中我们集中讨论专利质量的问题。❶

在美国，知识产权和其他无形资产在公司价值中占有很大比重，如图 1–1 所示。

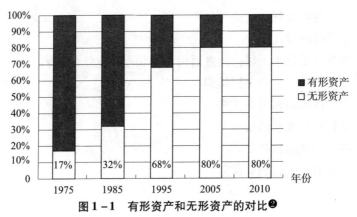

图 1–1   有形资产和无形资产的对比❷

数据来源：Ocean Tomo。

---

❶ 在美国，最著名的商业秘密大概就是可口可乐的秘密配方，其被多次不断地提及。如果可口可乐公司就该配方申请专利，该公司可在专利的生命周期内垄断该配方，但是专利可能很久之前就期满失效了。可口可乐当然作出了正确的抉择，将秘密配方作为商业秘密而不申请专利，但是每个公司都要对保护其秘密信息的最佳方式作出自己的决定。

❷ 图 1–1 从 Ocean Tomo 的网站复制而来（编者注：中译版对表现形式有调整），Ocean Tomo 是一家智慧资产商业银行，也是专利公开拍卖的最初发起者。图的原始名称是 "Components of S&P 500 Market Value"，作者进行了重新命名，以强调有形资产的相对下降以及无形资产的相对上涨。Ocean Tomo 解释了"无形资产"缘由整体的市场资本减去实物资产和金融资产的账面价值。术语"无形资产"广泛地包括各种知识产权——专利、商标、版权等，也包括其他无形资产，例如商业信誉以及品牌认可度。作者不会尝试对图 1–1 中的无形知识产权资产单独列出专利的价值，但是毋庸置疑专利本身构成了这些资产总价值的重要部分。这个图来自网址：http：//www. oceantomo. com/productsandservices/investments/intangible–market–value。如果没有特别声明，所有网上引用截止到 2013 年 5 月 22 日。

（2）实用发明专利和其他专利

这里主要考虑实用发明专利——实用发明专利保护发明的结构和/或发明的实现方法。还有其他的专利类型，但在此不作讨论。❶ 我们也不关注尚未获得授权的专利申请。专利申请有潜在价值，但是由于权利要求在授权前可能被修改或全部被驳回，在专利被授权前确定专利价值非常困难。

（3）专利的地域性

专利是有地域性的，这意味着专利只在授权的国家范围内有效。例如，一项美国专利不能在德国执行，反之亦然。本书集中讨论美国专利。❷

（4）两个重要技术领域：信息通信技术和生物化学制药

专利能基本覆盖人类所知的各个技术领域。然而，大多数技术领域都可以划分到两大类：ICT 和 BCP。这两个有本质区别的技术领域包括众所周知的不同点。其中一些不同点归纳如表 1-1 所示。

表 1-1　ICT 和 BCP 技术

特　点	ICT	BCP	备注
全　称	信息通信技术	生物化学制药	
基础科学	物理学	生物、化学	
系统特点	网络化	非网络化	关键区别
技术标准	由私营公共实体或自发研讨会创造	通常无技术标准，由一家单位创造，需要政府批准	ICT 的共同所有和 BCP 的单独所有，是两个领域的又一关键区别
专利交易	许可、交叉许可和出售	许可、交叉许可。通常不出售	发生交叉许可时，通常涉及多家研发和制造公司
专利权利要求连接词	包括（comprising only）	包括或包含（comprising or consisting）	下面具体解释

---

❶ 还有"外观设计专利"，保护产品的外观。外观设计专利在本书会顺便提及；还有"植物专利"，保护特定的植物新品种，在本书中不会涉及。

❷ 其他国家的专利可能也是很有价值的。例如经常在德国杜塞尔多夫地区法院或英国伦敦高等法院发生重要的专利诉讼。此外，大规模的专利战并不少见，尤其是在移动通信领域，会同时在亚洲国家、欧洲国家和美国发起多个诉讼。其他国家例如日本、中国、韩国的重要性也在上升。但是美国仍然是技术产品的最大市场，专利侵权赔偿额也是最高的。本书的后续版本会包括对欧洲和亚洲专利的分析，但是目前版本主要关注美国专利。

本书专注于 ICT，而非 BCP，这是基于两方面的考虑因素：

第一，这两个技术领域在其领域特点和专利造成的影响上皆有本质上的区别。ICT 领域的一个主要特点就是一般情况下，许多公司共同对一个工作系统作出贡献。例如，在移动通信领域，可能一家公司制造移动电话，一家公司做基站，另一家公司做网络控制器；甚至，可能多家公司分别做移动电话、基站和网络控制器的硬件元件或软件单元，情况会愈加复杂。即使给某种移动电话提供单一的服务，可能也会涉及上百甚至上千件专利。

这种复杂性被称为"系统网络化"或"网络经济"。在 ICT 领域，通常使系统工作所需要的各种技术并不是由一家单位拥有，而是分散由几十家或几百家单位各自拥有。在 ICT 领域，例如移动通信、有线电视或互联网领域，一般都是网络型产业，都有多家不同公司分散拥有部分专利所有权的问题。❶ 因此，为了给客户提供有意义的产品和服务，专利必须被买卖、许可、整体收购或基于特定目的收购。这种情况在 ICT 领域比 BCP 领域要多得多。上千件专利之间的相互依赖产生了对专利交易中涉及的专利进行评估的需求。❷

第二，ICT 领域的专利可能由大公司、小公司、个人或多种多样的混合实体分别创造。这也是造成 ICT 领域的专利所有权碎片化的部分原因。相比而言，在 BCP 领域，个人通常不申请新药物的专利。因此，尽管专利价值的关键问题——我的专利质量如何——对各个技术领域都很重要，但是各种各样的关心这个问题的人在 ICT 领域要比 BCP 领域的多。基于上述原因，以及简洁起见，本书只关注 ICT 专利。

（5）实用发明专利的文档结构

实用发明专利是政府赋予给专利所有人的禁止他人制造、使用或销售授权发明的权利。不同于普遍观点认为的那样，专利权并非指"实施发明的权

---

❶ "网络经济"的概念在作者的另一部著作中进行了讨论，参见 GOLDSTEIN M L，KEARSEY N B. Technology patent licensing：an international reference on 21st century patent licensing，patent pools and patent platforms [M]. Boston：Thompson Renters，2004：23-26. 关于网络经济中专利所有权的碎片化，参考 RAHANSTO I. Intellectual property rights，external effects and anti-trust law：leveraging IPRs in the communications industry [M]. Oxford University Press，2003：23-26.

❷ 笔者将 ICT 专利和 BCP 专利的区别称为"网络化"与"非网络化"。一些人遵循这种命名法。然而，另一种看待两者区别的角度是认为 ICT 是"复杂合成的技术"，BCP 是"离散的技术"。例如，在一家瑞典公司 Avvika AB 的网站上，对两者的区别有清晰的阐述，"复杂合成的技术"例如与笔记本电脑相关的技术，"离散的技术"例如一种处方药。参考网址 www. avvika. com/patentengineering4. html. 也可参考文章，Patents：a necessary evil [EB/OL]. [2002-01-05]. http：//news. cnet. com/2009-1001-801896. html.

利"，而是阻止他人实施发明的一种消极权利。并且，专利权并不自动排除侵权人，而是必须由专利所有人采取积极行动，以起诉要挟或发起诉讼来阻止侵权。

通常来讲，"专利是剑而非盾"。换言之，您可以使用专利来阻止他人实施您的发明，但是您的专利不能阻止他人用自己拥有的专利来威胁您（除非您的威胁能制止反威胁，这也是经常发生的情况）。专利所有人可以出售或对外许可使用专利的权利，但是转让的权益可能不会超过专利所有人原始拥有的权益。因此，专利所有人不会销售或对外许可发明的相关权利，即实施发明的权利或制造发明描述的产品的权利。专利所有人对外许可的是被许可方不会因侵犯专利而被诉的承诺，或专利所有人销售给买方禁止他人使用专利的权利。❶

授权的发明在专利文件中称为"颁布的实用发明专利"。一个专利主要有三部分：①发明的说明书正文，详细描述如何制造和使用发明；②附图，演示发明的结构和实施方式；③权利要求，限定专利的保护范围。这三部分有时也统称为"说明书"。

现在参照专利 US5133079 来解释专利文件的构成。该专利在书末作为本书的附录。该专利也作为本书第五章研究的案例。

说明书正文包括几部分，其中一些是法律要求必需的，其他一些不是。通常说明书中正文包括如下组成部分。

发明名称（Title of Invention）：必需。US5133079 的发明名称是"Method and Apparatus for Distribution of Movies"（电影分发方法和装置），位于专利的最开始。

发明人［Inventor（s）］：必需。发明人是 Douglas J. Ballantyne 和 Michael Mulhall。发明人位于发明名称下方。

受让人（Assignee）：存在受让人的情况，可依据专利权人的选择确定是否需备案受让人名称。在 US5133079 专利中未列出受让人。如果有转让记录，受让人列在发明人的下方。未列出受让人并不意味着专利未经转让，只是表明在专利公告时没有在专利局备案的转让记录。

摘要（Abstract）：必需。US5133079 的摘要也显示在首页，摘要内容开始于 "A new and useful method for distribution of movies for viewing on a customer's

---

❶ 据此解释，专利是进攻工具，而非防御工具。在这个意义上说，专利给专利权人提供保护的说法是不合适的。专利可以威胁他人，但是并不能真正在他人发起的诉讼中保护专利所有人。尽管如此，"专利保护"还是被普遍采用来概述专利权利要求提供的权利。我们应该理解，保护源于能威胁或反诉可能威胁或起诉您的人。在本书中使用"专利保护"和"保护"的说法，如专利界的人理解的那样，确切地来说是指专利不能防止对手发起诉讼，然而能通过反诉来威胁对手以使其放弃诉讼。

television set"（一种新颖实用的在客户端电视上观看的电影的分发方法）。

交叉引用（Cross - reference）：交叉引用的其他专利或专利申请，为该专利确立优先权日，必需。US5133079 无交叉引用，不具有在先优先权。如有交叉引用的情形，将位于第一栏，发明名称的下方，背景技术的上方。

发明领域（Field of Invention）：可选。专利所属的一般技术领域的简短描述。有时出现在专利中，有时不出现。出现的时候，可能写成"技术领域"或"领域"（在 US5133079 中无技术领域）。❶

发明背景技术（Background of Invention）：可选。该部分位于 US5133079 的第一栏，通常出现在现代的专利文件中，在 1960 年或以前的专利中通常不出现❷。

发明概述或简要摘要（Summary of the Invention）：可选。该部分出现在 US5133079 第一栏的中间部分，大多数时候出现在现代专利中。❸

附图的简要说明（Brief Description of the Drawings）：可选。该部分出现在 US5133079 第二栏。通常，包括简要说明是有利的，撰写简要说明通常花时间很少，简要说明以不限定发明的方式撰写，帮助评估者理解发明。

发明详述（Detailed Description of the Invention）：必需。该部分是发明的主要描述部分，描述专利每个附图中的每个技术特征。在 US5133079 中，该部分从第二栏底部开始直到第六栏。这种长度不在少数。"发明详述"部分通常占到专利文字部分的 50% 以上。

如上节定义的说明书正文，通常在专利中还附加如下三部分作为补充。

附图（Figures）：在专利中并不必然要求包括附图，其在法律上是可选项。然而，根据作者的经验，实用发明专利申请中总是包括附图。通常在有多个发明具体实施方式时，包括多个附图是有利的，能体现更多的可替换的结构、用途及其组合等。在 US5133079 中，有七个附图，其中图 1A 和图 1B 为

---

❶ 作为一个很短的部分，发明领域很难撰写，既不能过宽——可能会导致审查员或法院扩大用于评述权利要求时可能的现有技术范围，也不能过窄——可能会导致法院或 ITC 将其用于限制发明的保护范围。由于发明领域容易产生问题，该部分经常被忽略。然而发明领域对快速了解专利的一般领域很有帮助。此外，一些专利从业人员可能会利用发明领域使专利申请被分配给美国专利商标局的一些特定审查部门。参考 FISH D. R. Strategic Patenting [M]. Victoria：Trafford Publishing，2007：207-209.

❷ 一个写得很好的发明背景技术部分并不描述发明本身，而是描述发明要解决的问题，由此有助于解释发明的本质（在发明概述部分和发明具体实施方式部分描述发明本身，而非在背景技术部分）。如果您在撰写专利，笔者极力推荐在您撰写的申请中包括发明背景技术部分。在专利交易中评估专利时，评估者经常会看背景技术，清楚地描述该部分可以帮助他人了解您的发明，以提高专利的价值。人们是不会花钱购买不能理解的专利的，也不会获得这样专利的许可。

❸ 发明概述和背景技术都是可选的，但我们推荐将之包括。可选是因为法律上不是必需的。推荐是因为能极大地帮助读者了解发明。在现代的专利中，通常总是包括发明概述部分。

流程图，图 2 为方法和装置的示意图，图 3 ~ 图 6 为各种装置的示意图。

权利要求（Claims）：至少要有一项权利要求。专利的保护范围是由美国专利商标局授权的权利要求来确定的，因此权利要求非常重要。在 US5133079 中，共有 16 项权利要求，权利要求部分开始于第六栏底部，直到第八栏专利的末尾结束。权利要求 1 是一项方法独立权利要求，权利要求 2 ~ 7 是（直接或间接）引用权利要求 1 的方法从属权利要求。权利要求 8 是一项装置独立权利要求，是一种表示结构的权利要求。权利要求 9 ~ 16 是（直接或间接）引用权利要求 8 的装置从属权利要求。

审查历史（File History）：审查历史是申请提交后同美国专利商标局沟通的历史。美国专利商标局发出的全部官方通知书——通常被称为"官方审查意见"以及全部专利申请人的答复，都是审查历史的一部分。当专利被授权时，专利审查员通常发出一个"授权理由"的声明，这也是审查历史的一部分。审查历史并非公开专利本身的一部分，然而仍然是解释专利的一个不可或缺的部分。❶

（6）美国法律的相关条款

美国专利法是美国法典的第 35 卷。为了回答"怎么知道我的专利质量如何？"这一重要问题，需要熟悉该法规中的一些条款。

35 USC sec. 100：该条款包括术语和短语的释义，有助于理解法律的其他条款。

35 USC sec. 101：任何人发明或发现任何新颖而实用的方法、机器、制造品、物质的成分或其任何新颖而实用的改进，只要符合该法规定的条件和要求，就可以获得专利。

在此有两个重点。第一，可授权的发明必须同时满足"新颖"和"实用"两个条件。第二，可授权的发明必须属于下述类型：①过程（方法）；②机器（结构）；③制造品（（另一种制造出的物品）是另一种结构类型，经常被称为"物品"）❷；④物质的成分（与 BCP 专利有关，一般与 ICT 专利无关）。此外，上述四种类型的任何新颖而实用的改进也可以获得专利。

有两种基本的发明类型：实现的方法（在法条中是过程，通常称为方法）

---

❶ 如前所述，本书主要关注美国专利。对美国专利，审查历史经常非常重要。而在其他国家或地区，如德国，审查历史与专利的解释不太相关，可能完全没有关系。

❷ 有时机器和制造品的一个区别在于机器不包括移动部件，而制造品包括移动部件。此处的要点在于它们都代表的是结构发明。

和某物制成的结构（在法条中称为机器或制造品，通常出现在权利要求中是系统、产品、装置、部件）。这些类型的发明将在下面进一步讨论。

35 USC sec. 102：发明必须是新颖的，才能获得专利——新颖是指没有人发明过与您的专利主题完全相同的方法或结构。在您的专利之前发明的技术被称为"现有技术"。如果发明与现有技术有不同，哪怕是很小的不同，则发明是新颖的。

第102条的其他部分描述了发明不符合新颖性要求的几种情形，如果任何一种情形都不适用于发明，则发明是新颖的。由于其非常复杂且与我们的主要关注点并不相关，在此不逐一引述。

35 USC sec. 103（a）：尽管发明根据第102条未被完全公开或披露，但是要求保护的主题与现有技术的区别很小，以至于在发明做出时，保护的主题作为一个整体，对于所属技术领域的普通技术人员来说是显而易见的，则不能获得专利。

发明除要满足第102条的新颖性要求外，还必须满足第103条（a）款的非显而易见性。如果没有第103条（a）款，专利申请人对现有技术作出最小最有限的改进，都可能获得专利，第103条（a）款就是为了避免这种情况。

35 USC sec. 112：第112条尤其要关注，在此笔者不逐字引用，仅解释其实质内容：

第112条（1）款❶：专利的说明书正文清楚地阐述如何制造和使用发明。

第112条（2）款：在说明书结尾应包括权利要求，权利要求描述和限定要求保护的发明。

第112条（3）款：具有独立和从属权利要求，容后讨论。

第112条（4）款：从属权利要求的定义。

第112条（5）款：多项从属权利要求的定义，容后讨论。

第112条（6）款：以下是该条款的整段内容：

对于构成权利要求的一个特征，可以仅以实现特定功能的手段或步骤来描述，而不必描述实现该功能的结构、材料或动作。这样的权利要求应当被解释为覆盖了说明书中记载的相应结构、材料或动作及其等同方式。

第112条（6）款定义了手段功能性限定权利要求（means – plus – function –

---

❶ 美国专利法中并未对第112条进一步进行编号，笔者对第112条分别进一步编号为112（1）、112（2）、112（3）、112（4）、112（5）和112（6），这是最常见的条款引用方式。但是笔者也见过有另一种条款指定方式，分别为112（a）、112（b）、112（c）、112（d）、112（e）和112（f），也是完全可以的。

claim），该类型的权利要求下面会进行单独的讨论。

35 USC sec. 271（a）：这是直接侵权条款的规定。任何人未经许可在专利的保护期限内，在美国境内制造、使用、许诺销售、销售已授权专利的发明产品或将该专利产品进口到美国境内，构成侵权。

专利所有人可在联邦法院起诉任何制造、使用、许诺销售或销售侵犯专利权利要求的侵权者。诉讼可请求赔偿或禁令，有时可同时请求赔偿和禁令。

针对进口侵权产品到美国的任何人，专利所有人也可以向 ITC 要求禁令。ITC 的诉讼仅能请求禁令，不能请求赔偿。

35 USC sec. 271（b）：这是诱导侵权条款的规定，诱导侵权是间接侵权两种形式中的一种。该条款的全部内容为：任何人积极教唆他人侵害专利权，应该承担侵权责任。

35 USC sec. 271（c）：这是帮助侵权条款的规定，帮助侵权是间接侵权两种形式中的另一种。帮助侵权规定：任何人在美国境内许诺销售、销售或进口美国受专利保护的机器部件、制造品、组合物或化合物组分，或实施受专利保护方法所使用的材料或装置，构成发明的重要部分，且明知有关产品为专门制备或专用于所述侵权产品，且有关产品并非用于实质性非侵权用途的主要物品或交易商品，应该承担帮助侵权责任。

帮助侵权人可以是在美国境内许诺销售、销售或进口到美国部件或其他结构的任何人，且其明知有关产品为专门制备或专用于所述侵权产品，且有关产品并非用于实质性非侵权用途的结构，当所述部件与其他结构一起使用时，构成侵权。

第271条下还包括其他几个冗长复杂的条款，但是这三个条款（a）、（b）和（c）是您要了解的最关键的条款。

我们总结所有信息如表 1-2 所示：

表 1-2　美国专利法的重要条款

条　款	本　质	备　注
35 USC sec. 100	术语和短语的释义	
35 USC sec. 101	可专利的主题。发明必须新颖且实用，并属于四种类型之一	不包括在第101条定义里的则不具有可专利性。通常非常容易证明实用性
35 USC sec. 102	详细定义新颖性	
35 USC sec. 103（a）	要获得专利权，发明必须相对于现有技术非显而易见	

续表

条　款	本　质	备　注
35 USC sec. 112（1）	要求包括发明的说明书正文部分	
35 USC sec. 112（2）	要求包括至少一项权利要求	权利要求限定发明的保护范围
35 USC sec. 112（3）	允许独立权利要求和从属权利要求	
35 USC sec. 112（4）	定义从属权利要求	
35 USC sec. 112（5）	定义多项从属权利要求	
35 USC sec. 112（6）	允许手段功能性限定权利要求	手段功能性限定权利要求在第二章讨论
35 USC sec. 271（a）	定义直接侵权	
35 USC sec. 271（b）	定义诱导侵权	间接侵权的一种形式
35 USC sec. 271（c）	定义帮助侵权	间接侵权的另一种形式

最后，我们应避免两种常见的错误观念。

第一，很多人认为专利一定是重大的突破，独创发明。然而独创发明专利其实非常少，大部分专利是小的改进：更好的执行方式、新的方法、旧方法的新应用、省略一个部件并能节约费用的结构等。所有这些贡献都是对技术作出的有效的、有价值的贡献，可能并不是独创发明，但是仍能获得专利授权，并产生重大价值。

第二，很多人认为发明专利是凭空产生的，是一个神奇的过程。之所以有这样的想法，是因为很多专利确实需要灵光闪现，突然发现了一种解决以前无法解决问题的方案。然而解决方案是凭空产生的这种想法其实是一种误解。所有的发明都是已存在在环境中的事物的组合，可能已存在的事物并不是新颖的，但是这种组合可能是新颖的，具有专利性的。事实上，所有人类的发明都源于已存在的事物，这并不会因此减少发明的贡献、专利权利要求的质量和专利的价值。

（7）专利权利要求的结构

如前所述，专利文件的保护范围由美国专利商标局授权的权利要求限定。人们经常问："权利要求的保护范围是什么？"该问题在下面第二章解答。

一项权利要求由三个不同的部分组成。

第一部分被称为"前序部分"，是在标号后紧跟着的主题部分。例如"1. 一种与计算机通信的方法"是前序部分。

第二部分是"连接词""连接术语"或"连接短语"。"连接词"有三种基本形式:"包括"(comprising)"由……组成"(consisting of)和"主要由……组成"(consisting essentially of),也可以使用其他的替代词,但通常是这三个基本形式的派生词。

尽管短语仅作连接,但其作用也非常重要。幸运的是,我们通常也相对易于在短语上作出正确选择。"包括"是开放式的,意味着权利要求除明确包括所有列在权利要求中的特征外,还可能包括其他从说明书文字记载或其他来源得出的特征或解释。也就是说,一项带有连接短语的专利不仅覆盖了与列在权利要求中的具体特征完全相同的所有结构(系统、产品、设备、机器或部件)和方法,还覆盖了其他未列在专利中特定或额外特征的所有的结构和方法。这种连接短语"包括"可在所有的专利中适用,包括 ICT 专利和 BCP 专利,笔者认为在 ICT 专利中应当只采用"包括"作为连接词。

"由……组成"意味着仅包括列在权利要求中的特征,不包括其他的特征。换言之,一项连接词是"由……组成"的权利要求,仅覆盖了包括且仅包括所列出特征的结构和方法,但是并不覆盖包括所列出特征和其他附加特征的结构和方法。"主要由……组成"意思是包括权利要求列出的特征,也可能包括"非实质特征"。"非实质特征"是指对发明的创新点不产生影响的特征。在 ICT 专利中,连接词不应该采用"由……组成"和"主要由……组成"。两位专利律师曾分别在不同的场合对笔者说过"任何专利代理人或代理律师在 ICT 专利中使用'由……组成'属于职业过失!"笔者对是否存在过失不发表意见,但是在 ICT 专利中使用"由……组成"确实会对权利要求书的质量带来严重不利影响。❶

权利要求的第三个也是最后一个部分是权利要求主体,包括紧跟在连接词之后的所有部分。权利要求主体由两个或更多"权利要求特征"组成,简称为"特征"。在连接词之后的每一个词都是一个权利要求特征的一部分。有不同类型的权利要求特征,在下面的"权利要求形式"中我们将讨论。

(8) 独立和从属权利要求

如果一项权利要求不引用任何在先的权利要求,该项权利要求就是独立权利要求。按照此定义,因为没有可以引用的在先权利要求,任何一项专利中的

---

❶ 其他可能的连接词是模糊不清或更糟的。连接词采用"具有"(having)是不清楚的,连接词采用"包含"(containing)也是不清楚的,连接词采用"由……组成"(composed of)可能看上去类似"包括"(comprising),但是并不是,其是典型的封闭式的。没有理由采用模糊不清的连接词。因此,如果笔者在 ICT 专利中看到任何权利要求采用的连接词不是"包括"(comprising),则认为权利要求的质量是打折扣的。

权利要求 1 一定是一项独立权利要求。专利中任何其他不引用具体在先权利要求项的也是独立权利要求。

不是独立权利要求的则一定是从属权利要求。在从属权利要求中，在前序部分必须具体引用在先权利要求，例如，"3. 如权利要求 1 所述的方法，进一步包括……"

一种特定的从属权利要求类型被称为多项从属权利要求，这种从属权利要求可引用在先的两项或多项权利要求。例如，我们改写前面的例子为"3. 如权利要求 1 或权利要求 2 所述的方法，进一步包括……"其实这个新的例子是两项从属权利要求，第一项是组合权利要求 1 和 3，第二项是组合权利要求 2 和 3。这种形式在美国专利申请中是明确被美国专利商标局允许的，但是需要承担额外的申请费用。

（9）须知的专利权利要求形式

专利撰写有几十种形式，其中大约一半与本书讨论目的相关。其他在此不作讨论。

当考虑权利要求撰写的形式要求时，最重要的是要谨记每一项发明都具有物理结构，能实现一些功能。

专利具有物理结构，但什么功能也无法实现，不具有实用性，不满足 35 USC sec. 101 的基本要求。什么功能也无法实现的申请将不会被授权，即使错误地被授权也毫无价值。

类似地，也不存在可以实现某些功能但是没有物理结构的专利。一些人错误地认为存在这样的专利，例如"软件专利"，没有物理结构但是能实现某些功能。这种想法是错误的。每一项发明都必须有物理结构作为专利的一部分，在后面的"软件专利"部分将会作讨论。

总之，每一项发明、每一项基于发明的专利都具有相应的结构和实现的方法或过程。一项专利可以仅包括结构权利要求或仅包括方法权利要求，但是在所有情况下，权利要求是基于发明的，发明通常既包括结构，也包括实现的方法。

形式 1　结构权利要求

有几种结构权利要求，但是它们很容易区分，不会混淆。

a. 封闭性最强的结构权利要求为"系统"，包括各种设备、产品或组件，一起来实现某种功能。这种类型的权利要求非常封闭，包括了作为权利要求技术特征的多个共同工作的产品。

b. 封闭性次之的结构权利要求为实现某功能的"产品"。事实上，在这种类型的权利要求中您很少看到"产品"这个词，而是更经常看到"装置"，有时是"设备"或"物品"，或者某些情况下是"机器"。所有这些词都表明是某种结构类型。这种结构整体上实现某种功能，其比系统封闭性弱，但是比组件封闭性强。而且，有时看到具体列出的产品类型，例如"一种发射数字信号的无线发射机"，就知晓其产品为"无线发射机"。

如果产品名称给出产品类型，评价专利质量时唯一要考虑的问题就是：选择这个特定的名称是否能足够广地覆盖各种可能应用到的装置？上面的例子中的"无线发射机"，是否仅限定"无线发射机"，是否也可能包括"有线发射机"？权利要求的产品类型采用的更好的词可能是"电子发射机"，甚至是"电动机械发射机"。这样可能包括无线和有线发射机，而非"无线发射机"，无线发射机可能被解释为仅包括无线发射机。

产品是封闭型结构权利要求，是指明确地或隐含地包括了一个产品的所有组件。

c. 封闭性最弱的结构权利要求为产品的组件，不包括一个整体产品或系统。例如，一种计算机中改进的处理器是计算机的一个组件。通常，这种结构类型在专利权利要求中会表述为"一种实现……的装置"或"一种实现……的计算机组件"或采用具体的名称"一种计算机处理器"。

在一项专利中非常常见也被希望看到的是包括多种类型的结构权利要求，所有这些权利要求可能是基于同一创新点。例如，如果创新点是改进的处理器，那么改进的处理器就是一个组件，具有该改进的处理器的计算机是一个改进的计算机，具有这样一个改进的计算机的系统是一个提高处理能力的系统。在后面第二章将会讨论到，具有各种类型的权利要求为优质专利的一个特征，因此，基于一个创新点包括多种权利要求类型，实际中很常见。

形式 2 方法权利要求

在 35 USC sec. 101 中，一种新的"过程"是可授权发明的四种类型之一。在常见的专利语言中，我们将其称为"方法权利要求"。方法权利要求是一种新的制造或使用一种结构的方式，结构本身可能也是新颖的，在这种情况下，结构和方法都是可获得专利的。

方法权利要求中的权利要求特征总是为动词，一般采用动名词形式，例如"生成数据，存储所述数据在存储单元，在处理所述数据前访问所述数据"。

形式 3 软件权利要求

软件权利要求要满足两个要求：

① 通过计算机程序体现的执行某功能的方式。这种方式有时被称为算法。

② (a) 计算机程序作为发明一个不可或缺的部分，运行在计算机或其他硬件平台上，或（b）计算机程序的运行对外部硬件产生可感知的效果（例如打开阀门）或者达到其他可感知的结果。❶

软件专利的话题很复杂，颇有争议，超出了本书的讨论范围。本书中仅要注意这样的专利只要是正确的撰写，在美国是明确被允许的，但是不管怎样必须要满足下面第二章讨论的有效性要求。❷

形式 4　手段功能性限定权利要求

手段功能性限定权利要求当然是一种结构权利要求，而非方法权利要求。但是，对结构并未在权利要求中直接限定，而是在说明书正文中描述，以实现权利要求中描述的功能。要理解的重点在于——手段功能性限定结构权利要求的结构出现在说明书正文中，而并非出现在权利要求中。

此外，通常是权利要求中的具体特征具有某种特定的形式，因此，比"手段功能性限定权利要求"更准确的说法是"手段功能性限定权利要求特征"。例如，在这个权利要求中"一种数据处理装置，包括：（a）处理器；（b）存储器；（c）在处理器和存储器之间传送数据的手段。"特征（a）和（b）是标准的结构特征，而（c）采用"实现……的手段"的形式描述，是手段功能性限定特征。

权利要求特征采用手段功能性限定的形式影响权利要求的潜在保护范围，在下面第二章我们将进行讨论。

形式 5　马库什（Markush）权利要求

马库什结构经常被认为是一系列相关联化合物的通式或广义描述。然而，尽管有此正式定义，在专利申请中使用这样的权利要求已经超出化学专利的原始使用范围，现在也会出现在 ICT 专利中。马库什权利要求是一项权利要求，或者更确切地说是权利要求的一个特征，其中特征描述为："实现该作用通过选自如下物质：X、Y 和 Z 的一种"，或"所述装置选自 X、Y 和 Z 的一种"。马库什权利要求特征在 ICT 专利中的一个例子为"协议选自 GSM、W－CDMA

---

❶　这是在美国对软件专利的要求，其他国家或地区对软件专利的要求可能会有所不同。例如，在欧洲，发明可专利性的一般规则是存在技术问题，且专利中描述的发明对解决所述技术问题作出技术贡献。该一般性要求也适用于欧洲的软件专利，软件使计算机根据专利描述的发明执行一方法。实际上，无论是在美国还是在欧洲都没有完全清楚地规定"可专利的软件发明"的精确要求，但是法律至少对此给出了基本的指导原则。

❷　"软件专利"有时也包括"商业方法权利要求"。商业方法权利要求描述了一种商业方法，例如一种管理股票投资组合的方法。关于商业方法权利要求的有效性和保护范围有一些争议，但是这超出了本书的范围。

和 WiFi 的一种"。

马库什的形式是允许的，这种形式的使用使得只用一项权利要求即可覆盖多种实施方式。但是要注意，如果现有技术覆盖了任何一种实施方式，那么整个权利要求都会受到影响。在上述例子中，GSM 是三种无线通信协议最原始的方式，所以如果在现有技术中存在 GSM，那么即使 W-CDMA 和 WiFi 可能是新颖的，整个权利要求也被认为受到影响。

马库什权利要求经常出现在 BCP 专利中，也频繁出现在 ICT 专利中。当权利人想要覆盖多种实施方式而又不额外支付多个从属权利要求的费用时，可使用马库什权利要求。在 ICT 专利中，如果在说明书正文中对术语进行适当的定义，就可以避免出现马库什形式。例如，考虑马库什形式"所述处理器选自通用处理器、特殊处理器、单核处理器和多核处理器中的一种"，如果权利要求仅使用术语"处理器"，在发明的具体实施方式部分定义处理器包括"通用处理器、特殊处理器、单核处理器和多核处理器"，那么就可以在权利要求中避免使用马库什形式了。

形式 6 杰普森（Jepson）权利要求

这种形式很少在美国使用，但是经常在欧洲使用。在基于欧洲原始申请的美国专利中也经常出现。杰普森权利要求可以是结构权利要求或方法权利要求，描述现有技术的权利要求前序部分相对较长，再进一步加上一个或多个限定，具体限定对于现有技术的创新点。结构如下：

长的现有技术前序部分⇒连接词"改进包括"或"改进的特征在于"⇒一个或多个创新点。

这种形式在美国并不认为是有利的，因为前序部分的所有特征都被认为是申请人承认的现有技术，而申请人通常不喜欢承认这些是现有技术。相比之下，在欧洲经常依据《欧洲专利公约》（*European Patent Convention*）的 43（1）（b）条款使用这种形式。❶ 我们将在第六章进一步讨论杰普森权利要求及其利弊。

---

❶ 在欧洲，杰普森权利要求通常被称为"两段式"，第一段是前序部分已知的现有技术，第二段是发明改进的特征。但是这种前序部分的效果在欧洲和美国有很大不同。在美国，杰普森型前序被认为承认了前序部分的每个特征都是现有技术，不管前序部分内容是否实际构成描述的发明的现有技术，美国专利商标局都会将前序部分解释为专利申请的现有技术。在欧洲则相反，在两段式权利要求中被认为是现有技术的特征对权利要求的保护范围没有影响。这些不同在很大程度上是由欧洲和美国根深蒂固的历史和政治制度因素造成的。

Ⅱ. 专利审查程序

(1) 专利权的获得

简而言之，发明人或发明人的代理人提交申请文件，收到美国专利商标局的通知书［"官方审查意见"（OA）］，答复官方审查意见，如此循环，直到最终收到"授权通知书"（Notice of Allowance，NOA）。"授权通知书"通常——但不必须——声明专利审查员让该申请得以授权的理由。尽管少量申请在第一次美国专利商标局通知书时就被授权了，大部分申请在授权前都会收到一次或多次否定的官方审查意见。❶ 这是提交申请而后获得授权的一般流程。

在审查过程中，可能发生影响专利授权或影响后续诉讼的问题。例如，每项权利要求必须得到说明书正文内容的支持。如果权利要求不能得到支持，该权利要求就不应获得授权，即使假定权利要求是能得到支持的，如果现有技术使权利要求不具备新颖性或非显而易见性，权利要求也会被审查员驳回。如果审查员漏掉了相关的使权利要求不具备新颖性或非显而易见性的现有技术，该权利要求在后续的审判程序也会被无效。即使权利要求能够得到说明书的支持，也未被无效，在美国专利商标局的审查过程中有可能会对权利要求进行修改，如果进行了修改，如下面第二章将要讨论的 Festo 判例，权利要求的有效保护范围可能被解释为比修改前的保护范围小。这些案例表明专利权利要求的有效性和保护范围受到美国专利商标局审查过程的影响。

(2) 专利的再审程序

再审是由美国专利商标局进行的一个程序，考虑到有新的专利或其他印刷出版物提交到美国专利商标局，允许审查员对专利权利要求进行再审。再审程序可以由专利所有人、第三方或美国专利商标局发起。再审程序中的审查员可以根据所有相关的现有技术，包括之前已考虑的现有技术以及新的专利或出版物公开，对所有权利要求进行审查。审查员可能会撤销权利要求，也可能会维持权利要求。一些权利要求基于审查可能被发现是无效的，但是专利申请人可以提交对权利要求的修改，缩小其保护范围以克服相对于最近提交的专利或印刷出版物带来的问题。

---

❶ 非常少数的申请收到"一次授权通知书"。笔者一般告诉申请人会预期收到两次审查意见通知书，但是这只是一个平均数，笔者也看到过收到多达十次审查意见通知书的申请。

　　再审程序可以发生在专利被授权后的任何时间，但是通常和法院的专利诉讼有关，在这种情况下，通常是由诉讼的被告发起，这是一个非常重要的程序，可能极大影响部分或全部权利要求的有效性。根据美国专利商标局的统计数据，从 1981 年 7 月 1 日至 2012 年 9 月 30 日的 31 年期间共有 12569 次请求"单方再审程序"❶，作出 9328 例单方再审证书。在美国专利商标局作出的这 9328 个决定中，21% 判例的所有权利要求被维持（也就是说专利所有人获胜，克服了新的现有技术，权利要求的稳定性更高了），11% 判例的所有权利要求被撤销（专利正式"死亡"），68% 判例的部分或全部权利要求在专利所有人进行修改后被维持。本书中我们将看一些再审程序影响专利价值的判例。❷

---

　　❶　有两种再审程序，最常见的称为单方再审，任何公众可以提交再审请求，但是不参加后续程序。第二种称为双方再审，任何公众可以提交再审请求，同时要参加整个再审程序。涉及各种再审的规则很复杂，且自 2011 年 9 月 16 日签署通过了《Leahy–Smith 美国发明法案》后变得愈加复杂。这两种再审程序的不同与本书讨论目的并不相关。在 1981～2012 年的所有再审决定中，超过 96% 的为单方再审。上述报告的数据也是针对于单方再审。如果包括双方再审的数量，那么专利被无效的总数略微增多，专利维持的比率不变，专利撤销的比率小幅增加，修改后被维持的比率小幅减少。尽管这确实表明被告在双方再审程序中比在单方再审程序中更有优势，但是这些变化并不显著。所有这些数据都适用于 2011 年修改之前的专利法规。仅依据这些还无法知道法规的修改将对未来的再审程序统计数据造成何种影响，但是这并不重要，因为笔者想说的重点在于再审程序无论是在 2011 年新法之前还是在新法颁布之后，都可能会对专利权利要求的有效性产生巨大影响。

　　❷　对于 9328 项单方再审程序的统计数据来自美国专利商标局最近的报告 "Ex Parte Reexamination Filing Data – September 30，2012"，参见网址 http：//www. uspto. gov/patents/stats/ex_parte_historical_stats_roll_up_EOY2012. pdf. 从 1999 年 11 月 29 日到 2012 年 6 月 30 日的 398 项双方再审程序的统计数据可以参见报告 Inter partes reexamination filing data［EB/OL］.（2012 – 09 – 30）［2013 – 12 – 20］. http：//www. uspto. gov/patents/stats/inter_parte_historical_stats_roll_up_EOY2012. pdf.

第二章
专利评估

本章的目的在于开始回答三个问题。

（1）何为优质专利？

（2）优质专利与有真正价值的专利、高价值专利的区别？

（3）如何评估专利？

以上是本书的三个核心问题，不需要技术或法律的预备知识即可理解，如果已经对此很熟悉可以略过此部分。

本章的组织结构如下：

Ⅰ．关注的视角因人而异

Ⅱ．两种分析方式：基础分析和金融分析

Ⅲ．基础分析

（1）两种基础分析类型：专家和代理

（2）专家式基础分析法——三条准则

a. 有效性

b. 保护范围

c. 侵权可发现性

（3）代理式基础分析法——考虑因子

Ⅳ．金融分析

（1）专利的真正价值和金融价值

（2）专利全面分析的构成

（3）金融分析的类型

Ⅴ．技术拐点

I．关注的视角因人而异

何为优质专利，或者说何为高质量专利，这个问题的答案因人而异。专利质量就如同艺术之美一样，仁者见仁，智者见智。

如果您是一家公司，特别是初创高科技公司的投资人，您可能主要关注创新的保护。对您而言，优质的专利组合应该覆盖公司作出的重要创新。一项发明是否具有清晰的保护范围可能是您衡量质量的关键。

如果您是一位科技公司企业家，想通过专利出售或者对外许可使收益最大化，您可能希望专利的范围足够宽，能覆盖一个重要的技术领域，同时易于进行侵权判定和取证。

如果您是一个公司的管理人员（无论公司规模大小），只想专注于产品研发和销售，而专利对外许可或销售所带来的潜在收益可能不足以打动您，因此您可能对专利的对外许可或销售毫无兴趣。但是您必然会关心您的专利覆盖范围，尤其是您的专利保护范围能够足够宽，使得您可以用专利侵权诉讼来威胁其他人，同时制衡其他专利权人不敢起诉您，这样您就能自由地制造和销售产品。专利既不是防御，也不会给您带来直接的保护，而是使其他人心生忌惮而不敢来起诉您的武器。因此，专利可能给您带来间接的保护——在某些情况中可能非常有效，但并非直接的保护。对您而言，因为您只想达到以起诉要挟他人的目的，而无须真正发起诉讼，这种情况下，专利覆盖范围的大小可能比保护范围的清晰与否更重要。

如果您参与并购交易，不管是作为并购方还是被并购方的管理人员，还是投资人，或是融资顾问，以上的方法都不适合您。通过并购达成什么目标，决定了您对涉及并购交易公司的专利的态度。

您是否尝试过通过专利担保来贷款释放价值？或者您作为银行或贷方，以专利带来的潜在现金流担保而放贷？这就称为专利组合的抵押。作为贷方，您想要确保作为担保的专利价值能保证贷款可被偿付。

以上是否会真正导致对专利的视角不同？是的。不同的人对专利的需求不同。是主要看重清晰性还是保护范围？这因人而异。因此不同人需要的专利权利要求类型是不同的。

一般来讲，由于结构权利要求是被发明权利要求和说明书正文中描述的结构所限定，因此，结构权利要求往往是清楚的。结构权利要求的一个常见问题是"假定存在侵权，侵权者能否通过对专利规避设计来生产一个不侵权的产品？"如果您打算起诉，难以实施规避设计的结构权利要求更有价值。

一般来讲，方法权利要求不限于具体的结构，不如结构权利要求清楚。也就是说，一个包括方法权利要求的专利必然会包括至少一些支持所述方法的可能的结构。然而，在很多情况下，支持方法的结构并不仅仅限于专利中描述的结构。原因在于，这是方法权利要求而非结构权利要求。如果方法权利要求得到合理的支持，其保护范围可能比相应的结构权利要求更宽。因此，如果您只是想通过法律手段威胁他人，而不是真正起诉，您应该在专利组合中包括一些高质量的方法权利要求。然而，如同结构权利要求一样，方法权利要求也可以进行规避设计，问题在于侵权者是否能够实施一种不同的方法而仍达到相同的效果。

这意味着什么？为了覆盖宽的保护范围并且给予他人诉讼的威胁，这需要高质量的权利要求，而具有宽保护范围的方法权利要求尤其实用。另外，为了覆盖明确的侵权行为赢得诉讼，采用结构权利要求更优。这是否意味着应该撰写结构权利要求——不用包括方法权利要求呢？其实不然。最高质量的专利应该包括混合权利要求，通常既包括方法权利要求，也包括结构权利要求。

如上所述总结归纳如表2-1所示。

表2-1 方法权利要求和结构权利要求的比较归纳表

特 性	方法权利要求	结构权利要求
主要特点	保护范围宽	保护范围清晰
用 途	以起诉要挟	实际诉讼
主要目的	自由经营	产生收益
谁需要	公司管理人员、企业家	投资人、企业家

这个归纳表包括了一般的情形。侵犯方法权利要求和结构权利要求均要承担侵权责任。第三章至第七章中包括了很多成功撰写的方法权利要求和结构权利要求的案例。不过表2-1表明专利质量与覆盖保护范围宽度、保护范围清晰度和专利权利要求类型有关，方法权利要求和结构权利要求存在明显不同。❶

如 Malackowski 和 Barney 曾经评论的那样：

专利质量就如同审美一样，因人而异。如果您是专利所有人，衡量专利质量时，相对于技术的商业价值，将会更关注权利要求覆盖的保护范围。当然，

---

❶ 表2-1呈现的信息仅是一般性归纳。存在一些情形，即被告承担方法权利要求的侵权责任，而不侵犯对应的结构权利要求权利，同时也存在一些情形，即被告承担结构权利要求的侵权责任，而不侵犯对应的方法权利要求权利。表2-1的信息并不是特定方法权利要求和特定结构权利要求区别的最终结论。需要评价具体的权利要求。然而，一般而言，方法权利要求的保护范围一般更宽，但是不如对应的结构权利要求清楚。

权利要求的保护范围越宽，技术的潜在价值越高，专利质量越高。如果您是一个专利密集的技术领域的制造商或服务提供商，衡量专利质量时，会更关注潜在的专利有效性（这个专利是否应该被授权），以及权利要求保护范围的清楚和对权利要求保护范围解释的可预期（专利的保护范围和边界是怎么样的？我如何避免侵犯专利权？）。❶

Malackowski 和 Barney 并未考虑权利要求类型，但是他们讨论了不同立场的各自关注点。如果您是专利所有人，想要诉讼或以诉讼要挟他人，您需要具有宽保护范围的权利要求（而权利要求清楚与否相对而言就不重要了）。如果您是被诉的或被威胁的制造商或服务提供商，您最关注权利要求清楚（需要权利要求清楚，这样可以避免侵权）。简而言之，权利要求的保护范围宽更利于专利所有人，而权利要求清楚更利于防御型公司（当然是在假定防御型公司不侵权的情况下）。笔者同意 Malackowski 和 Barney 的观点。此外，笔者认为方法权利要求通常保护范围更宽，但是不如结构权利要求范围清楚，而结构权利要求通常范围清楚，但不如方法权利要求保护范围宽。❷ 还有一种说法是，结构权利要求由于其特点使其与专利中描述的结构联系紧密，而方法权利要求实施过程基于所描述的结构，但并不限于所述结构。❸

有几种关于专利质量的常见观点，是考虑了各种类型的权利要求的，而并未具体限定于方法或结构权利要求。以下我们来看看不同人士在文章"质量是保障专利前途的关键"中表达的三种此类观点：❹

① 只授权应该被授权的权利要求。如果授权的权利要求确实有效，专利才是高质量的。美国专利商标局授权的专利是否都是应该被授权的？如果是，专利则是有效的，有效性可以用来衡量专利质量。美国专利商标局前局长 Jon Dudas、丹麦制药公司诺和诺德的 Las Kellberg 和 Reza Green、制药公司葛兰素

---

❶ MALACKOWSKE E J，BARNEY A J. What is patent quality? a merchant bank's perspective［J/OL］. Journal of the licensing Executive Society，2008，（6）：123. http：//www. ocean－tomo. com/system/files/What_is_Patent_Quality_lesNouvelles_6. 08. pdf.

❷ 方法权利要求有更宽的保护范围，但是不如对应的结构权利要求清楚。这只是笔者个人的结论，也得到了各种资料的支持。例如，商业记者 Charles Duhigg 和 Steve Lohr 在他们的文章"Innovation a casualty in tech patent wars"（参见 the International Herald Tribune，October 9，2012，page 14）中认为：软件专利（基于算法）和商业方法专利的快速发展正在扼杀创新，这是由于这类专利的保护范围较宽，同时缺少清楚界定的保护范围边界。

❸ 如第一章所解释，手段功能性限定权利要求与说明书描述的结构联系紧密，但是仍然是结构权利要求，而非方法权利要求。尽管其形式与众不同，仍然支持结构权利要求比方法权利要求聚焦的范围更小的一般原则。

❹ Quality is the key to a bright patent future［J/OL］. Intellectual Asset Management Magazine，2008：6－11. http：//www. oceantomo. com/system/files/IAM_April_May_2008_Barney. pdf.

史克的 Sherry Knowles 以及 IBM 公司的 Manny Schecter 和 Marian Underweiser 都曾表达过这样的观点。

② 满足专利所有人需要的专利是高质量专利：专利是否满足了公司目标和专利所有人的目标？公司目标被微软的 Horacio Gutierrez 和通用电气的 Carl Horton 提到过。

③ 促进公共福利的专利是高质量专利：授权的专利是否满足了公共制度的目标？这种用公共制度来衡量专利质量的观点是被葛兰素史克的 Knowles 女士提出的。她提议建立健全的专利体系以保障对投资的充分回报以及鼓励创新。这也是美国联邦巡回上诉法院（the U. S. Court of Appeals for the Federal Circuit，CAFC）法官 Pauline Newman 提出的目标。笔者认为她的观点完美总结了专利的公共目标以及如何采用公共制度来衡量专利质量，因此，笔者在此详细引述她的观点如下：

"专利质量用专利对经济发展和科技进步的贡献来衡量。新产品、新产业、新机会带来的公共利益都会促进国家发展。一项经不起法律和技术考验的专利或者容易被规避绕过的专利，不管其技术内容如何完美，都是低质量的专利。专利应最广泛、最合理、最有效地激励技术创新和工业进步，专利的质量由是否有效地达到了该目标来衡量。"❶

以上三种关于专利质量的观点分别是：①专利是否有效？②专利是否满足了拥有专利的个人或公司的目标？③专利是否促进了科技和商业模式的创新？这些都是专利质量的合理观点。然而，如果您是发明人、投资人、咨询顾问或公司管理人员，以上关于专利质量的观点尽管是正确的，但可能并不会对您有所帮助。这是因为这些观点被假定是正确的，但是并未对专利进行认真的分析。最后，为了判定一个特定专利的质量对您有商业价值，您需要按照特定标准来衡量专利。这三种关于专利质量的常见观点是本书中讨论的评估方法的完善和补充。

II. 两种分析方式：基础分析和金融分析

分析专利和专利质量的两种最基本的方式为：基础分析和金融分析。基础分析是按照一些判定标准和评分标准评价发明的权利要求和说明书正文。

金融分析包括例如如下问题：

---

❶ Patents in the USA 2008 ［EB/OL］. http：//www. oceantomo. com/system/files/IAM_April_May_2008_Barney. pdf.

- 您能否利用这项专利赚钱？
- 实现这项专利的货币价值需要多少成本？
- 以之赚钱的最好方式是什么——许可、诉讼或其他？

这两种基本分析方式是互相交织的。金融分析技术用于确定专利交易可能带来的回报。这些技术通常复杂实用，但如果忽略或歪曲了基础分析的结果（或者根本不进行基础分析），那么金融分析的结果就不能得到充分的支持。

基础分析是评价专利质量的基础，但是由于缺乏终极目标，仅靠基础分析也是不够的，基础分析必须与以上讨论的衡量专利质量的方式相关联。专利是否满足了专利权人的商业目标？是否能依靠专利赚钱？针对这些问题，基础分析可得出首要的但非最终的结论。

III. 基础分析

（1）两种基础分析类型：专家和代理

有两种基础分析类型，您必须理解这两种分析类型以领会如何评估专利。这两种分析类型称为①专家式基础分析（Expert Fundamental Analysis，EFA）；②代理式基础分析（Proxy Fundamental Analysis，PFA）。❶

专家式基础分析是指有专利和技术背景的人——可以但不必须是执业专利律师或执业专利代理师——根据预定的标准分析专利。所有的专家式基础分析的核心在于人工认真通读专利的全部或部分内容以评价其质量。❷

而代理式基础分析是针对专利采用一种或多种算法得出质量评分，不需要任何人工审核。代理式基础分析可以由计算机全自动进行，也可以由人工严格采用准确算法标准来执行。

尽管专家式基础分析常常更深入、更准确，但有时候也会需要用代理式分

---

❶ 这些是笔者创造的术语，来解释"专家式分析"和"代理式分析"的区别。所谓"专家式分析"是熟知技术的人对专利进行评估。所谓"代理式分析"是自动评估质量。"代理"这个词并不代表错误或低质，事实上这类分析也有重要的用途。然而，由合格的法律和技术专家进行的分析，笔者称为"专家式基础分析"，也是最深入准确的分析。

❷ 一个人工评估者可以进行各种各样的评估。例如：①花几分钟评估摘要、发明概述和独立权利要求；②评估包括专利的其他部分和审查历史的关键点，大概要 15 分钟；③详细地评估专利的各个方面和审查历史，大约要 1 小时；④为法律行动作准备的评估，预期要进行许可、诉讼或出售的，可能要花上几天时间和上万美元。第 1 种方式最常见，尤其是需要快速浏览一个大的专利组合时。但是，所有这些方法都是人工评估者阅读专利的至少一部分，最终都是基于专利价值的三个一般标准——有效性、保护范围和侵权可发现性进行评估，本章后面将进一步讨论。

析来代替专家式基础分析或对其进行补充，主要基于以下原因。

① 专家式基础分析由于需要精通技术和专利的人花费时间和精力，价格相对昂贵。即使简短的评估，专家式基础分析也往往比代理式分析更昂贵、更耗时。

② 当需要对上千件专利进行评分或评级时，专家式基础分析则不仅仅是耗时，简直是难以完成。谷歌从摩托罗拉移动购买 24000 件专利时，很难相信谷歌会对所有的专利都进行专家式基础分析。当一个联盟从北电网络（Nortel）购买 6000 件专利时，会对这 6000 件专利都进行专家式基础分析吗？前一个专利交易涉及 125 亿美元，后一个专利交易涉及 45 亿美元，这两个专利交易本都可以依靠人工分析所有专利，但考虑时间的限制，这种人工分析是不现实的。换言之，代理式基础分析有助于聚焦专家式基础分析的范围，尤其是对涉及大型专利组合的分析而言。

③ 除了时间和金钱成本的考虑，有一些简单的情况也不需要进行专家式基础分析，例如，收购一家创业公司可能需要对其专利作专家式基础分析。然而，如果并购方不想出售或对外许可其专利，可能较简单的分析就足够了。如果一方被控告侵犯一个大型专利组合的专利权，可能就需要对所有基础专利作专家式基础分析。所谓的基础专利就是对技术创新作出巨大贡献的专利（基础专利将在第七章讨论）。然而，对非基础专利就不需要作专家式基础分析。

（2）专家式基础分析法——三条准则

a. 有效性

b. 保护范围

c. 侵权可发现性

专利评估分为两个阶段。

首先评估专利的基本文件，理解专利内容以及专利权人所认为的专利创新点。创新点是专利权人在说明书中以文字描述的发明点，应当是新颖的、具有可专利性的。作这种基本的评估需要看发明名称、发明概述和独立权利要求（可不包括从属权利要求）。

其次根据三个准则评估专利，这三个准则分别是：

① 权利要求的有效性（Validity）：根据评估者对权利要求的理解、知晓的该技术领域的现有技术以及专利法的现有状态，该独立权利要求是否有效？

② 权利要求的保护范围（Scope）：独立权利要求的保护范围有多宽？权利要求是否清楚？能否认定侵权人和侵权行为？侵权人改变产品、系统或方法

的设计以避免侵权的难易程度。❶

③ 侵权可发现性（Discoverability）：即使权利要求是有效的，保护范围是清楚的，也确实是侵权的，专利所有人能否发现并举证侵权行为？如果侵权行为无法被发现和举证，或能发现侵权行为但无法举证，权利要求有效性和保护范围就不是很有意义了。

笔者采用首字母缩略词"VSD"来作为基础分析的三个准则，也就是有效性、保护范围和侵权可发现性的英文缩写。通常采用这三个准则来评估专利，这也是专家进行专利评估的核心。❷

有效性

专利评估的一个基本问题和首要问题就是权利要求是否有效。一般这个问题只涉及独立权利要求，因为依据其定义，独立权利要求是专利中保护范围最宽的权利要求。如果独立权利要求有效，那么从属权利要求也很可能是有效的。❸

对有效性准则，存在假定，所有的授权权利要求都是有效的。毕竟，专利局的专利审查员作为受过培训的技术专家认为权利要求是有效的。

然而至少存在两种情况，这种假定会被推翻，认为专利权利要求是无效的。第一种情况，权利要求不应该被授权；第二种情况，权利要求被授权在当时是合理的，但是由于法律在某些方面的变化导致目前的权利要求是无效的。

1）权利要求不应该被授权

有如下可能性：第一种可能性就是发现了一篇现有技术——可以是专利、专利申请、技术文献或其他——使得权利要求不具备新颖性或创造性。审查员可能漏掉了这个现有技术，如果审查员发现了这个现有技术，权利要求就不会被授权了。这种情况时有发生。审查员作为技术专家审查其所属专业领域的申请，然而受时间所限，可能不容易发现一些现有技术（尤其是非专利文献和

---

❶ 改变产品或方法以避免侵权被称为"规避设计"或"绕过设计"。这两个名称可以互换使用。

❷ 通常采用这些准则来生成专利的某种评分。例如，每一条准则可能被评分为1、2或3，整个专利的评分可能是三个准则评分的平均值。或者，也可以给其中一个或所有准则赋予不同的权重。相反，代替给一个特定准则加权平均的方法也可以将某一个准则评为是或否。例如"有效性"可以被评为是或否，只有当有效性的结果为"是"的时候，才继续进行其他的评估。这种评分方法可能和1~3分式的评分法有所不同。除仅对三个准则进行评分，也可以对多个次级准则进一步评分。最后，不管用哪种评估方法，评估者都是要用某种方式判断专利权利要求是否有效——V 代表有效性，权利要求的保护范围宽度——S 代表保护范围，发现专利侵权的可能性——D 代表侵权可发现性。

❸ 如果独立权利要求有效，那么便意味着其不会因存在的现有技术而无效。根据定义，引用独立权利要求的从属权利要求的保护范围总是比其引用的独立权利要求保护范围小。因此，如果现有技术不会使独立权利要求无效，那么便不会无效引用它的从属权利要求。

外文专利）。本书中，我们将举一些案例，在这些案例中，由于在专利诉讼或再审程序中发现了现有技术，权利要求无效。

第二种可能性就是存在审查员不知道，事实上也不可能知道的一些外部事件，导致本来有效的权利要求被无效。笔者在本书中称为摧毁专利价值的外部事件，容后讨论。

第三种可能性就是审查员误授权。尽管美国专利审查员通常审查非常细致，但还是会发生错误。本书中列举了一些专利权利要求本不该授权的几种情况：

——术语转换：权利要求中采用两个短语表示同一含义，或者采用同一短语表示不同含义，使得权利要求难以理解或无法理解。

——不能得到说明书正文的支持：权利要求的理解依赖于"权利要求关键术语"，也就是定义权利要求的重要词语和短语。有时，权利要求可能包括一个无法得到说明书正文支持的关键术语。

——权利要求中关键术语的非标准使用：有时权利要求中使用了一个关键术语，但不是用本领域的标准含义。采用一个标准术语来表达非常规的含义，无疑将会给权利要求的理解和解释带来问题。

以上或其他问题可能导致有缺陷的权利要求被专利局驳回，但是不管因为什么原因，这样的权利要求即使存在缺陷，有时候还是会被授权。

2）法律在某些方面发生了变化影响了权利要求的有效性

由于法律的变化，权利要求可能被无效。这种变化可能推翻了专利权利要求有效的假设。例如，之前有一种权利要求类型称为"信号权利要求"，覆盖了承载信息的电信号。这种权利要求在 2008 年 *In re Nuitjen* 案之后被认为是无效的。❶

反之，法律的变化也可能在某些方面对权利要求有利，也就是之前无效的权利要求在法律变化后有效了，或者法律的变化使得权利要求的保护范围扩大了。作为一个权利要求保护范围被扩大的判例，在 *Akamai v. Limelight Networks* 案和 *McKesson Technologies v. Epic systems* 案中，CAFC 在 2012 年 8 月 31 日作出判决：不同于之前的司法原则，即使没有个人或单位由于"分离式侵权"承担直接侵权责任，专利原告也可以主张方法权利要求的间接侵权责任。该判决对方法权利要求的可能侵权责任作出了重大突破，而按照之前的原则是无法判

---

❶ 500 F. 3d 1346（Fed. Cir. 2007），cert. denied, 129 S. Ct. 70（2008）.

定侵权的。❶

当要人工评估专利的权利要求是否有效时，必须考虑司法原则或法律的变化。

保护范围

保护范围是指专利权利要求能锁定侵权人的能力，其包括很多概念，例如：①覆盖技术的宽度；②目前专利侵权程度；③可预期的未来侵权；④被告能针对专利权利要求规避设计的可能性。我们下面讨论这些概念。

1）通常权利要求覆盖的技术领域范围有多宽？

这个问题看起来很清楚，实则不然，这是由于如下几个专利概念造成的：（a）直接侵权和间接侵权；（b）相同侵权和等同侵权；（c）手段功能性限定权利要求。

（a）直接侵权和间接侵权：侵权的一种分类方法是分为直接侵权和间接侵权。直接侵权正如其名，意味着发现侵权者实施了专利覆盖的方法或使用了专利覆盖的装置。间接侵权又可分为两种：诱导侵权和帮助侵权。诱导侵权一般是指怂恿、教唆他人侵权，或采取某些行动导致侵权。❷ 帮助侵权在 35 USC sec. 271（c）中的定义，是指在美国境内许诺销售或销售用于专利方法中的部件，而该部件是专用于特定目的，且不具有实质性非侵权用途。❸ 两者的区别归纳如表 2 - 2 所示。

表 2 - 2　直接侵权和间接侵权的对比

分　类	普通侵权	诱导侵权	帮助侵权
侵权类型	直接侵权	间接侵权	间接侵权
涉及法条	35 USC sec. 271（a）	35 USC sec. 271（b）	35 USC sec. 271（c）
定　义	制造、使用、许诺销售或销售	怂恿或教唆他人侵权	提供辅助零部件

❶ 美国联邦最高法院的回应预计在 2013 年夏出炉，见 692 F. 3d 1310（Fed. Cir. 2012），writ of cert. requested in Supreme Court No. 12 - 960 [EB/OL]. http：www. laipla. net/wp - content/uplcads/2013/02/Wegner - Top - Ten - ok - 21 - 2013. pdf. 如果美国联邦最高法院决定提审（the writ of certiorari），那么此案可能在 2013 年后期或 2014 年早期开始审理，在 2014 年得到裁决。（2016 年 4 月 18 日美国联邦最高法院拒绝提审。——译者注）

❷ 参考：LEMLEY M A. Inducing patent infringement [J]. University of California Davis Law Review, 2005（35）：225 - 247. 也可参考案例 *DSU Medical Corp. v. JMS Co.*，471 *F.* 3d 1293（*Fed. Cir.* 2006），该案例明确表明诱导侵权承担责任的前提需要被告"知道或本应知道他的行为会导致侵权"，见 p. 1304。

❸ Sec. 271（c）下的帮助侵权责任需要一个类似于 sec. 271（b）下的诱导侵权的故意。作为承担帮助侵权责任的侵权人，被告必须明知所销售部件或其他物品为"专门制备或专用于所述侵权产品，且并非用于实质性非侵权用途的主要物品或交易商品"，35 USC sec. 271（c）。参考案例 *Aro Mfg. Co. v. Convertible Top Replacement Co.*，377 U. S. 476（1964）.

（b）相同侵权和等同侵权：相同侵权如同字面意思，是指侵权方实施的行为包括了结构权利要求的全部特征或方法权利要求的全部步骤。等同侵权是这样一种司法原则，即使字面上并未实施权利要求的全部特征或步骤，但是如果侵权方采用一种替换的特征或步骤，从而与权利要求的特征实现实质相同的功能，采用实质相同的手段，产生实质相同的效果，则应当承担侵权责任。

等同侵权存在两个问题。

第一，等同侵权的精确参数并不完全清晰，检验是否构成等同侵权的标准——也就是前面说的相同的功能、相同的手段、相同的效果——并未完全地阐明保护范围，因此很难确定等同侵权给专利带来多少价值。第二，美国联邦最高法院在 *Festo Corp v. Shoketsu Kinzoku Kogyo Kabushiki CO.* 案❶中判定：在专利审查过程中修改的任何权利要求特征都会缩小等同侵权原则下的权利要求的保护范围，除非专利权人能够表明并不是为了克服可专利性的要求才进行的修改，因此 Festo 案又给等同侵权增加了一种不确定性和限制。❷

（c）手段功能性限定权利要求：另一种给权利要求的保护范围带来不确定性的是手段功能性限定权利要求。如前所述，手段功能性限定权利要求是一种结构权利要求，其结构执行了说明书正文部分描述的功能。其他的结构权利要求不需要辅助，仅依靠权利要求中的术语来限定权利要求中的特征。相比之下，手段功能性限定权利要求需要在说明书正文和/或附图出现的结构来支持，如果没有说明书正文和/或附图出现的结构来支持，该手段功能性限定权利要求将不会被审查员授权，或者在诉讼程序中会站不住脚。因此，评价包括手段功能性限定权利要求的专利时，需要准确理解权利要求需要什么样的结构来支持，这种结构在专利的其他部分是如何描述的，这一点是非常重要的。❸

2）目前是否有对专利权利要求的侵权？如果有，侵权范围有多广？

a. 谁侵权了？（技术问题）

b. 什么产品或方法侵权了？（技术问题）

---

❶ 535 U. S. 722（2002）.

❷ 推荐一篇关于等同侵权的有趣文章，解释了这一概念的很多内容，可以参考：HUGHES C, LUTS R. Doctrine of equivalents：prosecution beyond the literal patent claims ［J/OL］. Intellectual Asset Management Magazine, 2008. http：//www. iam - magazine. com/issues/Article. ashx？ g = c112a8a4 - 87b2 - 4875 - ae3b - 8dfdbo5b9827.

❸ 某些专利从业者对手段功能性限定权利要求极其反对。例如："The use of means - plus - function language in the third paragraph ［of the example being discussed］ is just inexcusable. Means - plus - function limitations are so unnecessarily narrowing that their use is possibly malpractice", Strategic Patenting, op. cit. , p. 69.

c. 有多少部件、产品、方法或其他元件侵权了？（市场和金融问题）

d. 侵权行为的销售额多大？（市场和金融问题）

这些问题的答案将极大影响专利所有人在不远的将来通过专利许可或诉讼获得多少收益，因此是专利评估中的核心问题。

如果作为专利律师或专利代理师采用基础分析进行评估，至少要回答前两个问题。是否需要考虑后面两个问题，则根据评估者的立场、评估者工作机构的性质、客户的目标和意图的不同而定。评估时如果您分析自己拥有的专利，也就是说您想知道自己的专利将会带来多少金融价值，您需要回答所有以上四个问题。

3）将来是否有可能有对权利要求的侵权？如果有，预计何时会出现？侵权范围有多广？不管现在是否有侵权，将来可能的情况如何？

如果现在就有侵权，那么未来的侵权是否会加剧？为什么？有哪些公司可能加入侵权者的行列？从侵权数量和销售额来看，未来侵权的程度如何？

如果现在还没有侵权，未来是否可能开始有侵权？为什么开始？何时开始？将来哪些公司可能侵权？侵权的产品是什么样？从侵权数量和销售额来看，未来侵权的范围如何？

如果您已经得出结论，现在没有侵权，在可以预见的将来❶也不会有侵权，那么专利是没有经济价值的。遗憾的是，对于这一关键问题的答案是：尽管您的专利可能撰写得非常完美，权利要求得到了说明书正文的充分支持，专利质量可能很高，但是这些优势并没有意义，因为该专利是没有经济价值的。换言之，现在没有构成侵权，未来也不可能构成侵权的专利可能是高质量的，但是仍然不具有价值。

4）侵权人是否能针对专利的权利要求进行规避设计以避免将来的侵权？

规避设计是指一家公司或其他单位侵犯了一项专利权，但是能通过重新设计结构或方法来避免侵权，也即侵权人针对权利要求进行了规避设计。如果规避设计需要大量的时间和成本，那么规避设计可能只是一种理论的可能性，并不能实际实现。

----

❶ 当笔者说"可以预见的将来"，笔者通常指 2~3 年。专利从优先权日起有 20 年有效期，从授权公告日起大约有 17 年有效期。理论上讲，一个人可以说"市场在 5 年后或者 10 年后非常成熟"。事实上，市场中的人们对该说法很可能不感兴趣，认为是推测性的论断。为了使得一件专利现在有价值，您需要现在有侵权行为，或者有明确的预期，在不远的将来有大量侵权行为。这个规则有一些例外情况就是对于突破性技术，也有很少的在技术上很有远见的人愿意对一个长期技术下赌注。但是，这些都是罕见的例外情况。市场上大多数人——买方、卖方、经纪人、被许可人等——只对不远的将来的 2~3 年感兴趣。

如果规避设计是可行的，侵权人将能避免未来侵权带来的损失，还能避免禁令的影响。根据 35 USC sec. 283，将可能对侵权者颁布禁令，责令停止侵权，意味着不能实施该侵权方法，或制造、使用、许诺销售或销售该侵权产品。禁令可能摧毁一家公司的业务，给涉诉方带来巨大损失。但是如果可能进行规避设计，那么侵权人就可以减少担心了。

简而言之，规避设计可以避免未来累积的损失，使侵权人避免受到禁令的影响。但是侵权人仍然要承担截至规避设计之前的侵权赔偿责任，包括专利权人起诉时间前六年到规避设计时的侵权赔偿责任。尽管这仍然会带来重大损失，但相比于停业造成的代价，还是要小得多。

关于侵权需要考虑现在侵权、将来侵权，以及规避设计的可能性，如图 2-1 所示。

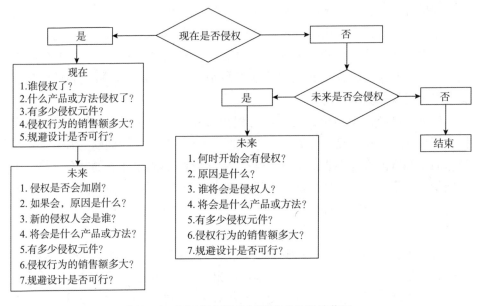

图 2-1　通过侵权评估权利要求的保护范围

5）权利要求保护范围和权利要求有效性的固有矛盾

为了保护范围讨论的完整性，需要认识到权利要求保护范围和有效性的固有矛盾。权利要求的保护范围越宽，权利要求包括现有技术覆盖范围的概率就越高。按照法律，如果权利要求的保护范围包括了一些现有技术，那么整个权利要求就是无效的。在本书中，我们将看到一些案例，专利所有人请求法院缩小理解权利要求的保护范围，被告侵权人请求法院扩大理解权利要求的保护范围。是否感到奇怪？在这些案例中，如果法院接受了较宽的保护范围，权利要求将被无效，这会正中被告侵权人的下怀。简而言之，权利要求保护范围和有效性是一对固有矛盾，保护范围宽，被无效的风险就大，有效性强有时伴随的是较小的保护范围。

两者的关系如图 2 - 2 所示。

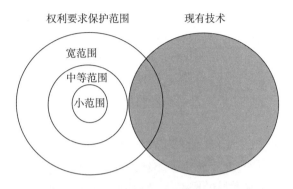

图 2 - 2 权利要求保护范围和有效性

图 2 - 2 显示了三种可能的权利要求保护范围：小、中等和宽。宽范围当然给出了最宽的覆盖范围，但是如图 2 - 2 所示，保护范围越宽，与现有技术重叠的可能性就越大。如果权利要求与现有技术重叠，即使少量重叠，专利审查员也不会授权这样的权利要求——即使权利要求被误授权了，也会在后续的法院、ITC 或美国专利商标局的程序中被撤销。图 2 - 2 阐明了权利要求保护范围和其有效性的固有矛盾关系。也可以说，权利要求的保护范围和有效性是一对天敌。

侵权可发现性

侵权可发现性的问题与一个古老的哲学问题类似："如果一棵树倒在一个森林里，周围没有人听见，它是否发出了声音？"因此，此处的问题在于，假设权利要求是有效的，被侵权了，但是侵权行为不能被发现，那么是否存在侵权呢？我们无须成为哲学家或考虑假设的问题，但是要明白，如果发现侵权是极不可能的，那么我们将无法确定权利要求是否被侵权，那么该权利要求从经济角度来讲是没有意义的。

有四种途径来发现专利权侵权：

1）查阅描述产品或方法的文献：该途径对产品或其他结构权利要求比对方法权利要求更常用。对于结构权利要求，表明专利侵权的主要文献来源是说明书、产品描述、技术白皮书和侵权人发布的其他信息。这些信息用来对专利权利要求和侵权产品进行直接对比来证明侵权行为。相对而言，方法权利要求

的侵权通常从结果推断，而不是从产品文献来确定。❶

2）外观检查：产品或结构可以通过外观检查来发现侵权。笔者并不是指看网上的图片，这属于以上讨论的文献查阅部分。笔者的意思是获取产品并进行检查。专利评估者可能并不拥有被主张侵权的产品，也没有时间和预算来获取该侵权产品。在这种情况下，评估者不能进行外观检查。然而，相比于只有有限时间和资源的评估者，专利权人检查自己的专利，情况就有所不同了。如果您有机会获取侵权产品，那么通过外观检查来确认侵权会是一种确定您的专利侵权可发现性的很好方式。当然，即使您获得了被主张侵权的产品，权利要求中的一些技术特征可能仍然是无法获得的，对这些技术特征，仅凭外观检查是不够的。

3）反向工程：被主张侵权的产品被获得、拆解，特定部件被检查，以此来发现和/或推导产品的设计和技术原理。在一些情况下，人们进行反向工程来试图重新构建相同或相似的产品，以确定是否正确理解了原始产品的原理。然而严格来说，拆解被主张侵权产品的过程本身就是反向工程。

反向工程通常是发现侵权的一种有效方法，但是昂贵且费时。评估要出售或许可的专利通常不采用反向工程，但是如果公司的团队为了对外许可专利或侵权诉讼，要对竞品进行检查，反向工程可能是值得进行的。如果您是一位技术专家，有时间有资源能获得被主张侵权的产品，您可以进行反向工程来证明侵犯专利权。

4）同一公司的多次前向引用：前向引用，如表2-3进一步解释的，是指在后专利或在后非专利技术文献中对专利的引用。有时发生这种情况，一家公司 X 的专利多次被另一家公司 Y 的在后专利所引用，如果发生这种情况，就是两家公司在相同的技术领域都很活跃的有力信号，其表明，但是并不能充分证实，Y 公司的产品或服务可能侵犯 X 公司的专利权。这并不是发现侵权的严谨的方法，但是可以作为一个寻找侵权发生位置的线索。这在用其他手段可能

---

❶ 可以查阅第三方（既不是侵权人，也不是专利权人）或侵权人自己撰写的产品和服务文献。任何一种文献都可以给侵权提供证据。一些专利权人更喜欢通过假定侵权人的文献来发现侵权行为，这是因为在一些判例中，这被认为更准确，而且也是一种被认可的行为。然而，聪明的公司可能筛选它们的产品文献和出版物公开的内容，只公开必需的信息，隐藏消费者不需要但是可能给公司制造麻烦的细节。第三方文献通常不会考虑筛选可能造成专利侵权的公开内容，从这个角度来讲第三方文献可能更有用。

很难发现侵权的那些情况下特别有价值。❶

发现侵权的方法小结：此处讨论的方法总结归纳在表2－3中。

表2－3 发现专利侵权的方法

方法	优势	不足	由谁来实施
查阅第三方文献	廉价、快捷	经常缺少确定侵权的技术细节	评估者；公司团队；专利权人
查阅侵权者自己的文献	廉价、快捷且意外的有效	有时不够充分	评估者；公司团队；专利权人
检查侵权产品	比查阅文献获得的信息更详细	比查阅文献昂贵，有时不起作用	公司团队；专利权人
反向工程	获得很多细节信息	通常昂贵耗时	公司团队；专利权人
Y公司对X公司的专利多次前向引用	易于检查，提供可能侵权的强烈信号；当发现侵权困难时尤其有价值	并不是发现侵权的严格方法；可能不能与公司Y的具体产品和服务相联系；仅在过去的几年里出现	简单易行，任何人都可以做

还有几种可选择的发现侵权的其他方法。❷

最后，您应该了解，"侵权可发现性"的重要含义在于缺乏可发现性将会使专利丧失价值。一项专利权利要求的侵权行为很难发现，那么这项权利要求就是低价值甚至毫无价值的。以下给出几个例子：

a. 制造方法权利要求：如果制造方法了无痕迹，那么如何发现该制造方法呢？"痕迹"（Trace）是指产品自身的某些内容或产品衍生的某些内容。例如，以某种方式制造的枪筒内孔，可以通过对枪筒进行外观检查来发现。如果内孔无法观察，至少可以从通过内孔射出子弹上的标记推论得出制造方法。但

---

❶ 严格来说，前向引用可以是专利申请人和/或专利审查员的引用，在任何一种情况下，都是在后的专利引用在先的专利。前向引用将在第七章中更详细讨论，此处注意的关键点在于：一家公司Y多次前向引用一件专利，至少表明Y公司对所述引用专利的主题很感兴趣。多次前向引用也可能表明，尽管并不会严格证实，Y公司的一些产品或服务可能侵犯所述引用专利的专利权。如果Y公司的很多专利中都前向引用X公司的多件在先专利，那么侵权的可能性更强，此处的侵权也只是表示一种可能性，而非确定证实侵权。

❷ 表2－3根据发现方法对如何发现侵权行为进行了分类。这不是发现侵权行为的唯一分类或者呈现方式。另外一种分类方式，是根据侵权行为被发现的难易程度进行，详见黑莓公司两位成员的精彩文章：WILSON S K, GARCIA T C. Patent application prioritization and resource allocation strategy [J/OL]. Journal of the Licensing Executive Society International, 2011（6）：87. http：//www.lesi.org/docs/les－novelles－ancillary－content/Patent_Application_Prioritization_And_Resource_Allocation_Strategy.pdf.

是很多情况下，产品本身无法表明产品是如何制造的。

b. 半导体权利要求：半导体权利要求可能非常难以发现侵权。半导体的产品文档通常不够详细而不足以确定侵权，侵权也不是简单可见，使得相对昂贵的反向工程成为证明侵权的唯一选择。❶

c. 方法权利要求：方法权利要求通常不能被检查，因此，评价可发现性可能要依赖①文献（如存在）或②主要基于产生的结果，其次基于为得到该结果对系统所作的输入，来推断方法可能是如何进行的。方法的特性就是其是行为而非物理实体，因此相比于侵犯结构权利要求专利权的产品而言，经常较难发现侵权。❷

（3）代理式基础分析法——考虑因子

第二种基础分析方法是代理式基础分析，是将专利和特定的预定因子进行比较，生成专利评级或分数的自动分析方法。一般情况下，分数越高反映专利的质量越高。

不同的人在采用代理式基础分析评价专利质量时所考虑的因子有很多，其认为重要的因子也不尽相同。基于这些考虑因子生成算法。然后专利被放入评估库，用上述算法对专利进行分析，生成质量分数并形成报告。对成百上千的专利来说，采用这种自动分析的方法能够更快地生成单个专利的分数以及整体专利组合的分数。

代理式基础分析有两种基本类型：一种结合多个考虑因子来确定质量分数，每个考虑因子我们称为"元因子"，另一种只考虑特定因子，而非所有

---

❶ 在最近的判例中 *Carnegie Mellon University v. Marvel Technology Group, Ltd and Marvel Semiconductor, Inc.* 美国宾夕法尼亚洲西部地区法院，No. 09－00290，陪审团在 2012 年 12 月 26 日作出判决：被告侵犯了卡耐基梅隆的两项半导体专利的专利权，尤其是侵犯了 US6201839 的方法权利要求 4 以及 US6438180 的方法权利要求 2 的权利。陪审团判决赔偿卡耐基梅隆大学 11.7 亿美元。例如参考 Jad Mouawad "Use of university's patents costs Marvel a big penalty"。卡耐基梅隆大学是如何发现侵权的呢？在发现侵权的各种方法中，Marvel 对上述卡耐基梅隆大学的两件专利都比其他任何公司有更多次前向引用。在 2009 年 3 月提起诉讼时，共有 57 件授权美国专利引用卡耐基梅隆的两项专利，其中的 57 件专利中，Marvel 的为 16 件，占 28%。Y 公司多次前向引用 X 公司的多件专利，表明但不会证实 Y 公司对所述引用专利很感兴趣，Y 公司的一些产品或服务可能会侵犯引用专利的专利权。笔者无法确定卡耐基梅隆大学是否通过前向引用分析获知侵权，但是确实可能是这样的。无论如何，几乎确定的是，卡耐基梅隆从受到的多方的关注中，已经开始注意 Marvel 的行动了，至少是在一般意义下。一个更有趣的问题是为什么卡耐基梅隆只选择起诉 Marvel，而不同时起诉也引用了其两件专利的其他公司，如 Alcatel－Lucent、Broadcom、IBM、Qualcomm 和 Seagate Technology。

❷ 如果公开执行了方法中的所有步骤，发现侵权就不那么难了。在我们称为"商业方法"的领域里，这很典型。而我们称为"制造方法"的，由于其方法的自身特点，发现侵权相对较难。

"元因子"。

　　两种最常用的"元因子"为：

　　① 专利所有人向美国专利商标局缴纳维持费来维持专利有效的可能性。在美国，专利被授权后，在第 3.5 年、第 7.5 年和第 11.5 年需要缴纳维持费。对于 2013 年 3 月 18 日前缴纳的，上述维持费分别是 1150 美元、2900 美元和 4810 美元。对于 2013 年 3 月 18 日及之后缴纳的，上述维持费分别是 1600 美元、3600 美元和 7400 美元。❶ 大多数专利并未维持到最后的维持费缴费期。❷ 一种理论认为，如果专利所有人缴纳费用，一定是认为这个专利是有价值的，值得继续缴费，这就是专利价值的基础。元因子并不是"专利所有人是否已缴费"，而是基于元因子中包括的特定因子——"专利所有人是否会继续缴费"。因此，元因子是由确定专利维持费是否会继续缴纳可能性的特定因子组成的。

　　② 专利被用作专利诉讼的可能性。一种理论认为，如果专利权人愿意花时间、金钱（可能上百万美金）和精力来提起诉讼，则是专利权人认为专利有价值的明确信号。专利持有人的主观判断是专利价值的一种评价手段。

　　尽管代理式基础分析并非本书的主要重点，理解其基本参数仍然是很重要的。笔者将与代理式基础分析法最相关的一些因子列在表 2-4 中。其中一些因子还会在第七章中详细分析。

表 2-4　PFA 考虑因子列表和定义

	考虑因子	定义和解释
1	专利权利要求的数量	一些人认为权利要求数目越多越好，理由是可以获得更充分的保护，权利人愿意支付更高的申请费来获得附加的权利要求
2	专利同族中授权专利的数量和未结案的专利申请的数量	专利同族包括具有共同优先权的专利和专利申请。一些人认为，专利同族数量越多越好，因为专利同族数量多表明专利所有人对此专利主题更感兴趣

---

❶　对于"小实体"，维持费分别是上述标准费用的一半。费用增长前和增长后都是一半。

❷　参考 MOORE A K. Worthless Patents［J/OL］. Berkley Law Journal，2005，20：1526. http：//btlj. org/data/articles/20_04_02. pdf. 该研究报告提出历史上 54% 的专利不会维持到它们法定周期的最后。这一研究是基于 1991 年授权的 96713 项专利，是一项非常好的研究，但是需要进行更新。笔者未曾获悉最近的其他任何关于美国专利的维持比率的相关研究。研究报告的作者本人 Kimberly Moore 以前是一位法律教授，现在是 CAFC 的一名法官。CAFC 是专利诉讼中的唯一上诉法院。

	考虑因子	定义和解释
3	后向引用的数量	后向引用是指在专利中引用在先的专利，一些人认为后向引用数量越多越好，因为更多的引用表明专利所有人对此专利主题更感兴趣和/或专利所有人对现有技术作了更全面的检索
4	申请在美国专利商标局的审查时间	一些人认为审查时间越长，表明专利所有人愿意投入更多来获得该专利
5	专利所属的技术领域	一些技术领域被认为更有价值潜力
6	专利权人是否获得更正专利错误的更正证书	如果是，表明专利所有人对该专利更关注更感兴趣
7	是否已经缴纳维持费？尤其是，后期继续缴纳维持费的可能性，这是一个元因子	不缴纳维持费对专利价值是致命的，因为这表明专利所有人对该专利没有兴趣。但是，关键并不是实际的缴纳，而是缴纳的预期。一些人认为对缴纳维持费的预期，表明专利的质量较高
8	前向自引用的数量	前向自引用是同一专利所有人在后专利中的引用。理论认为引用的数量越多越好，专利所有人补充申请表明对此专利主题更感兴趣
9	专利所有人是否变更过？	一些人认为专利所有人的变更表明有人对获得该专利有兴趣，这与专利价值相关
10	专利是否经历过再审程序？	一些人认为请求再审方对专利感兴趣（此外，假定再审程序能成功，则至少一些权利要求是被肯定的。反之，如果所有权利要求都被撤销了，再审程序结果糟糕，则表明专利是没有价值的）
11	专利是否被抵押（专利是否被用作抵押来获取贷款）？	认为专利被抵押说明在贷方的角度专利是有价值的
12	专利是否对外许可？	一些人认为许可带来巨大收益是专利有价值的一个明确信号
13	专利是否被用于诉讼？	专利所有人愿意承担巨额诉讼费用表明专利所有人对专利是有兴趣的
14	专利是否属于某专利池？	把专利放于专利池需要花费时间金钱，专利所有人这样做，是专利所有人认为专利具有价值的明确信号
15	前向它引的数量	前向它引是在后专利中的引用，在后引用专利和被引用专利所有人不同。普遍认为前向它引的数量越多，表明该领域的人对该专利的关注度越高，专利越有价值

Ⅳ. 金融分析

除了基础分析，金融分析是第二种通用的专利分析类型，是基础分析的延续和完善。当您问自己"怎么知道我的专利质量如何？"您真正想了解的是"这个专利是否能给我带来收益或其他实实在在的经济利益？"本书的主要主题是只有您已经对专利，尤其是独立权利要求作过基础分析，您才能回答您的问题。但是，仅仅基础分析是不够的，金融分析才能确定金融价值。

尽管金融分析很重要，但并不是本书主要关注的主题。在此，笔者仅简要解释：①专利的真正价值和金融价值的不同；②专利全面分析的构成，如何分配真正价值和金融价值的比例；以及③金融分析的主要类型。

（1）专利的真正价值和金融价值

当专利满足①权利要求撰写得好，②权利要求得到说明书正文的充分支持时，则认为专利是高质量的。如果再加上③目前存在侵权（或即将有侵权），④没有与专利相关的外部事件可以通过无效权利要求或使权利要求无法执行来削弱或摧毁专利，则专利是有真正价值的。前三个要求是积极因素，是要实现专利真正价值首先必须要达到的；最后一个要求是消极因素，为了保证专利的价值，必须避免这种事件的发生。

权利要求质量根据 VSD 模型来评价，即权利要求有效性、权利要求保护范围、侵权行为可发现性。这三个准则以这样或那样的形式被用于每种评价系统来评价权利要求的质量。

真正价值不同于金融价值，后者是附着于专利权利要求的，或至少可能是附着于专利权利要求的。为了确定专利的金融价值，必须进行分析获得基于 VSD 模型的专利的真正价值，再结合权利要求覆盖范围的市场分析，然后采用一种金融模型来估计专利的金融价值。不了解专利的真正价值，则所进行的金融估值是没有意义的，可能根本无法计算出来。真正价值是金融估值的基石，了解真正价值是评估金融价值的关键。

（2）专利全面分析的构成

一般来说，专利全面分析由以下三种分析组成：

基础分析：

专利 VSD 分析结果如何？

a. 有效性：独立权利要求是否有效？

b. 保护范围：独立权利要求的保护范围是否合理（包括覆盖范围宽度和规避设计的难度）？

c. 侵权可发现性：能否发现侵权？

市场分析：

权利要求可能应用的市场是什么？

尤其是：

a. 专利权利要求覆盖的特定市场范围是什么？

b. 每个市场目前和将来分别有多大？

c. 侵权者对专利进行规避设计的难度有多大？

金融分析：

基于基础分析和市场分析，下面要讨论，金融分析能给出什么金融价值或金融价值范围？

基础分析和金融分析有一些重叠，这是不能避免的。简单来说，这种重叠发生在中间阶段，也就是上述的"市场分析"阶段。

基础分析包括对权利要求有效性的评价，这部分根本不属于金融分析的范畴。基础分析还包括对侵权可发现性的评价，金融分析中也进行类似的分析。（只有对可被识别的，存在潜在侵权可能的市场范围，才能进行市场分析和金融分析。）而主要的重叠就是对权利要求保护范围的评价。

在专家式基础分析中，需要人工估计可能侵权的市场范围。评估者可能知道侵权的特定公司以及侵权产品或服务。因此，基于法律意义上的权利要求的保护范围宽度，以及评估者对专利权利要求可能涉及市场的基本常识，专家式基础分析评估者来确定权利要求的保护范围。

相比之下，在金融分析过程中，要确定具体的市场范围，包括侵权技术、产品和公司的样例。然后，根据现有侵权市场以及侵权市场的增长率来量化侵权市场的范围，搜集详细的市场情报并进行评估，这是市场分析的一部分。金融分析过程中的市场评估比 EFA 评估者进行的市场范围分析更细化，对市场会有更深入、更准确的认识。金融分析过程中的市场评估通常由业务开发人员或市场经理而非专利专家进行，作更加深入的量化分析，以形成金融分析的基础。

有了对专利和深入市场信息的基础分析之后，应用一种或多种金融分析方法来确定专利的潜在金融价值。金融分析方法将在下面讨论。

（3）金融分析的类型

有三种基本的专利金融分析方法，分别是收益法、成本法和市场法。

① 收益法。本质上是算出专利或专利组合在一段期间内（限于专利的生

命周期）可能产生多少收益，再按照一定比例折算来得出专利或专利组合的净现值。

有很多种由收益法演变来的方法，例如：

（a）直接现金流法：由专利获利或专利许可收入，公司获得或预期获得多少收益？

（b）专利许可费节省法：假定公司不拥有这些专利，公司为使用这些专利将支付多少专利许可费？

（c）多周期超额收益法：专利在中长期阶段比其他资产的贡献多多少？

（d）增量现金流法：专利贡献的增量现金流有多少？

这几种从收益法演变来的方法在可免费获得的互联网资料中被反复详细讨论过。理论上讲，收益法是金融分析的最佳方法。这是因为收益法评估了专利带来的实际利益，然后按照适当比例折算确定收益的净现值。但是，由于估算所有专利的未来现金流很困难，估算新专利和未经验证的专利尤其困难，收益法也并不完美。

② 单个专利或专利组合的成本相关的成本法。要考虑两种成本，一种成本是再生产成本，是使得专利具有价值的成本。如果获得专利的成本是 2 万美元，维持专利有效的成本是 1 万美元，❶ 则再生产成本是 3 万美元。再生产成本法通常对专利的估值相对较低，其优势是再生产成本通常容易得知。然而这种成本理论上还比较薄弱，因为其仅与过去的花费有关，不考虑未来的使用或收益流。成本法忽视了专利在市场上的实际价值，仅着眼于专利申请的准备、申请和诉讼成本。

另一种成本是替代成本，是指一方继续实施但是采用不同方法的成本。在专利领域，替代成本就是指侵权者要对专利进行规避设计所花的总体成本，包括规避设计的成本和任何制造的附加成本（包括例如设备更新、培训工人、替代库存等）。

举一个规避设计的例子，如果发明是关于一种车辆用的特殊的灯，发明的一项权利要求限定了白炽灯，制造商为了规避这个权利要求，采用 LED 灯。但是，制造商要重新设计电力系统来适应 LED 灯，销毁仓库中的侵权部件，购买 LED 灯（LED 灯一般比白炽灯贵），调整销售说明书等，这些可能导致巨

---

❶ 在 2012 年 10 月 5 日到 2013 年 3 月 18 日之间，维持一件美国专利至整个法定生命周期的总费用是 8860 美元。从 2013 年 3 月 19 日开始，维持一件美国专利至整个法定生命周期的总费用是 12600 美元。此处的费用数据适用于平均情况或者大实体。而小实体的定义在随时间发生变化，小实体维持专利的费用是大实体的 50%。

大的成本。

在这两种成本法——再生产成本和替代成本中，后者的估算比前者更难，因为替代成本包括更多未可知的变量。可能也正因为此，替代成本法不太被主张去单独作为专利评估的方法，但是可以和其他金融评估方法结合使用。

③ 市场法。市场法也有至少两种方式。一种方式是将当前资产与可比的资产，例如同类别同等质量的专利进行比较。另一种方式是根据其他类型资产，也许是商誉或其他已知估值的无形资产进行类推，来得到专利的估值。通常，市场法对于不动产估值非常好，但是对于专利估值效果不好。因为通常是不知道专利的售价的，即使知道，专利资产的价值也不直接具有可比性。❶

结论：不管选择采用哪种金融分析方法，金融分析结果仅仅是一个估值，可能是一个估值范围的形式。金融价值也因不同分析人、不同分析动机而异。尽管对无形资产（例如专利）的金融分析不那么精确，但在各种商业背景下，例如出售公司的估值、上市公司的估值、专利组合的收购、或获得专利的许可，仍然非常必要。金融评估通常基于基础分析和金融分析的结合。而且，不同的人对同一专利的评估结果可能有极大的差异。例如对于债权人，最重要的问题是其是否能覆盖短期的债务。因此，对债权人，确定能够付款和及时的现金流最重要。对公司的股权投资者或专利买家而言，更重要的是专利整个生命周期能带来的总体现金流。❷

---

❶ 一篇有趣的相关文章参见 BADER A M，RUETHER F. Still a long way to value – based patent valuation the patent valuation practices of Europe's top 500 ［J/OL］. Journal of the Licensing Executives Society International，2009（6）：121 – 124.

http：//www. wipo. int/edocs/mdocs/sme/en/wipo_insme_smes_ge_10/wipo_insme_smes_ge_10_ref_theme06_01. pdf. pp. 121 – 124. 也可参考专利 OCEAN TOMO，LLC. Method of appraising and insuring intellectual property：US7536312［P/OL］.［2009 – 05 – 19］［2012 – 03 – 15］. http：//www. freepatentsonline. com/7536312. pdf. 可在下述网址免费阅览，这项专利讨论了三种基本的专利金融分析方法。

❷ 对于专利聚合者，动机可能完全不同。"专利聚合者"是基于特定目的聚合管理多件专利的实体。获得专利，并从潜在的被许可人获得价值的聚合者通常被称为"非实施主体"，简称"NPE"（Non – Practicing Entity）从可能成为诉讼的原告方获得专利的聚合者通常被称为"防御型专利聚合者"，简称"DPA"（Defensive Patent Aggregator）。DPA 通常代表多家公司，作为一个组织聚合财力资源来获得专利。聚合者的动机可能同其他人的动机不同。例如，对 NPE 来说，是否能从几个被许可人快速获得财务和解，可能极大地影响专利的金融价值。另一个例子是，对于 DPA 来说，涉及专利的主题是否与其代表的特定公司有关。更具体地说，其代表的特定公司是否有兴趣获得所述专利，可能极大地影响专利的金融价值。

Ⅴ. 技术拐点

在本书中，如何识别优质专利和有真正价值专利的内容贯穿始终，在第八章中将进行总结。根据本书的组织结构，第三章到第七章以具体案例的形式介绍优质专利。但是，在看这些例子之前，我们要确定高价值专利的一些标准。首先，我们定义两个术语——"创新点"和"技术拐点"。

创新点：创新点是专利中描述发明的一部分，同已知的现有技术相比，是新颖的、实用的、非显而易见的。专利评估者应该会问以下两个问题：

（a）所有作为专利一部分的专利创新点是否都在专利的说明书正文中得到了详细描述？

（b）假如专利创新点确实在说明书正文中得到了详细描述，那么所有的专利创新点是否都被专利权利要求覆盖？

优质专利的说明书正文清楚，每一个创新点都包括在结构清晰、无多余限定、清楚明白的权利要求中。如果每一个创新点都被清楚地解释，而且在说明书正文和权利要求中的解释一致，则专利是优质的。如果存在说明书正文和权利要求的解释不一致的情况，将可能会导致以下的结果：

（a）如果说明书正文描述的比权利要求的范围宽，根据法律，说明书正文中出现的而未包括在权利要求中的内容将捐献给公众。这可能对公众是有利的，但对权利人而言可能是灾难性的结果。

（b）如果权利要求限定的比说明书正文的宽，那么后续发展会难以捉摸。也许，结合说明书描述的窄范围和权利要求限定的宽范围能定义一个清楚的权利要求的保护范围，这种情况当然好。但是也可能法院会裁决该权利要求的宽范围得不到说明书正文的支持，这种情况下，权利要求将会被无效，结果就是不利的了。

这里的指导原则很明确：

- 权利要求清楚限定，包括您想要保护的每一个创新点。
- 确保权利要求能得到说明书正文的支持。
- 不要将创新点仅包括在说明书正文中而不包括在权利要求中。❶

技术拐点：技术拐点是指在现有技术中比较重要，对技术进步很关键的

---

❶ 当然，如果您想在将来的专利申请中覆盖说明书正文描述的其他部分，说明书正文可能需要比权利要求更宽。完美的情况是您现在或者将来的申请中的权利要求保护了说明书正文提及的每一个创新点。

点。如果您在专利权利要求中描述限定的创新点同时也是一个重要技术的拐点，那么您的专利可能很有价值，甚至可能是很高价值的。例如，高能量密度电池的重大突破可能是电动汽车技术的技术拐点。❶

如何识别技术拐点呢？明确的答案是：找出系统存在的缺点或瓶颈。如果能克服该缺点，或至少能扩大瓶颈，创新点就可能有价值了。在试图开发高价值技术和保护该技术的高价值专利时，重要的第一步就是找出该领域人士所认为的要解决的"好问题"。❷ 下面列举几个潜在技术拐点的例子。

工程师经常说解决一个问题 90% 的工作在于正确地定义问题。在假定该说法正确的情况下，找出并准确地解释"好问题"对撰写优质专利（或识别出已授权的优质专利）具有重要意义。反过来说，低质量的专利通常解决根本不存在的技术问题，或解决的问题已经被更简单、更低价、更快捷或更好的实现方法所解决。

什么样的缺点可能会指向好问题？技术中的两种缺点可能构成发明要解决的好问题。

第一种是缺点可能被显著地改进，对方法或系统产生极大的改进效果，包括使系统的缺点最小化或避开该缺点的专利。

第二种是突破性转变，相对于现有方法或系统是全新的、更优的。这被称为技术的重大突破（有时称为颠覆性技术）。这种重大突破带来的效果也是巨大的，但并不经常发生。

有时，对现有系统的重大改进和对新系统的突破性转变的界限并不明确，有时即使真的发生了突破性转变也很难被知道，不管怎样，关键在于新的技术以及其涉及的专利显著地改进了技术的功能。

下面是几个技术拐点的例子。

---

❶ 让评估者识别出涉及某一特定技术专利的情况是有的。通常问的问题是："您能识别出技术 X 的专利吗？技术 X 是否被专利的权利要求覆盖了？"例如，如果客户需要涉及先进的手机技术的专利，评估者可能查看专利是否与所谓的第二代（"2G"）技术、3G 技术、4G 技术、LBS（基于位置的服务）相关。在这种情况下，评估者的客户可能想获得许可或购买涉及特定技术拐点的专利。

❷ 发现好问题的重要性在 Jon Gertner 最近的著作中有所介绍：CERTNER J. The idea factory：Bell Labs and the great age of American innovation［M］. New York：Penguin Press, 2012. Bell 实验室是 Bell Telephone System 的研发机构，从 1925 年直到 1984 年 Bell Telephone System 瓦解，无疑是人类历史上最伟大的公司研发中心，至少是在信息通信领域。Bell 实验室产生了大量的电子技术领域的创新，1937～2009 年获得了 14 项诺贝尔物理奖。Bell 实验室的奠基人认为好的想法有很多，但是"主要的是，他们（奠基人）致力于寻找好的问题"（上述书的第 33 页）。一个好的问题经常通过"寻找可以改进的缺点"找到。

例1　机动车辆

机动车辆用内燃机提供动力，通常有燃料吸入、压缩、燃烧、废气排出四个工作流程。内燃机的效率通常不会超过30%，也就是说只有30%的燃料产生的能量真正用于给汽车提供动力，另外的70%由于热、振动、废气和其他无用的效应而损失掉了。由于浪费的能量和相关排放（内燃机的直接排放和生产汽油时产生的间接排放），内燃机成为世界范围的重要污染来源。

这就是一个需要好的技术方案的好问题。换言之，70%的能量损失，更不用说产生的严重污染，就是车辆系统的一个缺点。某些解决方案可以将能量效率从30%提升几个百分点。❶

另外，一个潜在的优秀解决方案可以是突破性转变，从石油内燃机转变到完全不同的东西，例如氢气发动机、核发动机、电池发动机（电源通过化学存储）。现在卖的电动汽车就是电池供电的，可以再充电。由于效率超过80%，减少了污染，电动汽车就是车辆运输技术的突破性转变。❷

例2　早期电话

在有线通信的早期，电话系统存在两个薄弱部分：电子管和切换继电器。电子管结构复杂，制造困难，消耗大量电力，产生很多废热，不可靠。切换继电器是机械的，具有金属疲劳、易腐蚀、可动部件易磨损、物理堵塞这些问题，❸ 而且切换继电器相对也比较慢。

这些缺点被充分意识到了。采用更好的材料和改进的制造方法可以缓解这些问题，但是最终的解决方案是从采用电子管和继电器转变为采用基于晶体管的固态放大器和开关元件。将固态元件应用于计算机系统也可以认为是突破性转变。要产生这种突破性转变需要克服很多困难，但是我们能确定的是，能克服这些困难的方法和系统的专利将具有极高价值，这些将是高价值的专利。

例3　移动通信

移动通信领域是一个确定技术拐点的值得挖掘的领域，让我们来看一下两个这种技术拐点。

---

❶ 两种这样的解决方案在Erica Gies的文章中有所介绍，分别是Scuderi split - cycle发动机和Eco-motor two - stroke发动机。笔者不会在这里介绍任何一种发动机，只想说这两种发动机依然是基于传统燃料的传统燃烧，但是使用了更优的方式。

❷ 由于无论能源采用汽油还是电力，能量的计算还必须考虑产生源能源的效率，因此，能量的计算比此处介绍的要更复杂。但是，在大多数假设下，电动汽车都会比汽油汽车极大地提高能量效率，极大地降低污染。电动汽车的问题在于目前电池的能量重量比很差，现在相关各界正在努力加强研发来提高能量重量比。

❸ 完整的故事在Jon Gertner的关于Bell实验室的书中进行了描述。参见GERTNER J. The idea factory：Bell Labs and the great age of American innovation [M]. New York：Penguin Press，2012：52.

移动通信的一个问题如同内燃机一样是浪费能源。在移动通信系统中，在任何特定时间都有信息从一个点发送到另一个点（或点对多点系统中的多个点）。但是，因为至少一个通信点是移动的，能量必须传输到很广的区域来确保通信连接。很多传输能量就此被浪费掉了，因为移动通信不像有线通信，不存在如电话线那样地聚焦的、可靠的波导。在移动通信系统中如何减少能量浪费？更好的天线会有帮助吗？改进处理接收到的信号的方式可行吗？是否可能创造一种移动点对点通信来显著地提高现有蜂窝系统中的带宽？现在系统中采用的方案是波束成形，发射机的天线方向图在接收机的方向进行数字控制，因此能最大化该方向的通信增益。也可以采用其他的解决方案。总之，能减少通信系统能源浪费的方案就是潜在的技术拐点。

移动通信另一个典型问题是对电池的依赖。对于移动设备来说，电池的寿命一直是一个问题。如何解决这个问题？一些小幅改进式的方法试图增加电池能量密度。这些方法可能有效，但不会产生技术拐点。另一种改进是在基础设施中增加更多通信单元，每一个通信单元覆盖的范围可以小一点，其结果就是通信单元使用较少的能量与系统进行通信。所有这些方法可能都会对现有系统有所改进。一种彻底不同的方法是改变移动设备的充电方法，被称为无线充电的方法（正式的名称为感应充电或电磁感应充电），目前受限于充电设备和移动设备之间的距离。如果我们能增加距离而不损失效率，将获得一个移动通信系统中电池充电技术的突破性转变。如果发生突破性转变，覆盖其的专利可能会非常有价值。

例 4 在线视频

互联网在不远的将来的一个巨大问题是视频数据（特别是高清视频数据）的爆炸性增长。在此发生之前，人们将开发出新的技术来存储、压缩、传输和显示数据以克服所述问题。将采用什么方案？是改进还是突破？这些问题目前还没有答案。但是我们认为旨在解决这个问题并且提供解决方案（暂时或永久、部分或全部、局域性或系统性）的专利将会是优质专利。

例 5 数据中心

很多趋势在走向融合，包括互联网视频、不断增长的移动应用和云计算。这种融合的结果就是数据中心的大规模出现。数据中心是把大量服务器集中在一个位置。这种数据中心消耗大量的电力，造成严重的污染。但是，超过90%的电力消耗不是用于电力运行，而是运行备份服务器和处理单元。是否能开发出可以关闭不用的服务器或靠较少的电力运行服务器或以不同的方式存储电能（例如机械飞轮或压缩热空气）的技术？能够改进数据中心性能的技术也可能涉及技术拐点。

第二篇

优质专利和优质专利组合的示例

第三章
优质专利的法庭判例

诉讼胜利，赢得数百万美元的法庭判决或者庭外和解，是专利具有真正价值和重要金融价值的强有力标志。本章的目的在于给出专利诉讼的一些基本知识，并从胜诉专利中获得构成"优质专利"的经验启示。

第三章的内容组织如下：

Ⅰ. 专利诉讼入门

Ⅱ. 胜诉案例

a）*AT&T v. Vonage*

b）*Uniloc v. Microsoft*

c）*i4i v. Microsoft*

d）*TiVo v. EchoStar*

Ⅰ. 专利诉讼入门

类似其他形式的民商事诉讼，专利诉讼源于对立双方——专利权人（通常为原告）以及被控侵权人（通常为被告）——各自对诉讼前景的观点相左。❶ 如果双方的预期相去甚远，原告可能会认为专利对被告有很大的价值，而被告可能会认为专利的价值很低或甚至没有价值（或可能只有"滋扰价值"，例如可以用最少的和解成本应对该诉讼，直接支付给原告，以求息诉宁人）。反之，如果当事人对涉诉专利的价值有相似的估计，至少在理论上，该案应该在庭审之前就和解了。

---

❶ 虽然专利所有人通常是提起诉讼的原告，而被告通常是进行辩护的被控侵权人，但还有另外一种诉讼程序，被称为"确认之诉"：被指控的侵权人提起诉讼，证实不存在侵权行为，主张专利无效，或希望专利被裁定无法执行。换言之，可能的侵权人基于各种理由要求法院宣告无侵权行为。在这种诉讼中，被控侵权人企图先发制人，因此被控侵权人变成原告，而专利权所有人转作被告。

当事人对于专利价值的估计会涉及被指控侵权的权利要求是否有效，以及被告是否确实侵权了这些权利要求（如果权利要求有效）。诉讼中任何缩小当事人对于有效性和侵权问题估计偏差的裁决或程序都将促进和解。

像所有民商事诉讼一样，专利诉讼具有"民事证据开示"制度，即各方在庭审之前从对方获得信息的程序。随着各方获悉更多信息，当事人对诉讼中特定专利权利要求的估值可能会趋近，也可能会趋远。专利诉讼中对于专利估值的改变过程同其他民商事案件的对应过程非常类似。

尽管如此，专利诉讼在很多重要方面与其他民商事诉讼有着根本的区别：

① 专利诉讼只发生在联邦法院而不是各州法院，联邦法院的最低级别法院是地区法院（District Court）。在美国有 94 个地区法院，而专利诉讼可以在其中的任何一个提起。地区法院的裁决可以被上诉到美国上诉法院（U. S. Court of Appeals）中的一个。美国有 13 个上诉法院，但所有专利案件都只能向 CAFC 提起上诉。❶ CAFC 的专利裁决可以被上诉到美国联邦最高法院，该法院有权决定是否审理被上诉的相应裁决。

② 美国的专利诉讼成本非常高。需要聘请法律和技术专家。技术分析也很复杂。通常情况下双方诉讼成本都在数百万美元。

③ 专利诉讼中的"赌注"往往很大。在本章中，我们将看到被告被判定承担数千万至数亿美元赔偿责任的诉讼案件。在第四章中，我们还将看到对被告发出禁止其在美国销售产品的禁令的案件。此类禁令可能会摧毁一个企业（除非被告可以通过规避设计来停止侵权）。

④ 专利案件有一个被称为"马克曼听证会"（the Markman Hearing）❷ 的独特程序。这是在各方进行了大量民事证据开示❸之后，在陪审团审判之前的一次特别听证会。在"马克曼听证会"上，地区法院法官❹会决定在庭审中将如何解释专利中的各种短语和术语。诉讼经常在这个程序中就得以解决，因此

---

❶ 美国联邦巡回上诉法院在法律索引时通常缩写为"Fed. Cir."，有时也缩写为"C. A. F. C"。本书正文中有时会采用"CAFC"的缩写形式，在索引中采用更传统的"Fed. Cir."形式。

❷ 这种听证会的名称是由美国联邦最高法院在 *Markman v. Westview Instruments*，*Inc.* 517 US 360（1996）一案中首先决定使用的。专利权利要求是由法官解释的法律问题，而不是由陪审团决定的事实问题。"马克曼"不是一个形容词，并且没有这方面的固有含义。

❸ 通常情况下，马克曼听证会在民事证据开示开始之后发生。然而，这实际上是诉讼策略和法庭调度的问题。在某些情况下，其中一方可能会推动早期马克曼听证会。例如，被告可能希望马克曼听证会在宣誓作证或其他民事证据开示之前举行——这样，原告可能对被告产品知之甚少，从而更难以获得更可能涵盖被告产品的专利定义。

❹ 马克曼听证会不是强制性的，但它们往往是由地区法院在法庭诉讼中下令举行。ITC 也被允许下令举行马克曼听证会，并且至少进行过有五六次了。然而，在审判之前使用马克曼听证会来澄清专利权利要求的问题在联邦地区法院比在 ITC 中更普遍。

"马克曼听证会"非常重要。❶

⑤ 被告可以提出在专利案件中特有的辩护。例如前面提到的攻击权利要求的有效性（例如，相对于现有技术，权利要求没有新颖性或者显而易见）。另外，被告可以争辩其行为或者产品根本没有侵权专利。最后，被告还可以提出所谓的"衡平抗辩"❷——即使专利有效且被告已侵权该专利，但是不能被实施。

总之，尽管专利诉讼在很多方面跟民商事诉讼类似，但其特殊之处使得诉讼更加复杂。

II . 胜诉案例

这里笔者给出了四件诉讼案例。在每件案例中，专利都为专利权人带来了巨大的收益，这也是为什么笔者认为这些获胜权利要求是"优质"❸的原因。这四个例子分别是：

① *AT&T v. Vonage*，US6487200，权利要求 1，系统权利要求。和解费用为 3900 万美元。

② *Uniloc v. Microsoft*，US5490216，权利要求 19，手段功能性限定的系统权利要求。Uniloc 获得的判决赔偿总额为 3.88 亿美元。

③ *i4i v. Microsoft*，US5787449，权利要求 14，方法权利要求。i4i 获得的判决赔偿总额为 2.77 亿美元。

④ *TiVo v. EchoStar*，US6233389，权利要求 1、31、32 以及 61。这些权利要求是硬件和软件、方法和结构的组合。它们在本章中给了我们很大的启示。TiVo 在案件的原始判决中获得的判决金额为 7400 万美元，最终的和解金额为 5 亿美元。

这些特定的专利以及它们的权利要求包括了方法权利要求和结构权利要求（包括不同类型的结构权利要求），以及硬件和软件权利要求。

---

❶ 根据法官在马克曼听证会上作出的决定，原告可以撤销案件，被告可以决定支付所要求的赔偿金额，或者双方达成妥协。

❷ 衡平抗辩包括，例如：①对美国专利商标局的欺诈行为（特别是在申请人被控告故意对专利商标局隐瞒重要信息的情况下）；②专利滥用（通常专利权人在专利到期后试图收取使用费，或者申请人使用专利违反反垄断法）；③懈怠原则（专利权人延迟起诉并且延迟行为造成对被告的损害）；④"禁止反言"原则（专利所有人使得被告认为不会被提起诉讼，而被告依赖于此信念）。

❸ 一些权利要求在审判中胜诉，但不是"优质权利要求"。而有些权利要求似乎是"优质的"，但在审判中输了。有人说，诉讼是战争，当一个人走向战场，结局永远不会确定。即使是最好的军队也无法百战百胜。尽管如此，虽然诉讼的结果，如同战争的结果，从来都不是确定的，但是这里提供的获胜专利有一些特点可以帮助我们回答这个问题："如何知道我的专利质量如何？"

案例1 *AT&T Corp. v. Vonage Holdings*

诉讼于 2007 年在威斯康星州西区的联邦地区法院提起。同年以 3900 万美元和解。

判决背景：

Vonage 是互联网语音协议（Voice over Internet Protocol，VoIP）的先驱和领导者。这项技术于 20 世纪 90 年代后期首次实施，最终发展出了大量基于互联网的电话和可视电话。虽然 Vonage 是提供此项服务的先驱，但是它面临着一系列原告提出的专利侵权诉讼，例如，Verizon（导致 Vonage 的 5800 万美元赔偿，外加 5.5% 的专利使用费的判决），Sprint Nextel（导致 Vonage 的 8000 万美元赔偿的判决），以及 AT&T（最终由 Vonage 向 AT&T 支付了 3900 万美元和解费用）。虽然此后 Vonage 仍然是年销售额约为 9 亿美元的运营公司，但众多专利诉讼阻碍了其整体的成功。

AT&T 专利预览：

乍一看，这里的专利权利要求 1 显得不必要地冗长、复杂和脆弱。然而，仔细看来，该权利要求中的多个特征描述了被称为网络接口单元（Network Interface Unit，NIU）产品的上位功能。NIU 产品最终被市场广泛接受，US6487200 成为该领域最早期的专利之一，而其中的权利要求 1 也变得异常有价值。最终 Vonage 以 3900 万美元和解此案。

该专利告诉我们那些上位的权利要求特征的优点。如果权利要求中的特征是一个被广泛接收产品的上位描述，那么即使权利要求本身很长且明显非常复杂，该权利要求也有可能被证明是非常有价值的。

专利评估：

AT&T 声称被侵权的是专利 US6487200，标题为"分组电话系统"的权利要求 1。该专利的优先权日期为 1996 年 4 月 4 日，在该领域相对较早。该专利于 2002 年 11 月 26 日被授权。

整个权利要求 1 引用如下。这里笔者自己使用括号［］和编号，来标明权利要求中的特征，这些括号和编号不是原始权利要求的部分（这种使用括号的方法被称为权利要求的分析）。

1. 一种电话系统，包括：

［1］广域分组网络，其包括节点，所述节点通过互连所述节点的链路路由网络信息包；

［2］多个网络接口单元，其被连接到一些所述节点，每个网络接口

单元被构造为：

　　a）接收语音信号并将所述语音信号编码成网络信息包，将其标记为语音信息包，其编码包括压缩所述语音信号；

　　b）接收控制信号并将所述控制信号编码成网络信息包，将其标记为控制信息包；

　　c）接收非网络信息包，并将所述非网络信息包映射到网络信息包，将其标记为数据信息包；

　　d）将接收到的语音信息包转换成语音信号；

　　e）将控制信息包转换成控制信号；

　　f）将数据信息包转换成所述非网络信息包。

　　这是一个中等长度的权利要求，有 2 个特征和 6 个子特征。存在 8 个相互独立的特征和子特征，而相应的产品必须包括所有的这些特征才能构成侵权，这是问题所在。

　　然而，尽管特征和子特征的数量相对较多，仅从表面上看这一权利要求，还是可以看到一些正面积极的信息。

　　首先，整个前序是"一种电话系统"。前序简短而清楚，且没有限定作用，没有比这更好的前序了。法院有时候会使用前序来限定权利要求的保护范围，有时候不会。而这一点在这里并不构成问题，因为只要侵权系统可以被视为一个"电话系统"就可以了，这是一个非常宽泛的概念。

　　其次，只有两个结构特征，且它们都非常简单。

　　①"广域分组网络，其包括节点，所述节点通过互连所述节点的链路路由网络信息包"。这是一个非常上位的特征。广域分组网络概念在该分组网络的优先权日期之前几年就已存在，并且在今天已经被广泛应用。

　　②"多个网络接口单元，其被连接到一些所述［路由］节点"。"网络接口单元"，也经常被称为"网络接口设备"（Network Interface Devices，NID），"网卡"（Network Interface Card，NIC）就是其中的一个例子。实质上，通常网络接口单元允许将通信转换为公共协议来实现网络中不同设备之间的通信。这里的网络接口单元与第一个结构特征一样，非常上位并且应用广泛。原因很简单——对于网络通信，网络上的产品使用一个公共协议至关重要，而网络接口单元确保各种产品具有公共协议。

　　所以权利要求 1 至少有两点非常有利：①简单的前序部分；②两个简短的结构特征。这一权利要求的问题，不在于前序部分以及这两个特征，而是对第二个结构特征保护范围有潜在限定作用的 6 个子特征。

当我们在考虑这6个子特征之前，首先需要考虑该发明的"创新点"。我们在哪里可以找到专利中的创新点呢？

① 在权利要求中，尽管经常像这里一样，我们很难将创新点和现有技术区分开来。

② 在摘要中，特别是其开头或结尾总结发明的句子或短语。

③ 在现有技术描述部分，特别当申请人在其中定义了发明解决的问题。（在专利中，涉及"现有技术的描述"的部分有时被称为"背景技术"或者"发明的背景技术"）。

④ 在发明内容概述部分，特别是申请人在其中总结了发明。

在该案中，摘要的结尾部分包括如下所示试图总结发明的句子。

> 具有有限延迟、短信息包、快速压缩和解压缩以及智能网络接口单元的虚拟电路的组合，使得可以构建对于给定话务量的传输量更少且更便宜的交换机和更少链路的电话系统，并且还可以在系统配置和维护方面节省大量资金。

那么所有这些都是创新点吗？您可能会这样认为，但实际上在权利要求书中的任何地方都没有讨论过"虚拟电路""有限延迟""短"信息包和"快速压缩和解压缩"。只有"信息包"和"压缩"出现在权利要求中（虽然"解压缩"并未出现在权利要求中）。短语"网络接口单元"在权利要求中不断出现，甚至可能是权利要求中出现频率最高的短语。简而言之，该专利看上去是通过使用网络接口单元来降低成本并提高系统容量的。

而这一结论也得到现有技术描述的最后一段（参见第2栏第44～53行）的确认：

> 本发明的目的在于利用现有低成本可编程设备的优势以及分组交换和传输技术的进步来创建同样适用于语音和数据通信的电话系统，其需要更少的交换机和中继线，并且其编程、维护、构造和计费都大大简化，从而可能以低得多的成本提供电话和其他电信服务。

这也是该专利中唯一被确认和讨论的"发明目的"。它似乎与智能网络接口单元单元特别相关，因此我们将网络接口单元确定为该专利的创新点。❶

---

❶ 这个"发明目的"出现在"现有技术的描述"一节中的最后一段。"发明目的"不应该出现在"现有技术的描述"中，因为这样的位置安排可能造成对于现有技术和该发明的混淆，"发明目的"应该仅出现在发明内容概述或发明详述中。在该专利中，"发明目的"的位置安排是有缺陷的，但是，申请人的发明意图似乎相当明确。

此外，在发明概述部分，第3栏，第27～34行，我们看到以下内容：

> 由于电话系统是通过使用分组网络和网络接口单元来实现的，它可以产生和响应控制信息包，电话系统可以用于数据和语音。此外，网络接口单元产生和响应控制信息包的能力意味着可以在网络接口单元中，而不是在网络中定义新服务。这又大大简化了网络中设备的设计。

总而言之，在笔者看来，权利要求1中的主要创新点是使用网络接口单元来简化系统设计，提供新服务并降低成本。这里笔者并不是想说分组网络并不重要——事实上，它们对于提供数据和数字化语音是至关重要。然而，该发明的精髓，即创新点，似乎是网络接口单元。

那么在这个基础上，对于US6487200的权利要求1结构特征2中的6个子特征，我们可以解读出什么呢？虽然列出了许多功能，但列出的所有功能都是简单的、基本的，并且是基于网络接口单元的系统所必备的功能。如果我们通过删除非必需的单词来简化特征2的子特征，那么最终我们将得到一个网络接口单元，其被用于：[a] 接收、压缩和编码语音信号；[b] 接收和编码控制信号；[c] 接收和映射非网络信息包；[d] 将语音信息包转换为语音信号；[e] 将控制信息包转换成控制信号；[f] 将数据信息包转换为非网络信息包。而这些功能正是一个基本的"网络接口单元"所必须具有的功能。

那么这些又意味着什么呢？专利的每项权利要求最终都需要根据VSD方法进行评估，也就是考虑其专利有效性、保护范围和侵权可发现性。现在让我们分析一下该案中的权利要求。

有效性：基本的假设是专利权利要求是有效的。法院如此假设，我们也应该如此假设。但是，至少两个原因可以让您质疑权利要求的有效性。

首先，如果您知道某些会影响权利要求的现有技术，并且这些现有技术并没有被该专利所引用，此时可以怀疑该权利要求的有效性。因为您可能是本领域的专家，这个确实是有可能会发生的。专利审查员也是技术专家，但他们不可能找到所有的东西，特别是那些技术论文或其他非专利的现有技术。

其次，如果法律的改变引起了对于专利有效性的质疑，您可能会怀疑权利要求的有效性。这里的假设是专利权利要求根据其授权日当时的法律是有效的。但是法律会改变，专利局会颁发新的指南，法庭会改变司法原则，国会有时候会像2011年那样修改专利法。

尽管如此，除了一些特殊的知识或者法律的改变，当您评估专利权利要求

时，应该认为它是有效的，就像我们在这里应该做的那样。❶

范围：权利要求 1 中对于系统的描述，特别是网络接口单元在子特征
[a] ~ [f] 中的功能描述，对联合数据/数字化语音与智能网络接口单元的
局部控制给出了一个非常上位的描述。很多系统都会符合这种描述，其中包括
许多公共电话系统以及专有数据或语音系统。这种上位描述让侵权人很难作出
规避设计。简而言之，权利要求 1 看起来具有非常好的保护范围。

侵权的可发现性：分组网络和网络接口单元很容易从竞争对手的系统中识
别出。也许并非子特征中的所有功能都容易被发现，但它们是可被推断出的，
而且可以在诉讼期间得到证实。该专利没有任何关于侵权可发现性的众所周知
的问题，例如权利要求仅限于制造方法。简而言之，该专利的侵权可发现性也
很好。

总结：该专利是对 VoIP 系统中关键产品的上位描述，拥有较早的优先权
日，没有明显的有效性的问题，同时拥有很好的覆盖范围以及良好的侵权可发
现性。所以我们认为 US6487200 中的权利要求 1 是一个优质的专利权利要求。

经验启示：该优质专利权利要求中，有一些启示是值得我们学习的。

3-1-1 简短的前序部分是好的。

3-1-2 在结构权利要求中，具有较少的结构特征是好的（系统权利要
求就是一种结构权利要求）。

3-1-3 上位的结构特征是好的。此权利要求中的结构特征在单词数量
上并不少，但每个特征都简单且上位。

3-1-4 只要子特征描述的内容或者功能是您可以从特征描述的同类型
的任何产品中看到的，那么大量的子特征也不会过分地缩小主要特征的保护范

---

❶ 有统计数据表明，有相当比例的权利要求可能无效。案例参见 ALLISON R J，LEMLEY A M
Empirical Evidence on the validity of litigated patents [J]．AIPLA Quarterly Journal，1998，26：185．该文
指出对 1989~1996 年涉及诉讼的 299 项专利的研究表明，46% 的此类专利被法院宣告无效。但是，在
笔者看来，这篇文章以及类似的文章并没有推翻专利有效性的假设。它们只是说，在这些特定专利诉
讼中，专利诉讼的走向在审判中存在各种可能。这类案件中很大一部分的专利权利要求是无效的，但
是在大量诉讼专利案件中，权利要求是有效的。这是关于人们应该做如何的期待。如果专利相对薄
弱，原告很可能不会走向审判，或者可能以相对有利于被告的条件和解。如果专利相对强大，则
会发生相反情况，原告很可能会提起诉讼，但最终结果可能是以对原告有利的条件审前和解。但
是，如果诉讼当事人不能就有关权利要求的有效性或强弱达成一致（原告对专利有相对正面的看
法，而被告对专利有相对负面的看法），则当事人很可能走向诉讼。在这样的争议案例中，当事人
对专利有截然不同的看法，一些专利将被确认有效，其他专利将被无效。在专利诉讼之后的司法判决
中，某些权利要求被无效不能证明或甚至暗示任何专利权利要求的有效与否是个等同于"扔硬币指正
反面"的事，但对于一些涉及诉讼的、走到裁决阶段的专利（这是一个非常小的，经过筛选的范围），
这可能大体上是正确的。

围。这是从 US6478200 的权利要求 1 中得到的主要经验启示。

案例 2 *Uniloc v. Microsoft Corp.*

全称：*Uniloc USA，Inc.，and Uniloc Singapore Private Limited v. Microsoft Corporation*（2011 年 CAFC 判决）❶

判决背景：

我们将看到的第二个例子是一种以手段功能性限定方式撰写的结构权利要求。在 *Uniloc v. Microsoft* 一案中，Uniloc USA 和 Uniloc Singapore（在此称为"Uniloc"）起诉 Microsoft 侵犯了其 US5490216 专利中的独立权利要求 19。该专利名称为"软件注册系统"，其优先权日为 1993 年 9 月 21 日，并于 1996 年 2 月 6 日在美国被授权。2010 年 1 月 22 日，在诉讼过程中，该专利的所有权利要求被提起再审。2011 年 10 月 4 日，再审决定肯定了所有授权权利要求的专利性。

在案件的审理过程中，陪审团作出有利于 Uniloc 的判决，其中 Microsoft 需要赔偿 3.88 亿美元。这个陪审团判决本身已足以使得该专利的权利要求通过"优质专利"的测试了。尽管如此，主持审判的联邦地区法院的法官发现陪审团的判决缺少法律依据，进而推翻了陪审团的判决转而支持 Microsoft。该法官的这一判决随后由 CAFC 复审，CAFC 的法官又推翻了地区法院法官的判决，恢复陪审团作出的 Microsoft 侵权的判决。但同时 CAFC 也推翻了 3.88 亿美元的赔偿裁决，因为发现被称为"25% 法则"的损害赔偿理论存在缺陷。根据该理论，侵权人需要将其利润的 25% 支付给专利持有者。在 2011 年 1 月 CAFC 认定 Microsoft 的责任后，美国专利商标局于 2011 年 10 月颁发再审证书，确认所有权利要求的有效性。然后双方于 2012 年 3 月以未公布的金额和解。但根据非官方估计，Microsoft 可能向 Uniloc 支付了 1 亿多美元。

Uniloc 专利预览：

这是一件有关软件安全的早期专利，其中需要客户在使用产品之前确认注册。第一眼看过去，权利要求 19 非常不错。但是因为其似乎包含了 Microsoft 并没有直接控制的客户端的本地特征，所以也非常容易受到攻击。CAFC 支持 Uniloc，因为权利要求 19 的前序使用短语"remote registration station"（远程注册站），其证明了所有特征都在 Microsoft 控制的远程站点（这意味着，权利要求没有包括任何本地特征，尽管权利要求中包括相反的语言）。前序部分可以被用来拯救专利权利要求的情况相对罕见，但该专利正是如此。

---

❶ 该案信息资料参见 632 F. 3d 1292（Fed. Cir.，2011）。

专利评估：

如下完整引用了权利要求 19。笔者增加了包括数字的括号［］，来分析权利要求的特定特征。这些括号不是权利要求的原有部分。此外，实际权利要求中并没有粗体，这里笔者通过**加粗**指出了手段功能性限定格式的特征。

19. ［前序］一个远程注册站［连接词］包括（incorporating）：

［1］**生成远程被许可人唯一 ID 的手段；**

［2］所述站，作为注册系统的一部分，其被用于在使用模式下许可数字数据的执行；

［3］所述数字数据可在平台上执行；

［4］所述系统包括**生成本地被许可人唯一 ID 的手段；**

［5］所述系统进一步包括可在所述平台上操作的**模式切换手段**，只有当由所述**生成本地被许可人唯一 ID 手段**生成的被许可人唯一 ID 与由所述**生成远程被许可人唯一 ID 手段**生成的被许可人唯一 ID 匹配时才允许在所述平台上以所述使用模式使用所述数字数据；

［6］其中所述**生成远程被许可人唯一 ID 手段**包括在平台上执行的软件，该平台包括由所述**生成本地被许可人唯一 ID 手段**用来生成所述被许可人唯一 ID 的算法。

让我们对这个权利要求作一些初步的观察：

首先，前序部分"远程注册站"似乎是中规中矩的，但它在后来如下面所述的一样，变得非常重要。

其次，"incorporating"这个连接词非常不规范，但未曾被 CAFC 讨论过，而且似乎已经被解读为"comprising"（包括）❶。

最后，有三个"means‐plus‐function"（手段功能性限定）的特征。它们是"remote…generating means"（生成远程……手段）、"local…generating means"（生成本地……手段），以及"mode switching means"（模式切换手段）。美国专利法规定，对每一个手段功能性限定特征，在专利中必须有相应的结构来支持。并且侵权产品必须包括相应的结构才能构成侵权。

这项专利，特别是权利要求 19，实际上是关于什么呢？发明概述部分第一段总结发明如下：

广义而言，本发明的系统被设计为，当且仅当在遵守适当的许可程序

---

❶ "incorporating"一词，是另一个非标准连接词，就像"having"或者"composing"一样，本不应出现在 ICT 专利中。应该坚持使用标准的连接词"comprising"。

的情况下，才允许数字数据或软件在平台上以使用模式的方式运行。在特定形式下，系统包括一种检测手段，当被保护的软件或数字数据，例如最后启动、运行或者有效注册时，被用来检测加装了数字数据的平台组件相对平台参数的部分或整体改变的时间。

CAFC 将该专利归纳为"阻止软件复制的软件注册系统。只有当系统确定软件安装合法时，系统才允许软件在限制范围内（使用模式下）运行"。❶

简而言之，被称为注册站的产品检查客户提供的识别输入，以确保客户本地产品（具有"本地 ID"）在服务器上被正确注册（使用"远程 ID"）。只有在通过匹配本地和远程 ID 来确定正确注册后，才能提供服务。

这是一个非常简单而且非常强大的构思。在今天看来如此地简单和普遍，让我们可能会忘记，这个发明构思或创新点可能在 1992 年，即专利的优先权日之时，是新颖的。

同所有涉及手段功能性限定特征的权利要求一样，法院必须：①决定该特征实际上是一个手段功能性限定的特征；②确定该特征所描述的功能；③确定说明书中实现该功能的对应结构。法院然后才会解释这项权利要求。❷

在该案中，审判法院定义了权利要求 19 中的 6 个术语。而所有这些定义都得到了诉讼双方以及 CAFC 的认可。表 3 - 1 是 6 个术语的列表，包括被认可的术语定义、术语在权利要求中出现的位置，以及笔者作为评估者对于这一特征是否是物理结构的判断。

表 3 - 1 *Uniloc v. Microsoft* 中的关键权利要求术语

权利要求术语	被各方都接受的定义	在权利要求 19 中出现的位置（特征）	是物理结构吗？
被许可人唯一 ID	与被许可人相关的唯一标识	[1]、[4]、[5]、[6]	不，这是一个数据结构，而不是一个物理结构
生成远程被许可人唯一 ID 手段（这是一个手段功能性限定术语）	该功能是生成远程许可。该结构是一个求和算法或加法器及其等同物	[1]、[5]、[6]	是的，显然是一个物理结构，虽然在权利要求中没有定义。在专利图 8 中显示为特征 63，在图 10 中显示为特征 85

---

❶ Id. at 1296.

❷ 关于手段功能性限定权利要求的法律分析，参见 KAHL C R，SOFFER B S. Thesaurus of claim construction [M]. New York：Oxford University Press，2001：711 - 764.

权利要求术语	被各方都接受的定义	在权利要求 19 中出现的位置（特征）	是物理结构吗?
注册系统	只有在执行适当的许可程序的情况下，才允许数字数据或软件在平台上以使用模式运行的系统	[2]	是的，但这对分析没有帮助，因为任何系统都能满足此要求，只要它执行注册许可程序
使用模式	根据许可充分使用数字数据或软件的模式	[2]、[5]	不，它是存在的条件或状态，但不是明确的结构
生成本地被许可人唯一 ID 的手段（这是手段功能性限定的术语）	该功能是生成本地许可。该结构是求和算法或加法器及其等同物	[4]、[5]、[6]	是的，这是远程 ID 生成装置的对应物。如图 8 所示（没有对应的数字），如图 10 中的特征 89 所示
模式切换手段（这是手段功能性限定的术语）	如果本地生成的被许可人唯一 ID 与远程生成的被许可人唯一 ID 相匹配，该功能允许数字数据或软件以使用模式运行。该结构是执行两个数字的比较或比较器及其等同物的程序代码	[5]	是的，必须从说明书中的结构和附图中定义一种手段。显示为专利图 8 中的特征 68，作为图 10 中的特征 90

　　表 3 - 1 中没有什么令人惊讶或困难的地方。如果您正在评估某个专利权利要求以确定它是否是个优质专利，您需要解释权利要求的特征并尝试理解每个"关键术语"的含义。上述权利要求特征是明显的"关键术语"，因为它们解决了发明的核心问题（创新点）。

　　如果您正在分析一项专利权利要求以确定其好坏，那么创建一个类似的表格可能会有所帮助，您可以在表上：①确定关键术语，②写下您对于关键术语的理解，③注意您的理解可能意味着覆盖范围。这是识别权利要求中"关键术语"的一种方法。

　　Microsoft 在 CAFC 的上诉中，给出了两个论点以证明其并没有侵权。

　　（1）Microsoft 的论点一。据 Microsoft 称，Microsoft 使用的算法与专利中描述的算法不同。Microsoft 并没有使用特征 [1]、[4]、[5] 和 [6] 中的"被许可者唯一 ID 生成手段"，因此不存在侵权。

　　这是一个聪明的论点，因为专利中的算法和 Microsoft 使用的算法确实存在差异。然而，该论点未获支持。CAFC 认为权利要求 19 还包括专利中所描述结构的"等同结构"（根据等同原则），而且 Microsoft 的算法应当被视为在专利中描述的"求和算法"。简而言之，CAFC 认为"远程……ID 生成手段"和"本地……ID 生成手段"，都包括求和算法及其等同物。因而 CAFC 基于 Microsoft 的算法等同于专利中的算法，认为 Microsoft 侵权。

由于 Microsoft 已经同意关键术语的定义，而其中就包括"求和算法"，Microsoft 似乎在这一论点上失败了。然而，即使 Microsoft 不同意上述定义，判决很可能也是一样的，因为根据法律，权利要求中的特征包括特征本身和"它们的等同替换"。❶

（2）Microsoft 的论点二。Microsoft 表示在专利中描述的系统需要既包括 Microsoft 站点的结构（例如"远程 ID 生成手段"），同时也需要包括客户站点的结构（例如"本地 ID 生成手段"和"模式切换手段"）。Microsoft 并没有拥有或控制客户的计算机，因此，根据这一论点，Microsoft 可能符合权利要求 19 的一部分特征，但是不能满足权利要求中关于本地特征的要求，例如权利要求特征［4］～［6］所述的"本地 ID 生成手段"，以及特征［5］中的"模式切换手段"。❷

然而该第二论点也失败了，因为法院认为，权利要求 19 仅仅涉及"远程注册站"，而专利中的"远程"产品均位于 Microsoft 的网站并由 Microsoft 独自操作。换言之，该权利要求实质上并不是包括远程站（属于 Microsoft）和本地站（属于消费者）的"系统"。权利要求 19 只包括该系统的一个部分，即 Microsoft 所拥有的"远程站"部分。系统本身包含不同的结构，有些在 Microsoft 站点，有些可能在客户端，然而这一点并不重要，因为这些其他结构仅仅描述了远程站所在的系统。实际上，法院认为权利要求 19 只是被称为"远程注册站"的产品，尽管单词"系统"出现在权利要求 9 的特征［2］、［4］和［5］中。

权利要求 19 中的短语"远程注册站"只出现在前序中。而在该案中，正是这个前序拯救了权利要求。如果权利要求是一个系统，那么 Microsoft 的论点

---

❶　正如第二章所解释的，根据 Pesto 案的判决，如果在审查过程中对权利要求进行修改，"等同"的权利要求范围可能会丢失。然而，地区法院和上诉法院都没有讨论过 Pesto 案，所以笔者认为这个案件与 *Uniloc v. Microsoft* 法院的判决毫无关系。

❷　Microsoft 的论点是在所谓的"分离式侵权原则"下提出的，其含义在于，如果专利权利要求的特征是由两个独立的当事方执行的，那么就没有侵权人。这个原则有时被称为"共同侵权"原则：这意味着只有在双方以某种方式共同行动时才可能侵犯双方的权利，这一原则受到 CAFC 2012 年 8 月 31 日 *Akamai Technologies v. Limelight Networks* 案判决的重大影响。笔者不会深入研究 *Akamai* 的情况，只是说当 *Uniloc v. Microsoft* 作出判决时这还不是法律，并且无论如何，Akamai 案不会影响我们从 Uniloc 案例中的权利要求 19 中获得的"优质权利要求"的任何启示。

可能就赢了。但是该权利要求，正如我们在前序中所看到的，被限定为系统中的一个部分。这并非前所未有，但确实并不常见，而这一切就是发生在了这里，权利要求的前序竟然有如此影响。

让我们再深入一步，专利 US5490216 中有 20 个权利要求。其中，权利要求 1～16 和 19 是结构性权利要求。在这些结构权利要求中，权利要求 1～16 都是"注册系统"权利要求，所以都被 Microsoft 的第二个论点击败了。权利要求 19 是唯一一项"远程注册站"设备权利要求。因此在面对这个权利要求时，Microsoft 的第二个论点失败了。

有效性：没有明显的问题可以使权利要求 19 的有效性受到质疑。特征[1]、[4] 和 [5] 中使用的手段功能性限定的形式将被解释得非常狭窄，虽然这是专利从业者所不主张的。但是，这个形式本身并不能导致无效。另外，该权利要求的优先权日是在 1992 年内，这非常早。较早的优先权日期不能保证没有现有技术，但它仍然是一个很好的日期。审查历史中没有任何会给专利带来无效质疑的线索。

范围：权利要求 19 的构思上位，保护范围宽广。规避设计虽然不是不可能，但在这里非常困难。

权利要求明确要求在每次注册软件时都要生成一个本地 ID 和一个远程 ID。相反，如果可以在本地位置（用户计算机）或远程位置（公司的服务器）预先生成并存储 ID，那么该怎么办？在这种情况下，系统中可能没有"生成手段"，因此没有侵权行为。另一种可能的结构是将切换模式放置在公司的网站而不是用户计算机上，这也可能是避免侵权的一种方法。所以这里是有规避设计可能的，而这样的规避设计可以降低禁令对未来产品的效力，但不会减少对过去侵权行为的法律赔偿。

不管是否有规避设计的可能，权利要求 19 似乎涵盖了软件最自然的形式之一，因此权利要求的保护范围必须被认为明显高于平均水平。

侵权的可发现性：如前所述，发现侵权的三种一般方式是：①目视检查；②审查产品的相关文献；③反向工程。打开消费类产品或许可以看到"本地生成手段"。但如同该案一样，某些侵权即使在视觉上不可以被发现，至少也可以通过基于产品文献或者系统工作方式（例如这里的软件注册系统）的合理推断被发现。

总结：这是软件安全方面的一个相对早期的专利，具体而言，是一个通过注册来为硬件平台添加新软件的系统。独立权利要求 19 保护范围相对较宽泛，但也因为其中有某些特征采用手段功能性限定格式的方式撰写而变得复杂。权利要求语言在某些方面有些不尽如人意的地方，特别是使用"incorporating"

作为连接词，但这些语言并未影响诉讼的结果。

经验启示： 以下是我们从 *Uniloc v. Microsoft* 诉讼的涉案专利 US5490216 权利要求 19 中学到的如何得到一个优质专利的启示。

3-2-1　有时前序部分可以拯救整个专利。 在该案中，Uniloc 击败了 Microsoft 的第二个论点，仅仅是因为权利要求 19 的前序部分是"远程注册站"，而不是"注册系统"。

3-2-2　如果每个人都知道一个非传统或者非标准词的意思，那么该词的使用可能不会导致问题。 在该案中，"incorporating"一词作为从前序部分到权利要求主体的连接词是非标准的，但这个非标准术语使用并没有伤害到 Uniloc。

3-2-3　"权利要求中关键术语"的明确性至关重要。 这些术语的明确性可能正是决定案件胜利或失败的关键。因此它是确定权利要求是否"优质"的主要部分。这对所有权利要求都适用，但对于以手段功能性限定方式撰写的特征尤其重要。在权利要求 19 中，一些关键术语的定义非常广泛，例如"软件"和"平台"，这无疑帮助了原告。而其他术语，如"generating means"（生成手段），被提及并讨论过，但从未被定义，导致来自被指控侵权者的攻击。关键术语明确和广泛的定义大大增加了权利要求的价值。这是 US5490216 的主要启示。

3-2-4　专利中的形式缺陷可能是不好的，但是如果每个人都知道其意思，可能也无所谓。 以下是专利中的一些形式缺陷，但是在该案中并没有造成任何影响。

① 关键术语"本地被许可唯一 ID 生成器"出现在附图 8 中，在专利中也进行了讨论，但图中并没有附图标记。

② 术语"软件""平台"以及"使用模式"在第 2 栏第 13~48 行标题为"定义"的部分被明确定义。然而，笔者不清楚为什么该定义部分会位于题为"现有技术的描述"部分的末尾。定义应该在"发明详述"部分的开头，或者在"发明概述"中的某个位置。关键权利要求术语的定义不应该出现在"现有技术的描述"部分，因为根据惯例以及良好的专利实践，您应该避免现有技术和发明组成部分之间的混淆。将发明的组成部分——包括定义部分——放在现有技术中是不正确的。

③ 标题为"附图的简要说明"的部分讨论了 6 个实施例，编号为第一至第六。在"优选实施例的详细描述"部分中，描述了第一、第二、第三、第五、第六和第七实施例，却忘记了描述"第四实施例"，因此各种"优选实施例"在具体实施方式中编号错误。

像这样的形式错误看上去马马虎虎，不过最终并没有被证明是有害的，因为人们知道其本意。在该案中，一项专利权利要求产生了 3.88 亿美元的陪审团裁决，据说最终的和解金额超过了 1 亿美元。尽管有方方面面形式上的缺陷，权利要求 19 仍然被证明是优质的。

案例3　*i4i Limited Partnership v. Microsoft Corp.*

美国得克萨斯州东部联邦地区法院（2007 年）和 CAFC（2010 年）。❶

判决背景：

我们将看到的第三个例子是关于方法权利要求的。在 *i4i Limited Partnership v. Microsoft Corp.* 一案中，i4i（一家总部位于加拿大多伦多的专门从事 XML 文本编辑的公司）起诉 Microsoft 侵犯了其 US5787449 专利的独立方法权利要求的专利权。这个题为"用于分别独立操作文档结构和内容的方法和系统"的专利，优先权日期为 1994 年 6 月 2 日，并于 1998 年 7 月 28 日被授权。i4i 指控 Microsoft Word 的 XML 编辑侵犯了该专利。

这里存在一系列大规模的诉讼。i4i 于 2007 年 3 月 8 日在得克萨斯东部联邦地区法院提起诉讼。❷

一个倾向于原告的陪审团裁决于 2009 年 5 月 20 日被作出。2009 年 8 月 11 日，地区法院完全批准了 i4i 提出的提高赔偿的动议，并对 Microsoft 发出禁令，否决 Microsoft 提出的推翻陪审团裁决并进行重新审判的动议。Microsoft 被责令支付 2.4 亿美元。2010 年 3 月 10 日，CAFC 维持了地区法院的判决。

---

❶ 地区法院的观点参见 670 F. Supp. 2nd 568，CAFC 的观点参见 598 F. 3d 831。

❷ 该案和本章下一个案件，*TiVo v. EchoStar Communications Corporation* 案都是由原告在得克萨斯东部联邦地区法院提起的。这个法院是尤其受专利原告青睐的法院之一。对于专利诉讼，有时会根据其速度（称为"审判时间"）、原告的胜诉率以及损害赔偿金的大小对地区法院进行评级。1995～2011 年，得克萨斯州东部联邦地区法院的审判时间为 2.17 年，位列第六；原告成功率为 55.7%，位列第二；每案中位赔偿额 880 万美元，位列第五。它在这段时间内作出了 80 项裁决，其裁决数量位于第二，仅落后于特拉华州的地区法院，其有 105 项裁决。总的来说，得克萨斯州东部联邦地区法院被评为美国倾向于专利原告的程度排第三位的法院，仅次于弗吉尼亚州东部联邦地区法院（然而，作为仅有 17 项公开报道的专利裁决的法庭，其受欢迎程度要低得多）以及特拉华州（总体结果与得克萨斯州东部联邦地区法院的结果非常相似，但原告的成功率略低，中位数损失赔偿金高得多）。所有统计数据均来自普华永道会计师事务所，参见 PwC. 2012 Patent litigation study：litigation continues to rise amid growing awareness of patent value［EB/OL］.［2013－05－16］. http：//www. pwe. com/en_vs/us/forensic－services/publications/assets/2012－patent－litigation－study. pdf. 具体参见其中第 21 页的 chart 7d 和第 23 页的 chart 8. 无论具体原因如何，原告相信他们可以很快在得克萨斯州东部联邦地区法院获得有利裁决，因此他们倾向于在该联邦地区法院提起专利诉讼。传说中的银行劫匪 Willie Sutton 在被问及为什么他抢劫银行时，说："因为钱就放在那里。"与此类似——近年来，无论是否属实，专利原告都相信他们可以快速在得克萨斯州东部联邦地区法院得到有利的裁决。他们显然相信"钱就放在那里"。

2011 年 6 月 9 日，美国联邦最高法院维持了 CAFC 的判决。●

总的来说，地区法院和上诉法院的意见都与我们相关。因为最高法院不得不处理基于 35 USC sec. 282 规定下的法律举证责任以表明专利无效，因此其意见在这里与我们无关。● 2008 年 11 月 21 日，在诉讼被提起后，陪审团裁决之前，一个涉及 US5787449 的再审请求被提出。2010 年 7 月 27 日，在上诉法院的意见之后，但在最高法院的意见之前，新颁布的再审证书维持了所有方法权利要求 14 ~ 20 的专利权，但并没有维持系统权利要求 1 ~ 13 的专利权。

i4i 专利预览：

这是一个使用软件处理文档中不同元素的早期专利。Microsoft 对此专利提出了非常强烈的反对意见，因为权利要求中使用了"元代码"（metacode）这个词，而 Microsoft 认为，其 Word 产品并未使用业界普遍称为"元代码"的内容，事情确实如此。这个论点本可以赢，但是该专利的说明书中以非传统方式明确定义了"元代码"一词，而此定义确实覆盖了 Microsoft 的产品。法院认定 i4i 胜诉，Microsoft 需要为此支付 2.4 亿美元。

这里要学习的主要启示是，权利要求中的关键术语可以被按照非传统的方式使用，但是此非传统的用法必须在专利中进行明确定义。权利要求中关键术语的定义对于专利质量至关重要，特别是该定义不同于领域中一般含义时。

专利评估：

这是定义文档体系或结构的专利，专利中同时也定义了文档内容。"体系"或"结构"意味着以允许计算机理解文本的形式进行编码。许多结构都可以被称作"元代码"结构，专利本身给出了提供处理和存储位于"元代码映射"中内容和结构的结构和方法。

i4i 的基本指控是 Microsoft 在 2003 年向其 Word 软件引入 XML 编辑可能性的时候侵犯了其专利权。

以下引用了整个权利要求 14。笔者用括号［］和数字解析了权利要求，但这些括号和数字不是原始权利要求的一部分。另外，权利要求 14 中有许多

● 美国联邦最高法院的判决 *Microsoft Corp. v. i4i Ltd. Partnership*，564 US -（Docket 10 - 290）已经发布。最高法院面临的唯一问题是专利法律，即 35 USC sec. 282 如何进行解释。第 282 条要求法院推定专利和专利中的每项权利要求都是有效的。但是，这种推定可能会被被告推翻。最高法院面临的问题是，"专利无效的证明标准是什么？"最高法院一致认为，被告必须以"明确而有说服力的证据"证明专利无效，其具有相对较高的举证责任，远高于被称为"优势证据"这一大多数民事诉讼的证明标准。最高法院的裁决是有趣的，但与我们这里不相关，只需要注意到它支持专利评估人应该假设权利要求有效性的一般规则，即 VSD 中的 V，除非有强有力的证据质疑权利要求有效性。

● 当然，权利要求的无效性是一个重要的抗辩手段，并且会消灭权利要求。但是，最高法院的裁决与我们对这一具体专利的讨论无关。

关键术语在说明书正文的发明概述部分有明确的定义，这里笔者将这些已经被定义的关键术语**加粗**了。

14. 一种方法，用于生成**元代码**第一映射，以及与被映射内容和在不同映射中存储的存储手段相关的应用地址，该方法包括：

[1] 对于被映射的内容存储手段提供被映射的内容；

[2] 提供元代码的菜单；

[3] 通过**定位、检测、赋址元代码**，编辑不同存储手段中的元代码映射；

[4] 以文档内容和**元代码映射**的形式提供文档。

当然我们可以讨论这些术语中的部分或者全部，但是这里让我们聚焦到 i4i 和 Microsoft 争论的术语上来（见表 3-2）。

表 3-2　*i4i v. Microsoft* 的权利要求中的关键术语❶

权利要求术语	专利中的定义	地区法院的定义	出现的位置
元代码映射	多个元代码及其与映射内容相关的地址。第 4 栏，第 17~19 行	包含多个元代码及其对应于映射内容的相关地址的数据结构	权利要求 14 前序部分、[3] 和 [4]
元代码	包括但不限于描述性代码，其控制数据的解释，例如其区分内容。第 4 栏，第 17~19 行	控制数据内容解释的单独指令	权利要求 14 前序部分、[2]、[3] 和 [4]
不同映射的储存手段、被映射内容的储存手段、被映射内容的储存	在专利中有讨论，但是没有被定义	对于"不同"的定义见下一行	权利要求 14 前序部分、[1] 和 [3]
短语"不同映射的储存手段"中的"不同"	在专利中被大量地讨论，但是没有被定义	"不同映射的储存手段"定义为用于存储元代码映射的存储器的一部分。"映射内容的不同储存手段"，定义为"用于存储映射内容的存储器的一部分"	权利要求 14 前序部分、[3]

---

❶　与前面的表 3-1 不同，表 3-2 没有列为"物理结构"这一列，因为我们在这里分析方法权利要求，而不是结构权利要求。当然，每种方法都在特定的结构上运行，但是识别该方法权利要求中的结构特征不是必需的或有帮助的。

Microsoft 提出了几个论点。让我们来看看其中的两个以及其判决。

1）Microsoft 的第一个论点：Microsoft 认为"元代码"包括所谓的"分隔符"。分隔符是字符或符号，其被用来表明：到目前为止，您一直在接收内容，但是此后将是内容的描述，形象地来看，即，内容位⇒分隔符⇒描述位。Microsoft Word 不包含分隔符。因此，Microsoft 认为，Word 不使用"元代码"，因此不存在侵权行为。

对于 Microsoft 来说，这是一个合理的论点。因为它专注于专利权利要求中的关键术语，而不是从关键术语中得出的法院定义。Microsoft 本来似乎可以赢得这个论点，但专利权人 i4i 却已经以对专利非常有利的方式定义了"元代码"，并且地区法院采纳了这一定义，而 Microsoft 无法推翻这一定义。被接受的"元代码"的定义是"控制数据解释的代码"。在这个定义下，"元代码"不需要"分隔符"。

地区法院指出：

① 在马克曼听证会期间，Microsoft 提出了一个类似的论点，但是没有获得支持。

② 有足够的证据允许陪审团根据地区法院对"元代码"的定义来支持 i4i。

如果专利依赖于"元代码"这个词，而且在专利中对其并没有任何定义，Microsoft 赢得这个案子的机会很大，因为业界普遍接受的"元代码"技术定义需要一个"分隔符"，而 Microsoft Word 并没有这个分隔符。但是，在您撰写专利时，只要您按照自己想要的方式以及对您有利的方式明确定义术语，就可以使其不限于关键术语的标准领域定义。

i4i 并没有依赖于"元代码"的领域定义（这会限制权利要求并导致 i4i 输掉案件），而是将定义扩展为"控制数据内容解释的单独指令"。这个定义不需要"分隔符"或类似的东西，所以定义扩大了权利要求的保护范围。如果没有这个定义，"元代码"的含义就如同领域定义的那样，而"元代码"的标准领域定义意味着 Word 不会侵犯专利权。

2）Microsoft 的第二个论点："不同"（distinct）一词出现在权利要求 14 的前序部分的"不同映射的存储手段"中。"不同"这个词也出现在特征［3］中，作为"不同存储手段"的一部分，大概是指"不同映射的存储手段"（尽管单词"映射"并没有出现在特征［3］中）。Microsoft 根据"不同"这个词作了一个双管齐下的论证：

①"元代码映射"和"内容"必须存储在完全不同的文件中，这就是"不同"的含义。然而，在 Microsoft Word 中，并没有"不同的文件"，因此

Microsoft 不侵权。

CAFC 考虑了这一论点，但是其在专利或审查历史中并没有发现需要将其存储在单独的文件中，因此拒绝了这一论点。

② 该权利要求对于"内容"的编辑不同于对于"元代码映射"的编辑。然而，在 Microsoft Word 中，编辑并非"不同"，因此 Microsoft 没有侵权。

这是在笔者看来 Microsoft 在该案中最好的论点。❶ 在说明书中有多个陈述表明内容和结构（其中"结构"表示"元代码映射"）在某种程度上是"分离的"。Microsoft 似乎已经赢得了这场争论。但是，CAFC 以如下三个理由拒绝了这个论点：

首先，一般专利规则是，除非专利权人打算增加对权利要求的限定，否则一般权利要求不应被加入其他的限定。而对于该案，法院认为，专利权人的这一意图并不明确。

其次，"分离"并不意味着"独立"。Microsoft 错误地将这两个词等同起来，这是错误的，而且专利中没有任何内容需要编辑内容和元代码映射的"独立性"。

最后，虽然"不同"和"分离"这两个词并未在权利要求的任何位置定义，但专利在第 7 栏第 6 ~ 16 行中指出，发明"提供了单独处理元代码的能力"（provides the ability to work solely on the metacodes）；类似地，在第 7 栏第 17 ~ 25 行中该专利指出，该发明"进一步提供了单独处理内容的能力"（further provides the ability to work solely on the content）。根据 CAFC，"能力"（ability）这个词的意思是"选项"，其并不意味着需求，因为这只是一个可选的特征，它不能构成对权利要求的限制。

最终 CAFC 拒绝了 Microsoft 对于"不同"一词的解释，i4i 赢得了诉讼。

这对 i4i 是一个好结果吗？是的，但是这个裁决可能很容易走向另外的方向。如果法院接受了 Microsoft 关于"不同"一词的论点，Microsoft 将赢得胜利，而 i4i 将不会得到任何东西，更别说 2.4 亿美元的判决了。

Microsoft 关于未侵权的论据如此强大的原因是，专利中没有任何地方存在"不同""分离"或"不同与分离"的定义。没有任何地方指出这些术语不是"独立"的意思，没有地方指出这些操作是可选的而不是强制性的。也没有任何地方说明同时处理元代码和内容也是可能的。对这些词定义的缺乏，给了

---

❶ 这是 Microsoft 最好的论点，因为正如文中所述，该专利中有大量关于内容和结构是相分离的描述。CAFC 同样也发现此为非常强的论点，并指出编辑是一个"比较接近的问题"，而不是关于分离文件的论点。参见 598 F. 3d at p. 843。尽管在最后，CAFC 仍然选择支持 i4i 而不是 Microsoft。

Microsoft 在该案中提出最好论点的机会。

明智的专利撰写者总是试图预测未来 5 年或 10 年对法院来说重要的事情。在该 US5787449 专利中，专利撰写者定义了许多关键的权利要求术语，但没有定义"不同"这个词。对这一个词定义的缺失，给了 Microsoft 提出几乎可以赢得诉讼的最有力论点的机会。

US5787449 权利要求 14 的 VSD 分析可以如下所述。

有效性：审查历史上并未存在专利无效或限缩的问题。这里有一个非常活跃的审查历史记录，其中包括五次审查意见通知书，以及最终通过权利要求修改和争论克服的数篇现有技术文献。

US5787449 的审查历史并未带来有效性的问题，该问题出现在授权后的再审中。而该再审程序是由被告 Microsoft 发起的。最初，美国专利商标局认为，所有的权利要求相对于两篇现有技术而言，都不具有新颖性，且是显而易见的。但最终美国专利商标局未采用这两篇现有技术，并维持了这些权利要求的专利有效性，具体原因是前序部分包括的关键术语"应用地址"并没有出现在这两篇参考文献中。因此，这些参考文献是不相关的，从而 i4i 赢得了诉讼。在该案中，前序部分一个关键术语拯救了这个权利要求。

对于前序部分的限定，法院可能会认为它们是权利要求的一部分，也可能认为它们只是一般性说明而不是权利要求的一部分。这里有一个重要的启示：不要将限定性的语言放在前序部分，而应将其放在权利要求的主体部分内。如果您忽略了这一点，您永远无法确定法院（如 Uniloc 案）或者美国专利商标局（如在 i4i 再审中）是否会确认这些限定是权利要求中的一部分，并且有可能会因此造成灾难性的结果。为了让美国专利商标局和法院都考虑这个限定，请将限定放在权利要求的主体中，而不是前序部分。

范围：在该案中，关于范围有两件重要的事情要说。

首先，专利的形式，特别是权利要求 14 非常好，提出了一个很宽的保护范围。权利要求 14 包括 4 个特征，都非常简短上位。

然而，这里存在一些问题。首先，为什么前序部分这么长且复杂？前序部分是否能够构成对权利要求的限定一直是一个问题。换言之，是否可以将前序部分同权利要求的主体部分一起理解？如果答案是不确定的，那么大家就会怀疑权利要求实际上要表达的是什么。在该案中，长而复杂的前序部分引入了权利要求主体中的多个术语，可能很容易被断定为权利要求中的一部分。为了避免这种模糊，最好的做法是尽可能撰写简短的前序部分，并且将需要的限定放在权利要求的主体中，而不是前序部分。

权利要求不清楚会削弱专利质量。

其次，虽然这个权利要求根据法院的解释看来是好的，但笔者怀疑评估人员是否能够准确预测该专利的真实价值。问题来自权利要求中的术语"元代码"。一位评估人员在诉讼之前看到这个专利，可能会说："Microsoft Word 没有使用分隔符，这是元代码的核心特征，这意味着 Microsoft 没有使用元代码，因此 Microsoft 不会涉及侵权。"或者，评估者可能会说："专利权人对'元代码'的定义会导致 Word 可能实际上侵权了"，所以笔者会给专利一个肯定的评估，但由于对 Word 是否确实侵权的怀疑，笔者会在评估价值时打个折扣。

i4i 能够避免这种困扰吗？换言之，专利权人如何通过消除任何可能的买主或被许可人关于专利权利要求范围的疑虑，进而创造更多价值呢？那就是专利权人使用领域术语"元代码"之外的另一个术语来表示。如果专利中不使用"元代码"这个词，而采用了诸如"数据控制器"或"控制解释器"等非标准短语或专利权人发明的其他术语会怎样？由于没有人会知道该术语的含义，因此该术语不会被解释为"元代码"。但是，评估者会查找说明书，试图找到"数据控制器"的确切含义。

现在让我们更进一步，假设专利权人在专利的"发明概述"或"发明详述"中，对"数据控制器"作了如下的定义：

> "数据控制器"控制对数据内容的解释，它可以从指令中提取内容，或者可以区分一种内容和另一种内容。**"数据控制器"可能是也可能不是元代码的一种类型，但其不需要具有元代码的所有特定元素（如分隔符）。**

笔者想用上面加粗的句子来说明，这样的定义如何预见和破坏任何由 Microsoft 或任何其他软件提供商提出的其产品不使用"元代码"并因此不会侵犯权利要求 14 专利权的论点。像这样的定义将消除任何疑问，并且因此将显著增强专利。

这个定义本应该已经被包含在专利中，但事实并非如此。当专利所要表示的意思与标准定义不同时，使用具有标准领域定义的技术术语是非常危险的。这种非标准用法让美国专利商标局、法院、陪审团和专利评估人员都非常地困惑。如果阅读您专利的人无法轻易了解保护范围，那么专利就可能并没有像其应该地那样好。

请记住，专利既是一种描述，也是一种交流工具。同样，专利价值既取决于专利的内容，也取决于您向潜在买家、被许可人、法院和其他对专利进行解释的人员传达的信息。如果您不能传达您的意思，您就不能最大限度地发挥您专利的价值。

侵权行为的可发现性：这里不存在发现侵权的明显障碍。虽然这种方法对于"肉眼"可能并不明显，但通过审阅技术文献和对该方法产生的结果进行推断，这完全是可以被发现的。而对于具体的专利问题，比如前述解释"元代码"或者"不同"定义的不清楚，并不是我们这里想涉及的。"该专利的侵权是否可以被合理地发现？"这里的答案是：是的，侵权是可以被合理发现的。

总结：这项专利具有很好的定义和权利要求。Microsoft 在该案中面临很困难的局面，很大程度上是因为许多关键术语在专利中已经被定义。地区法院和后来的 CAFC 基本上都采用了 i4i 的定义，这些定义跟 Microsoft 的利益背道而驰。当您撰写自己的权利要求时，请确保您自己知道其中的关键术语是什么，并在权利要求书或说明书中对这些关键术语进行定义，相信这将对您非常有利。所谓的"关键术语"是定义专利中"创新点"的那些术语。请识别并明确创新点，并利用关键术语来支持所谓的创新点。

专利必须写得清楚，这样人们才可以理解它。如果人们对您的专利感到困惑，他们通常会为您专利的价值打折扣。当您撰写关键术语的定义时，请牢记一点：选择性地使用关键术语（如"元代码"与"数据控制器"），不要使用有歧义的单词或短语，以便确定其意思以及保护范围，而不是让它们变得模糊不清。

经验启示：下面是我们可以从 *i4i v. Microsoft* 案中的专利 US5787449 权利要求 14 中学习到如何得到一个优质专利的经验启示。

3-3-1   方法权利要求与结构权利要求相似，两者都是在前序部分简短，特征少且上位时更有价值。

3-3-2   方法权利要求不像结构权利要求那样，结构权利要求包括许多结构特征，而方法权利要求会具有非结构特征，并且可以不被限制于任何结构性实施方式。如果这种差别对您来说显而易见，那么请再看下面的两个启示。

3-3-3   在您的方法权利要求中识别并定义关键术语。关键术语是定义每个创新点的关键特征的术语。结构权利要求是如此，方法权利要求更是如此。为什么"更是"呢？

a. 在结构权利要求中，关键术语几乎总是结构性术语。在方法权利要求中，关键术语可能是结构性的，但它们通常都是动名词（"-ing"动词）的形式。❶ 方法权利要求中关键术语也可以是形容词。在 i4i 一案中，形容词

---

❶ "结构"和"方法"特征不能在同一个权利要求结合使用。这将使权利要求"不清楚"，因而在 35 USC sec. 112（2）规定下被无效。但是，方法权利要求可以包括在特定硬件上运行的步骤或功能。尽管硬件本身并不是权利要求中的"特征"，但它是支持方法权利要求的关键权利要求术语。特征与关键权利要求术语完全不同。结构权利要求必须只有结构特征，方法权利要求必须只有方法特征，但结构权利要求可以由关键方法术语支持，并且方法权利要求可以由关键结构术语支持。

"不同"成为该权利要求中的一个关键术语，但专利中并没有对这个词进行定义，显示出专利权人并没有意识到这是一个关键词。

b. 就其性质来说，对买方、被许可方和其他评估方而言，结构性术语通常比非结构性术语更具体也更易于理解。在方法权利要求中经常出现的非结构性术语往往是模糊的，并且通常需要某种解释或定义。当然并非总这样，但通常情况如此。

3－3－4　仔细挑选用来表示关键术语的单词。问问自己："我是否选择了恰当的词来作为我的关键术语？这些词对专利的读者有什么意义？它们是否清楚？它们是否最大限度地主张了专利的保护范围以及潜在的价值？

案例4　*TiVo，Inc. v. EchoStar Communications Corp.*

CAFC，2008❶
裁决的背景：

在本章中我们将要评估的第四个例子与前面的例子不同。在 *TiVo，Inc. v. EchoStar Communications Corporation* 一案中，TiVo 起诉 EchoStar 侵犯其专利 US6233389 的四项独立权利要求的专利权。该专利名称为"多媒体时间调整系统"，其优先权日期为 1998 年 7 月 3 日，并于 2001 年 5 月 15 日被授权。该专利涵盖了所谓的"时移电视"，即以数字格式记录音频和视频电视信号以便用于以后的重放。之前全部录制好的节目以及在重放某些节目时录制的节目，都可以进行时移。简而言之，这是数字录像机（DVR）的早期专利。

该案是一个跨越七年多的诉讼，包括法院的多项裁决和美国专利商标局的再审。诉讼的主要事件见表 3－3。

表 3－3　*TiVo v. EchoStar* 中的一些事件

日期	诉讼时间	管辖地
2006 年 4 月	陪审团裁决 EchoStar 侵犯了该专利的权利要求 1、31、32 和 61，并判给 TiVo 7400 万美元的赔偿金	
2006 年 8 月	地区法院颁布针对 EchoStar 的禁令。446 F. Supp. 2d 664（E. D. Tex. 2006）	地区法院（Ⅰ）后来在 CAFC（Ⅰ）被部分维持，部分发回重审
2007 年 11 月	美国专利商标局对该专利进行了再审，并确认了所有权利要求有效	再审（Ⅰ）

❶　516 F. 3d 1290（Fed. Cir. 2008），cert. denied, 129 S. Ct. 306（2008）.

日期	诉讼时间	管辖地
2008 年 1 月	CAFC 确认了地区法院针对权利要求 31 和权利要求 61 的裁决，但裁决 EchoStar 并未侵权权利要求 1 和 32。CAFC 确认了赔偿金。516 F. 3d 1290（Fed. Cir. 2008），cert. denied，129 S. Ct. 306（2008）	CAFC（Ⅰ）
2008 年 11 月	美国专利商标局同意再次再审该专利，但这次再审将仅限于被 CAFC 裁决侵权的两项权利要求 31 和 61	再审（Ⅱ）
2009 年 6 月	EchoStar 重新设计了该产品，并认为新产品并未侵权。TiVo 称新产品侵权。地区法院裁决新产品侵权，并且认定 EchoStar 违反早先的禁令，藐视法庭。640 F. Supp. 2d 853（E. D. Tex. 2009）	地区法院（Ⅱ）其结果后来在 CAFC（Ⅱ）中被予以肯定；然后在 CAFC（Ⅲ）全体法官出席的审判中，被部分肯定、部分撤销并且发回重审
2009 年 9 月	地区法院裁决因为进一步侵权，EchoStar 需赔偿 TiVo 2 亿美元。655 F. Supp. 2d 661（E. D. Tex. 2009）	地区法院（Ⅲ）
2010 年 3 月	CAFC 在判决中 2 比 1 支持 TiVo，坚持对 EchoStar 的禁令。597 F. 3d 1247（Fed. Cir. 2010）	CAFC（Ⅱ）
2011 年 2 月	美国专利商标局颁布再审证书，确认权利要求 31 和 61 的有效性	再审（Ⅱ）
2011 年 4 月	在所有法院法官出席（称为"en banc"）的听证会上，CAFC 以 7 比 5 维持对 EchoStar 的禁令。646 F. 3d 869（Fed. Cir. 2010）	CAFC（Ⅲ）
2011 年 4 月	在再审（Ⅱ）和 CAFC（Ⅲ）输掉了的情况下，EchoStar 和解了该案，通过向 TiVo 支付 5 亿美元来获得专利 US6233389 的许可	

TiVo 专利预览：

这是录制电视节目用于以后重播的最早专利之一。该专利拥有 61 项权利要求，其中 59 项权利要求是硬件，另外 2 项是软件权利要求。每一个内部迹象都表明，软件权利要求是 TiVo 在原本认定的硬件权利要求上事后添加的。然而，CAFC 发现 59 项硬件权利要求都没有被侵权，但是这 2 项软件权利要求被侵权。经过多轮诉讼，EchoStar 支付给 TiVo 5 亿美元。这里要学习的主要经验启示是，专利权利要求的多样性可以扭转败局。

专利评估：

该案的专利以及诉讼的评估相比较于之前的例子有所不同。TiVo 案类似于之前我们提到的案例，但是该案的涉案专利的独立权利要求结构与它们存在一个关键的区别。

US6233389 有四个独立权利要求。TiVo 仅仅用这四个权利要求起诉 EchoStar 侵权。而这四个权利要求在诉讼中，被法庭分为两类，"硬件权利要求" 1 和 32，以及 "软件权利要求" 31 和 61。理解这些权利要求的结构对您来说非常重要（虽然权利要求的内容对于目前讨论的问题来说并没有那么重要）。

让我们首先来比较一下这两个硬件权利要求。先粗略地看看表 3 – 4。

表 3 – 4　*Tivo v. EchoStar* 案中的硬件权利要求

硬件权利要求	权利要求 1（方法权利要求）	权利要求 32（装置权利要求）
前序部分	1. 一种用于同时存储和回放多媒体数据的方法，包括以下步骤：	32. 一种用于同时存储和回放多媒体数据的装置，包括：
特征 [1]	接收电视（TV）广播信号，其中所述电视信号基于多种标准，包括但不限于国家电视标准委员会（National Television Standards Committee，NTSC）广播、PAL 广播、卫星传输、DSS、DBS 或 ATSC；	用于接收电视（TV）广播信号的模块，其中所述电视信号基于多种标准，包括但不限于国家电视标准委员会（NTSC）广播、PAL 广播、卫星转发、DSS、DBS、或 ATSC；
特征 [2]	将所述电视信号调谐到特定节目；	用于将所述电视信号调谐到特定节目的模块；
特征 [3]	提供至少一个输入部分，其中所述输入部分将所述特定节目转换成用于内部传送和操作的运动图像专家组（Moving Pictures Experts Group，MPEG）格式的流；	至少一个输入部分，其中所述输入部分将所述特定节目转换为用于内部传送和操作的运动图像专家组格式的流；
特征 [4]	提供媒体转换，其中所述媒体转换解析所述 MPEG 流，所述 MPEG 流被分离成视频和音频成分；	媒体转换，其中所述媒体转换解析所述 MPEG 流，所述 MPEG 流被分离成视频和音频成分；
特征 [5]	将所述视频和音频成分存储在存储设备上；	用于将所述视频和音频成分存储在存储设备上的模块；
特征 [6]	提供至少一个输出部分，其中所述输出部分从所述存储设备中提取所述视频和音频成分；	至少一个输出部分，其中所述输出部分从所述存储设备中提取所述视频和音频成分；

续表

硬件权利要求	权利要求 1（方法权利要求）	权利要求 32（装置权利要求）
特征［7］	其中所述输出部分将所述视频和音频成分组装成 MPEG 流；	其中所述输出部分将所述视频和音频部分组装成 MPEG 流；
特征［8］	其中所述输出部分将所述 MPEG 流发送给解码器；	其中所述输出部分将所述 MPEG 流发送给解码器；
特征［9］	其中所述解码器将所述 MPEG 流转换成 TV 输出信号；	其中所述解码器将所述 MPEG 流转换成 TV 输出信号；
特征［10］	其中所述解码器将所述 TV 输出信号传送到 TV 接收机；	其中所述解码器将所述 TV 输出信号传送到 TV 接收机；
特征［11］	接受来自用户的控制命令，其中所述控制命令通过系统发送并影响所述 MPEG 流的流动。	接受来自用户的控制命令，其中所述控制命令通过系统发送并影响所述 MPEG 流的流动。

我们容易看出这两个硬件权利要求实质上是一样的，但是权利要求 1 是一种方法权利要求，权利要求 32 是结构权利要求。表 3 - 4 中的比较教导我们，同一个基本想法经常可能像这里一样，同时被写成方法权利要求和结构权利要求。

那么为什么法院称权利要求 1 和 32 为"硬件权利要求"呢？特别是在权利要求 1 已被明确写成了方法权利要求的情况下。答案在于两个权利要求都谈到怎样组成一个特定的硬件，以及各部分的硬件功能。如果您还觉得不能理解，我们来对比一下软件权利要求 31 和 61。再次，浏览一下表 3 - 5。

表 3 - 5　*TiVo v. EchoStar* 案中的软件权利要求

软件权利要求	权利要求 31（方法权利要求）	权利要求 61（装置权利要求）
前序部分	31. 一种多媒体数据的同时存储和回放的方法，包括以下步骤：	61. 一种用于同时存储和回放多媒体数据的装置，包括：
特征［1］	提供物理数据源，其中所述物理数据源接受来自输入设备的广播数据，解析来自所述广播数据的视频和音频成分，并临时存储所述视频和音频成分；	物理数据源，其中所述物理数据源接受来自输入装置的广播数据，解析来自所述广播数据的视频和音频成分，并临时存储所述视频和音频成分；
特征［2］	提供源对象，其中所述源对象从所述物理数据源提取视频和音频成分；	源对象，其中所述源对象从所述物理数据源提取视频和音频成分；
特征［3］	提供变换对象，其中所述变换对象将数据流在存储设备上存储并取回；	变换对象，其中所述变换对象将数据流在存储设备上存储并取回；

软件权利要求	权利要求 31（方法权利要求）	权利要求 61（装置权利要求）
特征［4］	其中所述源对象从所述变换对象获得缓冲区，所述源对象将视频数据转换成数据流并用所述流填充所述缓冲区；	其中所述源对象从所述变换对象获得缓冲区，所述源对象将视频数据转换成数据流并用所述流填充所述缓冲区；
特征［5］	其中所述源对象被所述变换对象自动流控制；	其中所述源对象由所述变换对象自动流控制；
特征［6］	提供接收器对象，其中所述接收器对象从所述变换对象获得数据流缓冲区并将所述流输出到视频和音频解码器；	接收器对象，其中所述接收器对象从所述变换对象获得数据流缓冲区并将所述流输出到视频和音频解码器；
特征［7］	其中所述解码器将所述流转换成显示信号并将所述信号发送到显示器；	其中所述解码器将所述流转换成显示信号并将所述信号发送到显示器；
特征［8］	其中所述接收器对象由所述变换对象自动流控制；	其中所述接收器对象由所述变换对象自动流控制；
特征［9］	提供控制对象，其中所述控制对象接收来自用户的命令，所述命令控制通过系统的广播数流；	控制对象，其中所述控制对象接收来自用户的命令，所述命令控制通过系统的广播数据流；
特征［10］	其中所述控制对象将流命令事件发送到所述源、变换和接收器对象。	其中所述控制对象将流命令事件发送到所述源、变换和接收器对象。

同样，这里的两个权利要求惊人地相似，但是权利要求 31 是方法权利要求，而权利要求 61 是装置权利要求。而且，这些权利要求，虽然被撰写成方法权利要求或者结构权利要求的形式，但是实际上它们都在讨论如何用软件来控制程序，所以法院将其都认定为软件权利要求。事实上，很多术语，特别是与词语"对象"相关的术语，都是典型的软件术语。

那这是什么意思呢？有两种产品被控侵权，即"50X"产品系列中的 DVR和"Broadcom"产品系列中的 DVR。尽管陪审团认定"Broadcom"产品线仅根据等同原则侵犯了软件权利要求，最终陪审团还是裁决两条产品线都侵犯了全部四项专利。

以下是陪审团决定的摘要表格，见表 3 - 6。

表 3 - 6 *TiVo v. Echostar* 的陪审团裁决

权利要求	50X DVR 产品线	Broadcom DVR 产品线
硬件权利要求（1 和 32）	字面侵权（相同侵权）	字面侵权（相同侵权）
软件权利要求（31 和 61）	字面侵权（相同侵权）	等同侵权

陪审团最终裁决被告需要支付 TiVo 7400 万美元的赔偿金。在地区法院（Ⅰ），主审法官增加了对 EchoStar 销售侵权产品的禁令，446 F. Supp. 2d at 671。

当这个诉讼纠纷走到 CAFC 时，该法院裁决 Broadcom 的 DVR 不符合硬件权利要求的特征［4］，因为这些产品没有将数据"分离"到不同的缓冲区中。CAFC 还裁决 50X 的 DVR 不符合硬件权利要求的特征［7］，因为这些产品没有执行所谓的数据流的"交错组装"。如下是 CAFC 裁决，见表 3 - 7。

表 3 - 7　*TiVo v. EchoStar* 中的 CAFC 裁决

权利要求	50X DVR 产品线	Broadcom DVR 产品线
硬件权利要求（1 和 32）	不侵权	不侵权
软件权利要求（31 和 61）	字面侵权（相同侵权）	等同侵权

因此，CAFC 发现硬件权利要求 1 和 32 根本没有被侵权，但是维持了软件权利要求 31 和 61 的侵权决定，参见 516 F. 3d at 1312。

其间双方之间还有其他的诉讼，大多已经在表 3 - 3 中列出。在我们看来，其中最为重要的是 2011 年 4 月 20 日 CAFC（Ⅲ）的判决。❶

EchoStar 试图通过规避设计来回避禁令——重新设计其软件并将新软件放入现有硬件中。这可能可以起到回避禁令的效果，因为现有的硬件被判不侵权，新软件可能不侵犯软件权利要求 31 和 61 的专利权。

在 CAFC（Ⅲ）的 7∶5 的裁决中，CAFC 否定了 EchoStar 的主张。大多数法官认为无论这些单元是否被新软件修改（690 F. 3d at 690），禁令都涵盖了侵权单元的任何 DVR 功能。在反对意见中，5 位异议法官的少数意见认为 EchoStar 的规避设计应该已经回避了禁令。❷ 裁决决定以多数意见为准，所以 TiVo 赢得了这一轮的诉讼。涉案各方在 CAFC（Ⅲ）之后立即和解了此案，EchoStar 向 TiVo 支付了 5 亿美元的赔偿金，其全部是基于专利 US6233389 中的软件权利要求 31 和 61。

软件权利要求使得 TiVo 赢得了诉讼。尽管在诉讼中没有任何权利要求被宣告无效，但 CAFC 发现被告不侵权 TiVo 的硬件权利要求。

这是否就意味着软件权利要求比硬件权利要求"更好"呢？请考虑这一点：CAFC 通过 7∶5 的投票裁决：通过重新设计的软件无法避免禁令。但是

---

❶　*TiVo Inc. v. EchoStar Corp.*，646 F. 3d 869（Fed. Cir. 2011）（en banc）。
❷　多数观点与少数观点之间争论的焦点是 EchoStar 是否因 EchoStar 试图在其产品中安装非侵权的修改软件而被视为藐视下级法院的禁令。多数观点禁止这种企图避免侵权行为，认为 EchoStar 需要"禁用"其产品的 DVR 功能。少数观点希望允许其安装非侵权软件。

如果其中的两票以另一种方式出现，也就是说，如果七名法官在规避设计问题上裁决倾向被告 EchoStar 而不是原告 TiVo，那么 CAFC 本质上将会裁定：

侵权行为是软件侵权行为，被告更改了软件，以免它侵权。因此，这些产品变成了非侵权产品，这意味着禁令不再适用（尽管过去的侵权行为仍需赔偿）。

这有什么关系？考虑修改侵权硬件或侵权软件需要付出的努力，硬件的修改可能会非常困难，甚至也许是不可能的。硬件的修改可能需要进行设计和制造变更，与简单地插入修改的软件相比，将会相对困难并且相对昂贵。工程设计通常需要修改硬件或软件，但作为一般规则，再设计和再制造硬件通常比重新设计和插入新软件代码更困难。

这里的关键点在于：在许多案件中，侵权硬件权利要求很难被证明，但一旦证明，就可能可以防止被告通过规避设计来避免禁令。相比之下，在某些情况下，软件权利要求的侵权可能会更容易证明，但被告可以通过不涉及昂贵制造的规避设计来避免侵权行为。如该案所示，每种类型的权利要求往往都有自己的优点和缺点。

在该诉讼中，只有软件权利要求获得支持。另一方面，软件权利要求相对容易被被告 Echostar 通过规避设计回避禁令。在这种情况下，以 7：5 的微弱票数优势，CAFC 裁定不接受 EchoStar 的软件规避设计不侵权。而正是关于规避设计和禁令这一预期成本远高于经济赔偿的结果，给 EchoStar 带来巨大的压力来和解这场诉讼。但是，这个决定也可能有另外一种结果。如果两名法官加入了少数派，那么这个决定应该是 7：5 接受规避设计，这意味着将没有对于 EchoStar 的禁令。

请注意，正是这最后的拒绝 EchoStar 关于规避设计的裁决，促成了 5 亿美元的和解。如果规避设计的裁决以另一种方式进行（接受 EchoStar 的论点），就不会有禁令。对于过去的损害赔偿可能仍然有和解赔偿，但几乎可以肯定，和解金额会远低于 5 亿美元。

该专利起作用的一个关键原因是硬件和软件权利要求，以及方法和结构权利要求的结合使用。

我们没有在这里分析单个权利要求，而是分析一组权利要求。对权利要求 1、31、32 和 61 的传统 VSD 分析，可以有如下所述。

有效性： 在公开报道的这些法院案件中，都没有对权利要求的有效性有任何争议。美国专利商标局对权利要求进行了两次再审，并确认了所有权利要求的有效性。所以有效性不是问题，事实上再审证书强化了权利要求的有效性。

范围： 该专利涵盖了一些基本的 DVR 功能。潜在的市场是巨大的。总之，在大型市场中，这些都是优质的权利要求，覆盖了关键功能。两个关键问题是原始产品的侵权问题以及是否可以通过规避设计的努力避免侵权。最后，由于该案例独特的原因，EchoStar 不被允许进行规避设计。专利覆盖的范围由侵权人的原始责任和专利本身挫败通过规避设计回避侵权的能力来决定。

侵权的可发现性：对于本领域的人来说，这应该不成问题。有些功能很容易看到，有些功能可以从已知的功能中推断出来。无论如何，侵权行为不可能长久保密。

总结：这是一项在重要市场中瞄准重要功能的专利。独立权利要求涵盖多种实施方式，包括硬件设备、硬件方法、软件设备和软件方法。这种权利要求组合产生了巨大的潜在价值，最终使得专利所有者 TiVo 获得了 5 亿美元。

这是一项很好的专利，可以让大家明白法院或其他任何评估人员是如何看待专利权利要求的。特别是，与以前的例子不同，价值的关键部分与所有的独立权利要求有关，而不仅仅是一项独立权利要求。

在该案中，该软件权利要求为原告赢得了胜利，而硬件权利要求却没有。从这个意义上说，软件权利要求优于硬件权利要求，因为软件权利要求似乎拥有更宽的保护范围。从另一个角度说，硬件权利更好，因为通常它们比软件权利要求更难于作规避设计。EchoStar 试图围绕被侵权的软件权利要求进行规避设计，五名异议法官支持这种努力，但作为多数的七名法官却不支持，所以 EchoStar 最终以 5 亿美元和解诉讼。

经验启示：以下是我们可以从 *TiVo v. EchoStar* 一案的涉案专利 US6233389 的权利要求 1、31、32 和 61 中得到的关于优质专利的一些启示。

一些基本的启示已经被讨论过了。例如，这里的独立权利要求往往比较长，大约有十个特征。冗长的权利要求和多个特征并非有利选择。事实上，在该案中，硬件权利要求被认定没有被侵犯，因为其中的一个特征被发现不能被被告的产品执行。另一方面，我们也了解到，即使是有很多特征的长权利要求，如果特征是上位的，权利要求也有可能是有价值的。在这里，因为特征都是上位的，所以它们确实抓住了侵权的 DVR。

然而，关于这起案件的有趣又独特的经验启示是与独立权利要求 1、31、32 和 61 的组合相关的。

3－4－1　单一专利就像一个专利组合一样，因为该专利的真正价值是基于所有相关的权利要求而不是单项权利要求。显然，专利组合拥有更多的专利，并且几乎肯定会拥有比单一专利更多的权利要求。尽管如此，通常的原则是，多种类型权利要求的聚合本身可以创造专利的价值。这一被称为"权利要求聚合以创造价值"的原则适用于单项专利，也适用于专利组合。

3-4-2 创造价值的"相关权利要求"是要求保护创新点的独立权利要求。这里有 4 项独立权利要求，都集中在 DVR 功能上。因此所有独立权利要求都被认为是相关的，因为它们集中在主要的创新点上。

在该案中，有 4 组权利要求：硬件权利要求 1~30、软件权利要求 31、硬件权利要求 32~60 和软件权利要求 61。长权利要求组合 1~30 和 32~60 被发现并不相关，因为 CAFC 裁决 EchoStar 没有侵犯"硬件方法权利要求 1"（因此同样没有侵权其从属权利要求 2~30 中的任何一项）或"硬件设备权利要求 32"（因此同样没有侵权其从属权利要求 33~60 中的任何一项）。独立权利要求 31"软件程序"和权利要求 61"软件装置"之间相互独立，且没有从属权利要求。给人留下深刻印象的是专利撰写者和发明人花费了大量的时间和精力去处理那 59 项硬件权利要求，在最后抛出了 2 项软件权利要求。但是在最后的分析中，59 项硬件权利要求全部失败了，而 2 项软件权利要求却为专利权人赢得了胜利。

对于权利要求范围的广度而言，关键不在于所有的权利要求，而在于"独立权利要求"，特别是"瞄准创新点的独立权利要求"。

3-4-3 权利要求混合使用可以是专利和专利组合的关键。至少可以考虑三种专利混合使用的方法：

a. 方法权利要求（通常更模糊且保护范围更宽，但更易受到有效性攻击以及侵权者的规避设计）与结构性权利要求（其通常更清楚，侵权更容易判别，并且更难以被规避设计，但其范围可能比方法权利要求更窄）。

b. 硬件权利要求与软件权利要求（正是 *TiVo v. EchoStar* 中的问题）。软件权利要求被发现有更大的覆盖范围，在硬件权利要求失败的情况下软件权利要求获胜了。但该软件权利要求也可能会面临侵权者通过设计非侵权软件以避免禁令的结果。在 CAFC（Ⅲ）中，虽然 7 名法官不这么认为，站在了 TiVo 的一面，但至少有 5 位法官们指出 EchoStar 应该被允许使用规避设计来避免禁令。

在这个特定案例中，硬件权利要求失败了，而软件权利要求获胜。但如果 EchoStar 在其原始产品中使用"非侵权软件"，会发生什么情况？在那种情况下，软件权利要求不可能获胜，而 TiVo 唯一的机会就是专注于硬件权利要求。硬件权利要求和软件权利要求哪个更强的判断在很大程度上取决于案件的具体事实。这里再一次强调，权利要求的混合通常比单项权利要求的保护力度更强。

c. 客户端与服务器端权利要求。这种权利要求组合可能以消费者为导向的权利要求以及以供应方为导向的权利要求的方式出现，或者以制造商权利要求与分销商权利要求的方式出现，或其他。无论您是撰写专利还是评估专利，在工作时应该尽量考虑所有方面。

3－4－4　方法和结构权利要求之间的界限通常是模糊的。只需要几个词语，方法权利要求便可以和装置权利要求相互转换。我们在 US6223389 中看到：权利要求 1（方法）和权利要求 32（装置）之间的界限，或权利要求 31（方法）和权利要求 61（装置）之间的界限确实是模糊的。

不过可能有些案件中并非如此，即在方法和结构权利要求之间存在明显的界线。但是，这两种权利要求类型之间往往存在偶然或故意的模糊。通过包含相同创新点的多个方面，可以使专利保护最大化。因此，作为一般规则，专利撰写人应撰写结构和方法权利要求，因为这种结构和方法权利要求的混合可能会提高专利价值。❶

---

　❶　并非所有专利都必须具有结构和方法权利要求。一些发明极其结构化，另一些极其以方法为导向。此外，撰写者可能只专注于一种类型，以节省申请和审查费用。但是，除了这些有效的例外情况之外，应该尝试在专利中包含结构和方法权利要求。

第四章
优质专利的 ITC 判例

人们经常期待在法院中诉讼专利。然而，专利也可以在一个被称为美国国际贸易委员会（International Trade Commission，ITC）的行政机构中诉讼。本章主要涉及赢得 ITC 听证的专利。本章目的是给出 ITC 诉讼的一些基本知识，并希望能够从胜诉专利中得到如何构造一件"优质专利"的经验启示，下面是第四章的组织结构。

Ⅰ. ITC 程序和法院诉讼的比较

Ⅱ. ITC 胜诉判例

（1）*Broadcom. v. Qualcomm*

（2）*Trend Micro v. Fortinet*

Ⅲ. ITC 判例的附加启示

（1）购买专利应对迫切需要（Broadcom）

（2）改进的马库什权利要求（Magnequench International and Sumitomo Special Metals）

（3）专利丛林的作用不可忽视（Fuji Photo Film）

（4）最好的专利也可能会因申请过程的细微错误被毁掉（Ideations Designs）

（5）专利价值的不确定原理（Funai Electronic Corporation）

Ⅰ. ITC 程序和法院诉讼的比较

在第三章中，我们介绍了在法庭上赢得完胜的一些专利权利要求。尽管如此，法院并不是美国专利诉讼的唯一阵地。在本章中，我们将考虑被称为 ITC 的另一个阵地。ITC 是一个行政机构而不是一个法院。但 ITC 是专利诉讼中原告非常喜欢的一个阵地，此现象还有愈演愈烈之势。为了理解 ITC 做了什么，以及它为何如此受欢迎，首先让我们来比较 ITC 程序与法院诉讼。

相对于法院，ITC 有两个明显的缺点。

①　与法院不同的是，ITC 只能颁发一种特殊类型的禁令（称为"排除令"）来暂停或阻止侵权产品的进口，ITC 不能通过裁决使原告获得损害赔偿或货币赔偿。法院可以提供多种补救措施，包括禁令和损害赔偿。

②　与法院不同，ITC 只能处理涉及进口到美国的侵权产品或组件的案件，而不处理仅在美国制造、销售和使用的产品的案件。但美国联邦法院没有此类限制，可以处理任何专利案件。

但是，与联邦法院相比，ITC 也有一些实实在在的优势。

1）ITC 诉讼进行得特别快

通常从提起诉讼到最终的裁决会在 16 ~ 18 个月完成。而联邦法院则有自己的时间表。理论上来说，法院可以和 ITC 一样快，但实际上，联邦法院的裁决速度通常要比 ITC 慢，甚至经常要慢很多。❶

速度意味着两点：第一，如果原告的实力够强，那么它有可能会很快在 ITC 的诉讼中赢得针对被告的禁令，而不是一直苦等联邦法院的结果；第二，ITC 案件的裁决速度之快给诉讼双方都带来了巨大的压力，特别是被告方需要很快为庭审做好准备。尽管专利诉讼成本很高，动辄数百万美元，但是这里却不仅仅是钱的问题，更多的是诉讼时间和精力成本的问题。而公司管理人员往往更希望将他们的时间放在生意上，而不是诉讼上。

总而言之，ITC 的诉讼速度给专利所有者带来了巨大的优势。

2）ITC 可以颁布两种联邦法院不能颁布的禁令

ITC 可以颁布一种叫作"排除令"的禁令。排除令分为有限排除令（Limited Exclusion Order，LEO）和普遍排除令（General Exclusion Order，GEO）。这两者之间的区别并非这里的重点（某些区别，我们会在第四章 *Broadcom v. Qualcomm* 一案中进行讨论）。需要记住的是，上述两种禁令中的任何一种都会阻止当前或者以后被 ITC 认定的侵犯美国专利权的产品进口到美国。❷

ITC 可以颁布的第二种禁令是"临时 & 永久禁令"（Cease & Desist

---

❶　2005 ~ 2011 年，美国联邦地区法院专利诉讼的中位"审判时间"约为 30 个月，根据 PwC study，op. cit. p.21，这比 ITC 的典型时限长得多。但是，法院之间的差异非常大，比如有两家法院的实际审判时间中位值比 ITC 时间少，弗吉尼亚东区法院约 12 个月，威斯康星西区法院约 13 个月，参见同前文献，chart 7d at p.22。除了这两家法院之外，ITC 从历史数据看比其他地区法院的速度更快，而且事实上要比大多数地区法院快得多。

❷　排除令是只有当满足下列条件时，才可以被颁布：（a）被告从事"不公平的行为或方法"，如侵犯专利权；（b）该产品是被进口的或者被进口后出售的；（c）有"国内产业"的产品可能会受到侵权进口的损害。

Order）。这个禁令是，如果已经有侵权商品被进口到美国并且该侵权商品现在美国境内，被告会被禁止销售或许诺销售这些商品。

排除令和临时 & 永久禁令一起有效地禁止了侵权商品向美国进口和在美国销售。

这时大家会问，难道联邦法院没有像 ITC 一样颁布这些排除令以及临时 & 永久禁令的权力吗？答案是：法院有这样的权力，但是与 ITC 不同的是，法院在颁布禁令时受到法定的限制。在 2006 年以前，如果法院裁决原告胜利，则后续会自动实施相关的禁令。而在 2006 年，美国联邦最高法院在 *eBay v. MercExchange* 一案❶中裁定：在专利案件中，禁令不再随着案件的裁决而自动实施。此后，联邦下级法院在专利案件中颁布禁令时，都必须满足四项标准条件。❷

这一限制重要吗？是的，非常重要！在 eBay 一案之前，如果原告在联邦法院中赢得了诉讼，则在 95% 的情况下，会拿到法院颁发的禁令。但是在 eBay 一案之后，只有 75% 的原告同时赢得了禁令。❸

相比较而言，在 eBay 案之前，在 ITC 赢得诉讼的原告会 100% 赢得禁令，eBay 案之后，概率依然是 100%。❹ 这主要有以下两个原因。

① ITC 没有权力裁定赔偿。如果 ITC 已经发现了诉讼中的违法行为，但是同时又拒绝颁布禁令，那么 ITC 会被认为是已经发现在其管辖权内的违法行为，但是却不能为这个发现裁定出任何补救。在笔者看来，ITC 不会这么做。与之不同的是，法院可以裁定数额巨大的赔偿金（ITC 不可以），但是经常会拒绝使用禁令。

② 联邦法院是政府司法部门，也因此，必须遵循最高法院的判例，包括 eBay 案。而 ITC 是一个行政部门，是政府的行政分支。ITC 受制于，但不受例如 eBay 案所建立的司法原则的约束。因此，在考虑原告的禁令请求时，ITC 不需要应用与法院相同的标准。❺

---

❶ 547 U. S. 388（2006）.

❷ 四项标准是：①专利权人受到不可挽回的损害；②法律规定的补救措施不足以弥补该损害；③根据原告与被告之间的困难平衡，有必要发出强制令进行衡平救济；④公共利益不会受到永久性禁令的伤害。

❸ CHIEN C V, LEMLEY M A. Patent holdups, the ITC, and the public interest［J］. Cornell Law Review, 2012, 98（1）: 9 – 10.

❹ 出处同上，参见第 16 页的 Fig. 3。

❺ ITC 不受 eBay 案的约束，而是受 1930 年关税法的约束。该法案出现在 19 USC chapter 4。例如，参见 QUINN G. Happy 5th anniversary: the impact of eBay v. MercExchange［EB/OL］.（2011 – 05 – 15）［2012 – 02 – 18］. http: www. ipwatchdag. com/2011/05/15/happy – 5th – anniversany – ebay – v – mercex-chal/id = 16894/. 还有很多其他著作也可参考，关键是 ITC 颁布禁令的标准与联邦法院大不相同。

可以肯定的是，ITC 有一定的标准来裁定被提出的禁令请求。这个标准包括"经济方面"（案件主题涉及美国国内产业）和"技术方面"（原告以某种方式实施专利）两方面的条件。理论上，ITC 在颁布排除令前还会考虑对竞争对手和消费者可能的影响。但是，这些标准并没有构成在 ITC 专利案件中颁布禁令的障碍。

考虑到法院诉讼和 ITC 诉讼的优点和缺点，人们可能会认为，在大多数情况下，专利权人会同时在两个地方提起诉讼。事实上，这种情况并不常见。在第四章中，我们主要分析 ITC 发现侵权并向被告下达禁令案件中的专利。在其中部分案件中，ITC 的裁决又被上诉到 CAFC，此时我们将综合考虑 ITC 裁决和 CAFC 裁决中的问题，只是我们的关注点还是在 ITC 程序上。❶

Ⅱ. ITC 胜诉判例

现在让我们来看两个 ITC 判例。在这两个判例中，ITC 都给出有利于原告的判决，且对侵权的被告发出了禁令。❷

案例 1 *Broadcom Corp. v. Qualcomm*, *Inc.*

ITC 案号 337 – TA – 543：Broadcom（博通）公司作为原告指控 Qualcomm（高通）公司侵犯其移动手机电路专利。

裁决背景：

位于美国加利福尼亚州欧文的 Broadcom 公司和位于圣地亚哥的 Qualcomm 公司在 2005 ~ 2010 年被卷入了一系列相互之间的专利诉讼。这一系列的专利诉讼始于 2005 年同时在联邦法院和 ITC 提起的诉讼。❸

---

❶ 如上所述，在大多数案件中，专利权人可以在联邦法院和 ITC 都起诉。但是，如果禁令对专利权人来说很重要，并且如果专利权人无法承担在两个机构都提起诉讼的费用，或者如果专利权人想要获得 ITC 相对较快的救济，专利权人可以在 ITC 而不是联邦法院起诉。的确，在他们文章的结论中，Chien 和 Lemley 指出，op. cit.，p. 43，"eBay 应该是无意识地获得这样的一个结果，如果联邦地区法院不再提供期望的禁令，专利权人应该会转向 ITC。"正如 Chien 和 Lemley 教授所指出的那样，可能不是最高法院打算将专利权人从法院驱逐到 ITC，但这肯定是 eBay 裁决的可预测结果，并且根据教授的说法，效果确实如此。

❷ 在 ITC 诉讼中，起诉人（在法院诉讼中被称为"原告"的专利权人）被称为"申诉人"。同样，在 ITC 诉讼中，被起诉的一方（在法院诉讼中被称为"被告"）被称为答辩人。虽然"申诉人"和"答辩人"在技术上是正确的术语，但是为了避免混淆，笔者会坚持传统的法庭名称——将起诉的一方称为"原告"，被起诉的一方称为"被告"。

❸ 后来在法院诉讼中增加了反托拉斯理由，Broadcom 作为小组的一部分，要求欧盟理事机构欧洲共同体调查 Qualcomm 在欧洲涉嫌垄断的行为，但我们将这里的评估局限于专利诉讼。

其中的 ITC 诉讼，主要涉及"一定的基带处理器芯片和芯片组，发射器和接收器（无线电）芯片，功率控制芯片及包含上述芯片的产品，包括蜂窝电话手机产品"。

Broadcom 公司提起诉讼，称 Qualcomm 公司侵权其专利 US6714983 中多个权利要求。该专利的名称是"用于通信网络的模块和便携式数据处理终端"，于 1995 年提出申请，并于 2000 年 2 月 4 日被授权。❶

Broadcom 专利预览：

我们将主要考虑其权利要求 1"适合于移动计算设备的一个或多个电路"。该电路分别被撰写为"设备"或"组件"权利要求。

在此 ITC 案例中，Broadcom 公司得到了针对 Qualcomm 公司的禁令，双方之间的全部诉讼最终由 Qualcomm 公司向 Broadcom 公司支付了 8.91 亿美元和解而结束。而这笔近 10 亿美元的和解款主要是因为在权利要求 1 中的一个单词。下面让我们来找出这个单词，确定它的重要性，并理解为何 Broadcom 公司会赢得此案。

专利评估：

首先请浏览表 4 - 1 所示的事件和其相应日期的摘要，以了解案情。

表 4 - 1 *Broadcom v. Qualcomm* 诉讼事件

事　　件	ITC 诉讼	联邦法院诉讼
Broadcom 公司起诉	2005 年 6 月	2005 年 5 月
第一项裁决	行政法官（The Administrative Law Judge，ALJ）——处理专利诉讼的 ITC 官员——作出利于 Broadcom 公司的裁决：2006 年 10 月	联邦法院陪审团作出利于 Broadcom 公司的裁决：2007 年 5 月
裁决的第一次复审	ITC 维持 ALJ 的裁定：2007 年 6 月	联邦地区法院颁发了针对 Qualcomm 公司的禁令：2007 年 12 月
CAFC 审理上述案件的上诉	2008 年 10 月 14 日	2008 年 9 月 24 日
案件的解决（2009 年 4 月）	和解，Qualcomm 公司同意在 4 年内向 Broadcom 公司支付 8.91 亿美元，2009 年 4 月	
再　　审	美国专利商标局颁发再审证书：2010 年 10 月	

❶　随着案件的进行，以下各方最终参与了诉讼程序，成为所谓的"诉讼人"：Kyocera Wireless、LG Electronics Mobilecomm、Motorola、Samsung、Sprint Nextel 以及 Verizon Wireless。我们不在这里评估这些参与者和它们的参与行为，但值得注意的是，这是许多移动手机业务公司感兴趣的一个案例。

ITC 诉讼始于 2005 年 6 月，Broadcom 公司起诉 Qualcomm 公司侵犯其 5 项专利中的不同权利要求。在诉讼过程中，Broadcom 公司撤回了对 2 项专利的起诉，其余 2 项专利被 ALJ 裁定未被侵权，ALJ 发现 Qualcomm 侵犯了第五项专利 US6714983 中的 5 项权利要求，分别为权利要求 1、4、8、9 和 11。在这 5 项权利要求中，只有权利要求 1 是独立权利要求，其他所有权利要求都从属于权利要求 1。以下是 US6714983 的权利要求 1（笔者已通过添加括号"[　]"来解析特征）。

　　1.［前序部分］适合于移动计算设备的一个或多个电路，包括：

　　［1］终端，适于接收至少一个电路的电池功率；

　　［2］通信电路包括；

　　［2a］降低的功率模式；和

　　［2b］适于第一无线通信和不同于第一无线通信的第二无线通信向接入点传输数据；

　　［2c］通信电路通过控制接入点的扫描频率来降低功率；

　　［2d］处理电路，用于处理从通信电路接收的数据。

在其 2006 年的书面意见中，ALJ 讨论并解释了来自该专利上述特征［1］、［2a］、［2b］和［2c］的 6 个术语。另一方面，在其 2008 年 10 月 14 日的书面意见中，CAFC 认为：

由于 ITC 正确地解释了 Broadcom 一案中**有争议的关键术语**，正确地驳回了 Qualcomm 公司关于专利无效的主张……，因此 CAFC 维持了 ITC 认为 983 专利有效的决定。［强调部分被加粗］❶

CAFC 认为，权利要求 1 中的一个特定术语对案件判决起着"至关重要"的作用。事实上，这个单词决定了整个案子的命运。

我们再来看上面引用的权利要求 1。您认为哪一个是"有争议的关键词"呢？哪个单词可以决定这个 10 亿美元的案子？

笔者给您一个提示。以下是行政法官在此诉讼中解释的术语。确定整个案件命运的这个词就包括在如下这些权利要求术语中。见表 4 - 2。

---

❶ *Kyocera Wireless Corporation LG USA v. ITC*，第 2007 - 1493 号（Fed. Cir.，Oct. 14，2008），第 3 ~ 4 页的意见。包括 ITC 和法院裁决在内的这一案件在全行业中都具有重要意义。基于对这一事实的反映，Kyocera 以原告身份加入，被告涉及 Qualcomm 公司及其客户或其他可能受 ITC 决定负面影响的利益相关方。这些公司包括摩托罗拉公司、三星电子、LG 电子美国移动通信、三洋 Fisher、T - Mobile 美国、AT&T Mobility、Sprint Nextel、Palm、Pantech Wireless、Pantech Co.、Pantech&Curitel Communications、UT 斯达康、高科技计算机、深圳华为通信技术、Research In Motion、富士康国际控股和卡西欧日立移动通信。

表 4 – 2 US6714983 的权利要求 1 的关键权利要求术语

特征编号	由行政法官解释的权利要求术语
[1]	终端
[1]	适于接收至少一个电路的电池功率的终端
[2a]	包括降低的功率模式的通信电路
[2b]	通信电路……适于第一无线通信和不同于第一无线通信的第二无线通信向接入点传输数据
[2c]	通过控制接入点的扫描频率来降低功率
[2c]	通过控制接入点的扫描频率来降低功率的通信电路

您有没有发现这个 10 亿美元的单词？

现在给您第二条线索。表 4 – 2 是 ALJ 审查和解释的六个术语。关键的权利要求术语在其中的特征 [2b] 中。现在您能猜出特征 [2b] 中的哪个单词决定了整个案例吗？

这个词是"不同"（different）。

当您阅读独立权利要求时，您简直会看到"不同"这个单词跳出页面，戳您的鼻子，然后说："嘿，看看我！我很重要！"这种用于比较的形容词，几乎肯定会产生问题，除非这个词已经在专利的说明书中被明确地定义或解释了。

以上几乎所有其他术语都是技术术语，并在本领域中广为人知，或者在专利中相对容易定义。"不同"这个词是一个常用词，而非技术词。出于这些原因，它很可能会造成一些问题。例如，特征 [2b] 讲到存在与第一次无线传输"不同于"第二次无线传输时就出现了问题。

- 如何"不同"？
- 为什么"不同"？
- "不同"的程度如何？
- 专利特征的"不同"带来的效果是什么？

从原告的角度，人们希望专利申请人已经定义了这个词。但遗憾的是，专利说明书中没有对这非技术性词语进行任何的定义。在该案中，US6714983 并没有定义"不同"这个词。

整个案件因为这个词而展开，所以首先让我们准确地理解关于这个单词的争论。原告 Broadcom 公司认为：

权利要求 1 中的平实语言请求保护的通信电路能够使用两种不同的无线通信来将数据传输到接入点……这两种不同的无线通信必须是空中接口协议。

Broadcom 公司引用说明书和审查历史来支持其论点。❶

因此，根据原告 Broadcom 公司的说法，"不同"是指两种类型的"无线通信"，它们必须是所谓的"空中接口协议"或"空中接口"，例如"窄带无线电频率""跳频扩频""直接序列扩频"或"红外"。

被告 Qualcomm 公司回应说：

术语"无线通信"应该被广义地解释，并且……如果申请人希望选择一个较窄的保护范围，则其完全可以选择一个较窄的权利要求术语，例如，利用"空中接口"去限定。Qualcomm 公司认为，应用于无线通信的"不同"一词非常宽泛，并不仅限于一种形式的差异，例如并不局限于"空中接口"。同时 Qualcomm 公司还引用说明书来支持该术语的较宽范围。Qualcomm 公司还称，该专利从未使用"空中接口"这一术语，并且审查历史表明，不同的无线通信并没有被限于不同的空中接口。Qualcomm 公司认为，如果按照 Broadcom 公司对于权利要求的解释，那么其权利要求应该按照如下的方式撰写："通信电路……用于，[**应用第一空中接口的**] 第一无线通信和不同于第一无线通信的 [**应用另一空中接口的**] 第二无线通信向接入点传输数据"。❷ [其中粗体和括号中的插入内容是原文中并未加入的]

这里奇怪的是，专利权人试图为权利要求争取一个较窄的解释，而被告认为其具有最广泛的解释！这是怎么回事？我们不是应该看到专利权人寻求较宽保护范围的权利要求，而被告寻求狭义的保护范围吗？是的，这就是我们通常所看到的，但这里恰恰相反。为什么呢？

通过对现有技术的研究可以找到答案。可以与两个不同接入点通信的通信电路，在该专利之前已经是本领域众所周知的技术。实际上，被告 Qualcomm 公司引用了三项美国专利，如果"不同"一词包括"使用相同通信方式的两种通信"，则任何一项专利都可以无效掉权利要求1。被告 Qualcomm 公司所希望看到的是"不同"一词可以被广义解释，进而权利要求1可以被现有技术无效。

然而，行政法官同意 Broadcom 公司对"不同"的较窄解释，ITC 也同意其看法。在上诉中，CAFC 也同意 Broadcom 公司的意见。那 CAFC 为什么同意呢？CAFC 在书面意见中为其同意"不同"一词的较窄定义给出了两个理由。

首先，在专利附图11、附图47 和附图48 中出现了短语"接入点"。

---

❶　引用自 Investigation No. 337－TA－543，Publication 4258，Volume 2 of 2，第119 页。笔者删掉了关于专利及其审查历史的特定参考。

❷　出处同上，参见第119 ~ 120 页。

Qualcomm 公司的争论依据为图示了多个接入点的图 11，其中公开了一个局域网（它可能会有一个单一的空中协议）。然而，法院依据的是附图 47 而不是附图 11，以及说明书第 39 栏："［第一］接入点……提供通过一种类型的无线电通信进行通信，而［第二个］接入点提供另外一种。例如，［第一］接入点……可以提供长途数字蜂窝链路，而［第二］接入点……提供本地扩频链路"。换言之，根据 CAFC，专利说明书中的这些内容表明，至少有两种不同类型的无线电通信，这也正是 Broadcom 公司的论点。

其次，CAFC 认为，附图 11 仅仅是特定通信方法的一个例子。法院指出：

该图并不能改变权利要求 1 对"用于"使用两种不同通信的设备的要求。说明书中为要求保护的第一和第二无线通信之间的差异提供了必要的背景。权利要求中所给出的差异是其通信方式的差异。换言之，ITC 正确地解释了"不同"一词的含义。❶

总的来说，在笔者看来，法院支持 Broadcom 公司的第一个论点并不令人信服。Qualcomm 公司实际上是说：是的，我们同意该专利包括不同的协议，但仅限于一些实施例中，例如附图 47 和附图 48。在其他实施例中，例如附图 11，使用相同的协议，所以"不同"一词应理解为"两个不同的接入点，不管是否是同一协议"。Qualcomm 公司在这里有一个强有力的论点：专利权人可以在权利要求中定义"不同"，或者可以提到"空中协议"，这两种情况都没有出现在专利中。行政法官 ALJ、ITC 和 CAFC 都对这个词进行了较窄解释，进而拯救了这个权利要求。然而，这种狭窄的解释并不是 Broadcom 公司在专利中提出"不同"这个词试图想表达的。

尽管如此，法院的第二个论点让 Broadcom 公司获胜。权利要求 1 中的特征［2b］是"通信电路……适于……不同［通信］来将数据传输到接入点"。这里关注的不是方法，而是"适于"使用相应方法的结构。然而，适于使用两种或多种方法的结构，有时可能使用的是两种方法，有的时候可能只使用一种方法，尽管结构总是"适于"尽可能多的方法。

"适于"这个短语笔者称其为专利中的结构标签。这个短语的使用使得原本是过程或方法的特征，在使用此短语后将其变成结构特征。结构标签并不会将特征限制为特定方法，而只是说该结构可以执行该方法。结构标签可以大大提高权利要求的价值，因此也提高了专利的价值。这正是 *Broadcom v. Qualcomm* ITC 一案中发生的事情。

因此，在专利 US6714983 中的权利要求 1 似乎是"优质的专利权利要

---

❶ *Kyocera Wireless v. ITC* slip opinion at p. 11.

求"。是吗？等等！

后来 CAFC 驳回了 ITC 的排除令，并告诉 ITC 重新考虑此裁决。❶ 在此排除令中，ITC 禁止进口或出售 Qualcomm 公司的芯片甚至是包含该芯片的无线设备，即便这些无线设备不是由 Qualcomm 公司，而是由一些不是 ITC 诉讼参与方的 Qualcomm 客户生产、进口和出售的。

ITC 是否可以这样做？是否可以发出针对甚至不属于涉案对象的那些人的排除令呢？答案是肯定的，但是，只有当排除令是"普遍排除令"而不是"有限排除令"时才可以。而只有当 ITC 发现有限排除令将会被侵权者绕过，或者同时存在专利侵权行为和无法识别侵权产品的来源时，才可以颁布普遍排除令。这里 ITC 甚至没有讨论过其中的任何一种情况，就颁布了具有普遍排除效果的有限排除令。这样做超出了 ITC 的法定权利。所以 Broadcom 公司获得的补救措施在程序上是不正确的。因此，当 CAFC 驳回 ITC 的决定时，CAFC 并不是说侵权的实质性决定是错误的，而是说："对于 ITC 颁布这种排除令，以目前的记载来看已经超出了 ITC 的法定权利，因此 ITC 必须重新裁决——要么将排除令更改为有限排除令（因此，Qualcomm 公司的客户不会受到 ITC 订单的影响），要么给出足以支持普遍排除令的事实调查结果"。

这意味着什么呢？从技术上讲，Qualcomm 公司赢得了 CAFC 的这一轮诉讼。ITC 和 CAFC 都没有发现 Qualcomm 公司直接侵权，因为 Qualcomm 公司并没有进口或出售具有特征［2a］降低功耗模式的产品。然而，ITC 发现 Qualcomm 公司的间接侵权行为，也被称为"诱导侵权"。因为 Qualcomm 促使并鼓励他人侵权。

对于诱导侵权，其必须满足下列的要件：

① 至少有一名直接侵权人；

② 诱导者的某些行为帮助引起直接侵权；

③ 诱导者故意引起直接侵权。

在该案中，ITC 发现以上所有三个要件都得到了满足。❷

CAFC 并没有讨论这里的条件"①直接侵权人"，而是似乎在其他手机制造商

❶ 笔者这里使用的"驳回"使用的是我们的日常用语。法言法语不是"驳回"或者"推翻"，而是"撤销并发回重审"。"撤销"含义在于其是无效的，不会转换成其他措施。至于"发回重审"，法院的意思是"是的，我们认为排除令是需要的，但是不是您给出的这种，请重新作出。"

❷ CAFC，在 2012 年 8 月 31 日的 Akamai 一案裁决中，改变了该领域的法律。但是，Akamai 一案不是 *Broadcom v. Qualcomm* 一案作出裁决时的法律标准。而且，Akamai 只适用于方法权利要求，这里讨论的是结构权利要求。无论何种情况，Akamai 的判决不影响我们想从该案中得到的关于优质专利的经验启示。

使用了 Qualcomm 芯片的情况下，直接认定这些手机制造商直接侵权该专利。

CAFC 注意到了满足条件②的 Qualcomm 公司致力于帮助他人作出侵权行为的一大堆证据，其中包括：

- 提供与手机硬件结合时导致侵权的软件；
- 培训侵权人；
- 向侵权人提供文档和用户支持。

Qualcomm 公司的这些行为可能会导致侵权，也是诱导侵权条件②所必需的。

但是，CAFC 要求下级法院给出条件③Qualcomm 公司故意造成侵权的证据。ITC 发现 Qualcomm 公司有故意去采取相应的行为，但 CAFC 表示，故意的法律标准是 Qualcomm 公司是否有明确的意图鼓励侵权行为。因此，Qualcomm 公司的法律赔偿责任被 CAFC 推翻，案件被打回 ITC，以进一步确定 Qualcomm 公司是否有鼓励侵权的故意。Qualcomm 公司赢得了本轮诉讼。

既然 Qualcomm 公司赢得了最终的诉讼，那涉案专利为什么会成为 Broadcom 公司的"优质专利"呢？更令人困惑的是，为什么 Qualcomm 公司在赢得这一轮诉讼后转身便同意支付 8.91 亿美元的赔偿款呢？

这里 Qualcomm 公司的心态与 ITC 案件中"诱导侵权"指控有关，该指控留待 ITC 诉讼法庭进一步解决。然而，在表 4 - 1 最后一栏中提到的联邦法院在开始的平行诉讼中作出的一项重大裁决，让下一轮诉讼将要发生什么变得毫无悬念。

2008 年 10 月 14 日，CAFC 对于 ITC 案发表了观点。而在此三周前的 2008 年 9 月 24 日，另一组 CAFC 法官（两项案件中有一名相同的法官）裁定了 *Broadcom v. Qualcomm* 联邦法院上诉一案。该案中涉及了不同的专利，但是这些专利都像 US6714983 那样，也都涉及双模式收发器。有趣的是，在联邦法院案件（而不是 ITC 案件）中，CAFC 认定 Qualcomm 公司诱导侵权成立，因为 Qualcomm 公司有以下行为：

（1）知道 Broadcom 公司的专利（联邦法院案件中的 US5657317、US6389010 以及 US6847686）；

（2）没有改变自己的产品以避免侵犯 Broadcom 公司的专利权，甚至没有探索这样做的方式；

（3）没有指导其客户如何避免侵权 Broadcom 公司专利；

（4）没有就侵权问题寻求法律意见。❶

---

❶ *Broadcom Corporation v. Qualcomm, Inc.* 543 F. 3d 683（Fed. Cir. September 24, 2008），at p. 700.

让我们总结一下这里发生的事情：

① 在 ITC 案例中，ITC 认定 Qualcomm 公司的用户直接侵犯了 Broadcom 公司的专利。CAFC 在再审 ITC 意见时没有讨论这一点，但显然假设这是真的。**CAFC 在 ITC 诉讼中的假设是 Qualcomm 公司的客户将直接承担侵权责任。这一假设对 Qualcomm 公司是并非正面的。事实上，包括这一假设在内的 CAFC 的判决几乎肯定会被 Qualcomm 公司认为是非常负面的。**对于 ITC 案件的 CAFC 裁决是在 2008 年 10 月 14 日给出的。

② 几乎在同一时间，2008 年 9 月 24 日，另一联邦法院诉讼中，CAFC 的另一个合议庭裁定 Qualcomm 公司间接侵犯了一些专利权，特别是诱导侵犯了这些专利权。在 CAFC *Akamai* 一案之前，仅当另一方直接侵权时，才可以判定诱导侵权。在该案中，这意味着 Qualcomm 公司的客户使用了 Qualcomm 公司的侵权产品。

这两起案件，一起进行了判决，决定了将要发生的赔偿。这有点复杂，所以让我们用表 4-3 来说明。

表 4-3 *Broadcom v. Qualcomm* 诉讼中的两项 CAFC 裁决

	低级法院或 ITC	CAFC 裁决	启示
联邦法院案件	地区法院裁决：①Qualcomm 公司直接侵权。②Qualcomm 公司诱导侵权。③确认陪审团 1964 万美元损失裁决。④增加对 Qualcomm 公司的禁令	2008 年 9 月 24 日：①无效三项侵权专利之一。②确认地区法院的所有其他决定	通过肯定诱导侵权的结论，CAFC 需要认定侵权产品的使用者自身必须是直接侵权者
ITC 案件	ITC 裁决：① Qualcomm 公司没有直接侵权。② Qualcomm 公司诱导侵权。发出针对所有包含侵权组件产品的禁令	2008 年 10 月 14 日：①肯定了 ITC 的 "Qualcomm 公司没有直接侵权" 的裁决。②在诱导侵权方面，ITC 针对 Qualcomm 公司使用了错误的 "故意" 标准。ITC 的另一项裁决被撤销并发回重审	A. 在②中，CAFC 假定但未裁决 Qualcomm 公司的客户直接侵权。B. CAFC 表示 ITC 必须重审并作出裁决。如果 Qualcomm 公司具有所需的故意，可针对 Qualcomm 公司发出禁令，并可能针对所有包含侵权组件的产品

以上每个 CAFC 裁决均由一个三名法官组成的合议庭决定。而只有一名法官同时参加了两个合议庭。这对于间接侵权的指控特别重要，因为

Qualcomm 公司只有在其他人（此处为 Qualcomm 公司的客户）直接侵权时才负有诱使他人侵权的责任。实质上，12 名 CAFC 法官中有 5 名法官，或隐含地裁决（在联邦法院案件中）或假定（在 ITC 案件中）Qualcomm 公司的客户侵犯了 Broadcom 公司的不同专利。

③ Qualcomm 公司在 ITC 诉讼的最后一轮中赢得胜利，而这个胜利仅仅是因为 ITC 在确定 Qualcomm 公司"诱导侵权的故意"时采用了不正确的法律标准。ITC 需要改变程序，再次作出裁决。这不是 Qualcomm 公司可以依靠的强有力的支撑。

④ 因为所有的诉讼都和解了，所以再没有其他轮诉讼。尽管如此，如果在 ITC 再发起一轮诉讼，会发生什么呢？有几种可能性：

a. 原告 Broadcom 公司可能只是寻求狭窄的排除令（称为"有限排除令"），阻止 Qualcomm 公司进口和销售自己的芯片。这就要求 Broadcom 公司证明 Qualcomm 公司有诱导侵权所需的故意。在这种情况下，有限排除令是 Broadcom 公司可以寻求的最小救济措施，但即使这种救济措施对 Qualcomm 公司也是非常不利的。

b. 也许 Broadcom 公司会试图获得更全面的排除令（称为"普遍排除令"），而不是有限的 ITC 命令。普遍排除令会禁止进口销售包括 Qualcomm 公司组件的所有产品，这对 Qualcomm 公司的客户和 Qualcomm 公司的公共声誉都将是灾难性的。虽然这种选择还需要 Broadcom 公司证明 Qualcomm 公司的故意，来符合其他标准，但这对 Qualcomm 公司来说是一个非常严重的威胁。

c. 或者，与其试图改变 ITC 案件中的排除令，Broadcom 公司可能选择启动全新的 ITC 诉讼，这次将所有 Qualcomm 公司的客户指定为直接侵权者，而不仅仅是"诉讼参与人"（他们在原 ITC 案件中的身份）。在 ITC 案件中，ITC 已经裁决认定 Qualcomm 公司的客户都是 Broadcom 公司专利 US6714983 的直接侵权者，而 CAFC 也假定这一点是正确的。在联邦法院的案件中，CAFC 确认地区法院裁决诱导侵权专利 US5657317 和专利 US6389010 专利成立。Broadcom 公司可以选择向 ITC 或联邦法院，或者同时向两者，提起针对 Qualcomm 公司客户直接侵权的诉讼。这也是一个非常严重的威胁。客户的侵权责任对于 Qualcomm 公司将是一个可怕的结果。

⑤ 法院驳回了 ITC 的禁令，可能具有讽刺意味，意味着 Qualcomm 公司赢得了 ITC 案最后一轮诉讼。然而，很少有公司能够在如此的"胜利"中幸存。最终，Qualcomm 公司别无选择，只能通过支付大额和解赔偿金来解决这延续了四年的案件。

ITC 诉讼的结果都取决于 ITC 和法院对 US6714983 第 1 项权利要求中"不

同"的解释。如果没有对这个模糊词语的裁决，Qualcomm公司很可能已经赢得了ITC案。但是在该案中，Qualcomm公司最终同意支付8.91亿美元寻求和解。

有效性： 有效性的确定是在特定时间点发生的。有效性的评估可能会随着诉讼中发生的跟涉案专利相关的事件而发生变化。在该案中，让我们称在诉讼之前（2005年之前）的专利有效性为"预期有效性评估"，让我们称从诉讼时间起的权利要求有效性为"追溯性有效性评估"。这两个评估差异很大。

在诉讼之前，专利US6714983的权利要求可能是有效的，但由于Qualcomm公司在案中提出的论点，大家对此产生了极大的怀疑。在ITC诉讼之前，人们可能会认为"不同"一词意味着"同一协议下的多个通信"，并且在此基础上，认为这些权利要求因为多项早期专利缺乏新颖性，因此是无效的（这是Qualcomm公司的论点）。因此，权利要求的预期有效性——诉讼之前有效性的估计——由于"不同"一词而显得中等甚至有点弱。

如果专利中已经定义"不同"为不同的空中协议，则可以避免这一点。不过关键权利要求术语定义的缺失是专利中相对常见的缺陷，即使在其他"优质专利"中也是如此。缺乏对非技术性权利要求术语的定义更是特别常见的，因为这些是每个人似乎都能理解的日常用语（除非这些词在专利权利要求中突然变得不清楚和易混淆）。

缺乏定义显然是一个缺陷。然而同时，该专利权利要求的保护力度通过在权利要求1的特征中使用结构标签，例如"适于"，而得到加强。

对专利权人来说糟糕的是，权利要求1的6个特征中只有4个具有结构标签，但好在至少最关键的特征［2b］具有一个结构标签。不过权利要求1因为使用三种不同的结构标签而变得很糟糕。在前序部分中的"adapted for"❶，在特征［1］和［2b］中的"adapted to"，以及特征［2d］中的"arranged to"，三个不同的结构标签，表示完全一样的意思，只会造成混乱。可能同样糟糕的是，权利要求1中出现的三种形式都不是最传统的结构标签——最传统的结构标签为"configured to"（配置成），而且其完全适用于专利US6714983的所有权利要求。使用结构标签来扩展权利要求1的范围是一个非常好的主意，但此处的使用并不完美。❷

---

❶ 权利要求1的前序部分是"适合于移动计算设备的一个或多个电路"：结构标签为"适合于"（adapted for）。

❷ 权利要求1的特征［2d］是"处理电路，用于处理从通信电路接收的数据。"结构标签为"用于"（arranged to）。

该案中对"不同"定义的缺乏非常不好，但是在特征［2b］中使用结构标签至少作了部分补救，因此总的来说，"有效性"在诉讼之前，预期中规中矩。

但是回过头来看，对于有效性的观点则有很大不同。ITC 和 CAFC 认定 US6714983 的权利要求是有效的。此外，美国专利商标局在 2010 年 10 月 5 日再审了诉讼中的所有权利要求（1、4、8、9 和 11）并确认其有效性。

这并不是一个普通的再审，这次再审包括大量具有潜在破坏性的现有技术，其中包括 60 项美国专利以及数百项技术标准和技术出版物。即便如此，美国专利商标局不仅肯定了所有被审查的权利要求，而且专利权人增加了直接或间接引用权利要求 1 的新权利要求 26 ～ 41。从诉讼之后回顾的角度来看，US6714983 权利要求的有效性已被证明是非常高的。换言之，诉讼和美国专利商标局的再审大大加强了对权利要求有效性的评估。

范围：毫无疑问，覆盖范围非常广泛。虽然无线手机市场今天非常庞大，在 1995 年申请该专利时，该领域已经非常重要并且高速发展了，在 2005 年开始诉讼时更是如此。专利解决的特定问题是无线手机电池的能源消耗问题，这无论在 1995 年还是在今天都是最重要的业务问题之一。专利中提出的解决这个问题的办法是减少工作周期，是在目前市场上仍然广泛使用的一个基本解决方案。

侵权的可发现性：前瞻性地说，即在诉讼之前，笔者估计可发现性在中等以上。侵权行为并不是肉眼可见的，但可以通过对产品文献的审查以及对包含作为权利要求主题的芯片的产品操作推导发现。回头来看，可发现性更高，因为可发现性显然没有给 Broadcom 公司或 ITC 带来任何问题。

总结：这是一项非常优质的专利，涵盖了重要市场的一项重要功能。因为被告对于"不同"一词的宽泛解释，使得对专利的有效性存在一些怀疑，可能会导致因现有技术使这些权利要求失效。然而，诉讼解决了这个疑问。

对于那些仍然对 Qualcomm 公司获得的不过是惨胜存有疑问的人，或者对其随后的和解决定提出质疑认为其不应和解的人，可以考虑下面的类比：

假设您本人是为了钱而被起诉的，而法官的判决如下：

您不需要负责任。然而，由于您做的事情，您的配偶、您的孩子、您的父母、您工作中的同事、您最好的朋友和每天早上卖给您报纸的人都要承担责任。当这件事再次出现在法庭上时，他们都会付出很多代价。

那么当您走出法院考虑您的"胜利"时，原告走过来对您说："我有另一个想法，如果您支付给我一个相当于您大约 3 或 4 个月利润的金额，我就不会起诉您或任何其他人。"现在，如果这是您的选择：让您关心的所有人——让我们称这些人为您的"客户"——被拖入法庭并不可避免地被迫向原告支付大笔金钱，是否会使您变得非常不受欢迎？或者您同意在四年时间里支付一笔巨额的费用，虽然压力很大，但不会使您破产或永远疏远您的客户，您会选择哪一个呢？

现在您可以明白为什么，"胜利"的 Qualcomm 公司会选择和解并在四年内向 Broadcom 公司支付 8.91 亿美元，而不是继续这种越来越困难的诉讼。Qualcomm 公司是一家伟大的公司，可能是历史上最成功的技术开发和货币化者，但即使是 Qualcomm 公司也无法赢者通吃。

经验启示：以下是我们可以从 *Broadcom v. Qualcomm* 的 ITC 诉讼US6714983 专利权利要求 1 中获得的一些启示。

4 - 1 - 1　专利案件总是以一定数量关键术语开场的，通常是某个关键术语。这里，权利要求 1 特征［2b］中的关键术语"不同"非常关键。

4 - 1 - 2　专利对于关键术语的明确定义可能会成就案件，也可能会毁掉案件。不过，不可能定义每个术语，所以当您撰写专利时，试着想象哪些术语可能会引发问题，然后定义这些术语，并将其变成您的优势。当您评估授权的权利要求时，确定独立权利要求中的关键术语，并在可能的情况下将它们与专利中这些术语的定义和解释联系起来。❶

4 - 1 - 3　虽然许多专利确实定义了术语，但这些定义通常仅针对技术术语。具有讽刺意味的是，非技术术语通常是导致大问题的地方。非技术术语很少被定义，可能是因为申请人认为"每个人都知道非技术术语的含义"。但是，情况正好相反。通常技术术语不会产生问题（或者那些问题不是"致命的"），因为技术术语要么有本领域的解释，要么在专利中已经被明确定义，

---

❶　美国专利商标局最近发起了一项关于如何促进专利审查，如何使所授权专利具有更确定的保护范围的公众意见征求。Federal Register/Vol. 78, No. 10/Tuesday, January 15, 2013/Notices, 第 2960 页，United States PTO Docket No. PTO - P - 2011 - 0046, Request for Comments on Preparation of Patent Applications, 参见网址 http：//www. gpo. gov/fdsys/pkg/FR - 2013 - 01 - 15/pdf/2013 - 00690. pdf. 更清晰的权利要求这一目标是大家期望的，但距离其实现还很远。例如，美国专利商标局已经提出需要"在说明书和/或权利要求中使用的可能含糊不清或不易于辨识或非常专用的术语的术语表"。同上，第 2961 页。正如一位评论家指出的那样，这一建议的问题在于，专利申请的撰写者根本无法"事先知道哪些权利要求术语将在数年后的审查或诉讼中引起争议"。BRINCKERHOFF C C. USPTO considers best practices to improve patent application quality［EB/OL］. （2013 - 02 - 18）［2014 - 06 - 18］. http：//www. foley. com/uspto - considers - best - practices - to - improve - patent - application - quality - 02 - 14 - 2013/. 尽管笔者支持美国专利商标局关于权利要求清晰的目标，但作为专利申请的撰写者，笔者同意 Brinckerhoff 女士的意见。使得所有权利要求术语，尤其是诉讼中出现的关键术语清楚是无法实现的目标。不过，我们必须尽我们所能去尝试这样做。而本书的目的之一就是帮助专利撰写者确定和定义他们起草的专利申请中关键的权利要求术语。

而通常是未被定义的非技术术语会制造问题。在该案中,"不同"这个词的不清楚成为了决定案件结果的关键。这里特别提示:具有比较效果的词很可能会导致问题。

4-1-4　专利权利要求中的结构标签可以帮助赢得诉讼。结构"标签"有助于将权利要求的术语明确为"结构"而不是"方法"。同时,它们可以通过指出执行某些功能的结构进而扩大结构权利要求的范围,这样的权利要求并不要求侵权产品执行相应的功能。

可能最常见的结构标签是"configured to"(配置成),但"designed to"(设计成)和"constructed to"(构造成)也经常被使用。在该案中所使用的标签为"adapted for"(适合于)、"adapted to"(适于)和"arranged to"(用于)。结构标签可以拯救权利要求,进而可以拯救整个案件,就像标签"adapted to"(适于)为 Broadcom 公司拯救了此案一样。

4-1-5　权利要求的范围和权利要求的有效性是天生的敌人。权利要求的保护范围越大,该权利要求在审查过程中不被授权的机会、在再审中被撤销的机会、在 ITC 中不被执行的机会或在专利诉讼期间由联邦法院宣告无效的机会都会越大。在该案中,被告辩称要对"不同"一词进行更广泛的解释,如果该解释被接受,权利要求将扩展到一个很大的保护范围,但权利要求将会被认定为无效。在该案中,ITC 和 CAFC 都接受了原告对权利要求范围较窄的解释,进而认定具有较窄保护范围的权利要求有效。

4-1-6　三个因素决定了权利要求的价值:①主要主题的市场规模;②专利讨论的技术问题的重要性;③权利要求中提出的解决方案的简单和清晰程度。在该案中,无线手持设备的市场非常庞大,解决的技术问题(降低功耗以节省电池寿命)是一个关键问题,解决方案(延长手机扫描接入点的工作周期)既简单又清晰。

4-1-7　直接和间接侵权创造价值。当您问自己,"怎么知道我的专利质量如何?"首先问自己"谁可能是直接的侵权者?"同时再问一下"谁可能是间接侵权者?"在该案,被告 Qualcomm 公司被认定仅仅是间接侵权人,CAFC 的隐含假设——被告的客户是直接侵权人,无形中向被告施加了额外压力。

4-1-8　一场专利战争中可能会有很多战斗。失去一场战斗后,不要觉得整个战争就失败了。要知道另一轮法律抗争可能会改变前一轮发生的事情。在这里,ITC 采用了不正确的法律标准,因此 CAFC 撤销了其针对 Qualcomm 公司的排除令,但这只是意味着将会有另一轮适用正确的法律标准的斗争。虽然技术上讲原告在本轮中失败了,但原告很可能会赢得下一轮。在下一轮诉讼中,原告很可能改变案件中的主要救济方式,也有可能针对新的被告,即可能对被发现直接侵犯 Broadcom 公司专利的 Qualcomm 公司客户，发动（或威胁发动）新的 ITC 诉讼。事实证明，这一步已经不必要了，且并未发生。

案例 2　*Trend Micro，Inc. v. Fortinet，Inc.*

ITC 案号 337 – TA – 510：作为原告的 Trend Micro，Inc.（趋势科技公司，以下简称"Trend"）声称 Fortinet 侵权其计算机病毒封锁方法的方法权利要求。

判决背景：

美国加利福尼亚州库比蒂诺市的 Trend 是 1988 年在洛杉矶成立的一家电子安全公司。总部首先迁址到中国台湾台北，而后到东京。该公司在美国加利福尼亚州的库比蒂诺市拥有大量的业务，2012 年的年销售额约为 11.8 亿美元。❶

Fortinet 位于加利福尼亚州的桑尼维尔，2012 年的销售额约为 5.34 亿美元。

Trend 专利预览：

Trend 在"检测和删除病毒或蠕虫的特定系统，其组件及其含有该组件的产品"一案中起诉 Fortinet。Trend 声称被侵权专利是 US5623600，名称为"计算机网络病毒检测和去除设备"的专利。下面将会讨论其中的独立权利要求 4、权利要求 8（从属于权利要求 4）和独立权利要求 13。这些权利要求保护的都是"邮件消息中的病毒检测方法"。在该案的各种形式的诉讼中，所有结构权利要求均被无效（我们不再讨论），独立方法权利要求 4 在美国专利商标局再审程序中被撤销，但专利仍然有价值，因为从属权利要求 8 被判定有效。在权利要求 4 被撤销后，权利要求 8 变为新的独立权利要求。

双方之间的诉讼持续了约 8 年，最终于 2011 年以 Fortinet 向 Trend 支付 900 万美元现金的方式结束。尽管此次和解的规模远远低于 Broadcom 案件，但我们这里感兴趣的是专利价值原则，该案提供了一个很好的示范。

专利评估：

1995 年 9 月 26 日提交，并于 1997 年 4 月 22 日授权的专利 US5623600 是 Trend 最早的美国专利之一。Trend 在这项 ITC 案件中，向包括 Fortinet 在内的多家公司，依据这一专利提起诉讼。双方就该专利的诉讼包括以下几个重要事件：

① 2004 年，Trend 在美国加利福尼亚州北部地区的联邦地区法院起诉

---

❶ 据报道，Trend 2012 年的销售额为 938.39 亿日元。基于 2012 年的日元/美元的平均汇率 79.79，换算后约为 11.8 亿美元。

Fortinet，指控其侵犯 Trend 的该专利权。

② 同样在 2004 年，Trend 在 ITC 起诉 Fortinet，案号 337 – TA – 510，试图阻止进口和销售涉嫌侵权该专利的产品。行政法官（ALJ）认定权利要求 1 和 3 无效，但认定权利要求 4、7、8 和 11～15 是有效的以及侵权成立。ITC 选择不再审查 ALJ 的这一裁决，未经附加审查的情况下维持了该裁决。

ITC 案件和 2004 年联邦地区法院诉讼最终均以 Fortinet 向 Trend 支付赔偿而和解。

③ 2008 年，Fortinet（先前诉讼中的被告）同样向美国加利福尼亚州北部地区的联邦地区法院起诉 Trend，提起该专利权利要求因现有技术而无效的确认之诉。❶ 然而，Trend 主动向 Fortinet 发出了一份"不向法院起诉"协议，这是对 Fortinet 的承诺，即 Trend 不会通过起诉来执行该专利，因为双方之间不再存在任何实质性争议，联邦地区法院因此撤销了该诉讼。

④ 2009 年，Trend 向加利福尼亚州法院提起诉讼，谋求强制执行双方和解协议规定的特许使用费。

⑤ 2010 年，Fortinet 要求美国专利商标局基于专利审查员在原始审查过程中并未考虑的现有技术，再审 US5623600。Fortinet 试图使专利中的所有权利要求无效，美国专利商标局的再审申请号为 90/011022。

⑥ 2011 年 3 月 25 日，Fortinet 根据第一次再审申请中未提交的新现有技术提出第二次再审请求。Fortinet 寻求无效专利中的权利要求 1、4、7、9 和 11。

⑦ 双方在 2011 年最后一个季度，通过 Fortinet 向 Trend 支付 900 万美元和解了所有的诉讼。但是这笔和解费用的支付并未影响美国专利商标局的再审程序，该程序继续进行，这里我们将对此进行探讨。

⑧ 2012 年 12 月 17 日，美国专利商标局颁发了 US5623600 的再审证书。由于现有技术，最终决定无效了权利要求 1～7、9、11～12 和 14～22；裁决修改后的权利要求 8 和 13 具有可专利性。同时确认了权利要求 10 的可专利性；并确定新的权利要求 23～27 具有可专利性。

尽管所有这些诉讼似乎都很复杂，但与近年来涉及信息和通信技术的其他专利战争相比，这并不复杂。当两家公司对某一专利的价值存在较大的意见分歧时，通常会导致专利战争。在该案中，双方对 US5623600 的价值持不同意

---

❶ 根据美国联邦最高法院关于 *Lear*，*Inc. v. Adkins* 395 U. S. 653（1969）的裁决，允许专利被许可人提起这种诉讼，旨在使许可所依据的专利失效。这样的诉讼通常被称为"李尔挑战"（*Lear* challenge），或者据说是基于"李尔原则"（*Lear* Doctrine）。

见，其结果就是长期的诉讼。

对于本次诉讼来说，至关重要的是 US5623600 中权利要求的最终命运。让我们聚焦其中的三个权利要求。见表 4 - 4。

表 4 - 4 关于 US5623600 的权利要求 4、8 和 13 的决定

	337 - TA - 510：行政法官和 ITC	专利审查员：再审的初步裁决 90/011022	在再审中的 BOPAI 90/011022（出现在美国专利商标局内）	2012 年 12 月 12 日颁布的再审证书
权利要求 4	权利要求有效且被侵权	权利要求因为现有技术被撤销	同意权利要求因为现有技术被撤销	权利要求被撤销，因此废弃了
权利要求 8	权利要求有效且被侵权	权利要求因为现有技术被撤消	推翻且裁决权利要求有效，并得到确认。权利要求得以保留。	权利要求修改后有可专利性
权利要求 13	权利要求有效且被侵权	权利要求有效并得到确认	审查员没有上诉，意味着权利要求仍然有效且得到确认。权利要求得以保留。	权利要求修改后有可专利性

在这三个截然不同的裁决中，权利要求 4 被认为有效，但后来被无效（赢、输、输、输）；权利要求 8 被再审并裁决有效，然后被无效，然后在最后一轮有效（赢、输、赢、赢）；并且权利要求 13 被裁决有效，然后有效并得到确认（赢、赢、赢、赢）。第三轮是专利上诉和干涉委员会（Board of Patent Appeals and Interferences，BOPAI），即美国专利商标局的上诉委员会的决定，基本上决定了结果，最终在第四轮颁布再审证书作出处理。

以下是权利要求 4，其中笔者用方括号进行了解析：

4. ［前序部分］一种用于在第一计算机和第二计算机之间的数据传输中检测病毒的计算机实现方法，所述方法包括以下步骤：

［1］服务器接受包括目标地地址的数据传输请求；

［2］在服务器上以电子方式接收数据；

［3］在服务器上确定数据是否包含病毒；

［4］如果数据包含病毒，则使用服务器对数据执行预设动作；

［5］如果数据不包含病毒，则将数据发送到目标地地址；

［6］确定数据是否属于可能含有病毒的类型；

［7］［7a］将数据从服务器传输到目标地而不执行确定数据是否包含病毒的步骤；

[7b] 如果数据不是可能存在病毒的类型，则执行预设动作。

在 ITC 案件的审查过程中，行政法官 ALJ 解释了九个权利要求术语。而这九个中，只有一个同时出现在权利要求 4、8 和 13 中，还有一个出现在权利要求 4 和 13 中但没有出现在权利要求 8 中。这两个术语是决定整个案件的关键权利要求术语。您能猜出它们是哪两个吗？笔者会给您一些提示。

首先，笔者引用再审中修改过的其他权利要求。权利要求 8 从属于权利要求 4，并且对上述特征〔3〕作了进一步限定：

8. 如权利要求 4 所述的方法，将数据文件的扩展名类型与一组已知的扩展名类型进行比较，执行确定数据是否可能包含病毒的类型的步骤。

该专利说明书第 7 列第 35 ~ 41 行定义"扩展名类型"包括如：".txt"".bmd"".pcx"".tif"".exe"".zip" 和 ".com"。

下面是在再审程序中修改后的权利要求 13。该权利要求有点长，但同时在这里也同样出现了两个关键术语。

13. 〔前序部分〕一种用于检测在第一计算机和第二计算机之间传送的邮件消息中的病毒的计算机实现方法，该方法包括以下步骤：

〔1〕接收包括目标地地址的邮件消息请求；在服务器上以电子方式接收邮件消息；扫描邮件消息中的编码部分；确定邮件消息是否包含病毒；

〔2〕如果邮件消息包含病毒，则对邮件消息执行预设动作；

〔3〕如果邮件消息不包含病毒，则将邮件消息发送到目标地地址；和

〔4〕其中

〔4a〕如果邮件消息不包含任何编码部分，则执行将邮件消息发送到目标地地址的步骤；该服务器包括一个 SMTP 代理服务器和一个 SMTP 守护程序；

〔4b〕发送邮件消息的步骤包括将邮件消息从 SMTP 代理服务器传送到 SMTP 守护程序；并将邮件消息从 SMTP 守护程序传送到具有与目标地地址匹配的地址的节点。

您能猜出这里决定案例结果的两个关键权利要求术语吗？这里再给两个提示，应该会对您有很大帮助：

① 两个关键权利要求术语中的每一个都是单个单词。

② 在 Fortinet 第二次再审请求中，Fortinet 引用 Trend 公司 CEO Eva Chen

女士关于该专利内容的观点，实质上她认为这也正是专利的"创新点"。Chen
女士说：

**在专利〔US5623600〕中，我们并没有声称我们发明了防病毒扫描器，也
没有声称我们发明了代理服务器。而将这两者结合使用，以便您可以在……
〔传输〕期间阻止病毒的构思是新的。❶**

出现在所有三项权利要求中的关键专利权利要求术语是单词"病毒"。权
利要求 4 和 13 中出现的第二个专利权利要求术语是"服务器"。这两个术语
"病毒"和"服务器"在本质上决定了案件的结果。

像"病毒"这样的词出现的典型问题是，它在专利中没有定义，因此造
成了其应该被包含或排除内容的争论。在现有技术可以破坏关键权利要求术语
的一个定义但不会破坏另一个定义的时候，因为无法确定 ITC 以及法院将如何
解释该权利要求，这种不明确可能导致灾难性的结果。

然而，在该案中没有灾难，原因很简单，专利权人在说明书中正确定义了
这个关键术语。所以在这里虽然有点复杂，但是没有造成什么影响，因为这个
关键术语已经被正确定义了。如下是 US5623600 中对于术语"病毒"的定义，
参见说明书第 1 栏第 45～57 行：

> 计算机病毒是埋伏在或隐藏在另一程序中的一段代码。程序一旦执
> 行，代码就会被激活并附加到系统中的其他程序中。受感染的程序依次将
> 代码复制到其他程序。这些病毒的影响可能是只是恶作剧般地在屏幕上显
> 示相应的信息，也可能是更严重的影响，例如对于程序和数据的破坏。现
> 有技术中的另一个问题是蠕虫。蠕虫是破坏性的程序，它们使用所有可用
> 的计算机资源在磁盘和内存中复制自己，最终导致计算机系统崩溃。显
> 然，由于蠕虫和病毒的破坏性，人们需要从计算机和网络中删除它们。

正如您所看到的，"病毒"被明确定义，它被定义为与计算机"蠕虫"类
似，但是又不同。

在行政法官的裁决中，关于"病毒"一词的定义涉及两个问题。令人吃
惊的是，尽管 Trend 在专利中定义了这个术语，但行政法官对于这两个问题都
选择支持 Fortinet 反对 Trend。为什么令人吃惊？让我们来看看这些问题：

---

❶ FORTINET. Request for ex parte reexamination under 35 USC sections 302–307〔EB/OL〕.（2011–
03–25）〔2012–03–26〕. http：//www. fortinet. com/legal–docs/March2011_600_Patent_Reexam_Re-
quest. pdf. 这一信息来自：MCMILLAN R. Trend micro：barracuda suit not about open source〔EB/OL〕.
（2008–06–13）〔2012–03–26〕. http：//www. pcworld. com/article/147085/article/html. 本书此处出现
的特殊字体并不是 PC Word 刊载文章中的，而是在 Fortinet 请求中出现。

首先，如何解释"病毒"这个词？被告 Fortinet 称"病毒"是指"恶意代码"。而专利权人 Trend 从专利中复制了其定义，并表示"病毒"是：

> 一段埋伏或隐藏在另一个程序中的恶意代码。恶意代码在执行时可能会附加到其他程序，为黑客打开后门……，破坏数据、执行恶作剧或其他对服务器或收件人客户端计算机有害的操作。

这不正是专利中出现的定义吗？至少笔者认为是这样，但行政法官表示，对的是被告 Fortinet，而不是专利权人 Trend。❶

其次，委员会工作人员建议行政法官给出结论——"病毒"一词也包括一种被称为蠕虫的恶意代码。❷ 专利本身有两个截然不同的定义。如上所述，一个"病毒"，而另一个是"蠕虫"。尽管如此，行政法官裁决"病毒"包括"蠕虫"。❸

这些定义对案件有何影响？零！这怎么可能？笔者认为专利中"病毒"的定义带走了任何可能对专利权人造成的有害后果。"病毒"是否与"恶意代码"相同，或者只是"埋伏在另一个程序中或隐藏在另一个程序中的恶意代码"？这个问题与裁决无关，"病毒"是否包括"蠕虫"？这也是无关紧要的，专利权人没有辨别定义的细微差别，但这一失误并未影响结果。一旦主要定义明确，就不会有针对 Trend 的，基于"病毒"这一术语的其他一些攻击。

还有对于"病毒"其他方面的攻击，而不是基于这个术语的特定定义本身。专利审查员在美国专利商标局再审程序中认定权利要求"显而易见"，因此基于 35 USC sec. 103（a）将其无效。审查员针对特征［1］～［4］引用了一份现有技术，针对特征［5］～［7b］引用了另一份现有技术，并且认为权利要求，在没有扫描的情况下就确定病毒，然后采取一些操作，在"结合这两件现有技术"的基础上是显而易见的。因此，美国专利商标局认为权利要求 4 相对于现有技术是显而易见的。虽然 Trend 可能会将此决定上诉至 CAFC，但权利要求至少目前来看是无效的。

这时该权利要求 8 入场了。权利要求 8 从属于权利要求 4，这意味着权利要求 8 包括权利要求 4 的所有特征，但是也添加了权利要求 8 中的新特征。这

---

❶ 纠纷双方的观点、行政法官的裁决，参见 Final Initial and Recommended Decisions of Administrative Law Judge Paul J. Lucken 的第 33 到 37 页。这篇文章是一篇更大的文章的一部分。该文题为"In the Matter of Certain Systems for Detecting and Removing Viruses or Worms, Components Thereof, and Products Containing Same", Investigation No. 337 - TA - 510, Publication 3936, July, 2007. 参见 http://www.usitc.gov/publications/337/pub3936.pdf.

❷ 文献出处如上，参见第 34 页。

❸ 文献出处如上，参见第 37 页。

是从属权利要求的运作方式。权利要求 4 可能已经"倒掉"了，从属权利要求 8 还"活着"，并成为独立权利要求。以下是新独立权利要求 8 所述的内容，包括被撤销的权利要求 4 的所有特征，以及权利要求 8 结尾部分的附加特征：

8. [前序部分] 一种用于在第一计算机和第二计算机之间的数据传输中检测病毒的计算机实现方法，所述方法包括以下步骤：

[1] 在服务器处接收包括目标地地址的数据传输请求；

[2] 在服务器上以电子方式接收数据；

[3] 在服务器上确定数据是否包含病毒；

[4] 如果数据包含病毒，则使用服务器对数据执行预设操作；

[5] 如果数据不包含病毒，则将数据发送到目标地地址；

[6] 确定数据是否属于可能含有病毒的类型；

[7] [7a] 将数据从服务器发送到目标地而不执行确定数据是否包含病毒的步骤；

[7b] 如果数据不是可能包含病毒的类型，则执行预设操作；

[8] 其中确定数据是否可能包含病毒的类型的步骤 [6] 通过将数据的文件名称的扩展名类型与一组已知扩展名类型进行比较来执行。

所有的前序部分和特征 [1] ～ [7b] 都来自被撤销的权利要求 4，只有特征 [8] 来自从属权利要求 8。毫无疑问，新权利要求 8 的创新点存在于特征 [8] 中，因为审查员和专利上诉和干涉委员会已经确定特征 [1] ～ [7b] 合在一起是无效的，因为它相对于现有技术是<u>显而易见</u>的。❶

在再审中，权利要求 8 的情况如何呢？审查员发现权利要求 8 也是"显而易见"的，因此基于 35 USC sec. 103（a）将其无效。审查员已经认定特征 [1] ～ [7b] 被两件现有技术公开。现在审查员又引用了第三件现有技术（按照行政法官的引述）"扫描文件的方式取决于要扫描的文件的类型和所使用的验证器"。那么这与步骤 [8] 一样吗？行政法官说："是的，它是一样的，所以权利要求 8 无效。"❷

然而，申请人并不同意审查员关于权利要求 8 的裁决，上诉到专利上诉和干涉委员会，并指出：

审查员没有证明……[第三篇现有技术] 公开了将文件名的扩展名类型

---

❶ 严格来说，或更准确地说，特征 [8] 与其他特征结合构成了 PON。然而，即使有更准确的表达，很明显，还是权利要求 8 中的特征 [8] 赋予了新的权利要求以可专利性。

❷ 审查员的决定参见 the Examiner's Answer, Ex Parte Reexamination of U. S. Patent No. 5623600, Control Number 90/011，022，mailed July 17，2012，at p. 11.

与一组已知扩展名类型进行比较。[第三篇现有技术]似乎最多只公开扫描电子邮件附件中的病毒，并且扫描类型可能会根据扫描的数据类型不同而有所不同。❶

该专利声称，某些扩展类型，如".exe"".zip"和".com"，具有固有的危险性，会受到感染，因此会在发送前进行扫描；其他类型，如".txt"和".gif"，不太可能含有病毒。因此，根据权利要求8，在传输之前不会进行扫描。审查员引用的第三件现有技术并没有说通过扩展名类型进行过滤。因此，根据专利上诉和干涉委员会的决定，权利要求8仍然有效。再审中，审查员接受了这个观点，并且在2012年12月17日颁布的再审证书中确认了权利要求8的有效性。

至于ITC案件中的权利要求13，行政法官指出，这项权利要求与权利要求1（行政法官已经将其无效）和权利要求4（后来在再审中被无效）实质相同，只是权利要求13有SMTP代理服务器和一个SMTP守护程序（一种后台计算机程序）。行政法官认为该权利要求有效，被告侵权。在再审程序中，确认了权利要求13的专利性，因为所引用的现有技术都没有公开权利要求13的特征[4b]。也就是说，现有技术中没有一个包括"发送邮件消息的步骤包括将邮件消息从SMTP代理服务器传送到SMTP守护程序；并将邮件消息从SMTP守护程序传送到具有与目标地地址匹配的地址的节点"。因此，权利要求13中的特征[4b]是权利要求13中的创新点。

所以，尽管独立权利要求4和从属权利要求8都有麻烦，权利要求4最终被美国专利商标局无效，而独立权利要求13未被任何审查员、行政法官以及ITC所无效。如果是这样的话，为什么我们不把讨论 *Trend Micro v. Fortinet* 的目光聚焦到权利要求13上呢？权利要求13难道不是这个故事的真正英雄？

不，它不是。权利要求13存在根本性问题，使它不能成为一个优质的权利要求。权利要求13的问题在于，包括必须有SMTP代理服务器以及SMTP守护程序的限定，并且权利要求13的方法要求将消息从SMTP代理服务器传输到SMTP守护程序以及从SMTP守护程序到目标地地址。权利要求13的主要问题是它严格限于SMTP的实现。

将任何权利要求集中在单个特定协议上可能都是有问题的。关注特定的协议可能会增加您的权利要求被授权和确权的机会，但同时也会大大压缩权利

---

❶ Decision on Appeal, U. S. PTO Board of Patent Appeals & Interferences, Ex Parte Trend Micro, Inc. , Reexamination of US 5623600, Appeal 20120052505, Control Number 90/001, 002, mailed July 17, 2012, at p. 11.

求的保护范围。什么样的问题可以压缩被限制于单一协议的权利要求的范围呢？就是以下这些类型的问题：

① 权利要求中包含哪些版本的协议？例如，在这里，SMTP 最初是在 1982 年被定义的，但至少一直到 2008 年都不断在被修订和改进。所有这些修订和改进都被包含在权利要求 13 的"SMTP 代理服务器"和"SMTP 守护程序"中吗？

② 不仅仅是哪个"版本"，更重要的是其试图包括哪个协议？SMTP 是一种协议。然而在 1995 年，也就是 US5623600 提交的那一年，扩展 SMTP，也就是 ESMTP 被定义出来。ESMTP 是否被包含在专利权利要求的 SMTP 协议中？还是 ESMTP 是独立的且并没有被包含在内？ESMTP 是"修订或改进"的吗？如果是这样，它是否包含在权利要求 13 的保护范围中？

③ 该协议中没有包含哪些特征？SMTP 仅是一种"推送"协议，从服务器向消费者发送消息，该协议没有提到从服务器提取消息。因此，由于 SMTP 不管理消息的双向启动，并且不适合用于管理电子邮件系统，甚至都不适合于管理电子邮箱，任何仅仅从事邮件提取业务的公司都不可能成为侵权者，因为执行的不是 SMTP 方法。

④ 如果被指控的侵权人省略该协议中要求的一个特征，会发生什么情况？该协议有很多版本。笔者认为最新版本是 RFC 5321，其长度约为 117 页，包括数十种定义、命令、语法规则、程序和规范。如果当事方缺失了一个命令或程序，是否仍在执行"SMTP 程序"？它是否负有对权利要求 13 的侵权责任？如果当事方故意少执行一个命令或一个程序，特别是为了避免侵犯权利要求 13，此时的答案会不同还是相同？

⑤ 如果技术改变会怎样？创建一个新协议？除非 ITC 或法院选择将权利要求 13 扩展到 SMTP 的后续技术，否则不会再有任何侵权行为。那么 ITC 或法院会将"SMTP"扩展到 SMTP 的后续协议吗？

我们可以继续，但重点是：在权利要求中使用一个特定的协议使得保护范围变得非常有限。相反，在说明书中使用协议仅仅作为一个例子是可以接受的。尽管如此，如果您确实打算这么做，那么为什么不在说明书中，添加一个广泛的上位定义，再加上几个示例呢？

在该案中，专利使用并确实定义或解释了术语"SMTP""SMTP 代理""SMTP 代理服务器"以及"SMTP 守护程序"。这些术语都出现在了权利要求 13 的特征 [4] 中。在没有定义或解释的情况下，在权利要求中使用特定协议会增加权利要求被认定有效的可能性，但可能会严重压缩权利要求的范围。在这种情况下，我们不知道法院或 ITC 会如何解释权利要求 13。因此，权利要求 13 不是"优质的专利权利要求",无论在特定的听证会或诉讼中会发生什么。

有效性：前瞻性地看，权利要求 4 和 8 是有问题的。虽然权利要求 4 中有很多权利要求特征，但这些特征都是上位的，这表明可以发现现有技术使该权利要求无效。事实上该案正是如此，这种可能的危险应该提前预测到。权利要求 8 也是有问题的。尽管添加了文件类型过滤，使得其比权利要求 4 的保护范围要窄，但是该附加限制也是相当上位的。前瞻性地看，权利要求 4 和 8 的有效性都是有问题的。

回头去看，这个故事非常清楚。权利要求 4 在再审中被撤销，不可能以任何形式复活。权利要求 8 已在再审中得到确认。Fortinet 或其他可能的侵权者可能会发现无效权利要求 8 的其他现有技术，但至少目前权利要求 8 的有效性看起来很稳固。

由上述解释可以看出，权利要求 13 的保护范围很窄，但也使得权利要求 13 被认为有效的可能性非常高，并且因此只要 SMTP 仍然是主要电子邮件协议，其就是具有价值的。

范围：权利要求 4 和 8 具有很好的范围。该专利的优先权日期（1995 年）较早。两个权利要求中的特征都非常上位，这对权利要求的范围是有利的。按类型对数据进行排序以及根据排序进行分析的构思很清楚。比较而言，如上所述，权利要求 13 具有较窄的权利要求保护范围。

侵权的可发现性：Trend 应该容易发现侵权行为。

总结：Trend 通过使用其早期优先权专利，十多年来从各种电子安全公司获得收入，并帮助其巩固市场地位。从这个意义上说，US5623600 是 Trend 非常优质的专利。但它的一些权利要求具有保护范围或有效性方面的问题，某种程度上讲，这不是一个"极好的专利"。但是，US5623600 至少被证明是一个有趣的专利，在一个强劲增长的领域，同时涵盖了被广泛实施的通信系统和方法。

经验启示：以下是我们可以从 *Trend Micro v. Fortinet* 的 ITC 诉讼中的 US5623600 权利要求 4、8 和 13 中得到的一些启示。

4-2-1　权利要求的多样性是"优质"专利的关键。在该案中，包括系统权利要求和设备权利要求在内的所有结构权利要求均在 ITC（权利要求 1~3）中被无效，或者在美国专利商标局再审中被无效（权利要求 18~22）。在 29 项方法权利要求中，21 项在再审中被无效，但 8 项方法权利要求幸免于难。特别是，在 ITC 案件中，被认为受到 Fortinet 侵权的权利要求 8 和 13 在再审中幸存下来，从这个意义上说，再审强化了而不是削弱了它们。在 US5623600

中，权利要求的多样性使得该专利在所有结构权利要求和2/3的方法权利要求被无效的情况下存活了下来。

4-2-2 独立权利要求的创新点，经常（但不总是）出现在权利要求的最后一个特征中。通常人们会首先列出现有技术特征，然后再列出新颖性特征。这也经常发生在为了应对专利审查员或行政法官的驳回意见，申请人加入新特征的情况下。在该案中，权利要求4的创新点是最后一个特征［7］，权利要求13的创新点是最后一个特征［7b］。

4-2-3 从属权利要求作为独立权利要求的后备，在原独立权利要求被无效时变成独立权利要求。如果您确信您的独立权利要求永远不会失效，那么您绝不会撰写从属于该独立权利要求的从属权利要求。这是一个逻辑规则。每个从属权利要求都比它所从属的独立权利要求保护范围更窄。如果您知道独立权利要求永远不会失效，那么从属权利要求将毫无价值。然而，在现实生活中，独立权利要求会被宣告无效，正如这里在再审中权利要求4发生的那样。当发生这种情况时：

a. 一个诸如权利要求8的从属权利要求成为独立权利要求，包括所有引用权利要求的特征（这里是权利要求4的特征）和从属权利要求的特征（这里是权利要求8的单个特征）；

b. 新独立权利要求的创新点不可能是旧的和被撤销的独立权利要求（这里是权利要求4）中的一个特征，但必须是原从属权利要求（这里是权利要求8）中至少一个特征，或者是该特征本身，或者是与被撤销的独立权利要求的特征结合。

4-2-4 优质的独立权利要求具有很好的覆盖范围。优质的从属权利要求会产生很好的覆盖深度。您应该拥有很好保护宽度的权利要求（强大的独立权利要求）和很好保护深度的权利要求（强大的从属权利要求），进而拥有"优质的专利"。很好的宽度允许您有许多的被告和许多侵权产品。很好的深度意味着如果独立权利要求被无效，从属权利要求还可能仍然存在。

4-2-5 关键权利要求术语的定义可以转移对权利要求的攻击。这里，说明书中明确定义了"病毒"这个权利要求术语，因此并未成为ITC或者再审的攻击焦点。事实上，行政法官驳回了专利权人提出的特定说法，却同意被告的解释。采用特定的定义可能是至关重要的，但这里并不是，因为有一个定义阻止了大量对权利要求4和8的可能攻击。相比之下，"SMTP""SMTP服务器"或涉及"SMTP"的任何其他权利要求术语都没有定义，定义的缺失削弱了权利要求13的保护范围。

4-2-6 即使专利不是最好，但优质的专利也可能已足够好。US5623600

对 Trend 而言是优质的，它带来许可和使用费收入。这项专利几乎可以肯定地阻止一些潜在的竞争。ITC 案件通过使系统权利要求无效而削弱了结构权利要求，再审通过使所有设备权利要求和大多数方法权利要求无效而削弱了该专利。但是，某些方法权利要求仍然有效，并且可能非常有价值。

Ⅲ. ITC 判例的附加启示

（1）购买专利应对迫切需要

考虑涉及 Broadcom 公司和 Qualcomm 公司的 ITC 第 337 – TA – 543 号案件以及前述平行联邦法院诉讼案件。在法院诉讼和 ITC 诉讼中，Broadcom 公司起诉源于多项专利，其中一些是由 Broadcom 公司提交的申请（意思是 Broadcom 是原始受让人），另一些是 Broadcom 公司收购的已授权专利。这里以表格形式显示，见表 4 – 5。

表 4 – 5 *Broadcom v. Qualcomm*——专利来源

诉讼	初始专利	结果
ITC 337 – TA – 543	Broadcom 公司控告 5 项专利。其中，Broadcom 公司是 3 项专利（US6359872、US6583675 和 US6714983）的原始受让人，Broadcom 公司从其他公司获得两项专利（US5682379 和 US6374311）	在最初转让给 Broadcom 公司的专利 US6714983 上 Broadcom 公司赢得胜利。其他 4 项专利退出了此案
联邦地区法院的诉讼，并向 CAFC 提出上诉	Broadcom 公司控告 3 项专利。其中，Broadcom 公司是一项专利的最初受让人（US6847686），Broadcom 公司从其他公司获得两项专利（US5657317 和 US6389010）	在专利 US5657317 和 US6389010 上 Broadcom 公司赢得胜利，这是它从其他公司获得的两项专利。对于专利 US6847686，CAFC 无效了一项权利要求，并未发现侵权行为，这是最初转让给 Broadcom 公司的专利

在两起案件中，专利没有重叠——ITC 诉讼中的五项专利与联邦法院诉讼中的三项专利不同。

不管您是申请专利还是从第三方购买专利，两者之间并没有区别。如果您需要专利来获得使用费，或阻止某人从您这获得使用费，而您没有专利，请考虑去市场中获得专利。

本书中的多个案例都显示，如果被告已经或者随后获得专利来对抗原告，被告可以得到更好的结果。

（2）改进的马库什权利要求

正如第一章所解释的那样，马库什形式是：一个权利要求的特征包含两个或更多组合的元素，并且权利要求的实现可以使用该组合中的任何一个元素。这种形式通常会出现在 BCP 专利，在 ICT 专利中不常见。它有时被认为是一种脆弱的形式，因为如果在现有技术中发现任何实现（包括该组合的任何一个元素），则整个权利要求特征以及因此整个权利要求将倒掉。

尽管如此，仍有许多方法可以最大限度地发挥马库什格式权利要求的效果。一种方法是创建一些独立权利要求，其中每个权利要求都有来自组合中不同元素的组合。现有技术可能击倒一个或两个独立权利要求，但是不可能击倒所有独立权利要求（当然，除非该发明根本不具有新颖性）。

例如，案件号 337 - TA - 413，名称为"关于某些稀土磁性材料和包含该材料的产品"的 ITC 案件。

该案原告为美国印第安纳州的 Magnequench 国际公司（前身为通用汽车公司的分公司）和日本住友特殊金属公司，被告为来自纽约大颈（Great Neck）的 Houghes 国际公司和另外 9 名来自美国、中国台湾和中国大陆的被告。相关专利是名称为"高矫顽力稀土——铁磁体"的 US4496395。相关权利要求是 13 ~ 18，它们是各种永磁体和永磁体合金。这些权利要求如下所示。笔者用括号"[ ]"标记了权利要求中的每个马库什特征。这里不需要仔细阅读权利要求，只要简单浏览它们，找到其中的马库什组的各个元素即可。

13. 一种在室温下具有至少 5000 奥斯特的固有本征磁矫顽力的永磁体合金，其包含铁和选自 [1] 钕和 [2] 镨的一种或多种稀土元素。

14. 一种在室温下具有至少 5000 奥斯特的固有本征磁矫顽力的永磁体，其包含一种或多种选自 [1] 钕和 [2] 镨的轻稀土元素和 [3] 至少 50 原子百分比铁。

15. 一种永磁体，其具有在室温下至少 5000 奥斯特的固有本征磁矫顽力和高于约 295°K 的磁有序温度，所述永磁体包含一种或多种选自 [1] 钕、[2] 镨和 [3] 至少约 50 原子百分比的铁。

16. 一种永久磁铁合金，其具有在室温下至少 5000 奥斯特的固有本征磁矫顽力和高于约 295°K 的磁有序温度，包括一种或多种选自 [1] 钕、[2] 镨或混合稀土、[3] 铁或 [4] 铁与少量钴混合，其中铁含有至少 50 原子百分比的合金。

17. 一种含有基于一种或多种稀土元素和铁的磁相永磁体，该磁相永磁体在室温下具有至少 5000 奥斯特的本征磁矫顽力，并且磁性有序温度高于约 295°K，主要由 [1] 钕和/或 [2] 镨组成的稀土成分。

18. 一种基于 [1] 钕和 [2] 铁，该相具有在室温下至少 5000 奥斯特的本征磁矫顽力和高于约 295°K 的磁有序温度。

权利要求 13～16 中的每一个都以经典的"马库什"格式出现。尽管权利要求 17 不是标准的马库什格式，因为它没有提及"组合"，但依然是基于权利要求结尾处的"和/或"连词的马库什权利要求。权利要求 18 包括钕和铁，但是它们之间的连接是"和"：因此权利要求 18 不是马库什权利要求，因为这两种化学元素必须同时出现在磁体中。

如果其中马库什组合中的任何一个元素已经出现在现有技术中，则该权利要求就倒掉了。例如，如果发现现有技术包含所有其他权利要求特征以及钕或镨，或钕和镨两者，则权利要求 17 就倒掉了。

您也可以不使用马库什格式，而是通过简单地分别撰写每个只包含一个金属的权利要求。但是这样会在很大程度上增加权利要求的数量，并因此而大大增加获得一项授权专利的成本。US4496395 则给出了一个合理的妥协。其中各种金属即钕、镨、铁和铁与钴的合金，被分布在多个马库什形式的权利要求中，因此，如果一些马库什权利要求被现有技术无效，则其他权利要求仍然可以活下来。

这里需要学习的是，尽管马库什格式权利要求在信息和通信技术领域较少见，但其是最大限度地防止后续无效的一种方法。

（3）专利丛林的作用不可忽视

在 ITC 第 337 - TA - 406 号案件中，关于名称为"有关适合特定镜头的胶卷包装"的专利，日本的 Fuji Photo Film Co., Ltd., 起诉中国香港的 Achiever Industries 以及其他 26 个来自亚洲、欧洲和北美各国家或地区的被告。该案共有 15 项涉嫌侵权专利，其中包括 11 项标准的实用发明专利，1 项再审实用发明专利和 3 项外观设计专利。所有 15 项专利都集中于照相"胶卷单元"（一次性手持式相机）、照相胶卷包装、安装照相胶卷的方法、手持相机的装饰性设计。

专利丛林是一组专利从各个方面共同保护一个上位发明。这正是该案中出现的情况。以下是专利丛林的简短示例，仅列出了被 ITC 发现侵权的一些权利要求，见表 4 - 6。

表 4 – 6　ITC 案例（337 – TA – 406）中的富士胶卷专利丛林

专利涉及的方面	聚焦此方面的专利	专利丛林中聚焦此方面的专利数量/项	专利丛林中被告侵权的独立权利要求数量/项
胶卷单元 = 手持相机	US5361111 US5381200 US5408288 US5436685	4	9
胶卷包装	US4833495 US4855774 US4884087 US4954857 US5063400 US5235364 RE. 34168	7	19
组装胶卷包装的方法	US4972649	1	2
手持照相机的装饰设计	Des. 345750 Des. 356101 Des. 372722	3	3
总计		15	33

　　有 33 个独立权利要求被发现侵权，包括与整个系统（照相机）、系统的一个方面（包装）、制造包装的方法以及系统的设计有关的权利要求。专利中有更多的权利要求，其中包括总共 50 个独立权利要求和 164 个从属权利要求，每个权利要求涵盖专利（系统、包装、方法和设计）四个方面中的一个。

　　一些独立权利要求非常强，而另一些则不是。然而，关键点是专利之间共同协作以保护总体发明构思的多个方面。作为一项规则，专利丛林提供了比单一专利更强大的保护。即使专利丛林中单个专利本身并不是很强，也可以达到这样的效果。❶

---

　　❶　这次 ITC 案件涉及非常广泛的法院诉讼。其中一个主要裁决是 *Jazz Photo Corporation et al. v. ITC and Fuji Photo Film，Co.，Ltd.*，264 F. 3d 1094（Fed. Cir. 2001），cert. denied 122 S. Ct. 2644（2002），其中 CAFC 肯定了 ITC 对某些产品的责任认定，但是推翻了 ITC，认为没有发现仅在美国进行"修理"的相机应承担责任。至少有其他七项有关 ITC 诉讼的法院裁决，但这些判决都与这里无关，除了要注意以下几点：该案中的几名被告特别是但不仅仅是 Jazz Photo Corporation 与 Fuji Photo Film 和 ITC 极力抗争。富士胶片没有赢得所有这些诉讼，但绝大多数 ITC 被告都被判定有责任，Jazz Photo Corporation 主要是因为这个诉讼而导致破产。总体来说，富士胶片公司从其集中在手持式相机上的专利丛林上积蓄了力量，获得了收益。

（4） 最好的专利也可能会因申请过程的细微错误被毁掉

ITC 第 337 – TA – 365 号案件，名称为 "关于潜水员的声音警报装置"。
（*David A. Hancock and Ideations Designs of Seattle*，*Washington v. Duton Industry of Taiwan and IKH International of Torrance*，*California*）。相关专利是 US5106236，名称为 "潜水员和其他人的声音报警装置"。权利要求 1 被发现受到侵犯，但专利中的所有六项权利都可以给我们以经验启示。

在该案中，专利申请人提交了最终成为 US5106236 的美国申请和同一主题的欧洲专利申请。这两件申请分别在美国专利商标局和欧洲专利局提交，欧洲专利局对相应的欧洲专利申请中发出了引用现有技术的审查意见通知书。虽然在相应的欧洲申请中被引用，但该现有技术也与待审的美国申请明显相关。尽管如此，专利申请人从未将欧洲专利局现有技术提供给美国审查员。我们不知道为什么发生了这种情况，但 ITC 案中的被告 Duton Industry 试图以在美国专利商标局的 "不诚信行为" 为由，使得该专利无法执行。

在美国专利商标局的专利审查中，申请人没有义务检索可能与申请有关的现有技术。但是，如果申请人碰巧知道可能相关的现有技术，则申请人和申请人的律师需要向美国审查员提交该现有技术。故意试图对美国审查员隐瞒相应的现有技术会被认为是对美国专利商标局的 "欺诈"，一旦被发现，将导致包括所有权利要求在内的整个专利对所有各方都无法执行。在 *Hancock v. Duton Industry* 一案中，由于 Hancock 未能向美国专利商标局披露欧洲专利局引用的现有技术，被告提出 Hancock 的行为构成了 "不诚信行为"。ITC 考虑了两个问题：

首先，欧洲专利局引用的现有技术是否是与美国申请有关的现有技术，以至于其应该被披露给美国审查员？ITC 肯定地认为：欧洲专利局现有技术应该被披露给美国审查员。

其次，美国申请人是否打算欺骗美国专利商标局？这并不明确。欧洲专利代理人确实收到了欧洲专利局的审查意见通知书，但是他们是否曾向美国专利代理人和申请人发送过一份副本？美国专利代理人和申请人作证证明他们不知道欧洲专利局引用了现有技术。❶ 被告然后辩称，申请人的英国代理人知晓必

---

❶ 为什么欧洲专利代理人没有扫描欧洲专利局审查意见通知书，并通过电子邮件发送？专利 US5106236 于 1990 年提出申请，并于 1992 年公开，远在任何人听说过电子邮件或 "文件扫描" 之前。笔者推测，但不能肯定地说，按照普通的英国人习惯，应该是将一份副本邮寄给了美国律师，然而，案件的记录并不能解释到底发生了什么。

须"归结为"申请人知晓。❶ 尽管如此，欺骗美国专利商标局的法律证明标准要求被告必须展示"清楚的、明确的、令人信服的证据"来证明专利申请人是"故意误导"美国专利商标局。在该案中，原告或其代理人很可能是疏忽大意，但不是明显的欺诈，因此欺诈行为不成立，专利未被无效，原告赢得了这起诉讼。

如果不同的人来审理这个案件，或者事实有一点差别，原告都可能会在这次诉讼中败诉。例如，如果英国代理人已经将欧洲专利局的审查意见通知书发给了其美国专利律师，ITC 可能就会发现"不诚信行为"。这些行为或未采取行动的潜在后果（整个专利的不可执行性）是严重的。这些问题永远不应该发生。

这里的启示是，即使是专利申请审查阶段的错误，也可能会毁掉一件优质专利。优质的权利要求、优质的说明书以及宽泛的权利要求覆盖范围相结合可创造出有价值的专利，但外部事件（例如未向美国专利商标局披露信息）很可能破坏其价值。

（5）专利价值的不确定原理

ITC 第337 – TA –617 号案件，"关于某种数字电视及含有该电视的产品和使用该电视的方法"，*Funai Electric Corporation of Osaka*，*Japan v. Vizio*，*Inc. of Cupertino*，*California* 以及 13 个分别来自美国、中国的其他被告。专利号为 US6115074，发明名称为"适用于地面、有线或卫星广播的节目映射信息形成和处理系统"。在其 2009 年 4 月 10 日的裁决中，ITC 认定权利要求有效，并确定被告侵权了独立权利要求 1 "解码［MPEG］数据流的设备"、从属于权利要求 1 的权利要求 5 以及权利要求 23 "解码 MPEG 兼容打包程序信息的方法"。这里主要的启示是专利诉讼的不确定性。

被告试图进行针对 US6115704 的规避设计，但 ITC 发现这些规避设计的产品同样侵权。然而，当 ITC 的这一裁决被上诉到 CAFC，CAFC 在 2010 年 5 月 26 日的裁决中认定，虽然诉讼前产品（"旧产品"）可能侵权，但经过规避设计的产品未满足以下任何特征，见表 4 – 7。

---

❶ "归结为"（Imputed to）是一种法律原则，大体上说，无论代理人知道什么也被认为是委托人知道的，不管代理人是否实际告诉委托人。如果这是证明欺诈的标准，原告 Hancock 可能已经输掉了这个 ITC 案件。然而，正如 ITC 所指出的那样，这一标准是"故意"的欺骗行为，在该案中，被告并未证明这一点。

表 4 – 7　ITC 案例（337 – TA –617）❶ 中的规避设计产品

权利要求	在规避设计产品中未包括的权利要求特征
1	［前序部分］"用于解码"
1	特征［1］"用于识别"
1	特征［2］"用于识别"
23	［前序部分］"用于解码"
23	特征［2］"适于使用"

由于权利要求 1 没有受到侵权，所以从属于权利要求 1 的权利要求 5 也未被侵权。其结果是，尽管"旧产品"侵权，但"规避设计后的产品"却没有。ITC 受到 CAFC 上诉决定的约束，修改其有限排除令，仅仅禁止销售旧产品，但允许将来"经过规避设计的新产品"进口和销售。从本质上讲，对于未来 ITC 禁令已经被撤销。❷

在这起诉讼正在进行时，两名被告要求美国专利商标局再审 US6115074 专利。这两项要求是分别在 2007 年 8 月和 12 月提出的。2011 年 5 月 10 日颁布了再审证书，原审专利中的所有 25 项权利要求因补充的现有技术而被撤销。然而，在再审期间，Funai 提交了替代权利要求 25 ~ 44，这些权利要求被授权。新的权利要求 25 "用于解码的设备"与被撤销的权利要求 1 大致相当，新的权利要求 35 "用于解码……信息的 MPEG 数据流的方法"与被撤销的权利要求 23 大致相当。但是，再审后的每一项替代权利要求都要比它所取代的权利要求更长，具有更多的限定。根本没有办法知道被告侵权原权利要求的产品是否侵权再审后新的权利要求。

换言之，ITC 承认了 ITC 案件中权利要求的有效性和范围。然后，CAFC 认定权利要求不适用于规避设计后的产品并削减了其范围。然后美国专利商标局再次削减权利要求的范围，撤销旧的权利要求，但授权了新的更窄范围的权利要求。尽管 US6115074 的权利要求似乎涵盖了 MPEG 数据传输这一非常大的市场的基本方面，但法院和美国专利商标局都大幅降低了权利要求的范围。

这一切意味着什么？即使您的专利权利要求看起来非常出色，您也永远无法确定在它身上会发生什么。权利要求可被 ITC、CAFC 在上诉过程中或美国专利商标局在再审过程中宣布无效或缩小保护范围。例如，该案中，CAFC 和

---

❶　CAFC 的裁决公开在 *Vizio*，*Inc.* *v.* *International Trade Commission*，604 F. 3d 1330（Fed. Cir. 2010）。CAFC 关于许多权利要求特征并未出现于规避设计产品的观点出现在 p. 1343。

❷　ITC 不必遵守司法原则的约束，例如 *eBay v. MercExchange* 设立的决定禁令的原则。但是，ITC 的裁决可以被上诉到 CAFC，因此 ITC 必须与 CAFC 在特定案例中的判决保持一致。

美国专利商标局都大大缩小了权利要求的范围。如果在联邦地区法院有平行诉讼，经常会发生这样的情况，权利要求的范围会在马克曼听证会上被地区法院法官压缩，或者CAFC 可能会在后续程序压缩或无效权利要求。

在物理学中，海森堡不确定原理说，我们不可能同时知道一个粒子的位置和方向。这里笔者提出了一个专利价值的不确定原理如下：

> 不管您的权利要求看起来多么好，或者为您赢得了多少次诉讼，影响整件专利，甚至可能让您一无所有的事情总是有可能会发生的。

这不仅仅是墨菲定律的专利版本："任何可能会出错的事，都会出错"。笔者并不是说任何事情都会出错，但很多事情可能会在不同层次上出错。专利是非常复杂的，甚至比大多数法律主题更复杂，原因有两个：

① 专利包括在其他法律领域没有的法律和技术的交织；

② 专利包括许多不同的参与者，在许多不同的领域中，所有这些人都可以极大地影响专利权利要求的有效性和范围。例如，美国专利商标局的原始审查、美国专利商标局的再审、美国专利商标局上诉委员会、ITC、联邦地区法院、CAFC、美国联邦最高法院和国会（其于2011 年通过了对专利法的重大修改）。

权利要求的有效性和权利要求范围始终可能发生变化。从专利价值的不确定原理，我们可以得出三个推论：

首先，如果您打算通过提起诉讼来执行专利或撤销专利，不要忘记诉讼是战争，并且人们永远不能确定战争中会发生什么。

其次，如果您从事任何类型的专利贸易，包括购买或出售专利、付费获得专利权许可、对外进行专利许可来赚钱、基于专利的合资或任何其他活动，请记住，专利权随时会更改，无论是通过好的（通过正面的裁决）还是坏的（通过无效或缩少的权利要求范围）的方式。支付的价格必须适当考虑与专利有关的风险。基于专利的合同还应包括适用于处理专利价值不确定性的条款。

最后，通过学习优质的专利，尽可能地做好准备，并在法律诉讼或商业交易之前确定如下问题的答案："您的专利质量如何？"

第五章
优质专利的出售

专利曾被认为是多少有些深奥的东西。与专利有关的新闻故事会被归入法律期刊或者商业版块。然而，近年来，专利出售和专利诉讼却经常变成头条新闻。本章的意图是帮助我们理解为什么这样的改变会发生，并且从卖得一大笔钱的专利身上学习什么叫所谓的"优质专利"。我们将着眼于单项专利的出售以及作为专利组合一部分的某项专利的出售。

以下是第五章的具体组成结构：

Ⅰ．为什么专利会如此引人注目？

Ⅱ．专利的出售价值因何而定？

（1）单项专利的出售——US5133079：首个在公开竞拍中卖出 100 万美元以上的专利，是什么让它如此有价值？

（2）专利组合中某项专利的出售——US5774670：这是微软花费了 10.56 亿美元收购的 AOL 专利组合中的某项专利，且该专利被认为是 AOL 专利组合中创造了真正价值的专利之一。该专利为何以及如何为整个专利组合的出售价格作出贡献？

Ⅰ．为什么专利会如此引人注目？

专利在近几年来成为了热点新闻，且这种趋势很可能将延续下去。这是为什么？我们在此将其归因于以下三个关键因素：

（1）大规模专利交易

近几年来发生了多宗大规模的专利交易。最大的一宗是 Google 花费 125 亿美元收购了 Motorola Mobility 的 17000 件无线技术专利。这宗专利交易于 2011

年 8 月对外宣布，并在 2012 年 5 月完成。❶ 其他值得注意的交易包括：

● 由 Apple、EMC、Ericsson、Microsoft、RIM 和 Sony 组成的财团于 2011 年 7 月以 45 亿美元收购了 6000 件 Nortel 的专利。这些专利涵盖了 3G 和 4G 无线技术、光网络、IP 语音和半导体技术。

● Microsoft 在 2012 年 4 月花费 10.56 亿美元从 AOL 手中收购了 800 件专利及专利申请。❷ 被收购的专利主要涉及互联网通信领域（在线通信、浏览器和搜索技术、多媒体和电子商务）、无线和安全技术。

● 由 Adobe、Amazon、Apple、Facebook、Fuji Photo Film、Google、HTC、Huawei、Microsoft、RIM、Samsung 和 Shutterfly 组成的，并以 Intellectual Ventures 和 RPX 为代表人的财团，于 2012 年 12 月以 5.25 亿美元收购了 Kodak 的 1100 件数字影像相关的专利。

● Intel 于 2012 年 6 月花费 3.75 亿美元自 InterDigital 手中购得 1700 件无线技术（3G、4G 和无线局域网）专利。

这些交易的金额加起来是个庞大的数值。而且，从 InterDigital 的专利组合到 AOL 的专利组合，单件专利的价格也从 22 万美元显著提高到 132 万美元。这么高的价格，难怪引起了大家对专利商业化的关注。

（2）大公司之间的专利大战

近几年发生了多个大公司之间的专利战役，更准确地说是专利战争。这些战争涉及在北美、欧洲、亚洲和澳洲的多个案件。这些战争充斥于各种商业新闻，而获得了大众的关注。到此书著述为止，最新的例子是 Apple 和 Samsung 之间正在进行的专利战争。下一场战争会是什么？Google 收购 Motorola Mobility 在某种程度上被认为是为了保护安卓操作系统。而一些评论家认为 Microsoft 收购 AOL 的专利组合意在移动业务，特别是针对安卓操作系统。这会是下一场专利大战吗？没人真正知晓，但所有的这些冲突都引来对专利商业化的关注。

（3）现代经济的本质

当今生活的本质大大提高了专利的价值。现代经济主要是以智力资本为基础：思想、技术秘密（Know - how）、发明、操作方法等。回想一下图 1-1，

---

❶ 实际上，Google 购买的是 Motorola Mobility 公司，不仅仅是专利，但是评论家认为其主要动机是强化 Google 用于移动设备的安卓操作系统的专利防御。并且，该交易除了 17000 件已经授权的专利，还另外包括 6800 件待审专利申请。

❷ 该交易同时包括 AOL 对 Microsoft 的 300 件专利的专利许可。

该图显示了从 1975 年到 2010 年企业价值从有形资产到无形资产（智力资本）的根本转变。以专利、版权和商标为例的无形资产组成了智力资本的一大部分。

当人们购买专利时，他们是在购买这些专利代表和保护的智力资本。随着知识产权在近几十年来变得越来越重要，专利也变得更引人关注和更有价值。很难相信我们的经济还会回到那个有形资产构成大部分企业价值的时代。创造、创新和技术秘密的重要性将继续增长，而专利的重要性和价值也将水涨船高。

II. 专利的出售价值因何而定

（1）单项专利的出售——US5133079

背景：

成立于 2003 年的 Ocean Tomo 公司将自己描述成一家"知识产权商业银行"。正是这家公司在 2006 年 4 月举行了史上第一次专利竞拍活动。在那次竞拍中，只有一件专利卖出了高于 100 万美元的价格。这件名为"电影分发的装置和方法"（Method and Apparatus for Distribution of Movies）的专利，专利号为 US5133079，优先权日为 1990 年 7 月 30 日，于 1992 年 7 月 21 日授权。该专利被一家在美国开展有线电视业务的公司以 154 万美元的价格买走❶（其中包括了 10% 的销售佣金，金额为 14 万美元）。

预览：

这件专利聚焦于一个重要技术。该技术涵盖了对大型行业有重大意义的市场应用（下载电影），且该专利有一个很早的优先权日。除了这些优势，该专利的方法权利要求有一些较大的问题，除此之外，设备权利要求也有一些其他不太严重的问题。权利要求的缺陷本应通过不同的权利要求语言回避掉，或者通过使用三个在说明书正文中众所周知的技巧中的一个或者多个而改正，这三个技巧是：①权利要求术语的定义；②权利要求术语的示例；③附图中的权利要求特征。方法权利要求可能和收购价格并不匹配，但将结构权利要求、热点技术领域、较早的优先权日和权利要求覆盖的广阔市场这几个要素结合起来，收购价格就显得合理了。我们可能会说这个收购案中的专利质量比较高，但是

---

❶ 该专利以附录的形式附于本书的结尾部分。

由于领域和专利优先权日的关系，其金融价值更高。❶

专利评估：

US5133079 专利的出售价格是 154 万美元。为什么开展有线电视业务的公司如此重视这个专利？当收购某项专利时，购买者通常是想：

① 通过主张该专利来获取许可收入、诉讼赔偿或者产生价值；

② 阻止他人利用该专利来对付购买者或者其他公司。

无论哪个目的——是进攻性收购（用于主张权利）还是防御性收购（不主张权利）——收购者都将基于在一段时间内该专利能够产生的金钱价值而对专利作出估价。

专利价值的确定可以使用多种金融模型。这些模型确定未来某些时间点该专利能够产生收益的一个或者多个场景，然后根据未来多种风险以及可知的合适资本化率的总和予以折算，得到的结果就是预期该专利的当前价值。

虽然对专利价值金融模型的细节回顾不在本书的范围之内，但多种模型都认为各公司可以预期未来的回报应为当前购买专利代价的 20～50 倍。对一件特定专利（或特定专利组合）的估价会随着该专利（组合）的可知价格、权利要求被无效的可知风险、金融贴现率和其他因素而变化。但总的来说，我们可以认为，专利的当前收购价格要比未来某个时候的支出要少得多。如果上面提到的 20～50 倍范围是准确的，那就代表着当前花费 154 万美元收购一家专利的公司，它预期在该专利的剩余生命周期内，可能会产生 3000 万～7500 万美元的收益。❷

据笔者所知，US5133079 专利从未被许可或者用来起诉过。基于该专利从

---

❶ 笔者之前说过，只有高质量或者优质专利才会有高的价值，而这也是专利质量和专利价值的几个主要区别之一。这种质量和价值的关系在前言部分的图 1 中被图形化地展示出来。US5133079 是这个规则的例外吗？答案取决于您是客观地还是主观地看待"质量"。从客观的角度来看，与任一评估者的观点无关，US5133079 是个相当优质的专利，有相当优质的权利要求，但存在一些问题。然而，从主观的角度来看，这个专利的收购者看到了该专利的高质量，也因此看到其具有的高价值，因为收购者有明确的顾虑，那就是这个专利可能会被用来对开展有线电视业务的公司造成损害。诸如"客观专利价值"和"主观专利价值"的这些概念将会在第七章中加以讨论。就目前而言，我们可以说 US5133079 同时具备质量和价值，以至于收购者心甘情愿在 2006 年花费约 150 万美元来收购该专利。

❷ 这些金融模型包括了许多和专利有关的风险，例如可能的败诉、无效、侵权不成立、不利的马克曼听证会、不利的再审、技术变化导致的赔偿金下降、规避设计导致未来侵权的消失等。这些风险是可累计的。这些模型也包括对收益产生的预期，例如市场规模预测、市场增长、侵权程度和规避设计。另外，在将专利的未来价值映射到当前价值时，应算上至少 20% 甚至更高的贴现率。最后，由于评估者利益的不同，不同的当事人对同一专利的价值预测也将不同，例如有些评估者认为早期现金流是较大的价值，而其他的评估者可能或多或少对风险更敏感等。

上述模型适用于单独的专利，也适用于小的专利组合。但是，如果是对于大规模专利的购买估价，而不是单独的专利或者小的专利组合的出售，对于风险和市场的假定将会有显著不同。

未被用于提出诉讼的假定，以及一家积极在美国开展有线电视业务的公司收购了该专利的事实，我们能很自然地得出结论，那就是该专利之所以被收购，是为了要防止他人利用它来起诉多家公司，例如多家有线电视公司。

为何这件专利可能曾让这个有线电视行业感到担心呢？

专利的名称是"电影分发的装置和方法"（Method and Apparatus for Distribution of Movies），而其摘要开始于如下的界定："一种新的且有用的方法和装置，用于分发电影以供在客户的电视机上观看。"这是有关向家庭中进行电影电子分发的专利，这是该领域的核心功能。对于与向客户家中发送压缩的数字格式电影有关的专利来说，1990 年 7 月的优先权日期相对是比较早的。

我们来看看专利中的独立权利要求。有 2 个独立的权利要求：方法权利要求 1 和设备权利要求 8。其他方法权利要求 2~7 都从属于权利要求 1，因此它们将包含我们讨论到的权利要求 1 中所有缺陷。唯一的结构独立权利要求是权利要求 8。其他结构权利要求 9~16 都从属于权利要求 8，因此它们将包含我们讨论到的权利要求 8 中的所有缺陷。

让我们首先看看方法独立权利要求 1：

1. 一种用于分发电影以供在用户的电视机上观看的方法，所述方法包括以下步骤：

（a）压缩和数字化对应于整个电影的音视频数据，并将压缩的数字化数据存储在远程源；

（b）将包含对应于用户选择的整个电影音视频数据的数字化压缩信号从源发送到客户的接收器；

（c）将信号传递到转换器以将信号转换成相应的电子信号；

（d）将电子信号传递到处理器，电子信号在处理器中被解压缩并转换成与常规电视机兼容的信号；和

（e）将这些转换后的信号传递给传统的电视机供用户观看。

权利要求 1 有几个问题：

第一个问题在特征（a）中，并且和词序相关。我们首先看到"压缩"，然后是"数字化"数据。也就是说，如果单词顺序反映真实意图，则该专利描述了一种过程，其中模拟数据被压缩，然后压缩的模拟数据被转换为数字数据。虽然有"模拟压缩"之类的东西，但这里描述的方法——先压缩再数字化——并不是人们在提及传输数字化压缩信号时的通常含义。事实上，特征（b）表示传输"数字化压缩信号"时，颠倒了特征（a）中"数字化"和"压缩"的顺序。笔者认为特征（b）描述的是正确的顺序，可能也是专利权

人的意图，而特征（a）存在混淆之处。

支持了特征（b）中的顺序才是正确顺序这一观点的是附图 1A。附图 1A 是专利中唯一同时显示"数字化"和"压缩"的附图，图中清楚无疑义地表明了数据是先被数字化然后被压缩的。特征（a）中的词语顺序是错误的。我们可以慷慨些，将特征（a）解释为："数据既被压缩又被数字化，但不一定按照这个顺序"，虽然这似乎比较草率。这样解释解决了特征（a）的问题，但是法院或 ITC 是否愿意对特征（a）进行同样的修补式解释，是不确定的。

权利要求 1 中的第二个问题也是在特征（a）中，特征（a）中有一个不必要的限制性形容词。特征（a）中为什么要说"整个"电影？包含"整个"这个词就意味着如果只发送电影剪辑而不是整个电影，就可能不会侵权。因此，广告性的预告片不会侵权。为什么需要添加"整个"这个词？难道就不能用别的表述，例如，是不是可以说"与电影相对应的数据"（从特征（a）中删除"整个"），或者说"从电影中提取的数据"？

与独立方法权利要求 1 相反，独立装置权利要求 8 使用了"预确定的电影"或"该电影"的表述。"整个"一词没有出现在任何结构权利要求中。因此，不清楚为什么在方法权利要求 1 中增加了"整个"这个词，而装置权利要求 8 没有。❶

权利要求 1 中由特征（b）引入的第三个问题是将侵权行为分拆到两个当事人身上，即"分离式侵权"。特征（a）和特征（b）中与"发送信号"相关的部分，均由系统操作员在"服务器端"执行。"服务器端"是指网络操作中心或集中式数字电影库。与之相反的是，特征（b）中与"客户的接收器"相关的部分以及特征（c）、（d）和（e），均发生在用户家中，也即"客户端"。

被分拆的侵权行为会损害权利要求的可执行性（Enforceability），从而降低其价值❷。

权利要求 1 的第四个问题在特征（c）。特征（c）中描述了"将［数字化

---

❶　有可能"整个"一词是在专利审查过程中添加的，然而这种可能无法被验证，因为该专利的审查历史无法通过网络获取。然而，如果"整个"一词是在专利审查过程中添加到方法权利要求 1 的，那该词为何没有添加到装置权利要求 8 中呢？装置权利要求和方法权利要求中的不同表述，不得不让人怀疑"整个"一词是被包括在原始的权利要求 1，而不是在专利审查过程中添加的。

❷　在 CAFC 于 2012 年 8 月 31 日作出 Akamai 案的判决之前，分离式侵权的方法权利要求通常是不可执行的。而在 Akamai 案之后，如果想向共同侵权者主张方法权利要求，分离式侵权可能已不会成为不可逾越的障碍。分离式侵权及其含义在本书第二章中讨论。无论最终分离式侵权理论的最终方案为何，Akamai 案对买方决定收购该专利并无影响，因为该收购在 Akamai 案判决很久之前就已然发生。

压缩]信号［包含音视频数据］传递到转换器以将信号转换成相应的电子信号"，这种描述好像排除了所有没有转换信号的系统。让问题更加复杂化的是特征（d）中描述了从特征（c）中得到的电子信号进一步"被解压缩并转换成与常规电视机兼容的信号"。

这里的问题与信号转换的概念有关。"转换"和"信号转换"是 US5133079 专利中的关键权利要求术语。这个术语是什么意思？尤其是，这个术语包含了哪些系统？

似乎有如下三种可能性：

第一种，系统包括了光纤主干网，音视频电影信号从电子信号被转换为光纤信号而后在主干网中传输，然后从光纤信号转换为电子信号，并最终由电子信号转换为适合在电视机上播放的音视频信号。❶

第二种，所有均为电子信号，这意味着通信主干网是同轴电缆，电子信号被发送到主干网而后传输到用户的接收器并被转换为适合在电视机上播放的信号。

第三种，同时具有光纤主干网和同轴电缆主干网的混合系统。❷

"转换"或"信号转换"是 US5133079 专利中的关键权利要求术语。为了理解权利要求的范围，最重要的问题是"关键权利要求术语'信号转换'是什么意思"。"信号转换"这一术语缺乏清晰的含义。这是方法权利要求 1～7 的严重问题，也是结构权利要求 8～16 的主要问题。

请回顾一下，有三种方法可以澄清专利文件中的关键权利要求术语。

① 关键权利要求术语的定义：对 US5133079 专利而言，在权利要求或者说明书正文中没有与"转换""转换器"或者该关键术语任何类似形态有关的定义。

② 关键权利要求术语的例子：说明书正文确实存在许多"转换"或"转换器"的例子，但所有的例子都是或者"从电子的转换为光的（电光转换）"，或者"从光的转换为电子的（光电转换）"。举个例子，在第 2 栏第 13～16 行

---

❶ 这个例子中的最后一次转换本质上是从电子数字信号转为适合在电视机上播放的模拟信号。从该专利被申请的 1990 年一直到 2009 年 6 月 12 日，美国境内电视机的主要标准都是播放模拟信号的（而该专利在 2006 年被收购，2009 年 6 月 12 日美国的所有主要电视系统都被转为数字模式）。目前还不清楚在现如今的数字系统上是否需要进行上述最后一次转换。

❷ 混合系统当然也是一种可能性，而且可能有两种形式。第一，系统运营商节点到不同用户群之间运行的主干网是不同的；第二，整个系统可能包括一个光纤主干网，但在某个节点可能会用同轴电缆来替代光纤，而该同轴电缆连接到用户家中。如果 US5133079 专利的权利要求并不涵盖电子信号系统，那么它们似乎也不会涵盖包含同轴电缆主干网系统的任何部分。

的该发明概述部分，写道："（电影电子分发）可以通过例如现有的同轴电缆或光纤网络来实现。如果使用同轴电缆，则不需要进行电光转换。"

这个例子告诉我们，"转换"的一个示例是电光转换。而发明详述中的第4栏第39～42行以及第4栏第42～46行的例子也有同样的效果。而问题就在于所有的例子都将特定的电光转换描述为"转换"。

"转换"可以有除了"电信号和光信号之间转换"之外的其他含义吗？上述的例子中明确提到了说明书正文包括非电光转换的情况，也就是说，该专利包括了"其他"类型的转换。然而，专利中却没有对"其他"给出任何例子。❶

③关键权利要求术语是附图特征之一：附图2图示的是"视频分布总线"，其中包括标记为发明特征36的"光转换器"。然而，附图3也是"视频分发总线"，却不仅包括了"光转换器"36，还包括了用虚线表示的绕过光转换器36的"同轴电缆（可选）"。因此，附图3似乎想要示意出两个可能的系统，一个具有光纤主干网，而另一个仅有同轴线缆主干网（没有光纤）。然而依然存在的问题是，除了现在被广为所知的光电转换的形式，通过以上的三个方法我们仍然没有办法确定"转换"的（其他）含义。

让我们来加深对这个问题的理解。如上所述，专利中有多个光学转换的例子，所以如果系统包括光纤主干网，则没有问题。不过，上面提到的例子和图3都清楚地表明，专利权人不仅想要包括仅有光纤的系统，还想要包括完全没有光纤的同轴电缆系统。但是，如果没有光纤主干网，则特征1（c）完全没有作用——此时就不需要特征（c）中的转换为"电子信号"，因此在同轴电缆中的原始信号已经是"电子的"，所以不需要"转换"。特征1（d）仍然有意义，因为"电子信号"（指的是来自同轴电缆主干网的信号，而非来自光转换器的信号）会被转为电视信号——可能指的是将电子数字信号转为电子模拟信号。所以真正的问题是："如果预期的系统是纯电子信号的，比如同轴电缆主干网，则特征（c）是冗余的，必要的信号转换将在特征（d）中完成。

---

❶　请注意这个例子中使用的术语是"电转换"，而权利要求1中使用的是"电子转换"。"电"和"电子"，这两个在该专利中出现的词有什么区别吗？这两个词在整个专利中都被重复使用，但没有定义。笔者认为专利权人意图解释相同的含义，但毫无疑问这是个草率的表述，同时暗示了对同一概念使用两个不同的术语的固有危险。在专利中，我们希望术语和概念之间一一对应。如果像这样一个概念有两个术语，就会导致混淆。如果两个不同的概念有一个术语，也同样会导致混淆。正如我们将看到的，在这个专利中，一个权利要求术语"转换"似乎意为"电光信号转换""数字模拟信号转换"，可能还有"模拟到音视频信号转换"。这就是笔者称为"术语扩展"的一个例子。然而，术语扩展是不适当的，因为单个术语无法在不造成混淆的情况下涵盖多个概念。

因此，权利要求 1 的范围不包括纯粹的同轴电缆主干网。对此专利中有不同的建议吗？"

我们之前解释过，在说明书正文中没有任何定义、例子或者图示能够通过解释消除特征 1（c）的冗余，也就不能将纯粹的同轴电缆主干网包括到权利要求 1 的范围中。那么还有办法能够使得权利要求 1 包含"全电子"系统吗？有一种法院用来解释专利权利要求的原则叫作"权利要求区别原则"，即法院认为专利的每个权利要求应该被解释为覆盖发明的某一方面，且每个权利要求覆盖的范围应该不同。换言之，权利要求不应该以任一权利要求为冗余的方式解释。在某些案例中，"权利要求区别原则"将使得独立权利要求被更宽泛地解释。

"权利要求区别原则"不适用于专利申请的撰写者。撰写者永远无法确定法院是否会实际应用该原则，即使应用，也永远不能确认法院会认定什么是两个权利要求的"区别"。用来澄清权利要求的其他方法，例如术语定义、使用示例和作为专利附图中的特征出现，都是简单、有效且无疑义的方法。"权利要求区别原则"会被法院和其他专利评估者使用❶，但绝不应该被专利的撰写者用来解释关键的权利要求术语。❷

那么能否在专利 US5133079 中应用"权利要求区别原则"来扩大权利要求 1 的范围，使其能够包括全电子的系统（没有光纤）？

专利的权利要求 6 是"根据权利要求 1 所述的方法，其中数字化压缩信号以光学信号的形式从源发送"。权利要求 7 是"根据权利要求 1 所述的方法，其中数字化压缩信号从源经由同轴电缆发送"。与"权利要求区别原则"结合，这两个权利要求意味着系统可以包括光纤主干网或者同轴电缆主干网，或者二者皆有（虽然二者皆有的可能性并不完全清晰）。那么问题解决了吗？遗

---

❶　专利评估者——例如法院、ITC、法律顾问、评估专家或顾问或参与专利交易的人员——必须接纳专利固有的模样。评估者无法改变专利固有的模样，反之，评估者须借助所有的评估工具对已有专利进行评估。优秀的评估者便倾向于关键的权利要求术语能够在专利中被定义，或在例子中被示出，或在附图中被描述。如果这些方法在专利中均没有出现，那么由于缺乏更好的选择，评估者不得不依赖"权利要求区别原则"。这就是评估者的情况，他们必须接纳专利固有的模样，但是对于塑造专利文档的撰写者来说，他们不应被权利要求的区别所限制，而且不应该依赖"权利要求区别原则"来改变对权利要求的解释。

❷　就好比您去美国拉斯维加斯、摩纳哥或中国澳门的赌场。您一直在玩骰子但总是输。您已经输掉了所有的钱和大部分的衣服。现在您只穿着内衣裤，您必须依靠最后一掷来赢回一切，否则彻底输光。这种情况有点像您必须依赖"权利要求区别原则"来解释关键的权利要求术语的时候。只有当专利中没有适当定义时的绝望情形下，"权利要求区别原则"才发挥作用。您当然有时候会发现自己处于这种绝望的情形之下，但为什么要故意选择让自己陷入这样的境地呢？如果您在撰写一件专利，请通过定义、示例或附图来解释关键术语，而不要依赖"权利要求区别原则"。

憾的是，并没有。因为权利要求 6 和 7 是特征 1（b）的不同实施例，而不是特征 1（c）。即使把权利要求 6 和 7 与"权利要求区别原则"结合在一起看，特征（c）在例如全同轴电缆的全电子系统中似乎仍然没有用处。权利要求 6 和权利要求 7 唯一合理的解读方式是不考虑权利要求 1 中的特征（c）。当然，如果专利的真实意图是包括全电子的系统，那么法院有可能会这么解释，但也有可能不这么解释。也就是说，即使应用"权利要求区别原则"，权利要求 1 和所有方法权利要求的范围仍然存疑。

包括说明书正文和附图的专利其他部分的主要功能之一，就是用来支持权利要求的。如前所述，可以用很多方法在说明书正文和附图中支持权利要求，这样就可以避免特征 1（c）出现的问题并确保全电子的通信系统被攘括进来。以下列举了三种本可以用来撰写说明书正文的方式，这些方式可以避免对"转换"一词造成混淆：

① 关键权利要求术语的定义：将"信号转换"定义成包括光纤信号到电子信号、电子信号到光纤信号，或者从主库电子信号到电视电子信号。这不是"转换"的标准定义，但是专利权人可以编写定义，由此可以用支持包含范围和扩展范围的有利方式来定义"信号转换"。或者，专利权人也可以使用多个不同的术语，然后对它们进行定义，例如"源到接收器变换"或者"数模转换"。使用多个术语是可以的，然而遗憾的是，在本专利中仅用了一个"转换"来定义多种不同的概念。

② 关键权利要求术语的例子：专利权人可以增加"信号转换"的例子，使其包括光纤信号到电子信号、电子信号到光纤信号，或不同形式的电子信号之间相互转换，例如主信号到数字接收器信号或数字接收器信号到数模转换器信号。重申一下，即使没有明确的定义，例子也可以扩大权利要求的范围。

③ 关键的权利要求术语作为附图的一个特征：专利权人可以在附图中包括一个特征来示意出电子到电子的转换。对于专利权人来说，遗憾的是，专利的附图包括了光纤信号到电子信号的转换，且示意出了同轴电缆传输并不需要这种转换。专利中没有关于电子到电子转换也可能是"信号转换"的一种的任何迹象（图 5 的确有一个数模转换器，但是是用来解释特征 1（d）而非特征 1（c））。本来可以通过简单地添加另一个附图特征来纠正存在的问题但是这个机会被错失掉了。

总之，专利的说明书正文显然不支持在权利要求 1 中包括任何全电子的系统，因为权利要求 1 的特征（c）似乎要求信号从电子信号转为光信号，然后再从光信号转回电子信号，这并不包括全电子系统。

如上所述，专利的方法权利要求 1 有 4 个缺陷。这些缺陷使权利要求 1 的含义和范围都存在疑问。

现在我们转而考虑独立结构权利要求 8 和从属结构权利要求 9~16，我们发现了与方法权利要求 1~7 完全不同的问题。

以下是独立结构权利要求 8：

8. 一种使用户能够在电视机上以电子方式接收和播放预定电影的设备，该设备包括：

（a）用于从远程源接收数字化压缩信号格式数据的接收手段，该数据包含与电影相对应的音视频数据；

（b）与接收手段电子关联的转换器，用以将信号数据转换成相应的电子信号数据；

（c）与转换器电子关联的视频处理器，用于接收电子视频信号，解压缩它们并将它们转换成与电视机兼容的电子视频信号，以在电视机上提供电影的视频图像；

（d）与转换器电子关联的音频处理器，以接收来自转换器的音频电子信号，对它们进行解压缩并将它们转换为与电视机兼容的电子音频信号，视频处理器和音频处理器被电子地与电视机相关联以通过电视机提供电影的可听声道。

权利要求 8 的问题至少有两个。第一，特征（a）和特征（b）的形式存在潜在的问题。为什么要将这两个特征写成手段功能性的形式？特征（c）和特征（d）都没有写成手段功能性的形式。特征（a）可以轻易地被写成例如"一个接收器用来从远程源接收……"，而特征（b）可以重写为"接收器"而不是"接收手段"。如果这样写的话，就不会有手段功能性的问题了。

手段功能性形式是被法律所允许的，然而根据 35 USC sec. 112（6）的要求，如果使用这种形式，"权利要求应该被解读为覆盖在说明书中描述的结构、材料或者操作……"。遗憾的是，说明书正文中并没有出现术语"接收手段"，这个术语也没有以任何形式被定义过。而"接收器"一词在摘要中出现过 1 次，在"发明概述"中出现过 4 次，但是"接收器"一词也没有在专利中被定义过。

因为没有其他选择，我们必须再问一次："这个模糊的术语'接收手段'能够通过权利要求区别原则来澄清吗？"专利的权利要求 15 写道："接收手段用于……从一个光转换器接收［光］数据"，而权利要求 16 写道："接收手段用于……从一个同轴电缆接收数据"。这两个权利要求都没有定义或者解释何为"接收手段"，而是解释"接收手段"是如何被配置的结构标记。也许法院会通过权利要求 15 和 16 来得出"权利要求 8 中的接收手段至少包括一个光学接收器和从同轴电缆接收全电子数据的接收器"的结论。但也许法院会拒绝这样的结论，因为权利要求 15 并没有表达"接收手段是一个光学接收器"，而权利要求 16 也没有表达"同轴电缆是全电子的，接收手段是接收电子数据的接收器"。"权利要求区别原则"的问题就在于即使我们知道它会被适用，就像这个专利这样，我们仍然不能确定它将如何被适用。

问题仍然是：说明书是否足够支持权利要求术语"接收手段"，尽管专利中没有"接收器"的定义，没有"接收手段"的定义，没有任何附图的特征被称为"接收器"或者"接收手段"，而权利要求区别原则也无法给出清晰的解决方案？通过笔者描述这个问题的方式，您可以了解到笔者并不确定法院是否会认为权利要求术语"接收手段"有足够的支持。最后，笔者相信答案是肯定的，法院很可能会认为"接收器"一词对"接收手段"构成足够的结构支持，且法院不会因为不明确的问题而无效掉权利要求 8。❶ 所有的不确定性都是由于专利权人没有采取能够澄清术语"接收手段"的行为从而消除所有疑虑而造成的。

以下是专利权人本可以使用的一些解决方案，用以解决权利要求术语"接收手段"含糊不清的问题：

解决方案 1：在权利要求中使用"接收器"而不是"接收手段"。

解决方案 2：在说明书详述或概述部分加上一个澄清性定义，例如术语"接收手段"包括接收器或者其他能够接收光的或者电子信息信号的硬件或软件组件的结合。

解决方案 3：在说明书正文中加上"接收手段"的例子。

解决方案 4：在附图 2 和附图 3 中添加一个新特征，对其编号并命名为"接收器"。在说明书正文中详述该特征。

笔者看到权利要求 8 的第二个问题出现在特征（b）中。特征（b）提到了"与接收手段电子关联的"的"转换器"，用以"将信号数据转换成……相应的电子信号数据"。我们在讨论权利要求 1 的特征（c）时曾经注意到，"电子的"或"光的"转换会有问题。权利要求 8 的特征（b）是否有和权利要求 1 的特征（c）一样的问题呢？让我们对比一下这两个权利要求特征，见表 5 - 1。

---

❶　这仅仅是笔者的猜测。没人能够笃定法院会如何裁决，但这大概就是 1990～1992 年该领域对"接收器"的理解。

表 5-1 专利 US5133079 权利要求 1 和 8 中的 "转换器" 的对比

方法权利要求 1，特征（c）	装置权利要求 8，特征（b）
将信号传递到转换器以将信号转换成相应的电子信号	与接收手段电子关联的转换器，用以将信号数据转换成相应的电子信号数据

这两个特征之间有区别吗？虽然描述的语言很相近，但笔者认为是有区别的，两个特征并不相同且有一个重要的区别。

权利要求 1 是方法权利要求，需要动作的执行。特征 1（c）在电子 - 光 - 电子系统中执行是没有问题的，但是这种转换在全电子系统中则是无法执行的。因此，全电子系统，例如仅有电子信号的电缆系统，显然不被权利要求 1 所涵盖。

与之相反，在特征 8（b）中，系统中可能有一个光转换器，而该光转换器可能通过某种方式连接到接收手段，并用以转换光信号。如果系统是光纤系统则没有问题，光转换器存在并处于激活状态。然而，即使系统是全电子系统，也可以是合理的，光转换器可以只存在但不需要处于激活状态。如果系统转换电子和光信号，则特征 8（b）中的转换器处于激活状态，该系统被权利要求 8 所涵盖。如果系统是全电子系统，转换器仍然存在但是处于非激活状态，权利要求 8 的剩余特征仍然可以在全电子系统中存在。因此该全电子系统相对于权利要求 8 也是侵权的，当然，条件是侵权系统的某个位置上有个光服务器。

在这个场景下，结构权利要求 8 可能涵盖了光学系统以及同轴电缆或其他全电子系统，而方法权利要求 1 似乎仅仅涵盖了光学系统。因此，在这种情况下，结构权利要求的涵盖范围要比方法权利要求大，这是 "方法权利要求范围要大于结构权利要求范围" 的一般原则的一个例外。❶

笔者未曾发现关于视频处理器的特征 8（c），以及关于音频处理器的特征 8（d）的任何问题。

有效性：由于分离侵权原则（尤其是 2012 年 8 月的 Akamai 案之前），所

---

❶ 您可能要问，如果用户主干网完全不是光学的，那在其中包含一个光转换器是否是合乎情理的。这样的系统肯定是有可能存在的。假设有一些系统已经转为光纤而其他用户的系统仍然是同轴电缆的，那么客户的系统可能是和光学转换器一起销售的。产品可能被设计为有两种模式，以便可以适用于任一系统。当技术从一种系统向另一种过渡时，两种技术系统的同时共存是很普遍的。当两种系统共存时或者个别产品必须在两种系统上运行时，往往会存在一个过渡期。因此，肯定会有某些系统相对于权利要求 8 是侵权的，因为它们配置有一个光学转换器，即使这个转换器仅仅在光学应用场景中使用，而不能在全电子应用场景中工作。

有方法权利要求可能无法执行。除此之外，即使方法权利要求是可执行的，但由于我们先前讨论过的原因，它们显然不适用于全电子系统（例如，缺乏光纤主干网的同轴电缆系统）。

对于结构权利要求，一个主要的问题是权利要求 8 的特征（a）中出现的"接收手段"可能缺乏结构性支持。这个问题可以通过不使用手段功能性的措辞来得以避免。这个问题本应该通过在说明书正文中添加"接收手段"的定义，或者在说明书正文中添加"接收手段"的例子，或者将"接收器"作为可视特征添加到附图中，来得以解决。如果诉讼中使用了权利要求 8，它可能会存活下来，但人们永远无法确定法院会如何裁决。最好是在最初的时候通过添加更好的定义，来避免不确定性和风险。

范围：几乎任何通过光纤网络提供可下载电影的有线电视运营公司，都逃不开这件专利的权利要求，特别是结构权利要求。从这件意义上讲，当这件专利于 2006 年被收购时，它的权利要求（如果有效）足以引起有线电视行业广泛的关注。

侵权可发现性：这个没有问题。有线电视运营商会将可下载的电影作为服务之一向消费者宣传，所以发现侵权并不困难。侵权产品的制造商也是一样：尽管这些产品可能不会直接向消费者宣传，但专利权人可以随时获得这些产品，且发现这些产品的侵权之处并不困难。

总结：由于其主题具有普遍性、权利要求范围大、优先权日期较早，这个专利具有很高的价值。诚然，虽然专利的权利要求似乎涵盖了包括光纤主干网的系统，但是仍然存在一些问题，特别是方法权利要求。

结构权利要求却是不同的故事。权利要求 8 的特征的上位性甚至使其所有的结构权利要求都变得强大。这些权利要求涵盖了接收和播放数字化压缩影片的系统的最基本结构。诚然，权利要求 8 以及所有结构权利要求因为特征 8（a）中的"接收手段"缺乏清楚的定义而存在一点问题，但这在诉讼的时候并不是毁灭性的问题。

简而言之，尽管其方法权利要求存在一些严重问题，而结构权利要求也有一些小问题，但这项专利具有广泛的范围和较早的优先权日期，似乎证明了它在公开拍卖中卖出 154 万美元的价格是合理的。

经验启示：下面是我们可以从美国 US5133079 专利的权利要求 1、6~7、8 和 15~16 中学到的一些关于优质专利的经验启示。该专利被授权给 Ballantyne 和 Mulhall，并在首次公开专利拍卖中以 154 万美元售出。

5－1－1　一项专利的技术领域、市场覆盖范围和优先权日期对专利的价值至关重要，重要程度胜过该专利存在的技术缺陷。美国 US5133079 专利是有缺陷的：它缺乏对100%同轴电缆应用场景的特定结构和描述，由此使得方法权利要求变得不确定。而"接收手段"的模糊定义使得结构权利要求是否可以存活也令人存疑。尽管如此，可下载电子化电影蓬勃发展的市场，加上这个专利1990年的优先权日，仍然赋予了该专利巨大的价值并证明了其售出价格的合理性。❶

5 - 1 - 2　专利的价值不会因为收购专利的目的是进攻还是防御的不同而有所改变。该专利很可能是为了防御目的而购买的，以防止它落入可能对大公司们发起诉讼的人手中。但是，收购专利的原因不应该影响专利的价值。对专利的估值应该基于该专利在许可、诉讼或者排除竞争的风险方面能够产生多少金钱。

5 - 1 - 3　如果在权利要求中使用"手段功能性"语言，请确保定义了能够支持该"手段"的结构。在权利要求8的特征（a）中并没有明显的理由使用"接收手段"的措辞，"接收器"一词就足够了，且其在专利中还得到了充分的支持。"接收手段"的措辞导致整个权利要求以及从属于的所有结构权利要求可能受到缺乏说明书支持的质疑。然而，对关键权利要求术语使用这种格式也是合法的，但一旦选择了"手段"（means）这一术语，则撰写人必须在说明书正文（而不仅仅是权利要求本身）中解释该术语的含义。

5 - 1 - 4　法律的改变可以增加或者降低专利的价值。当该专利在1990年申请时以及在1992年被授权时，"分离式侵权"原则都还不是个问题。然而，它后来成了一个紧迫的问题且威胁到该专利所有方法权利要求的有效性。不过随后在2012年8月裁定的Akamai案中，CAFC认为即使无法证明有直接侵权行为的存在，"分离式侵权"的权利要求仍可以被用来证明诱导侵权。❷

5 - 1 - 5　结构权利要求有时比方法权利要求宽泛。在US5133079中，方法权利要求似乎仅仅涵盖了电子–光–电子的系统，而结构权利要求不仅涵盖了电子–光–电子的系统，也涵盖了全电子系统（包括有线电视公司的全电子同轴电缆系统）。

5 - 1 - 6　专利价值有可能来自对直接或者间接侵权的预期。有时候，专

---

❶　如果专利权利要求中存在技术缺陷，则这些缺陷可以在基于原始专利的连续申请中得到解决，或者至少受到限制。但是，连续申请必须在在先申请授权之前提出。这也是为什么专利所有人在在先申请被授权之前频繁进行连续申请的原因。

❷　好的权利要求组合为何对专利以及专利组合的价值十分重要？法律有可能发生变化是又一个原因。如果有好的权利要求组合，尽管某些权利要求会受到法律变化的负面影响，但其他权利要求仍会存活下来并保持原有优势。法律的改变也可以增强权利要求的优势——由于CAFC Akamai案件，以前不可执行的权利要求通过间接侵权理论变得可以执行。

利的全部价值来自可能存在的间接侵权行为而不是直接侵权。对该专利来说，直接侵权很可能发生在用户的家中，而致使用户成为了直接侵权者。然而，诱导了侵权行为产品的制造商和/或发送数据到侵权产品之上的系统运营商，都有可能被裁定为属于间接侵权者。该专利极高的价值是由制造商和系统运营商可能的间接侵权行为带来的。在 Akamai 案之前就是如此，在 Akamai 案把原本因"分离式侵权"原则而不能执行的方法权利要求变得可以执行之后，就更是如此。

5 - 1 - 7　权利要求区别原则对专利评估者来说是个有用的原则，但专利撰写者不应该使用它。 当权利要求的解释或者范围不清楚且没有其他线索时，评估者必须利用权利要求区别原则来理解权利要求。然而，这个司法原则仅在关键权利要求术语缺乏其他解释手段（例如，没有定义、没有示例、没有附图中的发明特征，就像该专利中的"接收手段"一样）时是有用的。既然您永远无法确定法院是否会以及如何应用这个原则，那么最好使用定义、示例或者附图来解释关键术语，而不是依赖权利要求区别原则。

（2）专利组合中某项专利的出售——US5774670

背景：

成立于 1994 年的一家硅谷地区的公司——Netscape（网景）——整个 20世纪 90 年代在互联网浏览器领域都堪称先锋和领军企业。Netscape 在 1999 年被 AOL（美国在线）以约 100 亿美元的价格收购。然而，由于市场被微软的 Internet Explorer 浏览器侵蚀，1995~2005 年这 10 年间，Netscape 在浏览器领域的市场份额从超过 90% 下跌到几乎为零。

Netscape 拥有大约 75 项美国专利，其中主要是标准的实用发明专利，还有少量的外观设计和再审专利。发明名称为"基于超文本传输协议的客户端－服务器系统中的持久客户端状态"（Persistent Client State in Hypertext Transfer Protocol Based Client - Server System）的专利 US5774670 是 Netscape 最早期申请的专利之一。该专利的申请日期和优先权日期是 1995 年 10 月 6 日，并于 1998年 6 月 30 日授权。当 AOL 收购 Netscape 时，该专利转给了 AOL。2012 年 4月，AOL 以 10.56 亿美元的价格向微软出售了 800 项专利。有评论家认为，US5774670 专利可能曾是给这个价值 10 亿美元的专利组合作出显著贡献的专利之一。

预览：

US5774670 是项优质的专利，可能是这本书所展示的所有专利中最美妙的一项。尽管我们将会讨论其中存在的一些问题，但该专利还是具有很好的权利要求。而且说明书正文中有对权利要求充分的支持。鉴于其主题——互联网 cookies 以及较早的优先权日期，该专利可能价值数千万美元甚至更多。因此，这项专利可能确实有助于证明微软 10 亿美元的收购价格是合理的。

该专利被 AOL 用来在各种专利诉讼中发起对于被告的诉讼。在一个诉讼中，据悉 Netscape，即原始的申请人，曾与 MCI 公司进行了商业谈判，并且实际上在卖给 MCI 公司一项产品中包含了该专利的发明和要求保护的技术方案。上述销售产品的行为发生在比 US5774670 专利的申请日早 1 年 28 天的 1994 年 9 月。根据美国专利法，如果包含发明的产品发生销售行为，则专利申请要在销售行为发生后的 1 年之内（宽限期）进行，多 1 天都不行。关于当时到底发生了什么，相关的记录并不完全清楚，但是似乎 Netscape 错误地认为触发一年保护期的起始日是产品的公开发布日，而不是出售给 MCI 的日期。如果 Netscape 是对的，那么 1995 年 10 月 6 日的申请日是没有问题的，但是 Netscape 错了。

由此导致的结果是，这项本该极具价值的专利在经济上变得毫无价值。不过它仍然对我们有用，它作为一个经验教训，让我们了解了即使是最好的专利也会因为外部事件而贬值。

专利评估：

这个专利好像有一个较宽的覆盖范围，原因有如下几个。

第一，发明名称中的"超文本"一词和"超文本传输协议"一词确定了这是一项互联网专利。当我们进一步了解了专利的主题是互联网 cookies 时，潜在宽的覆盖范围就明确了。

第二，发明名称中的"客户端－服务器系统"一词以及在整个专利中广泛使用的术语——"客户端"和"服务器"告诉我们，这项专利可能具有普遍的适用性，既适用于客户端（例如用户侧），也适用于服务器端（例如系统运营商）。❶

第三，1995 年的优先权日期在互联网专利领域算得上比较早，而对于互联网 cookies 来说就更早了。

较早的优先权日期、热门的技术领域、同时覆盖客户端使用和服务器端使用的范围，加在一起暗示了这项专利可能涵盖了涉及或者使用互联网浏览器的

---

❶ 笔者已经阐述过电信系统的结构，包括客户端和服务器端。笔者也曾说过专利中的权利要求应该既被客户端执行，又被服务器端执行。单从发明名称上看，这项专利很可能同时主张客户端的使用和服务器端的使用，而事实证明的确如此。电信系统的专利，包含一些客户端的权利要求又包括另外一些服务器端的权利要求，这是很好的组合。与之相反的是，如果在单一权利要求中同时包括"客户端特征"和"服务器端特征"则是不好的，因为这种权利要求将因为"分离式侵权"原则而有不可执行的风险。

所有通信系统。

这个专利在 1998 年被授权时，由原始受让人 Netscape 拥有。1999 年，AOL 收购了 Netscape，而该专利作为收购的一部分也被转让给了 AOL。2012 年初，AOL 当时正积极寻求 Netscape 专利组合的买家。例如，包括专利 US5774670 在内的互联网领域专利，都在微软的兴趣之内，所以微软也是对 Netscape 的专利组合有意向的买家。2012 年 4 月，AOL 以 10.56 亿美元向微软出售了 800 项专利，专利 US5774670 就是其中之一。

更具体地说，微软似乎对 AOL 的专利特别感兴趣。MDB Capital Group 是一家用"华尔街唯一的知识产权投资银行"的名号来推销自己的投资机构，曾经收集了那些在自家专利中引用 AOL 专利的公司信息，也即，对 AOL 专利有前向引用的公司。在这些公司中遥遥领先的是微软，微软对 AOL 专利的前向引用达到了 1331 次，IBM 有 570 次，紧随其后的是 AT&T、Yahoo 和 Google。[1] 如果从前向引用来看，AOL 专利组合似乎是微软很自然的选择，而其中专利 US5774670 似乎是微软特别感兴趣的。截止到微软和 AOL 交易的日期，微软有 43 项专利引用了专利 US5774670，也即该专利被前向引用了 43 次，远高于微软引用其他 AOL 专利的前向引用平均值。

微软为 AOL 的专利组合支付了 10.56 亿美元，这相当于每项专利的平均价格为 132 万美元。常识（当然这个常识是经过专家确认的）告诉我们，像这样一个涉及多个主题和在一段时间内授权的多个专利的专利组合，并不是通过简单地把专利数量乘以每项专利的假定价值来估价的。相反，价值被分配给一些特定的专利，且这些分配给特定专利的价值主导了整个专利组合的价值。[2]

评论家认为，专利 US5774670 可能是驱动该专利组合价值的关键之一。为什么这项专利会这么有价值？这项专利的主题是互联网"cookies"，"cookies"是一种储存在用户计算机中或者运营商服务器中的碎片数据，一般包括了客户端和服务器端之间联系的历史记录和/或客户端－服务器端交互过程中其他有

---

[1]　这些数据来自 GREENE I，SHANKLAND S. Why Microsoft spent 1 billion on AO's patents［EB/OL］.（2012－04－09）　［2013－05－19］. http://news.cnet.com/8301－10805_3－57411434－75/why－microsoft－spent－$1－billion－on－aols－patents/. 笔者并没有独立地去验证这些数据。

[2]　衡量这样一个大型专利组合的明智方法是确定与特定市场相关的一些关键专利的价值，然后汇总这些价值，或者根据其他专利的数量和多样的主题来提高价值总额。使用例如"价格/专利"这样的平均值，仅仅在事后对不同交易进行比较时可能是有意义的，但是对于出售之前对专利组合的实际价值评估是没有意义的。金融分析方法对这次交易中的专利组合估值更有用，而不是基础专利分析方法，但是后者构成前者的基础，正如真正的专利价值是金融专利价值的基础一样。

价值的信息。"cookies"被广泛地用于在线电子商务中，允许运营商向消费者建议可能感兴趣的产品和服务，根据顾客的特定兴趣有效发出定向广告，创建对产品或者服务销售者有用的营销信息数据库。这项专利的一般主题——互联网"cookies"是宽泛且有价值的。

这项专利有 5 项独立权利要求，包括权利要求 1（方法）、权利要求 9（客户端上的计算机可读介质）、权利要求 10（服务器端上的计算机可读介质）、权利要求 11（计算机系统网络）和权利要求 14（计算机系统）。可见，这项专利的权利要求有很好的多样性。虽然 Netscape 在诉讼中仅仅主张了权利要求 1、9、10 和 14 被侵权（不包括权利要求 11），但是我们还是来分析所有 5 项权利要求，以理解其专利权利要求的多样性。

以下是 5 项独立权利要求，笔者使用了方括号中的数字和词语来加以解析：

1. ［前序］在 http 服务器和 http 客户端之间传送状态信息的方法，所述方法包括以下步骤：

［1］从所述 http 客户端请求所述 http 服务器上的文件；

［2］将所述文件从所述 http 服务器发送到所述 http 客户端；

［3］从所述 http 服务器向所述 http 客户端发送状态对象；

［4］将所述状态对象存储在所述 http 客户端上。

9. ［前序］http 客户端上的计算机可读介质，该介质包含用于执行一方法的可执行程序指令，该方法包括：

［1］在 http 服务器上请求文件；

［2］从所述 http 服务器接收所述文件；

［3］从所述 http 服务器接收一状态对象，该状态对象指示状态信息；

［4］将所述状态对象存储在所述 http 客户端上。

10. ［前序］http 服务器上的计算机可读介质，该介质包含用于执行一种方法的可执行程序指令，该方法包括：

［1］从 http 客户端接收对所述 http 服务器上的文件的请求；

［2］将所述文件从所述 http 服务器发送到所述 http 客户端；

［3］将一状态对象由所述 http 服务器发送到所述 http 客户端，该状态对象指示状态信息。

11. ［前序］一种计算机系统网络，包括：

［1］一客户端系统，具有客户端处理器和耦合到所述客户端处理器的客户端计算机可读介质，所述客户端计算机可读介质包含用于接收一状

态对象和在所述客户端计算机上存储所述状态对象的程序指令，所述状态对象指示状态信息；

　　［2］一服务器系统，具有服务器处理器和耦合到所述服务器处理器的服务器计算机可读介质，所述服务器系统通过网络介质耦合到所述客户端系统，所述服务器计算机可读介质包含用于从所述服务器系统向所述客户端系统发送文件以及向所述客户端系统发送所述状态对象的程序指令。

　　14.［前序］一种计算机系统，所述计算机系统包括：

　　［1］处理器；

　　［2］耦合到所述处理器的存储器；

　　［3］耦合到所述处理器的计算机可读介质，所述计算机可读介质包含可执行程序指令，用于：

　　［3a］请求服务器上的一文件；

　　［3b］从所述服务器接收所述文件；

　　［3c］接收指定来自所述服务器的一状态对象，该状态对象指示状态信息；和

　　［3d］将所述状态对象存储在所述存储器和所述计算机可读介质之一中。

　　笔者立刻有了对这5项权利要求中2项的可执行性的疑问。您能找到问题所在吗？如果笔者暗示您这个问题对权利要求1和11是很严重的，但是不适用于权利要求9、10和14，这会有帮助吗？

　　问题仍然出在"分离式侵权"。让我们来看权利要求1，其中特征［1］（请求文件）和［4］（存储信息）是在客户端执行，而特征［2］（发送文件）和［3］（发送信息）是在服务器端执行。这是分离式侵权的典型问题。除非我们可以证明服务器控制客户端的行为，或者客户端控制服务器的行为，否则根据 CAFC Akamai 案例之前的法律，这个问题可能会破坏权利要求1的所有价值。而在 CAFC Akamai 案例之后，专利权人仍然无法证明直接侵权，但可能能够证明间接诱导侵权。

　　这个问题在权利要求11中更为严重。权利要求11的特征［1］是个客户端系统，特征［2］是一个服务器系统。该权利要求中只有两个特征，但它们导致了分离式侵权。从表面上看，CAFC Akamai 案例阐述了它仅适用于方法权利要求而不适用于结构权利要求，因此，除非该案例被扩展到系统权利要求，否则的话，若该专利在今天被卷入专利诉讼，其权利要求11以及从属其后的权利要求12和13很可能是无效的。AOL 可能就是因为分离式侵权的问题，当

时才没有主张权利要求 11（虽然并没有关于将权利要求 11 排除在诉讼之外的原因的相关记录）。

再来看看其他 3 项独立权利要求 9、10 和 14。您看到它们有什么显著的特点吗？它们是一样的东西，只不过用不同的形式加以描述。权利要求 9 描述的是一种计算机可读介质，我们暂且假定它是一种能够请求信息、获得信息和存储信息的存储器。权利要求 10 描述的是一种计算机可读介质，它能接受获取信息的请求并发送该信息。这两项权利要求是镜像的，只不过一个在客户端而另一个在服务器端。由于我们在权利要求 9（全部是客户端特征）或者权利要求 10（全部是服务器特征）中都没有同时包括客户端和服务器特征，因此权利要求 9 和 10 不存在分离式侵权的问题。

虽然没有提到"客户端"，但是权利要求 14 是必须依靠客户端的计算机系统。根据"计算机"的定义，权利要求 14 包括一个所有"计算机系统"都有的处理器，还包括同样所有"计算机系统"都有的内存，然后是用于请求信息、获得信息和存储信息的计算机可读介质，而这些步骤都发生在客户端。

除了非常相似以及没有分离式侵权问题之外，还值得注意的是，权利要求 9、10 和 14 具有很少、简单的特征以及很少的限制。权利要求中的特征包括"请求一个文件""接收一个文件""存储信息"和"传输信息"。还有什么会比这些特征更上位的呢？专利 US5774670 所使用的这种表述，正是确立新技术构思专利的典型代表。

这项专利是 *Netscape Communication v. Valueclick* 案（No. 1. 9cv225，弗吉尼亚东部联邦地区法院）的诉讼主题。在 2009 年 10 月到 2010 年 4 月，这个案件的法官共撰写了 4 个备忘意见书，在此之后的 2010 年 5 月，诉讼双方和解，但和解的条件并没有公开。❶ 笔者将在这里概述 4 个备忘意见书的前 2 个，这 2 个涉及我们讨论的特定问题。❷ 所有的备忘意见书由联邦地区法院法官

---

❶ 所有 4 个意见书的名称都是 "*Netscape Communications Corp. v. ValueClick, Inc.*"，全都由弗吉尼亚东部联邦地区法院（the Federal District Court for the Eastern District of Virginia, E. D. Va）发布。意见书分别发布如下：2009 年 10 月 22 日的第一份意见书（684 F. Supp. 2d 678（2009））；2010 年 1 月 29 日的第二份意见书（684 F. Supp. 2d 699（2010））；2010 年 4 月 2 日的第三份意见书（704 F. Supp. 2d 554（2010））；2010 年 4 月 15 日的第四份意见书（707 F. Supp. 2d 640（2010））。

❷ 2009 年 10 月 22 日的第一份意见书是 Ellis 法官在马克曼听证会之后对权利要求的解释。该意见书的相关部分将在下面被讨论到。2010 年 1 月 29 日的第二份意见书是法官基于该发明被早期披露的事实，给出的权利要求 1 无效的裁决。第二份意见是本书的核心内容，将在下面讨论。2010 年 4 月 2 日的第三份意见书是法官拒绝 Netscape 的动议，在该动议中 Netscape 请求法官重新考虑权利要求 1 的有效性。第三份意见书很有趣，它被用来强化第二份意见书，但它对我们的主题并不是必要的，所以这里不予讨论。第四个意见书是法官对 Netscape 的一些争辩的裁决，在这些争辩中 Netscape 想把一些技术论文从现有技术中排除出去，这也和我们的话题没有关系，这里也不予讨论。

Thomas S. Ellis Ⅲ 撰写。

2009 年 10 月 22 日的第一个意见书是马克曼听证会的意见书，其中阐述了对权利要求中特定特征的解释。根据 Ellis 法官的裁决，"计算机可读介质"被解释为"存储设备""状态信息"被解释为"信息，例如 cookie，用于指示和识别客户端和/或服务器的特性或状况""状态对象"被解释为"具有预定结构的指示状态信息的数据"，或者换言之，cookie 的数据结构。

关键的裁决是，法官从权利要求中把 cookie 明确地解读出来了。此外，双方当事人均认可对"计算机可读介质"的解释，所以在这个术语上没有争议。关于"状态对象"和"状态信息"，法官采纳了原告 Netscape 的意见，而不是被告 ValueClick 的意见，这就强化了权利要求。❶

2010 年 1 月 29 日的第二个意见书对我们来说非常重要，因为它表明了与专利或审查历史都无关的外部事件是如何摧毁掉一件"优质专利"的。

法官发现该专利的原始拥有者——Netscape 在早于专利申请前的 1 年，曾试图销售包括权利要求 1 方案的产品。这就导致了对权利要求 1 的所谓"销售禁止"（on - sale bar）。因此法官认为权利要求 1 是无效的。❷

权利要求 1 是方法独立权利要求，而权利要求 2 ~ 8 的每一个均直接从属于它。被告因此争辩说权利要求 2 ~ 8 也应由于"销售禁止"而被无效。Ellis 法官考虑了这个争辩，但裁定说，在他面前的证据不足以表明权利要求 2 ~ 8 的方案是否也被包括在 Netscape 在专利申请的一年之前许诺销售的产品中。因此，Ellis 法官拒绝无效权利要求 2 ~ 8。❸

即使权利要求 1 没有了，独立权利要求 9、10 和 14 还在。这 3 项权利要求都有一个相对特殊的结构，它们要求包含一种计算机可读介质，该介质中包括用于执行一个方法的程序指令。那么这 3 项权利要求算是结构权利要求还是方法权利要求呢？根据法律规定，如果权利要求同时包括结构和方法，那么应依据 35 USC sec. 112（2）被认定是无效的，因为这样的权利要求是模糊的。法律这么规定的原因很清楚：如果权利要求不是明确的结构或者方法，就不能

---

❶ 要想了解法官是怎么决定马克曼问题，从而解释专利权利要求中的特征，可以去读一下 Ellis 法官在 2009 年 10 月 22 日的第一份意见书［684 F. Supp. 2d 678（2009）］，法官对权利要求解释原理的总结既清晰又简明扼要。

❷ 法官本质上是在说："这个权利要求在首次提交给美国专利商标局的那一天已经是陈旧的了，它就不应该被授权。"如果是这样，那为何美国专利商标局会给予权利要求 1 授权呢？因为美国专利商标局通常并不了解该专利"之外"的事情。几乎可以肯定的是，美国专利商标局不会知道 Netscape 公司与其他公司的商业谈判和商业销售行为。

❸ 根据 684 F. Supp. 2d 719 的记载，Ellis 法官裁定权利要求 1 是无效的，而没有裁定权利要求 2 ~ 8 是无效的。

确定到底是有完整的结构就算侵权，还是仅当方法被执行时就侵权，这种混淆导致了类似的权利要求是无效的。

被告争辩说权利要求 9、10 和 14 既不是方法也不是结构，从而是"模糊"的，这种"模糊"导致这些权利要求是无效的。然而，Ellis 法官却驳回了这种观点：

权利要求 9、10 和 14……并不要求用户执行主张的方法；相反，所要求包含的计算机系统是被简单地描述为**能够**执行该方法，而不是实际执行。因此，……〔阅读该专利的具有相关技术背景的人〕将充分注意到……只有当能够执行预期功能的设备被制造的时候，才会侵权该专利，而不是当该设备在执行所主张的方法的时候。〔684 F. Supp. 2d 722 - 723，其中黑体强调的部分出现在 Ellis 法官的原始意见书中。〕

在第四章中，我们曾谈到跟这本质上相同的事情，当时涉及的专利是 ITC 案件 *Broadcom v. Qualcomm* 案中的 US6714980。该专利中的权利要求使用了例如"适合于"（adapted for）"适于"（adapted to）"用于"（arranged to）的措辞。在这里讨论的 Netscape 专利中，我们获得的另一个例子是一种"能够"（capable of）执行方法的结构，但是仍然是结构权利要求。无论如何表达，如果使用的短语明确表示该结构在某种程度上"有能力"做某事，那显然是个结构特征而非方法。因此，不会禁止混杂方法特征的结构权利要求，而权利要求将保持有效。

有效性：权利要求 1 已被 Ellis 法官裁定死亡。

权利要求 2 ~ 26 的有效性均存在较大的疑问。虽然 Ellis 法官仅仅无效了权利要求 1，但这个判决也导致了独立权利要求 9、10 和 14 由于"销售禁止"而变得有效性存疑。最直接的原因是权利要求 1 中的 4 个特征包括了权利要求 9 和 10 中的所有特征，以及权利要求 14 中和创新点有关的所有特征（权利要求 14 中还包括处理器和存储器，但这两个是计算机系统中的通用特征，而不是创新点的一部分）。

截止到最后一个有报道的诉讼，该专利仅有权利要求 1 被无效，而其他权利要求都幸存下来。法官们不喜欢在庭审之前无效掉权利要求，尤其在存在争议的事实时更不会这样做。因此，Ellis 法官拒绝在庭审之前无效掉其他权利要求中的任何一个，这在程序上可能是正确的。然而，从实质的角度来看，1994 年 8 月到 9 月之间，也即早于专利申请日 1995 年 10 月 6 日 1 年多发生的外部事件，导致了其他权利要求的持续有效性并不明朗。

范围：被授权的权利要求非常的宽泛。即使权利要求 1 在诉讼中失效后，尚存的独立权利要求 9、10 和 14 也有极好的范围，这可以证明该专利的高估值是合理的。然而，权利要求存疑的有效性大大抵消了宽泛范围带来的优势。

侵权的可发现性：笔者发现在可发现侵权方面并没有特别的困难。尽管肉眼无法看到侵权行为，但可以从系统工作的方式推断出来，并且可以从浏览器附带的技术和产品文档中发现，或者通过检查或软件分析的多种"cookie 检测"手段来发现。

总结：微软为收购 AOL 专利组合花费了超过 10 亿美元，有少数一些专利为该专利组合的价值作出了重大的贡献。这项专利是这些少数专利中的一个吗？它本来可以是。它的主题、优先权日和权利要求的范围本来都支持它成为对价值有重大贡献的专利。然而外部事件毁掉了它的价值，最终这项专利可能对 AOL 专利组合的价值只作了很小的贡献，甚至没有。

US5774670 是一件"高质量专利"。然而，它的经济价值被外部行为所破坏。Netscape 公司两次将发明的内容向外部当事人公开，且有一次许诺销售包含发明的产品。这些行为都发生在申请专利的之前，且距离申请专利的日期超过了 1 年。这些行为导致了权利要求的有效性由于 35 USC sec. 102（b）中规定的"销售禁止"而被严重质疑。这些行为和没有更早的申请专利一起，造成了灾难性的错误，这个错误在行为发生超过 15 年之后、申请专利超过 14 年之后、专利被授权超过 11 年之后毁掉了该专利的价值。由此可见，破坏价值的外部事件可能在很长的一段时间内对专利都有影响。

经验启示：以下是我们可以从专利 US5774670 的权利要求 1、9、10、11 和 14 中学到的关于优质专利的经验启示，该专利最初被授权给 Netscape Communications 公司，后卖给 AOL，而后转售给微软。

5-2-1　即使是最好的专利，也可能被与专利无关的外部行为所破坏。该专利无论从艺术角度还是经济角度上看，都是出色的。遗憾的是，经济价值被与专利完全无关的行为所摧毁。

5-2-2　某个专利组合被某家公司大量地前向引用，这表明这家公司可能对购买该组合感兴趣。包括专利 US5774670 在内的 AOL 专利组合被微软大量地前向引用，而微软最终收购了 AOL 的专利组合。尽管没有切实的证据，但是某家公司大量地前向引用的确表明了该公司对这个专利组合的强烈兴趣。本书第七章更详细地讨论了前向引用。

5-2-3　即使独立权利要求倒掉了，从属权利要求也可以生存下来。权利要求 1 被无效了，但是权利要求 2~8 保留了下来。权利要求 1 的失败减小了专利的价值，并且使得其他方法权利要求的有效性存疑，但是从属权利要求并未被无效。

5-2-4　结构标记可以保护结构权利要求，避免其被无效。根据法律，权利要求不能同时包含结构和方法特征。任何这样的权利要求都会因为不明确而依照35 USC sec. 112（2）被无效。但是，结构可以"包括方法的指令"（contain instructions for the method），或者"设定为执行相应方法"（configured to operate the method），或者"用于"（be adapted for）该方法，或者"能够"（be capable of）执行该方法，或者实现该方法。这样的情况不会破坏该权利要求。这些不是方法，而是部件或设备的结构，用于预备执行该方法。

第六章
专利池中的必要专利

本章涉及专利权人纳入"专利池"中的专利，这些专利由专利池的管理者进行整体许可。本章的目的是让您了解专利池是什么？以及为什么进入专利池的专利可能会被列为"优质专利"。我们还将从两个不同的专利池中的四个专利身上，获得一些有关优质专利的经验启示。

以下是第六章的架构：

Ⅰ. 何为专利池？

Ⅱ. 专利池专利的经典案例（MPEG－2）

US5606539（美国 Philips 公司）：用于编码和解码电子信号的专利。该专利对实施 MPEG－2 标准至关重要，被 MPEG－LA 管理的 MPEG－2 专利池接收。

Ⅲ. 专利池判例研究

（1）蜂窝通信系统中的功率控制技术

简要介绍蜂窝系统中的功率控制的一些基础知识。

（2）三个案例：简介之后是三项专利，这些专利涉及第三代（3G）无线系统中实施 W－CDMA FDD 标准所必需的功率控制。这些专利被 Sipro Labs Telecom 管理的 W－CDMA 专利池所接收。通过研究三项聚焦于相同技术并解决该技术中相同技术问题的专利，我们将看到怎样通过将专利集中到一个组合中来实现优质专利的潜在价值。从这个意义说，专利池中的专利之所以"优质"是因为它是池中的一员。

这三个案例分别是：

（1）US6430398（Sharp 公司）：移动系统中的功率控制；

（2）US6549785（Sharp 公司）：移动系统中的功率控制；

（3）US6885875（Siemens 股份公司）：在移动系统中调节功率。

I. 何为专利池?

"专利池"是指两个或两个以上的公司组成的集团,通常称为"财团"。它们拥有与单一技术相关的专利,并将这些专利纳入一个单独的组合中作为一个整体进行许可。❶

只有当某项专利由独立的技术和法律专家确定对实施专利池所涵盖的技术标准是"必要的"时,该专利才会被专利池接收。❷

专利池中的专利必须对同一技术都是必要的。❸

为什么被专利池接收表征了某项专利是有价值的?因为这种接收表明了,在专利法和技术两方面都具有渊博知识的独立专家确定该专利的一项或者多项权利要求对于实施该标准是"必要的"。除非专家给出这样的意见,否则该专利是无法进入专利池的。这个意见也就意味着任何当事人按照该标准制造产

---

❶ "专利池"的特点,尤其是专利池与专利平台、传统双边许可谈判之间的比较,在笔者的《技术专利许可:21世纪专利许可、专利池和专利平台的国际参考书》的第二章"许可方法比较"(A Comparison of Licensing Methods)中第66页到第87页有详细讨论。另见:Sreeharan S K. An introduction to intellectual asset management [M]. London:Kluwer Law International, 2010. 中的第七章"知识产权营销"(Marketing of Intellectual Assets),其中考查了知识产权如何货币化的各种手段,尤其在第180~186页中讨论了专利池。

❷ 这种适用于技术标准的必要性被称为"技术必要性",这种专利被认为是"技术上必要的"。而另一种必要性被称为"商业必要性",是指某一特定特征对产品或者方法的商业成功是必不可少的,但专利不是标准实施所必需的。例如,有一些技术标准是和智能手机的操作相关的,那么实施这些标准所需要的专利就是"技术上必要的"。然而,智能手机上的某些功能是用来创造用户需求的,例如多点触控,这些功能可能无法在技术标准中获得,那么对于这些功能而言必不可少的专利不是"技术上必要的"而可能是"商业上必要的"。例如,参见 John Paczkowski 在在线出版物 AllThingsD. com(由华尔街日报数字网络的成员 Dow Jones & Company 公司全资拥有)上发表的文章"*Google Says Some Apple Inventions Are So Great They Ought to Be Shared*"(July 20, 2012)。本书第六章讨论的专利是对特定标准而言"技术上必要的"。由于判定专利是否是"商业上必要的"是比较复杂的,这种判定的法律含义并不总是清楚的,因此本书不会进一步讨论商业必要性的问题。

❸ 把非必要专利放入到专利池中可能会违反相关的反垄断法,在欧洲被称为"竞争法"。在竞争法或反垄断法领域的过失,可能会导致专利池的管理者以及为专利池贡献专利的公司被政府机构采取行动,或者在私权诉讼中承担不利责任。如何确定专利对标准的必要性,这个问题在笔者的《技术专利许可:21世纪专利许可、专利池和专利平台的国际参考书》的第三章"必要性的确定"(The Determination of Essentiality)的第88页到第141页中有详细的讨论。反垄断法及其对专利池的影响在《技术专利许可:21世纪专利许可、专利池和专利平台的国际参考书》的第五章"反托拉斯责任:潜伏的恐惧"(Antitrust Liability:The Lurking Fear)的第178页到第239页中有相关的讨论。第五章讨论了美国司法部反垄断司(the Antitrust Division of the United States Department of Justice)、欧盟委员会竞争署(the Competition Directorate of the European Commission)和日本公平交易委员会(the Japanese Fair Trade Commission)的多种要求。

品，或通过将产品进口到美国以实施标准，或者通过在美国销售或使用产品以实施标准，都很可能侵犯该专利的专利权。❶

独立专家不是法院。只有法院或例如 ITC 这样的监管机构才能最终确认侵权行为。然而，专家的意见可以用来表明侵权行为很可能存在。如果相关的标准是被广泛采用的技术标准，例如 MPEG－2 或 W－CDMA，那侵权行为的存在意味着许多公司以及数百万的产品可能要承担侵权赔偿的责任。因此，至少对于那些专家认为对实施技术标准是"必要的"的具体权利要求来说，专家的意见是对该专利的质量和经济价值的有力确认。

以下四个专利池管理者积极地管理着多个专利池：

① MPEG－LA，是 MPEG－Licensing Administrator 的简称，成立于 1996 年，总部位于美国科罗拉多州丹佛市。它管理 MPEG－2、MPEG－4 Visual、IEEE 1394、VC－1、ATSC 和 AVC/H.264 等技术的专利池。其中 MPEG－2 专利池可能是有史以来经济上最成功的专利池。它拥有 27 个许可人和 1415 个被许可人，并且已经产生了超过 10 亿美元的收入。

② Sipro Lab Telecom，成立于 1994 年，总部位于加拿大蒙特利尔，负责管理电子音频技术的专利池，如 G.729、G.723.1、G.279.1 和 G.711.1。W－CDMA 专利池由 3G Licensing 公司发起，Sipro 于 2011 年初成为该池的管理者。❷

③ Sisvel International，成立于 1982 年，总部位于意大利都灵，负责管理 MP3、MPEG Audio、DVB－T、DVB－T2. UHF－RFID 和 CDMA2000 等技术的专利池。

④ Via Licensing，是 Dolby Laboratories, Inc. 的全资子公司，成立于 2002 年，总部位于加利福尼亚州的旧金山，负责 Advanced Audio Coding、802.11a－j、MPEG－2 AAC、MPEG－4 SLS 和 OCAP tru2way 交互式数字电视等技术的专利池管理。

除了这四个专利池之外，还有一些机构管理着特定技术的单一专利池，例如 RFID 联盟、DVC 6C 许可机构、Philips 电子管理的 3C DVD 专利池以及

---

❶ 必要性的确定不限于美国专利。专利池可以——也经常——确定亚洲和欧洲专利对同一技术标准的必要性。然而，需要记住的是，包括有效性和权利要求范围在内的对专利的分析，都是由国家专利法来确定的。例如，一件美国专利对一技术标准的必要性，应该使用美国法律来评估；一件德国专利对同一技术标准的必要性，应该使用德国法律来评估；一件韩国专利对同一技术标准的必要性，应该使用韩国法律来评估等。在本书中美国法律更加切题，这是因为我们在本书中评估的都是美国专利而不是其他国家的专利。

❷ W－CDMA 专利池有一个特别有用的特点，该专利池会识别专利中那些权利要求是必要的。其他专利池的管理者，例如 MPEG－LA 和 Sisvel，它们仅仅公布必要专利的专利号，而不是具体权利要求。

AVC 专利池管理机构。●

为什么专利持有者选择将他们的知识产权放到专利池中？其中一个原因是，专利权人可以通过专利池内所有专利的许可和诉讼活动，来最大限度提高专利价值。尤其是，专利聚合的优势在于它会覆盖技术的不同方面。此外，针对潜在被许可人的诉讼威胁会由于专利的聚合变得更为严重，这是因为：

① 诉讼费用是分摊的，这赋予了专利权人成本的优势。

② 被告将应对很多专利，且所有这些专利都是被技术专家确认过是对标准而言必不可少的。因此，至少其中的一些专利被侵权的可能性是很高的。

③ 由于被如此多的专利所针对，被告几乎没有动机去试图无效其中的一项或两项。

④ 专利池的管理者通常提供相对适中的联合许可费率，这使得被许可人认为获得许可是值得的而不想通过诉讼来对抗。

II. 专利池专利的经典案例（MPEG‑2）

背景：

发明名称为"用于编码和解码音频和/或视频信号的方法和装置，以及用于该装置的记录载体"（Method and Apparatus for Encoding and Decoding an Audio and/or Video Signal and a Record Carrier for Use with Such Apparatus）的专利 US5606539，优先权日为 1990 年 5 月 5 日。美国 Philips 公司于 1997 年 2 月 25 日获得该专利的专利权。专利提出了防止数据内存缓冲区"溢出"和"下溢"的方法和结构。无论是"溢出"还是"下溢"，当数据流量和内存缓冲区的限制不匹配的时候，数据都会"延迟"（stall），从而导致视频场景或音频流的停滞或中断。

预览：

该专利涉及数据解码的一个方面，数据解码是 MPEG 系统的关键功能。该发明是对标准有贡献的一个小而显著的改进。由于说明书中的描述似乎把这个专利和一个失败的技术标准联系起来，因此该专利权利要求的范围并不明确。专利的拥有者——Philips 公司选择将该专利置于专利池中以释放其潜在价值。尽管权利要求范围不明确可能是 Philips 公司选择将该专利置于专利池中而不直接货币化的原因之一，但真实的原因我们不得而知。

● 以上专利池的列表摘自《知识产权管理概论》（*An Introduction to Intellectual Asset Management*）一书，见第 185 页和第 186 页。

专利评估：

该专利的审查历史在线上无法获得，且据笔者所知，它也从未被再审或者用来诉讼。❶ 因此，对该专利的分析完全依赖于专利本身。

这个专利并未提及"MPEG"或是"MPEG－2"，但是 MPEG－LA 发现该专利对标准是必不可少的，因此它被纳入 MPEG－2 专利池中。❷

MPEG－LA 列出了必要专利，但是没有列出哪些权利要求是必要的。因此，为了真正了解这件专利以及它可能是"必要的"的原因，我们需要看看四个独立权利要求：权利要求 1、18、23 和 29，见表 6－1。

表 6－1　US5606539 中的独立权利要求

权利要求 1	权利要求 18	权利要求 23	权利要求 29
［前序］一种用于将音频和/或视频信号编码为编码信号的方法，所述编码信号可以由解码设备解码，解码设备包括用于接收编码信号的解码器缓冲区和用于解码编码信号的解码器，所述方法包括：	［前序］一种与用于音频和/或视频信号编码和解码系统一起使用的编码设备，该系统包括用于将音频和/或视频信号编码为编码信号的编码设备，以及解码设备，该解码设备包括用于接收编码信号的解码器缓冲区和用于对编码信号进行解码的解码器，编码设备包括：	［前序］一种与用于对音频和/或视频信号进行编码和解码的系统一起使用的解码设备，所述系统包括编码设备，用于将音频和/或视频信号编码为组成编码信号的多个码块，以及确定所述多个码块中的一码块的延迟时间参数并将延迟时间参数插入到编码信号中；以及解码装置，用于解码编码信号，所述解码装置包括：	［前序］一种对音频和/或视频信号进行解码的方法，所述音频和/或视频信号由构成编码信号的连续多个码块编码而成，该编码信号还包括延迟时间参数，该方法包括：
［1］将音频和/或视频信号的连续部分编码成组成编码信号的相应的连续的多个码块；	［1］用于将音频和/或视频信号的连续部分编码成组成编码信号的相应连续多个码块的手段；	［1］a）用于从编码信号中获得延迟时间参数的手段；	［1］a）从编码信号中获得延迟时间参数；

---

❶ 确切地说，该专利的拥有者美国 Philips 公司似乎没有用该专利提起任何诉讼。但是，当专利池的管理者起诉潜在被许可人时，专利池中的很多专利就变成诉讼的一部分。例如，这个专利就是 MPEG－LA 分别针对联想和 Vizio 提起诉讼的一部分。理论上讲，专利池中的专利有可能都被用于诉讼，毕竟它们对标准的实施都是至关重要的，因此很可能被侵权。然而实际操作中，通常仅仅选择与涉嫌侵权行为最相关的某些专利，只有这些专利才是诉讼的基础。

❷ 实际上，和大多数专利池管理员一样，MPEG－LA 聘请了专利律师事务所对专利的必要性进行评估。MPEG－LA 自身并不判断专利的必要性，而是依赖于专利律师事务所中的技术和法律专家的发现。

权利要求 1	权利要求 18	权利要求 23	权利要求 29
［2］为所述多个码块中的一码块确定延迟时间参数，该延迟时间参数表示该码块在解码器解码之前将被存储在解码器缓冲区内的时间长度，以确保解码器缓冲区不会经历所述多个码块的溢出或下溢；和	［2］用于确定所述多个码块中的一码块的延迟时间参数的装置，该延迟时间参数表示该码块在被解码器解码之前被存储在解码器缓冲区中的时间长度，以确保解码器缓冲区不会经历所述多个码块的溢出或下溢；和	［2］b）解码器缓冲区，用于从编码信号中接收所述多个码块；和	［2］b）将编码信号的所述多个码块提供给解码器缓冲区；和
［3］将延迟时间参数插入编码信号	［3］用于将延迟时间参数插入编码信号的手段	［3］c）解码器，用于在由解码器缓冲区接收之后对所述多个码块进行解码，当所述多个码块中的所述一码块已经存储在解码器缓冲区中达到由延迟时间参数表示的一段时间时，所述解码器解码所述一码块，以确保解码器缓冲区不会经历所述多个码块的溢出或下溢	［3］c）在解码器缓冲区接收所述多个码块之后，当所述多个码块中的一码块已经被存储在解码器缓冲区中达到由延迟时间参数表示的时间长度时，解码至少所述一码块，以确保解码器缓冲区将不会经历所述码块的溢出或下溢

这些权利要求在几个方面都很引人关注：

① 编码和解码过程在并行权利要求中被描述。权利要求 1 的编码方法对应权利要求 29 的解码方法，且权利要求 18 的编码装置对应权利要求 23 的解码装置。这是一个干净利落的权利要求架构。

② 这些权利要求中无一同时包括编码及解码。也就是说，每个权利要求要么是编码（因此是服务器端），要么是解码（因此是客户端），但不是两者皆有。这就不存在分离式侵权的潜在问题。

③ 每个独立权利要求都恰好有三个特征，且每个特征都比较清晰。这件专利提出的创新点似乎是在每个数据块中创建、插入和使用时间戳。这个时间戳被称为"延迟时间参数"，且被设置为该数据块应该在解码器缓冲区（在解码器的内存中）中存储的时间，在此之后该数据块被解码。如果正确地进行

时间控制，解码后将呈现没有"延迟"的视频和音频。权利要求提供的技术改进看起来是消除视频中的延迟。

4 个独立权利要求似乎很好地支持了这个创新点。因此，这些权利要求针对一个普遍性问题提出了一个宽泛的解决方案。这个专利会因此成为"优质专利"吗？

权利要求 18（编码器）和权利要求 23（解码器），这 2 个结构权利要求有一个问题。权利要求 18 中有 3 个特征是用于描述编码器的，它们全都是以"手段功能性"格式来撰写的。权利要求 23 中也有 3 个特征，其中只有第一个是以"手段功能性"格式来撰写的。那么在说明书正文中是否有足够的"手段"来支持这些权利要求中的"手段功能性"特征？见图 6-1。

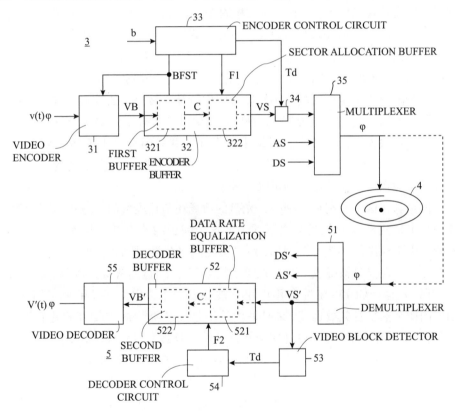

图 6-1　专利 US5606539 的附图 2

这项专利有 14 个附图，但是附图 2 是唯一的一个结构附图，所以所有对权利要求 18 和 23 的结构性支持都应当存在于附图 2。那么更准确的问题就变成了："附图 2 中是否有足够的结构来支持结构权利要求中的'手段'？"附图

2 对我们理解这项专利至关重要，所以现在让我们来看看这个附图。

附图 2 分成上半部分和下半部分。上半部分是编码器的详细框图，而下半部分是解码器的详细框图。说明书中的发明详述有略多于 50% 的部分很明确地与附图 2 相关，且在附图 2 中出现的每个发明特征在说明书发明详述部分都有被讨论。因此，笔者会说附图 2 中有足够的结构来支持权利要求 18 和 23。事实上，一些权利要求中出现"手段功能性"格式似乎并不是个问题，因为专利的附图中或者说明书中呈现或者解释了支持性的结构。

尽管如此，还是有个问题。这项专利的权利要求和发明名称似乎是宽泛和"介质中性的"，即适用于所有形式的电子通信。然而，摘要中提到了光盘（CD）："一个或多个音频和/或全运动视频信号……（和可能的计算机数据）被记录在交互式光盘上。"唯一的结构附图——附图 2 顶部有一个编码器，底部有一个解码器。编码器和解码器，仅通过附图 2 中编号 4 的特征连接，而编号 4 的特征在专利中被重复描述为"光盘"。因此，似乎这个发明并不是"介质中性的"，而是仅限于使用光盘将数据从编码器传输到解码器。

由于附图 2 中呈现的具体结构以及图中特征 4 被描述的方式，这项专利可能仅限于使用光盘的实施方式。1994 年该专利申请时以及 1997 年被授权时，光盘的市场很大，但多年来其销量由于在线下载和闪存的出现而一直下滑。❶这项专利至 2014 年到期，但无论如何，作为仅仅局限于光盘市场的专利，它的市场可能在十多年前已达到顶峰且开始下降。

但是，在这个专利存续期间，光盘的市场还是很庞大的，这难道不能使其成为一个"优质专利"吗？遗憾的是，这个问题的答案并不显而易见。专利的摘要中不仅提及"光盘"，还提到"交互式光盘"。除此之外"交互式"一词在专利中仅仅只被提及一次，在第 1 栏第 27～29 行的背景技术部分提到了："交互式光盘（CDI）在过去几年间已被开发出来，CDI 可以用来存储文本、图形图像和数字音频数据。"这似乎指的不是任意类型的"交互式光盘"，而是特指 CDI 格式的光盘。也许您会问自己："CD 或 CDI，这真的重要吗？"

Philips 公司创建了一种名为 Philips CD - i（光盘交互标准）的公司特定技术标准，并于 1986 年首次公布，其中第一批产品于 1991 年出货，主要用于基于交互式光盘的交互式电子游戏。像许多其他标准一样，这个技术标准由于是

---

❶ 自 1982 年首次销售到 2007 年，光盘累计被卖出 2000 亿个，参见 Compact disc hits 25th birthday [EB/OL]. (2007 - 08 - 17) [2012 - 05 - 18]. http：//news. bbc. co. uk/2/hi/technology/6950845. stm. 然而，2000～2010 年，光盘销量下滑超过 50%，参见 PLAMBECK J. As CD sales wane, music retailers diversify [N/OL]. (2010 - 05 - 30) [2012 - 05 - 18]. http：//www. nytimes. com/2010/05/31/business/media/31bestbuy. html.

单家公司倡导的标准而最终失败了。该标准未被技术圈或消费者采用。1997
年专利 US5606539 授权，但是 Philips 公司在 1998 年停止了基于 CD - i 的视频
游戏的开发。可以说，专利 US5606539 是以一个失败的技术为基础的。那么，
CD - i 格式失败的市场是不是意味着这项专利也是失败的，因此不是项"优质
专利"？

这是一个关键问题，但其答案仍不清楚，因为权利要求的范围并不清楚。
有两个理由可以解释，第一个理由涉及专利本身，第二个理由涉及 Philips 公
司将该专利提交给 MPEG - 2 专利池的行为。

第一个关于权利要求范围不清楚的原因是，专利附图和说明书呈现的方式
让人很难了解权利要求的范围。有三种可能性：

① 第一种可能的范围是基于"交互式光盘"这个措辞。这个短语，在说
明书正文的摘要中出现过一次，在背景技术部分出现过一次，除此之外在专利
中再没有出现过。似乎代表"光盘交互"的缩写"CDI"在背景技术部分出现
过四次，在其他地方没有出现过。专利中的任何地方都没引用过 Philips 公司
的CD - i 技术标准，该标准在该专利授权之后不久就失败了。底线问题是：
Philips 公司是否意欲将这项专利限制在交互式光盘上？联邦法院或者 ITC 会这
么裁决吗？如果是这样的话，即使在授权的那一天，这项专利就已然没什么价
值了，且在 CD - i 标准失败后将失去全部的价值。

② 第二种可能的范围是基于"光盘"这一短语，而没有"交互式"一
词。没有带"交互式"的"光盘"在背景技术部分出现过一次，在说明书详
述部分出现过四次。该短语在唯一的结构附图——附图 2 中出现过，其中被编
号为特征 4，并仅仅被描述为"光盘"而不是"交互式光盘"，用来连接编码
器和解码器。专利的范围包括所有"光盘"而不仅仅是"交互式光盘"，这是
否是件好事情？自光盘技术诞生以来，全球已售出数千亿张光盘。如果
US5606539 专利涵盖了所有光盘，这自然是好事情，即使光盘市场在 2000 年
已达顶峰而现今下滑的厉害。但是，笔者不确定法院是否接受权利要求包括所
有光盘而不仅仅是交互式光盘。

③ 第三种可能的范围是这个专利不仅限于光盘，而是包括所有的电子通
信，在该电子通信中使用编码器和解码器来避免解码器缓冲区中的数据溢出和
下溢问题。这将是一个十分广泛的范围，广泛到人们会基于现有技术来对这个
专利进行有效性的挑战。这是权利要求范围合理的可能性吗？权利要求从未提
到"CD""compact"或"disc"，这表明了权利要求并不仅限于光盘。以下是
说明书正文第一段，即第 1 栏第 16～26 行的背景技术部分的开头：

本发明涉及一种对经由传输介质的传输进行编码的音频和/或视频信号的方法。更具体地说，传输介质优选是光学可读盘。**尽管如此，传输介质也可以是**磁带或磁盘，或者是**发射器和接收器之间的直接连接**。本发明还涉及在其上记录音频和/或视频信号的传输介质，用于编码和传输音频和/或视频信号的编码设备，以及涉及用于在卸载和传输之后接收这些信号的解码设备。[**加粗**部分表示强调]

如果连接可能是"直接的"，而不是通过使用诸如 CD 的光学可读盘、磁带或磁盘，那么该专利可能还包括在线下载，即当今通过互联网接收信息的主要方式。如果这是对权利要求的正确解释，那么这项专利可能价值数千万美元或更多。

但是，您必须要问以下几个问题：

① 如果意欲保护的还包括"直接连接"，那为什么在说明书正文中不停地提到"光盘"和"交互式光盘"？而且，为什么在唯一的结构性附图——附图 2 的右侧，被描述为光盘特征 4 的是作为编码器和解码器之间传输信息的唯一媒介？

②"直接连接"是否需要发射器和接收器之间没有中间媒介的物理连接？通过互联网连接是需要中间硬件的，所以如果"直接"意味着"没有中间硬件"，那么在线下载不被包括在该专利的权利要求范围内。但是，如果"直接"意味着数据通过传输网络直接从发射机传输到接收机，那么"直接连接"可能包括通过互联网下载。

③ 如果对这种宽泛解读的唯一支持是专利的背景技术部分，那为什么在同一背景技术部分会重复提及"交互式光盘"或"CDI"？

④ 为什么"发射器和接收器直接连接"这一短语出现在背景技术部分？这是一个错误。关于"直接连接"的短语不应出现在背景技术部分。发明的任何部分都不应在背景部分讨论。与该发明相关的每个定义应该出现在概述部分，若出现在说明书详述中就更好了。旨在扩大该发明的范围或列出该发明的另外实施例的每个解释，都应该记载在概述部分和/或具体实施方式部分。Philips 公司将有可能扩大该发明范围的描述置于说明书正文，这种做法是正确的，但是将其放入背景技术部分则是绝对不正确的。这种有缺陷的放置加上专利含义的普遍不清楚，导致了权利要求的范围存在 3 种可能性，从窄的仅有微小价值的范围（交互式光盘），到广义的范围（光盘），再到有巨大价值的范围（互联网）。很难说法院会如何裁定权利要求的范围。

解释权利要求范围是不清楚的第二个原因是 Philips 公司选择将这项专利

提交给 MPEG – LA 管理的 MPEG – 2 专利池进行必要性审核，并经由 MPEG – 2 专利池对外许可。为什么 Philips 公司要这么做？如果 Philips 公司判断该专利是纯粹的"介质中立的"，那么该专利可能涵盖编码器和解码器之间所有形式的电子通信，这项专利将价值数百万美元。在这种情况下，Philips 公司可能选择自己许可这项专利，通过被许可人直接向 Philips 公司支付许可费的形式，能够获得更多的金钱。然而将该专利置于专利池中，Philips 公司相当于放弃了该专利个体价值的可能性，而转而寻求去分享超过 10 亿美元收入的一部分。有一种可能性是，Philips 公司本身对该专利权利要求的范围有所质疑。

我们不能确定为什么 Philips 公司要选择将该专利置于专利池。尽管这个专利的权利要求非常好，但是支持权利要求的说明书正文却混淆不清，因此权利要求的真实范围有了不确定性。笔者之前曾说过，"优质专利"是有好的权利要求且已经在说明书正文中有充分支持的专利。在这个案例中，我们有好的权利要求，但是说明书正文中缺乏充分的支持且包含了模糊不清的描述。这些缺点可能是 Philips 公司决定加入专利池以"保证安全"的部分原因。

有效性：有效性的估计取决于权利要求范围的假定。如果范围仅限于交互式光盘，则其有效的概率将极高。如果权利要求范围包括所有光盘，则其有效的概率也会挺高。如果权利要求范围是包括在编码器和解码器之间所有形式的"直接连接"，即包括了互联网连接非常宽的范围，那么即使该专利的优先权日是 1991 年 5 月 5 日，仍很可能发现要么使专利丧失新颖性，要么使其权利要求显而易见的现有技术。如前所述，权利要求的宽泛范围和有效性是一对天敌，这种天生的对立表现为：独立权利要求的宽泛范围可能导致有效性的问题，而相对范围较窄的权利要求有效的概率会很高（但权利要求的价值较低）。

范围：这是主要问题所在。在上面提到权利要求的三种可能的解释中，笔者不能确定法院或者 ITC 会如何裁决。第一种解释（包含下载）能产生极宽泛的权利要求范围，第二种解释（通过光盘传输）能产生中等的权利要求范围，而第三种解释（通过 CD – i 格式传输）只能产生几乎为零的权利要求范围。

侵权可发现性：针对任一权利要求范围，笔者都不觉得侵权的可发现性是个问题。光盘，无论是否是交互式的，均是可见的。而直接连接的侵权，可以很容易地通过服务的描述来发现，或者通过了解服务的工作原理来进行技术推断。

总结：Philips 公司在一个有趣的领域创造了一项发明和一项专利，而且还有多项专利涉及相同的主题。专利 US5606539 和其他类似的专利都被纳入专利池中，这个专利池中都是对 MPEG – 2 标准的实施必不可少的专利。这可能是个保险的模式。Philips 公司利用专利池来确保自己从这些专利中获得价值,而不是选择高成本、高风险的诉讼。这是专利持有者汇聚他们的知识产权于专利池的原因之一——在没有成本、风险和潜在敌意(这种敌意往往在专利持有者向潜在侵权者发起诉讼时产生)的情况下获得收入。

以下是我们可以从专利 US5606539 的权利要求 1、18、23 和 29 中学到的关于优质专利的经验启示,该专利被授权给 Philips 公司,后被置于 MPEG - 2 专利池。

6 - 1 - 1　说明书正文的撰写不应限制权利要求的范围。在这个案例中,权利要求本身可能有宽泛的覆盖范围,但是说明书正文中不清楚的术语对权利要求意欲覆盖的范围造成了严重的不确定性。

6 - 1 - 2　与发明有关的技术术语的定义应该记载在具体实施方式和/或概述部分,绝不能将其置于背景技术中。如果将这样的定义放在背景技术部分,那么这种放置将令人对其是现有技术的一部分还是该发明的一部分造成混淆。这也适用于旨在扩大权利要求范围或提供该发明的新实施方案的任何短语——将这些短语放在具体实施方式或概述中,而不是背景技术部分。

6 - 1 - 3　"手段功能性限定"权利要求通常是不主张的,但当"手段"得到明确解释时,它们也是可以接受的。在该案例中只有一个结构性附图(见附图 2),这就使聚焦的地方很清晰,特别是附图 2 中使用了"编码器"和"解码器"的图解。另外,说明书详述中有超过 50% 的部分用于描述与结构性附图 2 相关的内容。因此,这项专利有足够的关于结构性"手段"的描述,这些描述足以支持"手段功能性限定"格式的权利要求 18 和 23。

6 - 1 - 4　将一项发明绑定到一个技术标准是很危险的。如果您必须引用一个标准,请务必声明该标准只是多个选择中的一个。在这个案例中,笔者认为提及"交互式光盘"或者"CDI"是适得其反的,除非没有其他方式可以让审查员接收。不要对专利加以限制,除非这种限制是其授权所必需的。

6 - 1 - 5　专利池为发掘专利价值提供了一个潜在的途径。Philips 公司在 MPEG - 2 专利池中拥有约 100 项专利。这些专利大多数现在已经过期,但有些仍然有效。这些专利的每一个都为提高 Philips 公司在 MPEG - 2 专利池分到的收入创造了价值,而 MPEG - 2 专利池创造的收入是迄今为止最高的。当然,没有其他专利池能够像 MPEG - 2 那样成功,因此,从专利——对比的角度来说,把专利置于不同专利池的结果可能与 Philips 公司的收益并不会匹配。尽管如此,如果您拥有一项专利,该专利对于在 ICT 领域实施某一重要技术标准是必不可少的,并且如果存在涵盖此技术的专利池,请考虑将您的专利置于该专利池中。

Ⅲ. 专利池判例研究

（1）蜂窝通信系统中的功率控制技术

在所有的电子工业中，功率都是很重要的。更大的功率通常意味着性能更高，但也意味着电力成本的增加以及电子元件的故障率通常也更高。相比于一般的电子工业，在无线电通信中功率就更为重要了。因此远程设备（指蜂窝系统中的"手持设备"）是否能使用，取决于该设备电池的寿命。

蜂窝手持设备的电池寿命已经有所增加，但增加的速度缓慢。一个原因是发射和接收元件一直不适合用低功率数字元件替代。此外，尽管电池寿命有所提高，但对产品功率需求的增长速度往往比电池使用寿命的增长速度快得多。总之，尽管电池寿命有所改善，但在可预见的未来，功率消耗和电池寿命仍可能继续成为重要问题。

无线空中协议有三种基本类型，而无线空中协议有时也被称为"无线链路协议"或者"信道接入方法"。这三种协议的功率考虑是不同的。

其中一种空中协议把无线电带宽分成多个频率，这种做法被称为"频分"协议，例如 ODFM（正交频分复用）是 4G 蜂窝协议的一种。几乎所有的无线电系统都使用频分——换言之，在所有无线电系统中，通信信道被分配给不同的频率。

第二种空中协议是根据时间片段来分割单个信道或者频率，这被称为"时分"协议。"时分"协议最出色的例子可能就是 GSM，GSM 曾是世界上被最广泛采用的 2G 协议。❶

第三种空中协议的基本类型能使得多个信道同一时间共享同一频率。每一对发射机和接收机依据特定的编码操作，使得这对发射机和接收机能够专注于自己的通信，而忽略同一时间同一信道上使用不同编码的所有其他通信。人们用来解释这个问题的经典类比是，假设几个人在一个房间里，人们都在同一时间在说话，但每一对的两个成员说的语言不同于房间里的其他对的人的语言。由于所有人同时讲话，所以没有时间分割，并且由于他们都在人类语音频率的窄带内进行通话，所以没有频率分割。然而，每一对人都在说不同的语言，这使得他们可以专注于他们的谈话并忽略房间中的所有其他谈话。一对人讲的特

---

❶　作为第二代协议的 GSM 目前仍然很重要，但它正逐渐被 3G（主要是 W - CDMA）和 4G（主要是 LTE）所取代。

定语言就是这个对的"编码",以这种模式分配通信的空中协议被称为"码分"协议。码分协议有一些例子,包括在美国和韩国流行的 2G 蜂窝协议——CDMA,以及 3G 协议 W – CDMA 和 CDMA2000。❶

按频率、时间和编码划分是空中协议的三种基本类型,也是建立发射机和接收机之间无线电链路的三种方式。一般在技术标准中会有很多特定协议的定义,但都依赖于这三种基本协议中的一种或其组合。❷

由于码分多址(CDMA)技术与频分多址(FDMA)技术和时分多址(TDMA)技术有本质的区别,因此空中协议的介绍对于这些技术的理解是很必要的。在 FDMA 中,每个通信都在不同的频率上进行,活跃的频率之间具有很窄的带宽间隔用以防止干扰,但一般情况下,某个频率上的通信不会扰乱其他频率的通信,也不会受到其他频率中的通信的扰乱。这种场景下的"扰乱"一般称为"干扰"。❸ 类似地,在 TDMA 系统中,不同的通信信道使用不同的时隙,在可用时隙之间存在短暂的未使用时隙,从而在正常情况下,不同信道中的通信也不会相互干扰。

与 TDMA 和 FDMA 系统相反,CDMA 系统对不同通信的功率水平差异非常敏感。其原因在于 CDMA 系统中多个通信在相同的物理空间内以相同的频率发生。还是用人类说话来类比,想象一下,如果房间里的所有人都以一个音量级别来对话,然后其中一对开始用喊的方式来对话。即使每一对人用的是不同的人类语言,对于没有喊话的那些人而言,他们的沟通质量也会迅速而剧烈地降低。

因此,在 CDMA 系统中控制传输功率是至关重要的,以使得某个通信的能量不会干扰或者覆盖工作在相同信道但是使用不同编码的通信。这是个实际问题,因此 CDMA 系统试图在相同的信道上均衡各个通信的功率水平。因此,虽然功率控制是所有无线电系统中的主要问题,但它在 CDMA 系统中显得尤

---

❶ 事实上,这种类比并不完美的,因为人类的耳朵并不完全是语言选择性的,所以即使在不同的语言中,其他人的言语也会产生一些负面的影响。相比之下,在码分电子通信系统中,编码被设计为具有非常少的"重叠",这种"重叠"有时称为"干扰"或"串扰"。不过总体思路是明确的——码分系统的操作与频分和时分系统不同。

❷ 一些人认为有第四种基本的空中协议,称为"封包模式多址";但也有人不同意,认为这种协议应该被认为是时分和码分的混合。也有人认为有第五种基本的空中协议,称为"空分多址",但也有人说这只是一种通过空间分区和频率的重复使用来提供系统容量的技术。就我们的目的而言,所谓的第四和第五协议并不重要,只需大家了解基于频分、时分和码分的三种基本空中协议。

❸ 笔者把相关问题在这里给简化了。如果分配给一个频率的功率很强,则可能导致对邻近信道的"相邻信道干扰"。除此之外,还存在"谐波干扰""互调干扰"以及某一通信链路给另一通信链路造成的其他类型的问题。不过,总的来说,通常认为在正常情况下不同频率的通信通常不会互相干扰。

为重要。导致的结果是，那些定义 CDMA 系统的技术标准，例如 W – CDMA 标准，均对功率控制给予了极大的关注。由此产生的进一步结果是，相关的技术得以发展并被专门聚焦于 CDMA 系统传输功率控制的专利所覆盖。Sipro Lab Telecom 的 W – CDMA 专利池中就包括了这样的几项专利，这些专利对于 CDMA 标准中处理传输功率控制的部分是必不可少的。❶

本章其余部分的讨论重点关注 3 项专利，其中 2 项来自 Sharp 公司，而另一项来自 Siemens 公司。这 3 项专利为 CDMA 系统中的功率控制问题提供了不同的解决方案。这 3 种解决方案不是相互排斥的，可以一起实施。正如我们现在认为的那样，每项发明都有一点小小的改进，但这些改进仍然很有价值。

（2）三个案例

1）US6430398：移动系统中的功率控制

背景：

发明名称为"利用功率控制提高移动无线通信系统性能的方法"（Method for Improving Performance of a Mobile Radio communication System Using Power Control）的专利 US6430398，对于实施第三代无线系统的 W – CDMA 3GPP FDD 标准是必不可少的。该专利优先权日期为 1999 年，于 2002 年授权，最初的权利人是法国阿尔卡特公司（现称为阿尔卡特朗讯）。阿尔卡特从未成为 W – CDMA 专利池中的许可人，专利 US6430398 以及下一项我们要讨论的专利 US6549785，都是被日本 Sharp 公司提交给专利池的。❷

预览：

有很多专利都涉及 CDMA 的功率控制。每一项这样的专利都改进了功率控制的不同方法。尽管单个改进可能很小，但所有专利中的改进组合起来，就可能对系统性能有重大的积极影响。

---

❶ W – CDMA 标准有时被称为 3GPP、3GPP FDD、UMTS 或 UTRAN。就我们的目的而言，这些都描述了相同的技术标准。除有些引用使用其他术语之外，本书将统一使用 W – CDMA。

❷ 这两项专利最初被转让给阿尔卡特，阿尔卡特后来授予 Sharp 公司这两项专利的临时独占许可。Sharp 公司随后将专利提交给 W – CDMA 专利池。就我们的目的而言，转让给 Sharp 公司的确切性质或持续时间并不重要，但要记住①Sharp 公司在本书中被称为这两项专利的所有人，以及②尽管 Sharp 公司拥有临时所有权或控制权，这些专利最初由一家欧洲公司所拥有。欧洲公司经常使用在欧洲被称为"两段式"的杰普森格式的权利要求撰写方式，这正是在这里 US6430398 的权利要求 1 和 US6549785 的权利要求 1 中被使用的格式。

专利评估：

这项提交给 W－CDMA 专利池的专利曾被独立的专利律师评估过，该专利律师确定其中权利要求 1、3、4、5、11、12、13、23 和 25 对 3GPP FDD 标准中的数个部分而言都是必不可少的。笔者将重点介绍独立方法权利要求 1。

以下是权利要求 1：

> 1. 一种使用功率控制环和调整程序来提高移动无线电通信系统性能的方法，所述功率控制环根据传输质量目标值来控制功率，所述调整程序用于调整所述传输质量目标值；**在该方法中根据围绕所述传输质量目标值的所述功率控制环的收敛估计来控制所述调整程序。**

这个权利要求由于以下几点原因而值得注意。

第一，权利要求是用杰普森格式撰写的，我们在第一章解释过杰普森格式。在这种格式中，专利权人认为是现有技术的部分，和其认为是该发明的内容的部分，有清晰的界线。在上面的引用中，专利权人认为正常字体的所有内容都是现有技术，而**黑体**字部分是创新点。在这个案例中，被认可的现有技术（以上权利要求 1 中正常字体的部分）显然是现有技术，它确实不是新的，而非仅仅是因为申请人承认其为现有技术。因此申请人以杰普森格式来"认可现有技术"并没有真正放弃什么，因此笔者不会因为其使用了杰普森格式而低估这项权利要求。

第二，这项权利要求值得注意是因为它和 CDMA 相关，特别是与 CDMA 制式的一种——W－CDMA 相关。发明的开头部分，具体在"背景技术"部分的第 1 栏第 13～17 行中指出：

> 本发明尤其适用于 CDMA……类型的移动无线通信系统。特别是，本发明适用于 UMTS……

上述引用的部分有 3 个问题。

① 它使用"本发明"的措辞，为什么要添加这种限制？更好的措辞应该是"根据本发明的一些实施例……"。

② 一般来说，专利权人应仅在概述或者说明书详述部分描述发明，而不应该像这项专利一样在背景技术部分予以描述。

③ 为何要加上具体技术标准的限制？理论上，功率控制可以适用于所有的空中协议。上述引用的部分之后应该加上类似的这么一句话："虽然特别适

用于 CDMA，尤其适用于 UMTS，但是作为替代的实施例，也适用于 GSM、CDMA2000、OFDMA 以及所有其他无线空中协议。"这句话可以放在概述或者说明书详述部分，千万不要放在背景技术部分。

第三，这个权利要求值得注意是因为它的创新点，也就是权利要求中**黑体**字的部分，是一个清晰而简单的想法。更甚的是，该创新点解决了一个普遍性的问题。权利要求 1 的方法是为传输功率等级设定一个目标值，该功率等级是由接收机接收到信号的质量决定的。系统随后监控接收信号的信号质量，并增加或者减少发射功率以接近接收信号的期望质量。如果无法实现所需的质量，则表示传输功率的目标值可能需要调整（如果接收质量比预期差，则上调；如果接收质量高于期望质量，则下调）。

然而，几乎可以肯定的是，如果有一些干扰和扰乱存在，功率控制环路甚至不会接近目标信号质量，这时候应该怎么办？权利要求 1 描述了如果是这种情况，那么可以判断存在某种临时性的问题，则在这个问题被解决之前，目标等级不会增加。这是一个简单而精练，而又可以改善整个系统功率控制的方案。而且根据独立专家的判断，权利要求 1 是"必要权利要求"，对 3GPP FDD 标准的实施也是必不可少的，因此其被 W－CDMA 专利池所接纳。

有效性：笔者并没有理由怀疑这项专利的有效性。据笔者所知，它并没有经历再审或者诉讼。此外，上述权利要求 1 的黑体部分所表达的简单创新，虽不具开创性，但仍然有价值。一个小而简单的改进很可能是有效的。在这案例中杰普森格式是很有帮助的，它使得权利要求变得容易理解，且没有过多承认现有技术。❶

范围：该专利的范围并不是特别广泛，但赋予其价值的是，由于成为 W－CDMA 专利池的一部分，它已然被认为是对 W－CDMA 标准而言必不可少的。使用单一且范围有限的专利而产生价值并不容易。如果在许可谈判或者诉讼中主张这项专利，那么被主张的侵权人可能不会给予它太多的权重，因为毕竟有太多涉及功率控制的专利，相对于这个范围较窄的专利，侵权人很可能更担心其他专利。对于这样的专利，基本上有两种较现实的创造价值的方法：①将该专利作为覆盖相同标准的且由相同当事人拥有的一组专利中的一项来主张，多项专利的聚集可能会创建一个"专利丛林"，这就足以引起侵权者的

---

❶　正如某个评论家所说："杰普森权利要求……在诉讼中对于陪审员和法庭来说是相对容易理解的"。Robert D. Fish, Strategic Patenting, op. cit. 第 108 页。

重视。我们曾在第四章见过 Fuji Photo Film 的专利丛林的例子。②正如 Sharp 公司在该案例中所做的那样，将此类专利置于专利池中。

侵权可发现性：侵权行为肉眼看不到，但仍然可以通过文档或对该领域中设备的工作方式的推断来进行分析。笔者不觉得侵权可发现性会是个严重的问题。

总结：这是一项小而有价值的创新的有趣专利。若它和专利权人拥有的专利包中的一组专利被一起主张，或与某个专利池管理者主张的一揽子专利一起主张，都可以产生显著的价值。

经验启示：这项专利的经验启示将和 Sharp 公司的第二项专利一并讨论。

2）US6549785：移动系统中的功率控制

背景：

发明名称为"一种利用功率控制算法改善移动无线通信系统性能的方法"（Method for Improving Performance of a Mobile Radio communication System Using Power Control）的 US6549785 专利，对于实施第三代无线系统的 W - CDMA 3GPP FDD 标准是必不可少的。该专利优先权日期为 1999 年，于 2003 年授权，最初转让给法国阿尔卡特公司，后由 Sharp 公司提交给 W - CDMA 专利池。

预览：

这是与移动系统中功率控制相关的两项 Sharp 公司专利中的第二项。该专利中的方法与第一项专利不同。事实上，这两种方法在技术上是互相补充的，且若一起许可会为彼此增加价值。

专利评估：

这项提交给 W - CDMA 的专利曾被独立的专利律师评估过。该专利律师确定其中权利要求 1、6 ~ 8、11、13、33 和 38 对 3GPP FDD 标准中的数个部分而言都是必不可少的。让我们聚焦于独立方法权利要求 1。

这项专利和之前讨论的专利 US6430398 很相似，但也存在显著区别。虽然两者最初的权利人都是阿尔卡特公司，但是两者的发明人不同且不属于同一专利族。

我们来并排比较这两项专利的权利要求 1 ［部分内容加粗］，见表 6 - 2。

表 6 – 2　US6430398 的权利要求 1 和 US6549785 的权利要求 1 的对比

US6430398	US6549785
1.［带有已认可现有技术的前序］一种使用**功率控制环**和**调整程序**来提高移动无线电通信系统性能的方法，所述功率控制环根据传输质量目标值来控制功率，所述调整程序用于调整所述传输质量目标值；［杰普森改进］在该方法中**根据围绕所述传输质量目标值的所述功率控制环的收敛估计来控制所述调整程序**	1.［带有已认可现有技术的前序］一种根据传输质量目标值使用**功率控制算法**控制发送功率和**根据传输要求**使用**调整算法**调整所述传输质量目标值，用于改善移动无线通信系统性能的方法，［杰普森改进］所述方法包括：根据在所述**传输要求**中产生的变化，对所述传输质量目标值应用相应的变化，以便以**预期的方式**对所述传输质量目标值进行调节，所述的以预期的方式调节除了基于调整算法的调节之外还包括于**基于固定标准的调节**

这两个权利要求的相似之处很明显，两者都是使用杰普森格式的方法权利要求，试图解决的问题都和 CDMA 系统，特别是 W – CDMA 系统中的功率控制相关。每项专利在其背景技术部分都有相同的第三段，其中指出"本发明尤其适用于 CDMA……类型的移动无线通信系统。本发明尤其适用于 UMTS……"（US6430398 在第 1 栏第 13 ~ 17 行，US6549785 在第 1 栏第 15 ~ 19 行）。

然而，尽管有这些相似的地方。正如上面粗体字表示的那样，两者之间也存在明显区别，具体为：

① US6430398 解决的是由于临时状况而导致功率无法在目标值收敛的特定问题。其中一个例子是例如发射机已经在最大功率下工作，功率无法再增加。第二个例子是系统已经过载所以信号质量无法提高，此时增加传输功率只会增加更多的干扰。这项专利给出的解决方案是，在功率收敛没有发生时不要去增加目标值，也就是说该解决方案意识到，在应用功率收敛方法之前，需要先行解决临时干扰的存在。

② 与之相反的是，US6549785 不会引起功率环的变化，也不会暂停对目标值调整程序的应用。相反的，它会临时加快对目标值的调整。这项专利注意到临时状况有可能发生，若发生则需要上述动作。

笔者明白上面的两段话的描述可能技术性太强因而难以理解，所以笔者简要地总结一下。第一项专利，即 US6430398 是因为一些暂时的干扰而暂停调整"传输质量目标值"的程序，这是由于干扰的存在会妨碍调整程序的应用。而第二项专利，即 US6549785 并不是暂停调整程序，反而是利用额外的变化来加快调整程序以满足更高的数据需求，也即对调整程序有所补充。总之，第一项专利暂停了调整程序，第二项专利加快了调整程序。尽管两个方法大致是相反

的，但是它们都在功率控制方面实现了小的改进。❶

两种截然相反的方法都为改善通信这一目标作出了贡献。这似乎有点矛盾或者说令人惊讶，但确实是在技术开发和专利生成中可能出现创造性的一种方式。如果某个问题可以通过执行 X 来解决，那么有人可能会问："如果我们做了与 X 完全相反的事情，会发生什么？"对我们讨论的案例来说，执行 X 解决了功率控制的一个问题（临时中断的存在），而执行"反 X"解决了功率控制的另一个问题（由于临时的但快速变化的数据需求，需要加快调整程序）。将两项专利相结合就创造了独特的价值，它们为相关但稍有不同的功率控制问题提供了互补的解决方案。

两项专利都包括了结构权利要求和方法权利要求。不过两项专利中的结构权利要求都是以方法权利要求的大部分为基础。同时，包括结构权利要求和方法权利要求而形成"权利要求多样性"，对专利而言是有利且增加价值的。

有效性：笔者认为权利要求的有效性没有明显问题。

范围：与上一专利一样，权利要求的范围相对较窄，只是处理了一个特定的功率控制问题。但是，也与上一专利一样，这项专利正确地包括了方法和结构权利要求，从而整体的范围得以增加。

侵权可发现性：出于和上一项 Sharp 公司的专利一样的理由，侵权可发现性似乎没有特别的问题。

总结：这又是一项小而有价值的创新的有趣专利，该专利能产生显著的价值。特别是若它和专利权人拥有的专利包中的一组专利被一起主张，或与某个专利池管理者主张的一揽子专利一起的时候。与 US6430398 专利相比，这项专利提供了相反的方案，但也产生了价值，这使它成为一个尤其有趣的案例。

经验启示：以下是我们能从两项 Sharp 公司专利中（US6430398 的权利要求 1 和 US6549785 的权利要求 1）学到的关于"优质专利"的经验启示。

6－2－1 在某些情况下，杰普森权利要求效果很好。杰普森权利要求是指权利要求中前序部分用来描述现有技术，而权利要求主体用以描述对现有技术的"改进"。虽然这种权利要求的风格在欧洲公司中很常见，例如阿尔卡特和 Siemens，但往往并不受美国公司的欢迎。美国公司担心权利要求前序部分对现有技术的承认会不适当地限制权利要求的范围。这种担心并不是没有道理，而且在某些情况下是确有根据的。不过在另外一些情况下，例如 Sharp 公司的这两项专利中，杰普森权利要求也可以取得较好的效果。我们之前讨论的这

---

❶ 在 US6549785 中，加速或者减缓调整过程可能都被考虑过，但是专利中的例子全都仅提到了对连续程序的加速而不是减缓。

两个案例就是以杰普森格式撰写出优质权利要求的例子。

6 - 2 - 2　在专利中引用一个技术标准可以是好事也可能是坏事。在之前讨论的 Philips 公司专利中，由于引用了公司特定标准 CDI 从而带来了很大的限制性，因为这种引用可能会导致专利的范围被限制在一个已经在市场上消失的狭窄的标准。Sharp 公司的两项专利这里都引用 CDMA 技术，并指出这些发明尤其适合于该技术。但是，和 Philips 公司失败的 CDI 格式不同，CDMA 技术是目前世界上应用最广泛的蜂窝标准，包含了大多数主要的蜂窝系统（除了基于 TDMA 的 GSM 系统）。在这种情况下，对标准的引用会在不大大降低专利价值的同时，对明确发明的聚焦点起到帮助作用。

6 - 2 - 3　要想写出好的专利权利要求，就要创造性地思考。在这两项 Sharp 公司专利中，其中一个通过执行 X 来解决功率问题，而另一个通过执行"反 X"来解决类似的问题。这两种方案虽然明显相反，但却有助于提高系统性能，特别是两者一起使用时。"跳出框框"的逆向思维能够增加价值。❶

6 - 2 - 4　不要添加不必要的限制。不应该在专利中出现"在这个发明中"或"在目前的发明中"。这种措辞并不常见，并可能被法院用来限制专利的范围。应该使用的措辞为"在本发明的一些实施例中""在一些替代实施例中"。这些应该使用的措辞在不限制权利要求范围的同时也能达到相同的目的。

3）US6885875：在移动系统中调节功率

背景：

发明名称为"使用功率控制算法在基站和用户台之间调整功率的方法和无线电通信系统"（Method and Radio communication System for Regulating Power Between a Base Station and Subscriber Station Using a Power Control Algorithm）的专利 US6885875 对第三代无线系统中的 W - CDMA 3GPP FDD 标准的实现是必不可少的。该专利的优先权日期为 1998 年，于 2005 年授权，最初转让给德国的 Siemens 股份公司。其中，只有权利要求 25 被评估认定为必要权利要求。

预览：

在专利的独立权利要求中应该仅有一个创新点，该专利的权利要求 25 似乎也是如此。但是在这个专利审查的过程中发生了一件令人惊讶的事情。尽管最初申请人认为权利要求中的特征［2］是创新点所在，然而美国专利商标局

---

❶　专利当然要跟随发明，反之亦然。然而，Sharp 公司专利验证了一种特殊技巧，即对单一问题使用 X 和"反 X"两种解决方案。这种创新的思维技巧既适用于创新技术的开发，也适用于撰写保护技术的专利。

的审查员找到了使得特征［2］不再新颖的现有技术，而后审查员又以特征［4］存在创新点为由，授权了这项专利。由于发生了这样的变化，要理解整个权利要求的范围，特征［4］中的某个术语变得至关重要。遗憾的是，这个原本似乎不太重要却突然成为关键的权利要求术语，在专利的任何地方都没有明确的定义或者解释。实际上，根据对这个术语的不同解释，权利要求25的范围可能会是①几乎没有价值，或②合理适中的，或③极为宽泛的。与我们曾经提及的Philips案例一样，权利要求覆盖范围的不确定可能是导致专利持有人决定将该专利置于专利池的一部分原因。

专利评估：

独立专家发现的唯一对技术标准必不可少的权利要求是权利要求25，其内容如下，其中笔者加入一些方括号［］便于解析：

［前序］一种控制具有无线电接口的无线电通信系统中的功率的方法，包括：

［1］在第一无线电台接收来自第二无线电台的传输；

［2］确定与第二无线电台的发射功率对应的发射功率校正指令，所述发射功率校正指令对应于可变功率调整增量，所述可变功率调整增量可以根据用户和时间进行调整；以及

［3］在第一无线电台的发送期间向第二无线电台发送发射功率校正指令；

［4］其中，在第一无线电台和第二无线电台之间的传输中断结束之后，可变功率调整增量被临时提高。［添加了［］以标记权利要求中的特征。］

权利要求25想解决的问题是什么？如上所述，在CDMA系统中重要的因素——发射功率等级的变化发生在预先定义的步骤中，或者说专利所称的"静态"步骤中，然而预定义的变化有时不是最优的。如概述部分第2栏所述，该发明允许功率可变增量是"根据用户"和"根据时间"调整的，而不是"静态"或者"预先定义"的。正如专利权人所描述的那样，这是创新点所在，专利权人明确表示可变增量的调整是与"现有技术相反的"。而这个创新点被描述在权利要求25的特征［2］中。

在解释创新点之后，专利继续提到了"本发明进一步发展的优势"，即重复地测量无线电环境的"传输条件"，根据变化的条件来递增功率。通过该发明，功率变化可以是"可变的"而非"静态的"，因此该发明实现了在传输条件变化时更好的功率控制。

而在审查过程中权利要求25发生了一些意外的事情。起初，审查员找到

了一项美国专利，该专利公开了权利要求 25 中的特征 1 ~ 3。审查员还找到了阿尔卡特公司拥有的专利 US6337988 包含了特征 4，因此审查员驳回了权利要求 25。审查员认为，根据这两项专利的教导，结合起来是显而易见的，因此权利要求 25 被认为是"显而易见"的而不能被授权。

此时，专利 US6885875 中的权利要求 25 好像就要走向尽头，因为审查员引用的两项美国专利似乎已经囊括了权利要求 25 的所有特征。然而，虽然 US6885875 在美国专利商标局申请时间是 2001 年 4 月 2 日，但是其要求了在德国专利商标局原始申请的优先权，该原始申请是在 1998 年 10 月 9 日以德文版本提交的。相较而言，用于淘汰权利要求 25 的特征 ［4］的阿尔卡特公司专利的优先权日期是 1999 年 4 月 12 日。也就是说，阿尔卡特公司专利的优先权日期比 Siemens 公司在美国申请专利的日期早了 2 年（权利要求 25 以及该专利中的很多权利要求会因此被无效），却在德国专利商标局的德文版本的专利申请的 6 个月之后。于是 Siemens 公司将德国的申请翻译成英文，以此向审查员展示权利要求 25 的特征 ［4］是在 1998 年 10 月，也即阿尔卡特公司专利申请之前的 6 个月完成的。由此，美国专利审查员"撤回"把阿尔卡特公司专利作为现有技术的意见，这意味着阿尔卡特公司专利不再适用于 Siemens 公司的这项专利申请。因此，权利要求 25 由于没有现有技术公开特征 ［4］而被授权。

专利申请人把权利要求 25 从被毁灭中拯救出来，这一点做得很好，但是看看审查过程中发生的事情。尽管 Siemens 公司认为创新点是特征 ［2］的可变功率调整，但是权利要求却是因为特征 ［4］才被授权。特征 ［4］是这么写的："在第一无线电台和第二无线电台之间的传输中断结束之后，可变功率调整增量被临时提高。"

因此，权利要求 25 的价值就要取决于"什么是传输中断"这个问题的答案。遗憾的是，这个权利要求术语在专利中从未被定义过。事实上，在整个专利中，"中断"（interrupt）一词仅仅在权利要求 25 的特征 ［4］中出现过一次。这对于定义"传输中断"这一目前已成为该专利关键权利要求的术语来说可不是件好事。

"中断"一词的变形在专利中出现过。例如"被中断"（interrupted）出现过一次，在第 2 栏第 42 行，具体是"控制回路被中断了一段时间……"。此外，"中断"（interruption）在讨论所谓的"时隙模式传输"时出现过多次，"时隙模式传输"实质上是指当移动通话从一个基站切换到另一个不同的基站时，传输存在间断或"中断"，这也被称为与不存在中断的"软切换"相反的"硬切换"。

"中断"（interrupt）一词本身在专利的任何地方都没有定义。

"中断"（interrupt）一词的含义会对权利要求 25 的范围产生巨大影响，其包括以下 3 种不同的可能性：

① 第一种可能性：特征［4］中的"中断"（interrupt）仅适用于针对时隙模式列出的"中断"（interruption）条件。这就可能将权利要求限制于通信从一个基站切换到另一个基站时，具有"硬切换"功能的系统。遗憾的是，硬切换由于会导致通信的物理中断，通信质量比软切换差得多。W - CDMA 使用软切换，这是它的优点之一。如果权利要求 25 被限制为"硬切换"，则其范围可能无法包括 W - CDMA 系统，因此是很窄的范围。

② 第二种可能性：功率等级调整的"临时提高"除了出现于特征［4］中，在权利要求 25 的其他部分并没有出现。所以特征［4］或许可以应用任一传输参数，只要这个传输参数功率等级的变化是"临时的"。这项专利一共讨论了 3 种这样的情况，分别是时隙模式硬切换（第 4 栏第 33 行）、由于快速移动移动台而造成的"快衰落"（第 5 栏第 24 行）以及"软切换"（第 5 栏第 65 行）。在每种情况下，功率调整都是"临时提高"的，所以法院有可能在马克曼听证会上裁定所谓的"中断"（interrupt）包括所有 3 种情况，而不仅仅是"时隙模式硬切换"。第二种可能性比第一种可能性好得多，能够赋予权利要求 25 一定的覆盖范围。

③ 第三种可能性：在专利的第 2 栏中列出了 7 个"传输条件参数"，除了上面提到的 3 种参数，还包括其他 4 种（例如工作天线数量、下行链路和上行链路通信的平衡以及其他）。法官也有可能认为这 7 个参数中的任何一个都是"中断"（interrupts），因此它们全应被包含在权利要求 25 的范围内。对关键权利要求术语"中断"（interrupt）的这种解释将赋予权利要求 25 十分宽泛的范围。

据笔者所知，这项专利从未被再审或者提起诉讼。笔者不知道法院会怎么裁定权利要求 25 的覆盖范围。笔者认为替 W - CDMA 专利池评估了该专利的专利律师认定或者至少假定，权利要求 25 的术语范围是第二种或者第三种可能性的情况。因为如果权利要求 25 的范围被判定为属于第一种可能性，那这项专利不会被专利池所接收。虽然最终只有法院能够决定，但是，如果关键术语"中断"（interrupt）能在专利中被澄清的话，无论这种澄清是通过（a）定义、（b）示例，或（c）附图中的图示，那权利要求 25 模糊不清的问题就可以被避免了。

有效性：美国专利商标局曾给出过严重的有效性挑战，但是通过翻译和提交在德国专利商标局的申请从而获得较早的优先权日期，这个挑战被克服了。

除此之外，笔者觉得权利要求 25 的有效性没有问题。

范围： 这是最大的困难。有三种可能性，我们可以总结为：①很窄以至于价值有限；②合理有用的范围；③很宽泛。确定权利要求范围的关键术语是其中特征［4］中的"中断"（interrupt）一词，但是专利中并没有对这个词语的解释，而笔者也不知道法院会如何解释该词语。

侵权可发现性： 侵权行为应该可以通过对公开的产品文献进行合理的发掘或者通过系统的运行进行推断来发现。

总结： 这是一项差点被更早的阿尔卡特公司专利消灭的很好的 Siemens 公司专利，但在 Siemens 公司向美国专利商标局提供了该专利要求优先权的原始德国申请的英文翻译后，该专利得以幸存。然而，虽然专利被救回，但其创新点却从原先 Siemens 公司认为的"可变功率调整"变成了特定情况下的"功率调整的临时提高"。这个变化有两个影响。第一，总体来讲，它缩小了专利的范围。第二，权利要求术语"中断"（interrupt）一词突然变得重要起来。"中断"（interrupt）一词及其变形"被中断"（interrupted）和"中断"（interruption）在专利中被使用，但是却没有被定义。没有明确定义关键术语的影响是导致了权利要求范围的不清楚，从而降低了专利的价值。

经验启示： 以下是我们可以从 Siemens 公司专利 US6885875 的权利要求 25 中学到的，关于"优质专利"的一些经验教训：

6-3-1　您认为的专利创新点有可能和美国专利商标局或法院认为的不一样。您无法决定是什么让您的专利具备创新性，这是由其他人决定的，首先是美国专利商标局，然后可能是法院。当然您可以猜测什么是创新的，并进行争辩，但是您无法笃定。在这个案例中，专利审查员所接收的创新点和 Siemens 公司描述的是不同的。如果 Siemens 公司能早知道将成为创新点的是什么，它也许会通过使用定义、示例或者附图中的发明特征来解释术语"中断"（interrupt），以此消除混淆的根源所在。

6-3-2　一个权利要求理应仅有一个创新点。如果 Siemens 公司认为权利要求 25 的创新点在特征［2］中，那么为什么要把特征［4］写进权利要求？相反，它应该将特征［1］~［3］写到权利要求 25 中，而将特征［4］添加在从属权利要求中。这不是一个法律上微不足道的事情。要知道，同时写有特征［1］~［4］的权利要求，范围要比仅包含特征［1］~［3］的权利要求小得多。如果您认为某个特定特征是创新点，那就把不同的创新点放在一个完全不同的权利要求中去。这么做会带来尽可能好的权利要求范围，以形成"优质"专利。确定每个独立权利要求中有且仅有一个创新点。

6-3-3　单个没有定义的权利要求术语可能会破坏整个专利。在该案例

中，缺乏对"中断"（interrupt）的定义很大地伤害了该专利范围的确定性。❶

6 - 3 - 4 使用一致的术语。权利要求 25 中使用的是"中断"（interrupt）一词而没有其他变形。但说明书正文中却没有使用"中断"（interrupt），而是使用了"被中断"（interrupted）和"中断"（interruption）。如果权利要求 25 和说明书正文中使用的是统一的术语，无论是"中断"（interrupt）还是"中断"（interruption），都会使权利要求 25 价值更大。在权利要求和说明书正文中变换术语会削弱权利要求的价值。

6 - 3 - 5 在杰普森权利要求中，仅把现有技术放到前序部分中。专利 US6885875 的权利要求 25 虽不是以杰普森格式撰写的，但可以用它来阐述杰普森权利要求的潜在问题。如果该权利要求是以杰普森格式撰写的，而既然申请人认为特征［2］才是创新点所在，那么特征［1］、［3］、［4］都应该被写到前序部分中去，因为杰普森权利要求只能有一个创新点："对现有技术的改进"，而权利要求的其他特征都应被归入"被承认的现有技术"而写入前序。如果是这种情况，那么在审查过程中特征［4］就无法成为新的创新点，因为申请人之前已经承认特征［4］属于现有技术。因此，如果权利要求是以杰普森格式撰写的，且［1］、［3］、［4］位于前序部分，特征［2］作为创新点，那么当审查员驳回特征［2］时权利要求 25 也就被毁掉了。可见，杰普森权利要求的巨大风险就在于，写在前序部分中的所有特征是被推定为属于现有技术的。❷

杰普森权利要求的两大优点是：①它确保了独立权利要求中只有一个创新点，这也是权利要求的正确撰写方式；②它使得人们的所有注意力都集中在申请人认为是创新点的那个特征上，这可能就是杰普森权利要求对于陪审团和法官来说，相对容易理解的原因。杰普森权利要求的一个巨大的缺点是，除了一个创新点之外，所有内容都要被置于前序部分，而根据杰普森权利要求的定义，被置于前序部分的内容都属于申请人自己承认的现有技术。这也是美国公

---

❶ 有人可能会争辩说，无论创新点是在特征［4］还是在特征［2］中，"中断"（interrupt）的定义都是至关重要的，因为在任何情况下该术语都会限制权利要求 25 的范围。这是个合理的争辩，但笔者对此的回应是：①这个争辩更强化了我们之前提到的一个经验启示，即特征［4］更应该被放到从属权利要求中，而不是成为权利要求 25 的一部分；②如果 Siemens 公司了解创新实际上是特征［4］，那它可能不会让这种不清楚的问题出现；③即使这种争辩在理论上是正确的，在实践中，当了解该术语代表了权利要求中的创新性而不是仅仅描述现有技术功能时，对"中断"（interrupt）的评估会更严格。

❷ 这就是把相关内容放在杰普森权利要求前序部分的后果，但是，这仅仅是对美国专利而言的。正如本书第一章曾经解释过的那样，相应的欧洲专利被称为"两段式"。在一项"两段式"欧洲专利中，前序部分的内容不会被认为是专利申请人对现有技术不可撤销的承认，这与美国杰普森权利要求中不可撤销的承认是不一样的。

司倾向于不使用杰普森形式的原因。然而，只要您很确信前序部分中的特征的确是真正的现有技术而不是本发明的一部分，那么杰普森格式本身就没有错。

从 Sharp 公司专利 US6430398 和 US6549785，以及 Siemens 公司专利 US6885875 中学到的经验教训：

6－General－1 一个总的问题（例如功率控制）可能会分解为多个较小的问题。每一个这样的小问题都能成为自己的创新点的主题所在，并且每个这样的创新点都可以被单独的专利所涵盖（或者在同一专利不同的独立权利要求中）。

6－General－2 小的创新也很重要，特别是当它们被认为是对技术标准必不可少的时候。如果您能够在一项专利或者一组相关的专利中涵盖针对同一问题多种解决方案的话，那么这种多样性将强化您的权利要求和知识产权的价值。

6－General－3 一般来说，小创新的价值可以通过将多个小创新打包许可或者发起诉讼的方式来予以最大化。专利池通过提供大量专利的整体许可（如果涉嫌侵权者拒绝许可，则通过起诉其侵犯多项专利）来实现这一点。

这三项专利的所有创新都集中于同样的问题：CDMA 蜂窝系统中的功率控制。虽然这些创新对技术来说也是货真价实的贡献，但却不是突破性的，仅仅是小而渐进的改进，专利权人很难以此单独进行许可或者诉讼。这些渐进式创新可以放置于某个专利包而成为它的一部分，这也正是专利池的作用。

6－General－4 专有专利包也可能是很强的专利组合。如果某家公司拥有集中于某个特定技术的强有力的专利组合——包括大量渐进式创新的专利和至少少量的高价值专利，那么该公司可能将这些渐进式创新聚集起来作为专有专利包进行许可。这些渐进式创新（如上述三项专利中的发明）将会为该专利组合增加价值，并因此成为专利组合的一部分而获得额外价值。

第七章
基础专利

专利在授权之后，可能会被后面的专利引用。这样的引用，可称为"前向索引"。如果前向索引的专利和被引用的专利为同一主体所有，则此前向索引称为"前向自引"。如果前向索引的专利和被引用的专利为不同主体所有，则此前向索引称为"前向它引"。

很多专利在其生命周期内都会产生前向索引，有的被引用数十次。但是，部分专利被前向索引的次数可能数量巨大。数量巨大的前向索引是本章主要讨论的主题"基础专利"的特征之一。基础专利的 4 个特征是：①优先权日处于该技术的早期；②众多的前向索引；③重要的技术；④重要的市场。这些特征将在本章进行详细讨论。大量的前向索引本身还不能充分断定是否为"基础专利"。然而，可以让评估人员有充分的理由去详细研究这个专利，以便确定到底是否是"基础专利"。

本章的目的在于：解释为什么前向它引被本书选为关键因素？解释为什么前向它引可能会表明专利的质量和价值？试图将前向它引与其他非关键因素进行比较，试图搞清基础专利对专利的价值起到怎样的作用。

我们将考虑 4 项专利，每项专利都有数百次前向它引。第七章是本书考察优质专利的最后内容，与本书的前几章内容安排有所不同。第三章（优质专利的法庭判例）、第四章（优质专利的 ITC 判例）、第五章（优质专利的出售）、第六章（专利池中的必要专利）中，每项专利的相关讨论部分均以"经验启示"结束。与此不同，第七章除了包括单项专利的"经验启示"，还讨论不同公司的专利组合及其"经验启示"（除了单个专利的经验启示，还有专利组合的经验启示）。换言之，第三章至第六章解决的问题是"怎么知道我的专利质量如何"。第七章讨论的问题除此之外，还有"如何知道我的专利组合质量如何"。

第七章的组织结构如下：

Ⅰ．前向它引的重要性

（1）为什么前向它引可能会对于表明专利的价值有用？

（2）为什么前向它引可能会对于表明专利的价值无用？

（3）前向它引对于基础专利扮演什么样的角色？

（4）为什么前向它引与代理式基础分析的其他考虑因子不同？

Ⅱ．拥有基础专利的三家公司

（1）Check Point Software Technologies（2 项专利）：US5606668 和 US5835726

（2）Scientific Atlanta/Silanis Technology（1 项专利）：US5606609

（3）Qualcomm（1 项专利）：US5414796

对于每一个案例，笔者都会介绍该公司、相关技术和相关专利。笔者会解释为什么这是一项基础专利。笔者会分析每一项专利的一个或多个权利要求，并且以"经验启示"结束对于专利和专利组合的讨论。❶

Ⅰ．前向它引的重要性

在评估基础专利之前，我们首先要考虑相对于代理式基础分析所采用的其他考虑因子，在此所采用评价因子的适当性。

（1）为什么前向它引可能会对于表明专利的价值有用？

如果一个专利权人或者专利审查员引用一项早期的其他专利，❷ 这无疑给出了一个信号，被引用的早期专利对于引用专利中讨论的技术是值得关注且相关的。例如，让我们假设授权给思科的一项特定专利引用了授权给 IBM 的假定的专利 USABCDEFG。对于假定的专利 USABCDEFG，这是来自思科的前向引用。这样的引用意味着，思科发现专利 USABCDEFG 对于其在后的专利所描

---

❶ 相对于专利组合中的单项专利，考察专利组合时进行区分处理是否有意义？关于专利组合理论的支持者，宾夕法尼亚法学院的 Gideon Parchomovsky 和 R. Polk Wagner 写过一篇文章，参见：PAR-CHOMOVSKY G，WAGNER R P. Patent Portfolios［J］. University of Pennsylvania Law Review，2005，154（1）：1－77. 文中写道"专利的价值不在于单项专利的价值，在于专利集合的聚合，即专利组合。"（参见第 1、5～6、51、53、77 页。）之所以这样说，根据笔者的论述，有两个原因：规模（参见第 32～37 页，大概的含义是，同一技术不同方面的密集深入专利保护）和多元性（参见第 37～42 页，大概的含义是，对于特定主题和特定主题所构成的总主题的宽广专利保护，试图覆盖技术和市场的变化，甚至是考虑专利法律的变化）。参见第四章，专利 US5623600 的案例启示 4－2－4。

❷ 实际上存在三种前向索引：前向自引，与现在的讨论无关；来自技术公司和企业家的用于新技术的前向它引，在此将进行讨论；来自审查专利的专利审查员的前向它引。对于我们的讨论目标，"它引"一方面包括公司和企业家的引用，另一方面包括专利审查员的引用。后两种"前向它引"无论是否相同，都是来自第三方，可以有效证明被引用的专利是有趣的和相关的，因此这里都包括在内。

述的发明是值得关注且相关的。

术语"值得关注且相关的"按照其字面理解即可。其含义在于被引用的专利吸引了引用者的注意力（值得关注），并且引用者感觉被引用的专利显然对于引用的专利足够重要（相关的）。但是，对于我们假设的案例，那里的索引并不必然意味着，思科认为专利 USABCDEFG 的权利要求是有效的（VSD 中的 V），或者保护范围宽广（VSD 中的 S），或者容易发现产品和方法中的侵权行为（VSD 中的 D）。简而言之，思科的前向引用并不必然意味着其认为专利 USABCDEFG 在市场上有价值或者是一项优质专利。❶

尽管如此，我们会考虑大量的前向它引，而不仅仅是来自思科的单一引用。如果许多专利向后引用专利 USABCDEFG，意味着专利 USABCDEFG 拥有许多前向索引，远超平均数量的前向索引。可以推测的是，如果许多人后向引用了同一项专利，那么被引用的专利可能：

① 对于该技术领域来说，具有较早的优先权日（因为如果在同一领域有更早的专利，那么更早的专利会被引用，而不是专利 USABCDEFG）；并且

② 有更广泛的应用（因为如此多的人引用该专利）。

（2）为什么前向它引可能会对于表明专利的价值无用？

大量的前向它引意味着被引用的专利具有较早的优先权日和广泛的应用。这样的优先权和应用可能表明被引用专利具有良好的客观质量，但是它们还不是决定因素，这主要有两个原因。

第一，它们和被引用专利的所有公开内容相关。也就是说，它们和被引用专利的所有内容相关，而不单单是权利要求。专利引用，无论是前向还是后向，是对于整个专利的引用，而不是被引专利的某一个部分。这是说得通的，因为专利引用，无论是前向还是后向，都是将整个专利视作值得关注且相关的现有技术。较早专利的所有部分都是后期专利的现有技术，而不仅仅是权利要求，并且不能确切地知道前向引用是对权利要求还是说明书的某些部分的引用。

---

❶　根据所谓的"规则 56"，这个规则出现在联邦条例的第 37 章第 1.56 节，专利申请者有义务向美国专利商标局公开所有对于申请的发明予以授权的重要信息。这一规则又是被称为公开的重要义务。但是与前向引用意味着早期的专利是"值得关注且相关的"相比，其含义有所不同。早期的专利可能确实影响到后期专利的可授权性，在这种情况下，早期的专利确实是重要的。但是，早期的专利之所以被引用可能是因为它是值得关注的背景材料，或者因为它是新发明所基于的特定现有技术，或者其他前向引用的合适原因，但是并不意味着被引用的专利对于新专利的可授权是重要的。换言之，"值得关注且相关的"专利范围包括"重要"的专利范围，范围更宽。

第二，即使可以证实，或者可以合理推断，前向索引明确与较早专利的权利要求相关，那也可能只与权利要求的保护主题相关，而不是权利要求的质量，特别是与它们的金融价值相关。对于早期专利的引用意味着，早期专利对于后期专利技术的构建是值得关注且相关的，其并不能声明，早期专利的权利要求是有效的（V）、保护范围是宽泛的（S）、或者可以发现产品或者方法中的侵权行为（D）。

（3）前向它引对于基础专利扮演什么样的角色？

基础专利代表着专利对所在的技术领域的一种突破。我们也可以认为该专利是基础性的，因为后期技术和后期专利建立在基础专利之上。

一项专利要被称为基础专利，必须满足几个要求。第一，其必须是该技术领域的早期专利，否则存在更早的专利可能被称为该领域的基础专利。第二，该专利必须提出并解决了重要的技术问题。提供改进型解决方案的专利，在第六章进行了描述，但是本章描述的基础专利，与改进型相反，往往定义了一个技术领域。它们是游戏规则的改变者。第三，由其权利要求保护范围所代表的专利覆盖范围必须足够宽广，可以覆盖一个广泛市场的许多参与者。如果市场很小，该专利不可能是基础专利。

严格来说，大量的前向索引并不是一个专利被称为基础专利的必要条件，然而考虑到本书的目的，笔者还是把它作为一个必要的条件。原因在于，一项对于一个产业来说非常值得关注且相关的专利，拥有数百的前向它引，相对于仅有屈指可数此类引用的专利来讲，更有可能是基础专利。不可否认，拥有很少前向引用的专利也可能是基础专利，同时每一个拥有数百前向索引的专利不一定都是基础专利。然而，数百的前向它引有力表明该专利可能具有价值，值得花费时间和费用进行专家式基础分析。因此，考虑到本书的目的，笔者把强烈的前向引用作为基础专利的第四个必要条件。这些引用作为一项指标，类似于第三章和第四章、第五章和第六章中的指标。

（4）为什么前向它引与代理式基础分析的其他考虑因子不同？

考虑到这些支持和反对前向它引的基本论点，为什么前向它引与第二章列出的代理式基础分析其他考虑因子不同？有 3 个原因：（a）逻辑、（b）控制，以及（c）论证。让我们来考虑这些原因。

1）逻辑作为区别前向它引与其他代理式基础分析因子的原因

如果一项专利被其他技术公司，或者被企业家大量评论和引用，或者被专利审查员用于审查后期的申请，那么该专利中存在值得关注和相关的某些东西，并且该专利是有价值的，这一点是说得通的。这不必然正确，但是大概率如此。某些特定的前向引用或许不能暗示权利要求的质量或者专利价值，但是别忘记我们是在讨论拥有数百的前向它引的专利，而一般专利在其整个生命周期里，即便存在前向索引❶，数量也只是屈指可数。在这数百的前向索引中，其中一些可能只是引用专利中的技术，或者是各种各样的定义，或者其他形式的方面。但是，很可能至少其中一些引用意味着："被引用的专利对于引用专利中描述的发明贡献巨大。"

这种对于被引用专利价值的暗示，尚不够确定，但是拥有数百的前述索引确实是一种强烈的暗示。❷

2）控制作为区别前向它引与其他代理式基础分析考虑因子的原因

在第二章中已经定义了各种代理式基础分析考虑因子，让我们重新回忆一

---

❶　本章讨论的每一项专利都至少有 200 项前向它引。这一数目远大于一个典型专利所拥有的被引用数量。著名的布鲁金斯学会（Brookings Institution）最近发表了一份研究报告，报告的题目为"Patent Prosperity：Invention and Economic Performance in the United States and its Metropolitan Areas"，发表于 2013 年 2 月，参见网址：http：//www. brookings. edu/ ~ /media/Research/Files/Reports/2013/02/patenting% 20prosperity% 20rothwell/patenting% 20prosperity% 20rothwell. pdf. 研究报告第 9 页的表 2 显示对申请日期在 1991 ~ 1995 年的专利申请来说，授权后 8 年内的平均被引用数量是 9.8。表 2 同时给出了技术领域的统计信息，对于按专利数量排序的前十个技术领域，计算机软件类专利的平均被引用数量是 18.9，位于首位。第七章讨论的每项专利均有超过 200 次前向它引。第七章讨论的 4 项专利的被引用数量确实没有限于授权后 8 年。然而，这 4 项专利的每一项，大多数前向索引——意味着远超 100——是在授权后 8 年内产生的。第七章讨论的 4 项专利具有远超美国专利平均被引用数量的前向索引，也超过了布鲁金斯学会研究报告表 2 所讨论技术领域的专利被引用数量，这些领域包括通信、软件、半导体、计算机以及其他领域。

❷　笔者只发现过 3 篇文章贬低了前向索引的价值。这些文章为：BESSEN J E. The value of U. S. patents by owner and patent characteristics［R］. Boston University School of Law，2006：06 - 46. 2 GAM-BARDELLA ALFONSO，GIURI PAOLA，MARIANI M. The value of European patents：evidence from a survey of European inventors：final report of the PatVal EU project［R］. 2005. 3 GAMBARDELLA A，HARHOFF D，VERSPAGEN B. The value of European patents［J］. European Management Review，2008，569 - 84. 第三篇是欧盟的研究报告，概述在第二篇文章中给出。所有 3 篇文章实质上说了同一件事情——前向索引分析确实有助于解释专利的价值，但是只是解释非常小的一部分专利价值。因为，正如 Bessen 教授所述"专利索引统计分析对于评价专利背后技术的价值更有意义（而不是专利本身）"，参见前述引用的文章第 23 页。同时因为如欧盟的报告所述，前向索引中存在噪声，意味着前向索引的真正重要性并不是很清楚，参见欧盟研究报告笔者的观点。

下这些考虑因子，重新编排一下顺序。见表 7 – 1。

表 7 – 1　按照控制权分类的 PFA 考虑因子❶

授权前的 PFA 考虑因子：仅为专利权人所控制	授权后的 PFA 考虑因子：仅为专利权人所控制	授权后的考虑因子：专利权人和第三方联合控制	授权后的考虑因子：仅为第三方所控制
1. 专利的权利要求数量 2. 专利同族的专利数量 3. 在美国专利商标局的审查周期 4. 后向索引的数量 5. 专利的技术领域	6. 更正证书 7. 维持费的缴纳情况 8. 前向自引的数量	9. 专利权人与第三方之间的所有权转移（典型情况是出售给第三方） 10. 专利在美国专利商标局再审 11. 专利被抵押 12. 专利对外许可 13. 专利被诉 14. 专利被纳入专利池	15. 前向它引的数量

在学者和评论者的发表文献所提及的大量考虑因子中，前向它引是唯一不被专利权人所控制的考虑因子。换言之，这个考虑因子是唯一仅由第三方单独控制的考虑因子。表 7 – 1 的所有其他考虑因子都在一定程度上包含专利权人的参与，这些因子可以衡量主观专利价值（从专利权人的视角）。但是，我们现在寻找的是客观专利价值的衡量标准，为此目的，专利价值的适当决定者似乎是独立的第三方，而不是专利权人。

3）论证作为区别前向它引与其他代理式基础分析考虑因子的原因

表 7 – 1 中的大多数考虑因子可以从不同方向论证。也就是说，人们可以论证考虑因子的出现意味着专利的优势，也可以论证考虑因子的出现意味着劣势。对于考虑因子 1（权利要求的数量）、2（专利同族的数量）、3（审查周期）、4（后向索引）、5（技术领域）、6（更正证书）、8（前向自引）、10（再审）以及 13（诉讼），都是如此。不仅存在不同的论证，而且实际上评论员的论证对于这些考虑因子采用了相反的观点。

这是个复杂的话题，相关资料成篇累牍，并且代理式基础分析不是本书的关注焦点。因此，笔者现在不会论述不同代理式基础分析考虑因子的含义。但

❶ 将考虑因子分为授权前和授权后的想法取之于 CHIEN V C. Predicting patent litigation [J]. Texas Law Review, 2011, 90: 283 – 328. 笔者受惠于 Chien 教授的这一洞察，对她的划分方式添加了一个概念"控制"，对此笔者个人负责。

是，笔者将在此简要解释一下代理式基础分析中经常强调的两个考虑因子：因子13——专利被诉的倾向性，因子7——专利在整个法律生命周期中维持有效的可能性。

第一，考虑因子13。任何人想理解代理式基础分析的话，都应该阅读两篇文章❶❷，第一篇文章基于作者大量的前期研究，认为最有价值的专利是那些被诉最多的专利。他们揭示被诉最多的专利的各种特征。在第二篇文章中，作者发表了他们的发现，与第一篇文章的观点以及他们的预期相反，最容易被诉的专利在诉讼中最有可能败诉。在第二篇文章的结尾，作者写道：

> 我们的发现是戏剧性和出乎意料的。占据法庭大多时间和注意力的专利和专利权人，也是被经济学家认为最有价值的那些专利，令人吃惊地脆弱不堪。非实施主体和软件专利权人几乎从未赢得他们的官司。如上参见第712页。

在该文结尾之前，有一段的标题为"我们是否了解专利价值"。如果您想理解代理式基础分析，请仔细阅读这段文字：

> 无论怎么解释容易被诉专利的可怜表现，这样的表现都会让我们质疑经济学家常用来展示专利价值的那些证据。专利权利要求、前向引用、后向引用、申请同族的规模与专利价值之间的联系，在经济文献中已经被充分建立起来了，但是事实上，这些被每一位经济学家认定最具有价值的专利最终被证实比其他涉诉专利脆弱。大量文献基于这些特点评价专利的价值，基于这些专利评价创新的价值，其论述的基础远比原来想象的脆弱。如上参见第711页。

因此，第二篇文章认为假设"被诉频率"和"专利价值"之间存在关联是没有保证的。这完全不同于，也不包括成功诉讼。笔者认为，成功诉讼显然是人们评估和发现专利客观价值的指标。第二篇文章中的证据似乎认为，一般的诉讼（与成功诉讼相反）既不是进一步评估的指标，也不是代理式基础分析的合理考虑因子。

Georgetown文章中没有区分前向引用是前向自引还是前向它引。可以推断的是，笔者强烈反对认为前向它引"完全无关紧要或者象征着专利价值不大"

---

❶ ALLISON J R, LEMLEY M A, WALKER J. Extreme value or trolls on top? the characteristics of the most‐litigated patents [J]. University of Pennsylvania Law Review, 2009, 158（1）: 101 – 137.

❷ ALLISON J R, LEMLEY M A, WALKER J. Patent quality and settlement among repeat patent litigants [J]. Georgetown Law Review, 2011, 99: 677 – 712.

的观点。笔者的观点恰好相反。

第二，考虑因子7。缴纳维持费或许可以很好地衡量专利的主观价值，即专利权人眼中的价值。然而，它并不能证实专利的客观价值，其原因有二。首先，专利权人缴纳维持费的动机很多，因此缴纳维持费不能作为认同专利客观价值的唯一原因，甚至主要原因。其次，考虑到46%的授权专利缴纳维持费到最后，而54%的授权专利因为没有缴纳所有维持费❶而提前失效了。累计超过850万美国专利被授权。我们是否可以认同被维持的几百万专利是优质的，而没有被维持的专利质量不高？笔者怀疑这是一个可行的判断方法。更细致的分析才能获得可靠的结论，以上范例以是否缴纳维持费划分，专利的数目动辄上百万❷，我们有理由怀疑其分析的细致程度是否足够。

至于表7－1中剩余的代理式基础分析考虑因子，笔者认同它们可以预测专利的价值。它们本身并不能证实价值，但是可以提示值得进行全面的分析。这些考虑因子包括因子9——所有权的转移（本书第五章中考虑了出售）、因子11——抵押、因子12——对外许可以及因子14纳入专利池（本书第六章进行了讨论）。除了这些因子，笔者会加上成功诉讼（本书第三章和第四章进行了讨论），当然这一考虑因子不同于因子13——诉讼。这些都是有效的考虑因子，或者更确切地，笔者称为EFA分析的指标。它们的有效性并非来自专利权人，而是其余参与方（例如专利买家、贷款银行、被许可方、专利池评估者或者法院）。它们是有效的，还因为与金钱有关，意味着其余参与方以其他方式赋予专利价值，专利本身或者是值钱的，或者可以转换成金钱。

考虑因子9和11～14与前向它引相比有优势，因为它们涉及金钱，而前向它引不涉及金钱。但是这些考虑因子也可能有劣势，因为①只有前向它引完全不受专利权人控制；②前向它引包含了多家公司对专利的引用，而考虑因子9和11～14只包含单方行为（购买、贷款、获得许可、宣布裁决、或者证实实质符合技术标准）；③关于其他因子的客观价值，存在大量的争论和模糊地带，而大多数评论认同前向它引是客观价值的积极指标，尤其是对于突破性和

---

❶ 如前所提及的，历史上多达54%的专利没有缴纳专利维持费到其法律生命周期的最后。确切的比例对于我们的目的来讲并不重要。重要的是许多专利缴纳专利维持费到法律生命周期的最后，而许多专利并非如此。

❷ 笔者知道有些模型，其基础在于预测缴纳费用的趋势。考虑因素是多重的，不仅仅是考虑一个主要因素——"缴纳维持费"或者"缴纳维持费的趋势"。附加的考虑因素可以改进一个模型，但是最终我们依旧要面对的事实是：巨量的专利被维持，几乎同样巨量的专利没有被维持。这些模型是否可以决定专利的客观价值的特定特点是很值得怀疑的，尽管这些模型对于专利权人决定他们自己专利的主观价值可能是有帮助的。

基础专利。

很显然，前向它引只是判断专利的一项相关因子，但是这项因子在识别那些代表着在特定技术领域可以带来改变游戏规则的模式转变的专利上，作用是独特的。因此，大量的前向它引是本章讨论的判断专利的重要方法。

II. 拥有基础专利的三家公司

下面我们要讨论 4 项专利，2 项来自 Check Point Software，1 项来自 Scientific Atlanta and Silanis Technology，1 项来自 Qualcomm。这 4 项专利都拥有数百的前向它引，也就意味着每项专利拥有的索引量远远超过大多数美国专利。笔者之所以选择了这 4 项专利而不是其他拥有众多前向索引的专利，原因在于上述每项专利在授权时都涉及了对所属领域非常重要的技术。这些涉及重要技术的专利具有数百前向它引，笔者称其为基础专利。

笔者将评估每项基础专利，最后总结每个专利获得的经验启示。笔者也会细致评估 Check Point Software、Scientific Atlanta、Silanis Technology 和 Qualcomm 的专利组合，并且在最后总结专利组合给出的经验启示。

（1）Check Point Software，US5606668 和 US5835726

1）Check Point Software Technologies 有限公司的介绍

Check Point Software Technologies 有限公司（简称为 Check Point）是 1993 年创立的上市公司（纳斯达克股票代码：CHKP），目前雇佣了大约 2300 名员工，其国际总部位于以色列特拉维夫，美国总部位于硅谷，还有散布于世界各个角落的办公室。该公司提供软件和安全设备（软硬件结合的安全设备），用于验证访问网络系统的远程用户身份，按照要求控制访问，阻止计算机病毒和恶意代理的侵入。它提供的产品和服务也可以防止黑客侵入、身份窃取、间谍软件。其年销售额 12.5 亿美元，利润率接近 44%。该公司过去是业界先驱，现今已经成为全世界的行业领导者，尤其是在防火墙防护和虚拟个人网络（VPN）方面。

Check Point 所在的行业竞争激烈，技术创新密集。不必感到惊讶，该公司在研发方面投资规模巨大。表 7 - 2 是对该公司 2006 ~ 2012 年研发投资强度的简要介绍。

表 7 - 2   Check Point Software❶ 的财务概要

年份	2006	2007	2008	2009	2010	2011	2012	复合年均增长率
收入/百万美元	575	731	808	924	1098	1247	1343	15.2%
研发/百万美元	53	77	87	84	96	103	103	11.8%
研发/收入	9.2%	10.5%	10.7%	9.0%	8.7%	8.2%	7.7%	

从创立之始，Check Point 已经产生了如表 7 - 3 所示的专利和申请❷。

表 7 - 3   Check Point Software 的专利活动❸   单位：项

年份	美国专利	美国申请	欧洲专利	欧洲申请	德国专利	日本专利	日本申请	累计
1994	0	0	0	0	0	0	0	0
1995	0	0	0	0	0	0	0	0
1996	0	0	0	0	0	1	0	1
1997	1	0	0	0	0	0	1	2
1998	1	0	0	0	0	0	0	1
1999	0	0	0	0	0	0	0	0
2000	0	0	1	0	1	0	0	2
2001	0	0	0	0	0	0	0	0
2002	1	0	0	0	0	0	0	1
2003	0	1	0	0	0	0	0	1
2004	0	0	0	0	0	0	0	0
2005	2	2	1	0	0	0	3	8
2006	0	2	1	1	2	0	0	6
2007	2	3	0	0	0	0	0	5

❶ 表 7 - 2 中的信息来自 Check Point，参见网址 http：//www.checkpoint.com/corporate/investor - relations/earnings - history/index.html。

❷ 关于美国专利和专利申请的数据来自美国专利商标局的网站，www.uspto.gov。欧洲、德国、日本和国际专利和专利申请的信息来自网址 www.freepatentsonline.com。笔者对于专利申请使用的是公开日，对于专利使用的是授权日，而不是申请日。如果发现一项专利申请已经授权，笔者就进行了去重。专利而不是专利申请会在表 7 - 3 中出现。所有数据于 2013 年 5 月 22 日收集。

❸ 除了表 7 - 3 中的数据，有 15 项 Check Point 提交的美国专利申请没有列入，因为这些申请已经获得授权，如果包含进来会导致专利项数重复计算。

年份	美国专利	美国申请	欧洲专利	欧洲申请	德国专利	日本专利	日本申请	累计
2008	2	1	0	0	0	0	0	3
2009	4	1	0	1	0	0	1	7
2010	5	7	1	1	1	0	0	15
2011	5	1	0	0	0	0	0	6
2012	10	5	0	0	0	0	0	15
2013	3	2	0	0	0	0	0	5
累计	36*	25**	4	3	4	1	6	79

注：除此之外，还有一项 2001 年授权的加拿大专利，1 项 2002 年授权的韩国专利，1 项 2002 年授权的新加坡专利，一项 2003 年授权的中国专利。加上这 4 项，构成了总共有 83 项专利或尚未授权的专利申请构成的专利组合。

* Check Point 共涉及 42 项授权的美国专利。这些专利中，由该公司提交申请并参与审查流程的有 16 项。其余 26 项是作为公司资产由 Check Point 于 2004 年、2009 年和 2010❶ 年从外部获得的。在这 26 项专利中，Check Point 明显参与审查流程的有 20 项，其余 6 项专利的申请流程完全由其他公司完成。如果仅仅是为了确定专利组合的实力，所有的专利，无论是外部获得还是自己申请的，都应包含在表 7－3 中。如果仅仅是评估在专利方面的投资，那些由他人准备和参与审查流程的专利不应该包括在表中，如果不考虑维护已授权专利所花费的相对较少的费用。表 7－3 反映的只是对于专利的投资，因此没有包含 6 项完全由其他方申请和参与审查流程的专利。笔者无从知晓由于以上 3 家公司并购获取的专利组合对于并购的影响，亦不知道获取这些专利的价格费用。

** 所有 25 项美国专利申请都是由 Check Point 提交的，尚未获得授权。除此之外，还有 14 项是因为公司并购获得的，亦尚未授权，但申请日良多（14 项中有 12 项是 2006 年甚至以前申请的）。这里所列出的专利申请只包含那些由 Check Point 提交申请的，不包含那些外部获取的。

以上信息总结如表 7－4 所示。

表 7－4　Check Point Software 专利组合概览　　　　单位：项

	美国专利	美国申请	欧洲专利	欧洲申请	德国专利	其他专利	国际申请	合计
Check Point 提交申请并且参与审查	16	25	4	3	4	5	6	63
Check Point 只参与审查	20	0	0	0	0	0	0	20
由他人完成申请提交和参与审查	6	14	0	0	0	0	0	20
累计	42	39	4	3	4	5	6	103

❶ Check Point 从外部获得专利和申请，包括以 2.05 亿美元于 2004 年收购 Zone Labs，以未公开价格于 2009 年收购 Nokia Security Appliances Division，以未公开价格于 2010 年收购 Liquid Machines。

简而言之，根据笔者的最佳估计，表中数据显示，Check Point 提交申请并参与审查流程的专利有大概 63 项，只参与审查流程的有 20 项，外部获取（明显没有参与申请流程）20 多项。同时笔者估计，Check Point 拥有大约 55 项专利（美国、欧洲、德国以及其他专利），以及 48 项申请。❶

为了获取这样的专利组合需要什么样的投资？尽管笔者个人无从获知 Check Point 的公司记录，但我们可以作一些合理假设。让我们假设：

① 在美国申请并获得一项专利的平均费用是 20000 美元。在此之外，我们需要另外加上 10000 美元，用于授权后的年费和其他费用。基于如上的假设，36 项授权的美国专利需要总投资大约 108 万美元。但是 Check Point 在这 36 项专利中有 20 项只是参与了申请流程，而没有提交申请，因此这 20 项专利的总费用比我们估计数目要少大约 20 万美元。因此这 36 项美国专利的总费用估计为 108 万美元 – 20 万美元 = 88 万美元。❷

② 美国申请的最初费用是 10000 ~ 12000 美元，另外附加到最终授权的审查费用是 8000 ~ 10000 美元。尽管显然不是所有的美国专利都经过了全部申请

---

❶　表 7 – 3 和表 7 – 4 中转让给 Check Point 的美国授权专利的数目几乎可以肯定其正确性（在一个极其微小的误差范围内），因为所有的美国专利在授权后会公开。但是，尽管转让的美国授权专利的数目可能是正确的，这总计数据——103 项——可能低于实际数量，这有如下几个原因：

① 大多管辖区域，包括表格中的那些，在 18 个月后公开专利申请，但是这些申请在 18 个月内是处于保密状态的，无法反映在表 7 – 3 和表 7 – 4 中。

② 在美国，一项专利申请可能被申请人请求不予公开直到专利授权，因此公众未知的专利申请数目会有所增加。

③ 有些尚未审定的申请，甚至是专利，存在于美国、德国、日本、加拿大、韩国、新加坡和中国以外的国家。这些项目无法体现在表 7 – 3 和表 7 – 4 中。

④ 公司转让专利后，并未规定必须在美国专利商标局备案，尽管最佳的专利运作方式建议如此操作。实际上，一家公司投资的专利一般会在美国专利商标局转让给该公司，但是并无法律要求。如果——不同于标准的操作——Check Point 发明人的专利和申请没有正式地转让给 Check Point，则这些专利和申请不能通过对"Check Point 的专利和申请"的专利检索获知，这些项目将无法体现在表 7 – 3 和表 7 – 4 中。

尽管存在这些低估的原因，笔者认为表 7 – 3 可能相对准确地描述了 Check Point 的专利活动，表 7 – 4 是 Check Point 拥有专利组合的相对精确的概览，至少在美国是这样。为什么可以这么说？授权后转让给 Check Point 的美国专利数量在一个极其微小的误差范围内几乎肯定是正确的。对于没有审定的专利申请，尽管无法获取其精确的数目——特别是最近的申请——但是 2010 全年的数目可能是准确的。对于欧洲和亚洲的专利和申请，笔者已经呈现了笔者可以从建议的网站检索到的所有信息。尽管这些区域可能存在更多的相关项目，但是表中显示表 7 – 3 和表 7 – 4 中 80% 的专利项目存在于美国，Check Point 主要业务集中在硅谷，美国是 Check Point 的最大市场，表 7 – 3 和表 7 – 4 可能描述了 Check Point 的大多数专利活动和目前的专利组合，尽管可能不是全部。

❷　对于由他人完成申请提交和参与审查流程的 6 项专利，笔者不能分配任何费用，因为笔者不清楚 Checkpoint 是否在这些专利上进行了投资。

过程，让我们假设如此（或者至少大多数如此）❶，因此 Check Point 申请和参与审查流程的 25 项美国专利申请的总费用估计为 50 万❷美元。

③ 在欧洲专利的费用中，不存在维持费，因为让我们假设每项欧洲专利的费用是 20000 美元，总共需要 80000 美元❸。

④ 欧洲专利申请的准备和提交申请的费用，无论专利申请是否完全成功，大概接近获得欧洲专利的费用。每个专利申请的费用如果是 20000 美元的话，总费用是 60000 美元。

⑤ 德国、日本、韩国和中国专利的花费和美国相同，但是我们需要每项专利增加 5000 美元的翻译费，每项专利的花费即为 35000 美元，7 项专利的总花费为 245000 美元（也许太高了，但是我们仍然这样假设）。

⑥ 国际专利申请，即 PCT 专利申请的费用，大概准备费用和美国专利差不多，不过申请费更高一些。让我们假设每项国际申请的平均费用是 15000 美元，总计费用 90000 美元。

⑦ 新加坡和加拿大专利的花费大概和美国专利差不多相同，因此我们假设 2 项专利需要另外 60000 美元。

---

❶ 对于目前的目的，这样的假设是合理的。尽管无法简单确定美国专利申请的授权率，而且授权率随着时间不断变化，但多方数据认为过去十年的长期授权率大概为 50%，可能高于 1990 年后的十年。参见，例如美国专利商标局的估计"每月平均授权率——专利高速公路与美国专利商标局授权率比较"，数据显示 2009 年 10 月到 2011 年 9 月每月授权率区间为 40% ~ 58%，数据公开网址为 www. uspto. gov/about/stratplan/ar/2011/vl_mad02_03_fig6. html。

还可参考 TU S. Luck/unluck of the draw: an empirical study of examiner Allowance rates [J]. Standford Technology Law Review, 2012, (10): 36, 引用了 2006 年的授权率为 54%，1993 ~ 1999 年整个时期内的平均授权率为 66%。对于目前的目的，准确的数据并不需要。根据定义，专利申请经过审查获得授权导致了专利申请准备和经过审查的所有费用，因此 50% 的专利需要花费完整的所有费用。对于那些中途放弃没有完成审查过程的专利申请，准备申请的费用是必需的，同时也会因为答复美国专利商标局的审查意见产生部分审查费用。建立一个专利组合的费用估计不可能是精确的，但是可以足够精确以给出一个合理的估计费用，这是实现目前的目的所需要的。

❷ 专利组合中存在 14 项专利申请不是由 Check Point 准备和提交的。公司可能在这 14 项专利申请上进行了投资，但是笔者无从获知这些投资，并且无论如何不会改变基本的图景。

❸ 欧洲专利可以在单个欧盟国家被批准，并且只有在批准后才可以在该国家被执行。批准欧洲专利的每个国家都有额定的国家维持费。这些维持费用在此并没有被包含在欧洲专利费用中，但是它们在那些批准专利的国家应该加上。所有这些可能随着 2014 年初欧洲专利如期成为现实而改变。可以预期，欧洲专利的总费用会下降，甚至可能是显著下降。笔者对欧洲专利不发表任何观点，对欧洲将来的专利保护费用不发表任何观点，笔者要说的是任何将来的费用不影响过去的专利投资，因此这些变化对于我们考虑 Check Point 历史上的专利投资不相关。

总体投资因此为大约 192 万美元，以形成和维护表 7 – 4 中所列出的由
Check Point 申请和/或参与申请流程的所有 83 项专利项目。让我们取整为 200
万美元。❶ 200 万美元对于像 Check Point 这样一家公司来说，是不是一个合理
的投资水平？❷

让我们将投资和形成的专利组合进行如下比较：

① 在美国，单个专利诉讼的平均费用超过 200 万美元，因此 Check Point
在专利上的总投资可能不会超过单个美国诉讼❸的费用。

② 相对于专利诉讼败诉，被迫缴纳数百万美元的损失赔偿和/或被禁止在
美国销售其产品，专利诉讼的费用还是少的。Check Point 还没有发生这样的情
况，但是第三章和第四章中的许多案例展示了这种可能性。❹

③ 在最近的 7 年中，该公司收入超过 67 亿美元，在研发上的投资大概为
6 亿美元。假设在如表 7 – 4 所示的专利组合上的专利投资为 200 万美元，则
专利投资和研发投资的比例是 0.33%。有些技术领域的公司使用一个大概的
经验原则，即专利上的投资和研发投资的比例应该至少是 1%，但这样的比例
在技术变化迅速的领域和技术创业公司似乎应该更高一点。至少根据这个原
则，Check Point 的投入有点少。其他因素也影响专利投资比例，但是对于这样
规模的一家公司，在防火墙这样一个技术动态变化的领域，200 万美元的投资

---

❶ 这个估计费用没有包括工程和管理时间，只是直接费用。

❷ 无论 Check Point 的投资是 192 万美元还是 200 万美元，或者甚至是 400 万美元，重要性不大。
这里重要的是一般的数量级，反映在专利组合的专利和申请的数目上。

❸ 不同的研究表明，专利诉讼费用某种程度上取决于诉讼中处于诉争风险的标的额。但是，除
了微不足道的诉争标的额，几乎所有的诉讼费用都会超过 200 万美元。例如，美国知识产权法律协
会（the American Intellectual Property Law Association，AIPLA）——美国的专利代理师的领导组织研究
表明：对于诉讼风险标的额不超过 100 万美元的诉讼，总费用为 65 万美元；对于诉讼风险标的额不
超过 2500 万美元的诉讼，总费用为 250 万美元，对于诉讼风险标的额超过 2500 万美元的诉讼，总费用
为 500 万美元。参见 KERSTETTER J. How much is that patent going to cost you？［EB/OL］.（2012 – 04 –
05）［2013 – 04 – 15］. http：//news. cnet. com/8301 – 32973 _3 – 57409792 – 296/how – much – is – that – pa-
tent – lawsuit – going – to – cost – you/.

❹ Check Point 已经在美国至少卷入了 2 起专利诉讼，包括 1 起高智（Intellectual Ventures）2010
年 12 月对 Check Point 发起的专利诉讼，以及 1 起 Check Point 于 2012 年 6 月发起的，要求确认没有侵
犯 SRI 的专利权。

似乎是有点少。❶

④ 在美国，这个专利组合的规模——包含 81 项（包括获得的专利和申请）——对一家这样规模的公司，在一个像防火墙这样复杂和密集的技术市场，在一个世界上最大的商业市场，可能不是合理的。特别是，Check Point 的美国专利组合规模显著小于它的主要竞争对手。❷ 本书主要关注专利的质量而

---

❶ 笔者手头确实没有比较技术企业的研发投入和专利投资的研究资料。应该作一下这样的研究，从而提供重要的洞察信息，但是笔者不知道是否存在这样的研究。因此，笔者不能提供过硬的证据以支持笔者的论点——专利投资和研发投入的比例基准是 1%。然而，笔者相信这是正确的，原因有两点：

第一，大量证据在宏观经济这个层次，支持这个大概的经验规则。例如，在 Brookings Study，op. cit. at p. 8 中，声称自 1975 年以来，每项授权专利的平均研发投入大概是 350 万美元；假设获得和维持一项专利的全部负担费用是 27000～30000 美元，则意味着专利的投资和研发投入的比例是 0.77%～0.86%。同样，我们可以比较 2009～2011 年这三年美国的研发投入，与来自美国实体在同一时期申请后获得专利授权数量；再次假设，一项专利的全部负担费用是 27000～30000 美元，这三年专利投资的总费用和研发投入的比例是 0.58%～0.78%。美国的研发数据来自 Battelle Memorial Institute，2012 R&D Global Funding Forecast，p. 8，http：//battelle. org/docs/default－document－library/2012_global_forecast. pdf，以及 Martin Grueber of Battelle Memorial Institute，Re－Emerging U. S. R&D，December，2009，http：//www. remag. com/articles/2009/12/re－emerging－us－r－d. 美国领域的实用发明来自美国专利商标局，U. S. Patent Statistics Chart Calendar Years 1963－2012，在目录"Utility Patent Grants，U. S. Origin"下，http：//www. uspto. gov/web/offices/ac/ido/oeip/taf/us_stat. htm.

第二，它符合笔者的个人经验和个人常识。笔者于 19 世纪 80 年代在摩托罗拉工作时，它就是专利投资的基准。笔者听说过的逸闻证据也是这样的意思。作为一位为企业客户服务的独立专利律师，笔者充分意识到专利在层级结构中的位置——专利可能被认为是重要的，但是它们只占研发投入的一个很小比例。

甚至研发投入 1% 这样一个基准，也只是一个平均数据。实际的专利投入，因为多种原因，将随着公司变化。我们可以预期，例如，在创业公司或者技术发展剧烈的公司，或者对专利投资战略作了特意选择的公司，其比例可能高于 1%。然而，研发投入的 1% 是一个分析技术企业在专利上投入的合理起点。

❷ 在 2012 年提交给美国证券交易委员会（U. S. Securities & Exchange Commission）的年报中，Check Point 列出了 13 家公司作为其竞争对手。参见 Check Point 2012 Annual Report（Form 20－F），p. 6. 这些公司的美国专利和申请数据都可以得到，收入数据除了 WatchGuard 公司都可以获取。对比这些公司，Check Point 的专利组合非常小，无论是在绝对数量或者是还是专利与收入的比例上。这些公司包括 Cisco Systems、Fortinet、Hewlett－Packard、IBM、Juniper Networks、McAfee（Intel 的子公司）、Microsoft 和 Symantec。对于剩下的 5 个竞争对手，Check Point 的专利组合，与 SonicWall（Dell 的子公司）的专利组合相比，规模相同，但是与收入相比的比例要小；与 Sourcefire 和 Websense 相比，专利组合的项数更多，但是与收入相比的比例要小；与 Watchguard 的专利组合相比，专利组合的规模要大（由于 WatchGuard 的收入数据缺失使得彼此之间的对比失去用处）。在这 13 个主要竞争对手中，只有和 Palo Alto Networks（该公司似乎主要是最近才开始启动其专利相关活动）这唯一一家公司相比，Check Point 专利项数要多，专利与收入的比例要大。总而言之，Check Point 的专利组合在数目上比 13 个主要竞争对手中的 8 个要少，在专利活动占收入的百分比上比 13 个主要竞争对手中的 11 个要小。Check Point 只有与 Palo Alto Networks 相比才有优势，而该公司也正以不断增加的专利投资快速追赶上来。全面地看，与其主要竞争对手相比，Check Point 无合理的理由只依靠它专利组合的规模，必须依靠专利组合的质量，这一点将在下文中进行讨论。

不是专利组合的规模，但是要对专利组合作出评价的话，质量和规模同样重要。

⑤ 后文我们将剖析 Check Point 的 2 项早期专利。这 2 项专利是非常优质的，在过去的 10 年里为 Check Point 的发展提供了保护伞。❶ 至少在某种程度上，专利非常高的质量可以抵消数量的不足。但是这两个卓越的专利将于 2014 年 2 月到期。到时会发生什么？❷

2）Check Point 专利 US5606668 和 US5835726 的介绍

因为它们的相似性，这两项专利会一起讨论，描述如下：

US5606668 的发明名称是"计算机网络中入站和出站数据包流保护系统"（System for Securing Inbound and Outbound Data Packet Flow in Computer Network）。该专利的申请日是 1993 年 12 月 15 日，授权日是 1997 年 2 月 25 日。在这里需要评估的独立权利要求是方法权利要求 1 和方法权利要求 8。专利的基本主题是创立一种安全规则，使用该规则过滤接收和发出的数据包，从而同意或者拒绝传输。到 2013 年 5 月 22 日为止，这项专利已经有 436 项前向它引。❸

US5835726 的发明名称是"用于保护计算机网络中数据流和选择性修改数据包的系统"（System for Securing the Flow of and Selectively Modifying Packets in a Computer Network）。该专利的申请日是 1996 年 6 月 17 日，授权日是 1998 年 11 月 10 日。它有 3 项独立权利要求：方法权利要求 1、方法权利要求 18 和系统权利要求 24。这项专利是 US5606668 的部分连续申请，意味着该申请包含

---

❶ 对于涉及高智（Intellectual Ventures，IV）的专利诉讼，有评论指出 Check Point 的专利 US5606668 比高智所有涉诉专利更早，潜台词是其可以用于无效 IV 所有或部分专利权利要求。参考 Intellectual Property Analysis of Intellectual Ventures' U. S. Patent No. 5，987，610 [EB/OL]．（2010 – 12 – 10）[2013 – 12 – 17]．http：//m – cam. com/sites/www. m – cam. com/files/20101216_IntellectualVentures_ v_McAfee. pdf.

无效竞争对手或其他起诉方的专利权利要求是专利提供保护伞的一种方式。但是，应该清楚的是，这种保护是特别有用的，因为这种无效后期申请的能力不会丧失，即使专利到期了。因此，专利到期的时间与用该专利作为现有技术对抗其他专利的目的无关。与此相反的是，专利到期时间和专利权人应对可能发生的专利侵权诉讼的能力有关——专利到期后，专利无法用于获得对于侵权者的禁令；专利到期 6 年后，该专利不会为专利权人带来法定赔偿金。

❷ 根据表 7 – 3，可以清楚发现 Check Point 在过去的几年里已经加强了美国专利投资。应该说这是方向正确的一步。但是在两项基础专利 US5606668 和 US5835726 于 2014 年到期以后，它的专利地位将会弱化。原版本出版时间为 2013 年，故有此说法。——译者注

❸ 来自美国的前向索引通过浏览美国专利商标局的网站 www. uspto. gov 确定，或者通过私人网站 www. patentbuddy. com 确定，两者都可以用。

了早期申请大部分内容，但是增加了自己的附加内容，而且至少部分权利要求是基于新添加的材料。到 2013 年 5 月 22 日为止，该专利已经拥有 402 项前向它引。

对于一个部分连续申请，基于早期内容的专利权利要求应该要求早期专利的优先权，基于新的内容的权利要求应该要求新的申请的优先权。现在，例如 US5835726 中基于早期专利的专利权利要求可以要求 1993 年 12 月 15 日的优先权，但是基于新内容的专利权利要求可以要求的优先权是 1996 年 6 月 17 日。然而，尽管存在不同的优先权，这两项专利将同时到期。专利 US5835726 的扉页上声明"本专利的有效期不会超出专利 US5606668 的到期日"。这个声明被称作专利权终止声明，确切的含义是，后一项专利 US5835726 及其所有的权利要求，将和专利 US5606668 同时在 2014 年 2 月 25 日到期。

为什么专利中会有这个专利权终止声明？审查该申请的审查员作出了审查意见：后一申请的权利要求与相关申请❶的权利要求没有显著专利性差异。这种类型的拒绝意见，以及使用专利权终止声明克服拒绝意见的做法，并非不同寻常。然而，这种类型的拒绝意见只会出现在两项专利的权利要求无显著专利性差异的情况，就是目前这种情况。

3）为什么这两项专利是"基础专利"？

笔者提出了此类专利的 4 个判断标准——①具有相对较早的优先权日；②拥有数百项前向它引；③解决了一个较大的技术问题；④权利要求的保护范围覆盖了一个重要的市场。

第一个和第二个标准在这里显然容易满足，因为每项专利都可以回溯到 20 世纪 90 年代中期，而且每项专利都拥有大约 400 项前向它引。为了决定技术重要性和市场规模，我们需要评估一下这两项专利。

考虑 US5606668 的两项独立权利要求：

1.［前序］一种计算机网络中检查入站和出站数据包的方法，依据一个安全规则来产生所述数据包的检查，该方法包括如下步骤：

a）生成计算机网络的每个方面的定义，该计算机网络的每个方面由所述安全规则来检查；

b）根据所述方面定义生成所述安全规则，所述安全规则控制至少一

---

❶ 当 2 项专利基于同样的或者相关的发明，具有共同的发明者或者权利人，这种类型的拒绝意见会出现。这一拒绝意见也称为重复授权拒绝意见，目的在于防止突破专利法设定的保护周期来非法延长专利的生命周期。克服这种拒绝意见的方法是提交专利权终止声明。

个所述方面；

c) 将所述安全规则转换为一个数据包过滤语言指令集，用来控制一个数据包过滤模块的操作，该数据包过滤模块用于检查所述数据包；

d) 提供一个耦合到所述计算机网络的数据包过滤模块，用来根据所述安全规则检查所述数据包，所述数据包过滤模块实现一个虚拟数据包过滤机；并且，

e) 所述数据包过滤模块执行数据包过滤语言指令来操作所述虚拟数据包过滤机，从而允许或拒绝进出所述计算机网络的所述数据包的通过。

8. [前序] 一种计算机网络中检查入站和出站数据包的安全系统，所述安全系统依据一个安全规则来检查所述计算机网络中的所述数据包，其中被所述安全规则检查的所述计算机网络的每个方面已被预定义了，所述安全规则根据所述方面预先定义，并被转换为数据包过滤语言指令，一种操作该安全系统的方法包括以下步骤：

a) 在至少一个所述计算机网络实体中提供一个耦合到所述计算机网络的数据包过滤模块来使所述安全规则对其控制，所述数据包过滤模块仿真一个用来进出所述计算机网络的所述数据包的虚拟数据包过滤机；

b) 所述数据包过滤模块读取并执行所述数据包过滤语言指令来执行数据包过滤操作；

c) 将所述读取并执行所述数据包过滤语言指令的步骤中获得的结果存储到存储设备；

d) 所述数据包过滤模块使用从之前的检查中获得的所述存储结果，来操作所述数据包过滤模块以便允许或拒绝对进出所述计算机网络的所述数据包的通过。

专利 US5606668 的两项独立权利要求的实质如下：①为计算机网络定义安全规则；②将安全规则转换成数据包过滤指令；③数据包过滤模块通过对于入站方和出站方的校验使安全规则得以实现；④该模块根据校验允许或禁止数据包的通过。仅基于这两个权利要求，我们可以确定 US5606668 的一般主题是数据安全，特定主题是防火墙保护。

Check Point 的第二项专利 US5835726 的独立权利要求和前一专利的独立权利要求实质上相同，除了根据安全规则添加了一个特征——"有选择地修改"数据包。

这两项专利的独立权利要求覆盖了防火墙的主要特征，特别是，对数据包进行校验，如果数据包有害或者存在危险就拒绝，或者对数据包进行修改以接

收放行。这些专利的优先权日分别可以回溯到 1993 年和 1995 年，可以说是防火墙和网络安全领域的相对早期。这里进行的不是传统的 VSD 分析，因此我们还不能确定权利要求的有效性和保护宽度，但是我们可以说这些专利有很早的优先权日、非常强的前向它引，覆盖了非常重要的技术领域。因此这些专利至少满足了笔者所称基础专利的前 3 项标准。

4）这两项专利是否有价值？

这个问题也可以这样问"这些专利是否符合基础专利的第四个标准？它们是否覆盖了市场上的大量侵权者？"这两项专利的独立权利要求的不寻常之处在于权利要求特征的上位。权利要求特征的上位是因为专利在一个开创性的技术领域有一个早期的优先权。如果该技术领域已经被现有技术堆集，这些上位的权利要求特征将不会被允许。

对于专利 US5606668 的独立权利要求 1 如下考虑：

① 该方法可以应用于入站和出站数据。也可以不这样限定，该发明可以只用于入站数据，但是上位表述（包含入站和出站）更宽泛，因此更优。

② 该方法涉及"计算机网络"中的数据包。没有限制网络的类型、规模、速度等。特别是，内部网和互联网都包括，这一点值得称许。

③ 安全规则可以应用于"每个方面"。"每个方面"是独立权利要求 1 在特征（a）和（b）出现的权利要求关键术语。该关键术语的定义缺乏将会降低整个专利的价值。然而，该术语在说明书正文第 4 列，第 46～48 行进行了清楚定义，至少包括"网络对象"和"服务"。尽管说明书正文没有对"网络对象"进行定义，但对该"对象"的示例在第 3 列第 49 行进行了例举，包括工作站、网关，以及其他接入系统的硬件。"服务"同样没有定义，但是在第 5 列，第 7～8 行给出了示例，例如"登录""路由""系统日志"和"远程登录"，都暗示了各种网络接入。关键术语可以明确进行定义，例如这里的"每个方面"，或者给出多个示例，例如这里的"网络对象"。因此，权利要求的关键术语"每个方面"进行了充分明确的定义。

④ 一旦"每个方面"定义完毕，专利 US5606668 权利要求 1 的特征（a）、（b）或（c）便限制很小，没有什么问题了。但是特征（d）、（e）又另外出现了一个术语"虚拟数据包过滤机"。这是独立权利要求 1 的关键术语，含义是什么？人们读到这个短语，可能想含义或许是"一个用于过滤'虚拟数据包'的机器"。然而术语"虚拟数据包"在专利中未曾出现。实际上，反复出现的相关概念是"虚拟机"，因此含义在于虚拟机用于过滤数据包，而不是用于过滤虚拟数据包的机器。该术语在第 7 列第 57～61 行进行了如下定义：

数据包过滤模块实现方式是"虚拟机",出于本申请的目的,可以定义为如附图6-10所示的仿真机,仿真机位于网络主机中。

术语"虚拟机"的定义不清楚,这种清楚性的缺失意味着术语"虚拟数据包过滤机"也不够清楚。一般来讲,一部"机器"被理解为某种物理上的实物,而"虚拟机"是创造出来的一种产品,或许我们可以称其是用软件❶"模拟"出来的一种产品。

该专利中给出的相应定义和领域内对于"虚拟机"的理解是一致的。到目前来讲似乎一切顺利。然而,问题在于专利中的上述定义,指的是对于"如附图6-10所示位于主机中的机器"的模拟。专利中附图6-10描述的并不是机器,既不是硬件,也不是软件对于硬件的模拟。这些图的每一幅,如同它们在专利中出现的形式以及在"附图的简要描述"中的定义,是一种"流程图",也就是说,是一种方法。附图6-10中,没有机器或者任何产品,无论是硬件还是软件。

专利申请人的意图并不完全清楚,但是我们可以假设意图是"模拟机器的软件,用于完成附图6-10的流程"。意图可能是这样的,但是遗憾的是没有被清楚地写下来。法院发现这样的失误,是否会承认申请人关于"虚拟机"的真实定义意图?如果是这样,我们得到的是手段功能性限定特征,也就是说,"用于实现附图6所示方法的手段""用于实现附图7所示方法的手段"等。法院是否会认同专利中定义的产品充分支持这些特征?

据笔者所知,这里讨论的 Check Point 的两件专利没有经过再审,没有更正专利错误的更正证书,也没有涉诉。较早的专利优先权,意味着它们在美国专利商标局的审查历史在网上无法查到。无论如何,"虚拟机"的定义不会引起诉讼。我们只有专利本身中的内部证据。笔者相信法院会认为"可以肯定,我们承认如此定义的真实意图",以及"可以肯定,存在充分的结构可以支持权利要求中的术语"。然而,问题在于这无法不引起质疑。如果"虚拟数据包过滤机"定义得更清楚,专利会更稳定、更有力。

⑤ 在该专利中,附图1-2和附图4-15在说明书中进行了充分的讨论。相反,附图3A、3B、3C和3D,只有一个部件,附图的解释草率又模糊。然而,尽管附图3A~3D没有很好地定义,笔者不认为这一缺陷严重损害了该专

❶ KAHRL R C, SOFFER S B. Thesaurus of claim construction [M]. New York: Oxford University Press, 2011: 673. 讲到"虚拟机"是用于"表示用软件创造的计算机产品。[U. S. patent] 5761477 (7/18/1) Filed: 1995. *VMWare, Inc. v. Connectix Corporation and Microsoft Corporation*, Nos. 02-03705 and 03-0654 (N. D. Cal. March 25, 2005) Stage: Claim construction.

利，因为这些附图只是设计"管理员的计算机屏幕"，而发明的核心——各种防火墙方法——在附图 4-15 的流程图中进行了描述。

专利 US5606668 的另外一项独立权利要求——权利要求 8，也是一项方法权利要求，但是添加了成为一个学习机的附加技术特征。也就是说，在独立权利要求 1 的一般方法之上，在权利要求 8 中经过过滤的操作结果被存于存储器中，用于改进未来操作的过滤过程。权利要求 8 拥有很好的特点。当然它的保护范围比独立权利要求 1 中的一般方法要窄，但是对于专利来说有很好的特点，增加了专利的价值。

让我们研究一下第二项专利 US5835726。专利 US5835726 有 3 项独立权利要求：方法权利要求 1 和 18，以及系统权利要求 24。让我们首先来考虑方法权利要求。

专利 US5835726 的方法权利要求 1 对应于专利 US5606668 的方法权利要求 1，方法权利要求 18 对应于专利 US5606668 的方法权利要求 8。这两对权利要求的重要差异在于，在专利 US5835726 中，方法权利要求增加了限定"选择性修改计算机网路中入站和出站的数据包"，完成这样的操作须"遵循前述定义的所述安全规则"。这里的关键权利要求术语是"修改"。术语"修改"在发明摘要中进行了如下定义：

> 本发明的另一个目标在于提供修改数据包的能力，通过以下任意方式：[1] 加密，[2] 修改目标地址，[3] 接收外部输入作为标准，用于 [a] 接收，[b] 拒绝或者 [c] 修改网络通信。[第 2 列，第 57~61 行，括号 [] 由笔者添加]

如果没有如上定义，"修改"这个词，实际上是该发明的主要创新之处，将陷入未被定义和不清不楚的状态。事实上，说明书正文中有一个明确定义，这是值得称赞的。但是，这个定义还不算完美无瑕，原因如下：

① 笔者理解 [1] "加密数据包"，和 [2] "修改数据包的目标地址"。存在第 3 种可能性吗，我们可以理解为 [3] "或接受外部输入"吗？如果存在第 3 种可能性，"或"那里去了？显然因为失误漏掉了。是否可能漏掉的单词是"且"，因此"修改"意味着所有 3 种方式，即加密、改变地址和接受外部输入？如果没有在"加密……"之前加上"通过以下任意方式"，以上的猜想确实是可能的。事实上，在"接受外部输入"之前漏掉"或"是犯了错，但是似乎不会造成损害，因为法官容易理解申请的意图。

② 第 3 种修改入站和出站数据包的方式是"接受外部输入作为标准，用于 [a] '接受……网络通信'，或者 [b] '拒绝……网络通信'，或者 [c] '修改

网络通信'"。笔者理解［a］和［c］，但［b］是什么意思？让我们假设我们有一个存在某种缺陷的数据包。让我们也假设"外部输入"需要加到数据包上，网络通信才可以接收或者修改。这是说得通的，但是基于何种需要去接收外部输入作为标准去"拒绝"网络通信？或许存在解决方式，但是术语"修改"不够清楚会导致一旦专利涉诉，被告就会攻击这个关键权利要求术语。

这里的讨论是不是只是技术上的吹毛求疵，争论一些无关紧要的细节？或许，但是记住专利 US5835726 的所有独立权利要求，也就是专利的所有权利要求，依赖于对于单个术语"选择性修改数据包"的定义。术语"修改"的具体含义不明确，尽管其似乎意为"加密"或"修改目标地址"。也存在与"接收外部输入"相关的某些事情，但是这些事情不是完全清楚。

专利 US5835726 的独立方法权利要求讨论到此为止。让我们现在来看一下独立权利要求 24 和从属权利要求 25 的结构。以下为独立权利要求 24：

　　24.［前序］在一个用于检测和选择性修改计算机网络中入站和出站数据包的安全系统中，所述安全系统根据某种安全原则检测和选择性修改通过所述计算机网络的所述数据包，其中被所述安全规则控制的所述计算机网络的每个方面已经被提前定义，所述安全规则按照所述每个方面被提前定义并且转换成数据包过滤语言指令，所述安全系统包括：

　　［1］连接到所述计算机网络的一个数据包过滤模块，所述数据包过滤模块根据所述安全规则进行操作，所述数据包过滤模块实现数据包过滤机，用于检测和选择性修改传出和传入所述数据网络的所述数据包；且

　　［2］用于读取和执行作为所述数据包过滤模块完整部分的所述数据包过滤语言指令的处理手段，所述的处理手段操作所述数据包过滤模块，用于或者接受或者拒绝所述数据包传入或者传出所述计算机网络，以及选择性修改接受的所述数据包。

关于权利要求 24 可以讨论的事情很多，但是让我们集中关注权利要求特征［2］的形式。特征［2］是手段功能性限定特征，即用于实现某一功能的处理手段。对于关于执行相应功能的手段，以上特征应该进行定义或者提供示例，这些定义和示例应该在说明书正文中出现（这是对于手段功能性限定权利要求的要求）。奇怪的是，笔者在说明书正文中没有发现任何定义，也没有给出"处理手段"（processing means）、"处理"（processing）、"处理器"（processor）的示例。笔者看到词语"处理"出现了三次，但是含义笔者不甚清楚。或许其含义是"数据包过滤模块"（packet filter module），但是如果是这样，为什么特征［1］讲"数据过滤模块"，而特征［2］讲"处理手段"？或许存在某一

答案，但是笔者不得而知，笔者无法确定法庭是否能够找到足够的结构支持功能性限定特征［2］中的术语"处理手段"。术语"处理手段"应该定义得更明确一些。

权利要求 25 如下：

> 根据权利要求 24 所述的方法，所述的选择性修改从以下方式中选择：加密、解密、生成签名和验证签名。

从属权利要求 25 非常不稳定。它的前序引用"根据权利要求 24 所述的方法"。但是，权利要求 24 是一个"安全系统"，不是方法。因此如此撰写的权利要求 25 包括权利要求 24 的结构特征［1］和［2］，以及权利要求 25 的各种方法特征，包括"加密""解密""生成签名"和"验证签名"。这种方法特征和结构特征的混合使得权利要求 25 不清楚，因此根据 35 USC sec. 112（2），其构成了致命的缺陷。如同第一章解释过的，第 112（2）条规定权利要求"指出"并且"清楚地主张"发明的保护主题。在一项权利要求中混合结构特征和方法特征从表面看是违反第 112（2）条，因此无效。

有效性：专利 US5606668 的权利要求至少有两个关键权利要求术语。"每个方面"有很好的定义，但是"虚拟机"没有，主要是因为"虚拟机"必须是某种结构，但是该术语定义为如附图 6 - 10 所示的方法步骤。申请人的意思实际是"实现如附图 6 - 10 的方法步骤的结构"。笔者考虑法庭会认同申请人的这种意思主张，并基于此支持该权利要求，但是笔者没有十足的把握。

专利 US5835726 的独立方法权利要求至少有一个关键术语，即词语"修改"（modify）［或者其变形"在修改"（modifying）］。专利中存在对于该术语的定义，包含可以相互替代的 3 种可能性。前两种可能性是清楚的，因此权利要求会被法院认为是"清楚的"，因而是有效的。第三种可能性的不清楚可能不会无效所有的权利要求，但是可能限制所有独立权利要求的保护范围，进而影响专利的所有权利要求。

专利 US5835726 中有 2 项结构权利要求。权利要求 24 存在某些有效性问题，还是关于 35 USC sec. 112（2）权利要求是否清楚的问题。"修改"似乎存在两种不同的含义。但是，法院可能会宽泛地解释该词语的含义，从而包含两种含义，因此笔者无法给出权利要求 24 无效的结论。然而，方法权利要求 25 几乎肯定无法在诉讼中存活。

保护范围：在这里主要的专利是第一件，US5606668。该专利的权利要求 1 的保护范围极其宽泛。假设该权利要求可以在有效性挑战中存活下来，它可能会被许多甚至大多数内部网和互联网防火墙安全性的实现者侵权。这确实是一项保护范围宽泛的权利要求。独立权利要求 8 对于原始的方法权利要求增加了一个"学习特征"，基于先前的过滤器结果改进该方法。这是个最好能有的特征，虽然压缩了权利要求 1 中基本方法的保护范围。

专利 US5835726 的权利要求在前一专利基础上进一步限定系统，将不仅检测数据包，进而接收或者拒绝数据包的传递，而且系统在某些情况下基于不同的目的会修改数据包。这是个很好的特征，对先前的专利增值不少。然而，最终专利 US5835726 的保护范围要窄于专利 US5606668 的保护范围。

侵权的可发现性：尽管侵权不容易察觉，笔者认为通过浏览相关技术文献，或者通过权利要求的系统和方法的生成结果推算，在发现侵权上不存在特别的困难。

总结：这是 2 项有关防火墙保护的非常早期的专利。它们是基础专利，这一点反映在具有早期的优先权日、非常多的前向它引，解决了重要的技术问题，并且权利要求覆盖了非常广阔的市场。400 项前向它引反映领域内对于权利保护主题的兴趣，但是并不一定能推论专利权利要求是优质的。事实上，专利中存在某些形式的问题，缩小了某些权利要求的保护范围，甚至导致某些权利要求无效。

然而，尽管某些权利要求存在一些形式问题或者缺陷，但这些专利为专利权人在一个高度竞争和快速变化的技术领域❶提供了保护。这 2 项专利，是 Check Point 的专利组合里的珍宝，将于 2014 年到期，届时将无法获得对于任何人❷的禁令。从专利和专利保护的视角看，Check Point 目前站在了十字路口，需要考虑对于它的专利保护尽快采取行动。

经验启示：对于 Check Point 获得的 2 项授权专利，我们可以从专利 US5606668 的权利要求 1 和权利要求 8，以及专利 US5835726 的权利要求 1、24 和 25，获得一些关于优质专利的启示：

关于单个专利的启示：

7 - 1 - 1（单项专利）　一项"基础专利"拥有①相对早期的优先权日，

---

❶　在第一章讨论"实用发明专利的文档结构"时，我们说过，专利提供的保护是在受到诉讼威胁时，发起对方诉讼的权利。在技术性特别强、变化迅速的技术领域，例如 Check Point 所处的领域，尤其如此。大型基础雄厚的竞争者可能会以专利侵权诉讼威胁 Check Point，但是 Check Point 享有并且将继续享有免于诉争的专利保护，只要它拥有专利权用于震慑其竞争者。相互保证毁灭原则，在竞争公司之间的运作和在进行军备竞赛的国家之间的情形非常类似，明显的区别在于前者会给相互争斗的公司带来重大损失，而相互保证毁灭原则给相应国家带来的是种族毁灭。

❷　侵权一般会导致禁令，如果 Check Point 发起对于竞争对手的侵权诉讼，这一点将是肯定的。然而，Check Point 在 2013 年下半年发起的任何法律诉讼可能在专利到期之时都不会获得禁令。因此，这些专利可以获得禁令的特性已经丧失了，不是因为任何失误，只是因为时不我待。

②大量的前向它引，③重要技术创新甚至整个技术领域的支柱，以及④广阔的市场覆盖度。专利 US5606668 和专利 US5835726 是防火墙领域的基础专利。

7-1-2（单项专利） 基础专利的力量可以克服专利本身的微小瑕疵。在现在讨论的案例中，瑕疵是什么？专利 US5606668 存在两个关键权利要求术语，分别是"每个方面"和"虚拟机"。"每个方面"定义得非常好。"虚拟机"的定义方式有点问题，因为它引用了"附图6-10所示的机器"，但是这些附图是方法图，不是结构图。申请人明显是想讲"完成附图6-10所示方法的相关结构"。如果这项专利卷入诉讼，法庭是否会接收申请人的真正意图，改正这个错误，并且裁定专利中的结构作为一个整体足以定义"虚拟机"？笔者不能确知。但是，如果笔者是 Check Point，有人要将这项专利出售给笔者，笔者愿意花重金买下这项专利，因为存在的问题是小瑕疵，在法庭上可以克服（尽管笔者不能100%肯定这问题可以在法庭上克服）。该专利基础专利的地位，以及伴随的价值，压倒了存在的小瑕疵。

7-1-3（单项专利） 基础专利的力量不能克服专利的严重缺陷。专利权利要求的严重缺陷是什么？这里有几个例子。对于专利 US5835726，一个关键权利要求术语是词语"修改"，该词语出现在所有的独立权利要求中。位于说明书正文第2列的术语定义包含了3种可能性，前两种可能性是清楚的，但是第三种难以理解。可能这第三种可能性在法庭上可以澄清和解释，但是笔者对此没有什么把握。专利的价值应该立足于前两种可能，忽略第三种可能。尽管是基础专利，它仍然无法克服词语"修改"定义上的缺陷。

另一个严重缺陷是在专利 US5835726 的权利要求24中使用了短语"处理手段"。这是一个手段功能性限定特征。该手段，即该案例中的"处理手段"，应该在说明书正文中进行定义，但是这样的定义缺失了。如前，权利人可以争论"处理手段暗示为用于执行相关方法的计算机硬件和软件"。也许法庭会接受上述论点，也许不会，在笔者看来存在太多的质疑，笔者认为权利要求24质量太差，因此金融价值微乎其微。

7-1-4（单项专利） 专利存在某些缺陷，甚至是严重缺陷，但是不会影响专利的价值。这一点听起来很奇怪，但是却是真的。例如，专利 US5606668 的说明书正文引用和讨论了"附图3"。但是，附图中没有"附图3"，而是附图3A、3B、3C 和 3D，这些附图从来没有被单独引用和讨论过。这不是好的做法。笔者认为说明书正文中存在对于附图3的讨论，缺乏对于附图3A~3D 的讨论，这是一个严重的形式缺陷。但是，这个缺陷却不会影响专利的价值，因为权利要求未曾基于附图3、3A、3B、3C 和 3D。

对于专利组合的启示：对于 Check Point 获得的2项授权专利，我们可以从专利 US5606668 的权利要求 1 和权利要求 8，以及专利 US5835726 的权利要求 1、24 和 25，获得一些关于优质专利组合的经验启示：

7-1-1（专利组合）对于专利组合的评判要同时根据专利的数量和质量。在第五章，我们讨论了 AOL 卖给微软的专利组合。在专利组合的出售过程中，权利要求的质量和专利的数量，都对价格有贡献。对于这样的专利组合，大部分的价值往往是由少数高质量专利决定的。

尽管 AOL 的案例涉及专利出售，同样的原理也适用于一家公司持有的而不是对外出售的专利组合。Check Point 的专利组合总共包括 103 项专利，而专利组合包含的项数是专利组合价值的考虑基准。但是，尽管专利项数确实对于专利组合的价值有所贡献，主要的价值驱动者是少数高质量专利。Check Point 专利组合的 80% 是美国专利，意味着对于 Check Point 来讲美国市场是最重要的。美国专利的关键组成是授权专利，而不是未决申请。然而，在所有授权的专利中，关键是发现主要的价值创造者。对于 Check Point，US5606668 和 US5835726 是主要的价值驱动者，原因如下：

① 它们有 Check Point 所有专利中最早的优先权，最早的优先权日❶是 1993 年。

② 这些专利在 Check Point 公司的产品文献中被反复提及，而其他专利则未曾或鲜有被提及。

③ 在 Check Point 的所有提交和申请的专利中，它们拥有最多的前向索引。

④ 它们是唯一的以公司联合创始人和首席执行官名义提交的专利申请。

⑤ 笔者简要地检查了 Check Point 的早期专利。很多专利似乎涉及数据包过滤，拥有与专利 US5835726 和专利 US5606668 相同的保护主题，但是专利 US5835726 和专利 US5606668 是关于数据包过滤保护范围最宽的专利。

Check Point 专利组合的主要价值，也就是其拥有的大部分专利保护，都是基于这 2 项专利，而这 2 项专利将于 2014❷ 年 2 月到期。

---

❶　专利 US5835726 是专利 US5606668 的部分继续申请，意味着专利 US5835726 的部分权利要求拥有 1993 年的优先权日，而其他权利要求的优先权日是 1996 年。无论何种情况，US5606668 都是 Check Point 最早的专利，US5835726 是 Check Point 第二早的专利。

❷　对于这个一般性的结论，笔者必须指出一些例外情况。Check Point 也是专利 US5987611 的拥有者，该专利是在取得 Zone Labs 公司控制权的过程中获得的。该专利是外部获得的（Check Point 没有参与审查），也是专利组合价值的主要驱动者。这项专利，发明名称为 "System and methodology for managing internet access on a per application basis for client computer connected to the internet"，具有保护范围宽阔的权利要求，优先权日是 1996 年 12 月 31 日，只比专利 US5835726 的优先权日晚了几个月。该专利将于 2017 年到期，尽管到期日很快就会到来，但是仍然晚于专利 US5835726 和专利 US5606668。截至 2013 年 5 月 22 日，该专利拥有 519 项前向它引，这一数量甚至超过了这里讨论的 2 项专利。获取这项专利可能是 Check Point 收购 Zone Labs 公司的目的之一。

7-1-2（专利组合）我们如何得知公司对于专利的投资数量是合适的？遗憾的是，并不存在魔幻公式，但是我们至少可以估计一些可能性，或者我们可以确定一个可能的投资范围。主要的原则如下：

① **对于一家标准的技术公司，经常听到的准则是专利投资比例应该是研发投入的1%**。对于依靠技术进入市场的新公司，比例可能实际上要高一些。对于市场发展缓慢的老牌公司，如果公司更多地依赖秘密的操作和配件，而不是产品和系统的集成，可能低于标准的投资比例也是可以接受的。Check Point在市场中的位置，可能对专利应该有高于平均值的投资，但是该公司显然直到近几年也没有达到应有的投资水平。

② **将自己拥有的专利组合与同一领域的其他公司进行比较**。对于Check Point美国专利组合和竞争者的比较，表明该公司需要加大对于专利的投资。

③ **对专利上的花费和可能的诉讼、败诉的可能性以及由此产生的损害赔偿和市场禁令进行比较**。使用和计划的诉讼费用进行比较的方法，表明投资的比例应该高于平均值。具有讽刺意味的是，或许对于像Check Point这样的市场领导者，这样的风险相对更高一些，尤其是相对于同一领域更小的公司，它在市场份额、销售数量、销售收入和收益率方面可能的损失更大。

7-1-3（专利组合）当专利组合价值的主要驱动者到期了，公司就处于了作出决策的时间点。这2项专利将于2014年2月到期。它们可以用来诉讼以获取损失赔偿，但是对于Check Point的竞争者将无法获取禁令。实际上，它们丧失了这样的权利，因为在2013年发起的专利诉讼无法在专利到期日❶之前进行到禁令阶段。

Check Point近些年来似乎在美国国内专利行动上加大了投资，值得称许，但是可能还是不够。公司能否采取其他操作？下面是一些可能的附加策略：

① 购买本领域的早期专利——"其他的基础专利"，但是要有更长时间的生命周期。尽管可能花费数百万美元，但是这是一种可能。

② 加入商业化的防御型专利聚合者，例如RPX，获得更多的专利。

③ 发现领域内拥有主要专利的参与者，获取这些专利的许可或者直接收购该公司。

④ 与其他可以抵御部分、大多数或者甚至所有专利诉讼风险和费用的公

---

❶ 外部获得的专利US5987611，将于2017年5月到期。从时间上讲，Check Point可以基于专利US5987611最晚在2016年中获取一项禁令。超过该时间，发起的诉讼无法在2017年5月足够进行到获取一项禁令。简而言之，Check Point基于3项专利获取一项禁令的能力，对于专利US5835726和专利US5606668实质上已经不存在了，对于专利US5987611，还可以持续几年。

司组成联盟。

⑤ 与其他具有更强专利地位的公司组成所有权联盟。可以通过 Check Point 和其他公司彼此之间投资完成，或者更简单地通过 Check Point 对其他公司售出重要资产完成。

（2） Scientific Atlanta/Silanis Technology，US5606609

1） Scientific Atlanta 简介

Scientific Atlanta 公司于 1951 年创建，位于美国佐治亚州亚特兰大市，业务范围为设计、生产和销售宽带通信产品，主要涉及有线电视领域。它是机顶盒和电缆调制解调器的早期提供者，目前仍然是该领域领先供应商。在 2005 年，保持独立公司法人地位的最后一年，它的年销售额大约为 19 亿美元。Scientific Atlanta 公司于 2006 年以 70 亿美元的价格被 Cisco Systems（纳斯达克股票代码：CSCO）收购。

经多年积累，Scientific Atlanta 公司构建了一个规模宏大的专利组合。截至 2013 年 5 月 22 日，该专利组合包括 719 项美国专利、106 项美国专利申请、650 项欧洲专利和申请、223 项德国专利和申请、34 项日本专利和申请以及 616 项 PCT 国际申请。即使对于 Scientific Atlanta 公司被收购时的公司规模来讲，包含 2317 项的专利组合也是一个非常大的规模。近些年来，该公司见诸报道的专利活动变得相对温和，2009 年的相关美国专利项目是 61 项（34 项申请和 24 项专利），2010 年 35 项（只有 1 项申请和 34 项专利），2011 年 3 项（2 项申请和 1 项专利），2012 年 1 项（1 项申请），2013 年 2 项（2 项申请）（似乎被 Cisco 收购以后，许多或者可能大多数专利申请都被转让给了 Cisco 而不是 Scientific Atlanta 公司）。

2） 专利 US5606609 的介绍

专利 US5606609 的发明名称为"电子文档校验系统和方法"（Electronic Document Verification System and Method）。该专利于 1994 年 9 月 19 日提交申请，1997 年 2 月 25 日授权。截至 2013 年 5 月 22 日，已经拥有 547 项前向它引。

为了介绍 US5606609，有两件事情可以关注一下：

第一，一项专利在到达合适的主人之前可能要经过漫长曲折的道路。在该案例中，US5606609 在一家所属领域和专利本身技术领域完全不同的公司开始了其专利生命周期。然后，该专利被转让给另外一家与专利技术领域不相关的公司。最终，该专利到了 Silanis Technology（以下简称"Silanis"）公司手中。

该公司专注于该专利的技术领域，并且在过去 13 年来一直掌握该专利的所有权。该专利一直以来担当并且将继续担当 Silanis 公司专利组合奠基石的角色。

第二，后续要讲的故事实际上涉及 3 个关键权利要求术语，每一个都与术语"选择信息"有关。然而，"选择信息"没有在专利中采用 3 种解释权利要求术语传统方式的任何一种进行定义（例如，通过定义、示例或者在附图中作为发明特征标识）。如第五章所讲，当一个关键权利要求术语没有按照以上 3 种方式中的任何一种在专利中进行定义时，评估者理解权利要求的唯一选择是利用"权利要求区别原则"看从属权利要求是否澄清了术语的含义。该案例尤其复杂，因为原则确实适用，但是要适用 2 次——第一次是权利要求 1 和权利要求 65 的区别，以澄清"选择信息"包含"安全信息"；第二次是区别权利要求 1 和权利要求 11，以澄清"选择信息"也包含"非安全信息，例如对象链接与嵌入（Object Linking and Embedding，OLE）技术标准定义的'对象'"。这是一种即便不算是拐弯抹角，也可以算是极为复杂地去定义权利要求术语"选择信息"的方式。该案例说明：①权利要求区别原则确实可以用于挽救权利要求，否则权利要求将处于模糊以至于无法理解的境地；②尽管评估者会依赖这项原则，将其作为最后的手段，但专利撰写者不应该依赖该原则，因为它的使用太过复杂，无法确定法庭如何使用。

3）US5606609—所有权及对于专利组合的贡献

该专利有 6 个独立权利要求[❶]。前序分别如下：

- 权利要求 1："用于在电子文档中嵌入选择信息的设备"
- 权利要求 14："用于校验电子文档的嵌入对象翻译器"
- 权利要求 32："电子文档校验系统"
- 权利要求 43："用于校验具有对象嵌入的电子文档系统完整性的电子文档校验方法"
- 权利要求 49："电子文档校验系统"
- 权利要求 60："校验系统"

这些权利要求的内容可能看上去让人惊奇。该专利是关于校验文档中的电子签名的，而受让人 Scientific Atlanta 公司——推测是申请的付费人——生产的却是电缆调制解调器和机顶盒。该专利和 Scientific Atlanta 公司有什么关系？或许可以推理"好吧，电子文档在电缆调制解调器互联网系统中传输，因此

---

❶ 此处原版书为"5 个独立权利要求"，原书有误，应为 6 个独立权利要求。

电子签名和该公司相关"。但是如果电子文档与一家电缆调制解调器公司有关，则电影、音乐、广告以及其他类型的在系统中传输的电子信息也会和 Scientific Atlanta 公司的业务相关。换言之，将 Scientific Atlanta 公司与电子文档签名结合起来的论点太强势，因为没有对论点添加正常的限制。

快速地浏览一下 Scientific Atlanta 公司的专利和申请的发明名称，可以显示大多数项目都框定在公司的业务范围内。但是 US5606609 并非如此。实际上确实会发生这种事情。工程师有时候产生的想法与公司的业务无关。公司可能会拒绝此类想法，或者让发明者继续探索，甚至投入资金（尽管发明和公司业务没有实际联系）。但是该案例的情况如何，出于什么原因，Scientific Atlanta 被署名为原始专利申请的受让人，笔者不得而知。

如果一家公司拥有一项实际上不在公司主要业务范围之内的专利申请或者专利，该如何处理？该公司可以放弃或者出售。当我们核对一下美国专利商标局的"专利转让数据库"，我们发现其中有如下转让记录：

① 1994 年 10 月 31 日：发明人在申请提交之后不久，将该申请转让给了 Scientific Atlanta 公司。

② 1996 年 8 月 14 日：Scientific Atlanta 将该专利的权益转让给了 Global Associate, Ltd., 一家位于弗吉尼亚州福尔斯彻奇市（Falls Church）的技术咨询公司，主要业务是为美国政府提供咨询服务。笔者确实不知道作出转让的原因。Global Associate 公司可能一直在与专利相关的特定领域开展工作。在同一天，Global Associates 公司转让了专利的担保物权（并非所有权）给 Princeton Capital Finance Company, LLC——该公司位于新泽西州的普林斯顿章克申（Princeton Junction）。显然 Global Associate 公司从 Princeton Capital Finance 公司进行了借贷，将专利申请作为了贷款的抵押物。抵押是用专利获取现金的一种方式。

③ 1998 年 6 月 19 日：该申请于 1997 年 2 月 25 日获得了公开号为 US5606609 的专利。Global Associate 公司，申请的所有权人，现在转换成为专利的所有权人，把该专利转让给了 Smiths Industries Aerospace & Defense Systems, Inc. ——这是一家位于加利福尼亚州圣地亚哥的子公司，隶属于来自英国伦敦的 Smiths Industries PLC。美国的这家子公司主要专注航空电子领域。

④ 2000 年 1 月 18 日和 26 日：Smiths Industries 公司于 1 月 18 日将专利所有权转让给了一家纽约的法律公司，接着该法律公司将专利所有权转让给了位于加拿大蒙特利尔的 Silanis 公司，一家属于来自英国伦敦名为 Silanis International, Ltd. 的子公司。

⑤ 2003 年 7 月 30 日：Silanis 公司保留了控制权，将抵押物权转让给了位

于加拿大多伦多的 GATX/MM Venture Finance Partnership。GATX/MM 公司专注于创业公司的证券和债务金融投资，涉及的创业公司更多地倾向于设在加拿大本土，倾向的领域包括公司软件、网络、管理、电信、半导体以及生物技术。大概 GATX/MM 公司为 Silanis 公司提供风险投资，除其他东西之外，还获得了 Silanis 公司专利组合的抵押物权。

以上为该专利的所有权变迁史，至少是按照美国专利商标局的记录是这样。这项专利从 2000 年的早期属于了 Silanis 公司，大概将一直为 Silanis 公司所有，直到 2014 年 9 月 19 日专利到期。专利最初的主人 Scientific Atlanta 公司，以及第二个主人 Smiths Industries Aerospace & Defense，都不特别适合这项专利。那么对于第三个，也许是最后一个所有权人呢？专利 US5606609 是否适合 Silanis 公司？

Silanis 公司于 1992 年创建于加拿大魁北克省蒙特利尔市，为公司、政府部门和军方提供电子签名和电子认证软件。该公司宣称可以在 MS – Word、MS – Excel、MS – Outlook、Adobe Acrobat、HMTL、XML 和其他文件中插入电子签名。公司主要聚焦于减少文书工作，并为电子签名合法绑定提供充分安全的解决方案。它是一家私营公司，据估计年销售收入❶在 500 万 ~ 1000 万美元。

对于一家像 Silanis 公司这样规模的公司，在专利方面的投入可谓巨大。它拥有 6 项美国专利、3 项美国专利申请、3 项加拿大专利、12 项加拿大专利申请、5 项欧洲专利、6 项欧洲专利申请、5 项德国专利以及 10 项国际申请，总共 50 项（见表 7 – 5）。

表 7 – 5 **Silanis 的专利组合❷**   单位：项

年份	美国专利	美国申请	加拿大专利	加拿大申请	欧洲专利	欧洲申请	德国专利	国际申请	总计
1992	0	0	0	0	0	0	0	0	0
1993	0	0	0	0	0	0	0	0	0

---

❶ 数篇文章提出 Silanis 公司 2012 年上半年的收入是 300 万美元。例如，"Silanis Technology Inc. Reports Unaudited Consolidated Earnings Results for the Six Months Ended June 30, 2012"，参见网址 investing. businessweek. com/research/stocks/private/snapshot. asp? privcapID = 10454。2011 年的收入可能更高一点，据 Branham Group 的报道，参见网址 www. branham300. com/details. php? year = 2012&company_ID = 181。对于我们的目的来讲，重要的是一般数量级，而不是特定的数目。

❷ 关于美国专利和专利申请的信息从美国专利商标局网站获得，www. uspto. gov。加拿大专利和专利申请的信息从加拿大知识产权局获取，www. cipo. ic. gc. ca/eic/site/cipointernet – internetopic. ns/eng/Home。欧洲、德国、日本和国际专利和专利申请的信息获取网址是 www. freepatentsonline. com。笔者对申请使用了公开日，对专利使用了授权日，而不是申请日。笔者进行了去重，如果专利申请已经获得授权，表 7 – 5 将显示为专利而不是申请。表 7 – 5 的数据于 2013 年 5 月 22 日收集。

年份	美国专利	美国申请	加拿大专利	加拿大申请	欧洲专利	欧洲申请	德国专利	国际申请	总计
1994	0	0	0	0	0	0	0	0	0
1995	0	0	0	0	0	0	0	0	0
1996	0	0	0	0	0	0	0	0	0
1997	1	0	0	0	0	0	0	0	1
1998	0	0	0	0	0	0	0	0	0
1999	0	0	0	0	0	0	0	0	0
2000	0	0	0	3	0	0	0	6	9
2001	0	0	0	4	0	3	0	1	8
2002	0	3	0	2	0	1	0	3	9
2003	0	0	0	3	2	2	0	0	7
2004	1	0	0	0	0	0	2	0	3
2005	2	0	0	0	0	0	0	0	2
2006	0	0	1	0	0	0	0	0	1
2007	0	0	0	0	0	0	0	0	0
2008	1	0	0	0	1	0	2	0	4
2009	0	0	0	0	2	0	1	0	3
2010	0	0	2	0	0	0	0	0	2
2011	0	0	0	0	0	0	0	0	0
2012	1	0	0	0	0	0	0	0	1
累计	6	3	3	12	5	6	5	10	50

观察这个专利组合，我们可以发现：

① 该公司看来拥有 19 项专利和 31 项申请。对于表 7－5 所示的专利组合，20 年下来累计费用可能为 100 万～150 万美元。对于一个年销售额在 500 万～1000 万美元的公司来讲，应该说是数额巨大了。

② 专利组合完全通过公司自己产生，除了专利 US5606609。该专利是 Silanis 公司以未知费用于 2000 年从外获得的。该公司在加大投入自主创新方面做得很好。而且像我们后面所看到的那样，获取专利 US5606609 为其增色不少。

③ Silanis 公司的大多专利活动集中于 2000～2003 年。该公司在这段时间获得了 66% 的专利组合，包括于 2000 年获取专利 US5606609。在其早期，该公司在专利方面并不积极，但是随后数年变得特别主动。

④ 相对于在加拿大（30% 的专利组合项目）和美国（18% 的专利组合项

目），该公司似乎特别关注国际申请和欧洲项目（52% 的专利组合项目）。可能专利组合在地域分布上出现了错配。所有的高科技市场可能都会对文档的电子安全感兴趣，但是最大的市场可能还是美国。加拿大应该也是一个合理的努力焦点，考虑到该公司位于蒙特利尔。但是为什么超过 50% 的专利组合项目位于美国市场和加拿大这一本国市场之外？

⑤ 专利 US5606609 即将到期，其他在美国的提交申请将需要强化。Silanis 公司如同 Check Point Software，到了考虑其专利组合的决策点的时间。

4）为什么这个专利是一项"基础专利"？

考虑到我们对于基础专利设置的标准，很显然 US5606609 符合该标准。第一，该专利的优先权日属于所属技术领域早期。第二，该专利有超过 500 项的前向它引。第三，该专利覆盖了对于专利权人来讲非常重要的技术，对于电子签名领域亦是如此。第四，权利要求覆盖了广阔的市场。电子签名可能本不会成为一个重要的市场。随着互联网经济，特别是移动设备的增长，该市场需求增长巨大。市场需要合同承诺，从而促进了安全电子签名，特别是移动设备市场需求的增长。该专利对于该市场地位非常重要。

因此，该专利拥有早期的优先权、大量的前向它引，对于专利权人和相关市场来说重要的技术领域，权利要求覆盖了潜在的重要市场。所以，它应该被认为是一项基础专利❶。

5）为什么这是一项优质专利？——权利要求多样性和权利要求区分

该专利有极好的权利要求多样性。其独立权利要求如下：

权利要求 1——"用于在电子文档中嵌入选择信息的设备"，其后是从属权利要求 2～13 和 65。这是用于在文档中植入信息的设备权利要求。

权利要求 14——"用于校验电子文档的嵌入对象翻译器"，其后是从属权利要求 15～31 和 66。这是从文档中取出信息的组件权利要求。

权利要求 32——"电子文档校验系统"，其后是从属权利要求 33～42 和 67。这是用于在文档中植入和取出信息的系统权利要求。

---

❶ 该专利将于 2014 年 9 月到期。此处的重要现实问题是，发起的诉讼能否在专利到期日达到获取禁令的阶段。是否因此专利就没有价值了？答案是否定的，因为根据 35 USC sec. 286，专利可以从起诉之日向前追溯 6 年。专利到期之日之后发生的任何行为不能被认作当下的侵权行为，但是取决于诉讼发起的时间。该专利可以覆盖 2008 年 9 月到 2014 年 9 月这段时间，并且 Silanis 公司可以获得侵权赔偿。从基础分析的观点来看，以上这些与专利是否是优质专利无关，而是与即将要到期的专利是否能够产生金融价值有关。

权利要求 43——"用于校验具有对象嵌入的电子文档系统完整性的电子文档校验方法"，其后是从属权利要求 44 ~ 48 和 68。这是在信息植入文档后，用于校验文档完整性的方法权利要求。

权利要求 49——"电子文档校验系统"，其后是从属权利要求 50 ~ 59。这是系统权利要求，用于校验文档并且显示校验信息。

权利要求 60——"校验系统"，其后是从属权利要求 61 ~ 64。这是用于产生和显示电子"水印"的系统权利要求。

这些权利要求包括设备、组件、系统和方法。这大概是一项专利中权利要求多样性最广泛的情形，这一点确实出色。

这 6 个独立权利要求每个都相对简短，只有 2 ~ 4 个特征。特征少和简要一般来讲有利于权利要求的保护范围。

笔者在此只讨论权利要求 1：

1.［前序］用于在电子文档中嵌入选择信息的设备，包括：

［1］信息装配器，根据用户的要求，以预定的格式装配所述选择信息；

［2］对象嵌入器，嵌入所述选择信息，以及嵌入用于调用处理电子文档中所述选择信息的预定应用的信息。

权利要求不可能更简短了。它的目的，如权利要求前序所述，非常清楚。特征也是清楚的——装配信息的设备，可能是电子签名或者其他与校验来源或者内容有关的信息，外加一个将信息以对象形式植入文档的设备。创新点似乎是系统本身，即用于在文档中装配和嵌入信息的产品。这个创新点支持权利要求广泛的保护范围。

潜在的问题与特定的权利要求术语有关。权利要求 1 的关键术语是什么？在专利中是否有定义？笔者将提出以下可能性：

关键权利要求术语 1："选择信息"出现在独立权利要求 1 中。这个短语在权利要求中出现了大约 60 次，包括独立权利要求 1、14 和 32，但是没有出现在独立权利要求 43、49 和 60 中。遗憾的是，专利中没有对其作出定义，没有示例，在附图中也没有出现。实际上除了权利要求，该术语没有在专利的其他处出现。许多其他形式的"信息"出现在通篇文件中。短语"安全信息"在说明书正文中出现频繁，可能包括"刻画电子文档特征"的信息，或者"刻画电子文档签名者特征"的信息、"哈希值""序列号""公共钥匙信息"以及其他信息。其他类型信息被提及，但不是被称为"选择信息"，而是依然被称为"信息"，例如"文本的特征信息""水印信息"（可能是也可能不是

"选择信息"的一部分)"控制特征"以及"文本部分"——例如"字体"和"分页"。

　　术语"选择信息"显然是专利 US5606609 的关键术语,但含义是什么?对于评估者,如果一个关键权利要求术语缺乏定义、示例和附图标识,那么理解它的唯一途径是利用权利要求区别原则——该原则在本书第五章进行了讨论。在专利 US5606609 中,从属权利要求 65 内容为"权利要求 1,其中所述的选择信息包括安全信息"。依据权利要求区别原则(其含义,如前注释,为每个权利要求应该有不同含义),权利要求 65 必然让我们推导出权利要求 1 中的"选择信息"是"安全信息"加上其他可能被称为"非安全信息"的信息。同样,权利要求区别原则可以应用于从属权利要求 66(在独立组件权利要求 14 中"选择信息包括安全信息")以及权利要求 67(在独立系统权利要求 32 中"选择信息包括安全信息")。因此可以清楚的是,"选择信息"包括在专利中充分讨论的"安全信息"以及"非安全信息",但是在专利中没有"非安全信息"含义的解释。

　　这里存在重要的经验启示。在该专利中,因为关键权利要求术语"选择信息"没有被清楚定义,独立权利要求的有效性和保护范围受到了负面的冲击。然而,尽管这个关键术语没有在独立权利要求中进行定义,在从属权利要求中还是可以在某种程度上进行澄清的。在专利 US5606609 中,数项从属权利要求用众所周知的术语"安全信息"定义了这个不清楚的术语。结果是未定义的术语(这里的"选择信息")被定义为包括"安全信息"和"非安全信息"。换言之,通过使用权利要求区别原则,从属权利要求为不清楚的术语提供了含义。

　　关键权利要求术语 2:术语"信息装配器",出现在权利要求 1 的特征 [1] 中,同时出现在独立权利要求 32 的特征 [1] 中。这个术语在说明书正文中反复出现,但是总是和"安全"在一起,形式为"安全信息装配器",没有单独以"信息装配器"的形式出现。实际上附图 6 的特征 610 就是"安全信息装配器",并且在正文中有详尽的描述。存在的唯一困难又是,在"安全信息装配器"之外很难确定"信息装配器"的含义。术语"非安全信息"应该在正文中进行描述或者定义,但是没有如此。人们无法弄清装配器在装配"安全信息"之外是否装配其他信息。

　　关键权利要求术语 3:"对象嵌入器"出现在权利要求 1 的特征 [2] 中,同时出现在独立权利要求 14、32 和 43 中。在说明书正文中,该特征在"安全对象嵌入器"的上下文中进行了讨论,不涉及"非安全信息"。然而,权利要求 11 提及"OLE 对象",并且实际上,"OLE 对象"在说明书正文中被反复提及，有的时候其形式为"安全 OLE 对象"，有的时候形式为"OLE 对象"，没有"安全"二字。OLE 是"Object Linking and Embedding"的缩写，这一短语由微软引入，1990 年为 OLE 1.0，1994 年为 OLE 2.0，同一年该专利提交了申请。OLE 2.0 在正文中反复被提及，有的时候和"安全"连起来一起使用，但更多情况下，没有特指"安全"二字。根据 OLE 的技术标准，一个 OLE 对象能包括日历、视频窗、音频播放器、音频文件、文本、视频、三维、最新消息、控件以及其他类型。

简而言之，尽管术语"对象嵌入器"主要关注"安全信息"，但并不限于此类信息。因此这个关键术语的定义是宽泛的，也是足够清楚的。更重要的是，因为权利要求 1 的特征［2］可以应用于"选择信息"，但是特征［2］包含"对象嵌入器"，其可能是无关安全的"OLE 对象嵌入器"，由此我们可以得出一个强有力的论点，"选择信息"至少包括"安全信息"和"典型 OLE 对象的非安全信息"。特征［2］挽救了权利要求 1。

关于权利要求 1 的关键权利要求术语的结论：对于权利要求 1 来讲，术语进行了充分的描述以通过有效性的考验。主要的困难在于是否能够确定权利要求只包括"安全信息"或者其他信息。通过权利要求的前序或者特征 1，我们还不能确信，是否权利要求只包括安全信息或者更多其他信息。然而，特征 2 使权利要求非常开放以包括以 OLE 对象为形式的非安全信息。因此，根据权利要求区别原则，权利要求 65 中的叙述"'选择信息'包括'安全信息'"也就说得通了。

最终的结果是，权利要求 1 的保护范围非常宽泛，但我们确定这一点，是在通过一条拐弯抹角的路径之后，包括对于 OLE 对象和从属权利要求 65 的解析。法庭是否会通过同样的路径，赋予权利要求 1 中的"选择信息"以宽泛的定义，这不得而知。原始专利申请人应该做得更好一些，以清楚定义关键专利术语，例如"选择信息""信息装配器"和"对象嵌入器"。这些定义、示例或者附图中发明特征，应该写入发明概述或者详述中。由于没有成功解释数个关键权利要求术语，专利申请人最终只能采用权利要求区别原则去定义这些不确定的术语，而这一点是专利撰写人应该避免的。

有效性：有效性不存在严重问题。专利拥有领域早期的优先权日，绝大多数关键权利要求术语被进行了很好的定义。

其中的一个关键术语"选择信息"没有清楚的定义，使得数个权利要求的有效性和保护范围存疑。但是，对于"OLE 对象"的讨论，这个名词在专利 1994 年提交申请之时还非常新颖，矫正了"选择信息"的定义，预防了这些可能存在的问题。

进一步讲，尽管我们未曾分析其他独立权利要求，我们应该注意到专利独立权利要求包括设备、"对象翻译器"（属于组件）、系统和方法。这项专利是权利要求多样性有益效果的完美示范。某些系统权利要求可能被无效，并且某些系统权利要求可能被限制保护范围，但是该专利包括了组件、设备和方法权利要求，这些权利要求显示的有效性为整个专利的宽泛保护范围提供了支撑。

保护范围：权利要求的多样性最大化了专利的覆盖范围。

独立权利要求，包括权利要求 1 和其他没有详细讨论的权利要求，都简要清楚，包含相对很少的特征。电子签名的主要方面都被包括。

权利要求区别原则扩大了大多数独立权利要求的保护范围。特别是，存在一项从属权利要求定义了"选择信息"或者"嵌入对象"为"包含'安全信息'"的术语，意味着以上独立权利要求必然包括"安全信息"和"非安全信息"，"非安全信息"例如 OLE 对象。如此定义权利要求的保护范围是危险的，逊于标准的方法（定义、示例、或者附图中的特征），但是在缺乏标准方法的情况下，不得不如此。❶

侵权行为的可发现性：笔者对于侵权行为的可发现性没有看到任何问题。侵权行为可能不会直接可视，但是可能容易从嵌入和提取信息的结果推导得出。产品的文献可能也会证实存在侵权行为。

总结：这是一项具有早期优先权日的关于电子文档签名的专利。Scientific Atlanta 公司——最初的专利受让人，可能也是专利准备和审查的付费人，也许并不是很适合该专利的保护主题。经过几轮转让，这项专利最终被位于加拿大魁北克蒙特利尔的 Silanis 公司所拥有。这项专利非常适合 Silanis 公司，极好地覆盖了电子签名的不同方面。权利要求的保护范围可以通过使用权利要求区别原则进行扩大。

最后，除了专利本身的价值，这项专利被置于 Silanis 公司的专利组合的现象，对于一项专利作为专利组合一部分的价值提供了某些启示。

经验启示：专利 US5606609 最初授权给 Scientific Atlanta 公司，后来被 Silanis 公司获得。我们可以从该专利的权利要求 1、14、32、43 和 49，获得关于优质专利的经验启示。这些经验启示同时针对公司的单一专利和专利组合。让我们分别来看一下。

关于单一专利：

---

❶ 我们评估了权利要求 1，发现通过权利要求区别原则，从属权利要求 65 扩大了独立权利要求 1 的保护范围。实际上，同样的情况，从属权利要求 66 扩大了独立权利要求 14 的保护范围，从属权利要求 67 扩大了独立权利要求 32 的保护范围，并且从属权利要求 68 扩大了独立权利要求 43 的保护范围。

7－2－1（单一专利）**权利要求多样性可以扭转败局，即使某些权利要求是失败的**。在专利 US5606609 中，权利要求多样性避免了权利要求在法庭上被无效的风险和冲击。在这里，所有可能的方面，包括组件、设备、系统和方法，都进行了覆盖，为权利要求提供了最大的保护范围。

7－2－2（单一专利）**从属权利要求和权利要求区别扩大了独立权利要求的保护范围**。关键权利要求术语"选择信息"，没有进行清楚的定义，可能会被狭义地理解为"安全信息"。通过权利要求区别原则，从属权利要求可以扩大独立权利要求的保护范围，但是如以前所提及的，专利的撰写者不应该依靠权利要求区别原则去确定权利要求的保护范围。

7－2－3（单一专利）**简要、清楚的权利要求可以产生价值**。在 6 项独立权利要求中，4 项有 2 个特征，1 项有 3 个特征，1 项有 4 个特征，总共有 15 个特征。除了权利要求 32 中的 1 个特征，权利要求 43 中的 1 个特征，权利要求 49 中的 1 个特征，所有的特征是简要的：最多不超过 4 行印刷字体文本。换言之，专利中独立权利要求的 80% 的特征是简要的，这对于独立权利要求来说并不是典型情况。

独立权利要求中的所有特征是"清楚"的，其含义在于①大多数词语是常用词语，②所有关键权利要求术语在专利中进行了解释。这些解释只是通过示例，这是可以接受的，但示例加上宽泛的定义会使专利增色。15 个关键权利要求术语中的"选择信息"，定义得不够亮眼，但是我们可以通过在权利要求 1 的特征［2］中引入"OLE 对象"来进行弥补。

如果，一个关键权利要求术语在专利中没有进行定义和解释，则整个独立权利要求以及其所有从属权利要求的有效性和保护范围将存在严重的可质疑性。在该案例中，通过一项从属权利要求在"选择信息"的定义中添加了"安全信息"，以及"非安全信息"至少包括"OLE 对象"，独立权利要求 1 得到了挽救（术语"选择信息"除了"安全信息"和"OLE 对象"之外，是否应该包括其他信息，还不是很清楚）。如前所述，权利要求区别原则有助于扩大独立权利要求的保护范围。但是，我们已经提示过，这是一个在专利授权以后评估者才可以使用的原则——专利的撰写者不应该依赖这个原则去定义权利要求的保护范围。撰写者应该使用替代方案，采用传统的解释关键权利要求术语的方式。

7－2－4（单一专利）**结合引用标准，可以扩大权利要求的保护范围**。在该案例中，权利要求 11 中"OLE 主题嵌入"的引用，加上说明书正文中对于 OLE 描述的多个引用（包括引用例如"OLE 版本 2.0""OLE 特征"以及"OLE 控制器"），对权利要求 1 中的关键术语"选择信息"赋予了含义，并且扩大了保护范围。虽然有这样的最终效果，但这种扩展是否是专利撰写者的意图并不完全清楚。

7 - 2 - 5（单一专利）一项专利适合专门从事该专利所属技术领域的所有权人拥有。无论因为什么原因，这项发明是在 Scientific Atlanta 公司——一家有线电视设备制造商——作出并且获得专利的。对于一项关注电子文档中的安全信息和校验电子签名的专利来说，这不是一个好的匹配。所有权转移给国防航空电子设备公司，也不能视作最佳匹配。最终，专利归 Silanis 公司，一家位于蒙特利尔的电子签名公司所有，才是其最佳归宿。

就笔者所知，该专利未曾被起诉，但是从专利获得到专利到期，即 2000～2014 年，已经给予并将继续给予 Silanis 公司在美国的重要专利保护。专利到期之后，该专利可以作为 Silanis 公司寻求金钱损失补偿的基础。但是因在专利到期之后无法获取禁令，它的威胁价值将会严重降低。

对于专利组合的启示：

7 - 2 - 1（专利组合）一个优质的专利组合在地域上应该是平衡的。关于何为专利组合的"地域平衡"可以另外写一篇完整的文章。我们不想这么做，但是让我们来看一下 Silanis 公司对于专利组合的所作所为在这方面的可取之处，或者差强人意之处，依据的是我们在表 7 - 5❶ 中获取的专利组合信息。

a. 在美国的保护至关重要：美国是 ICT 的重要市场，在该市场专利赔偿可以达到数百、数千万甚至数亿美元。在美国的保护是至关重要的，尽管该公司是一家加拿大公司。Silanis 公司有 6 项美国专利和 3 项专利申请，但是申请始于 2002 年，可能已经被放弃。对于如此规模的公司，美国专利的保护是合理的，但是专利 US5606609 将于 2014 年到期，剩下的美国专利的 3 项将于本年代内到期。

b. 本土市场的保护通常是适当的：存在 3 项加拿大专利、12 项加拿大申请，但是可能大多数甚至所有的加拿大申请已经放弃。在本国拥有保护通常是有意义的，对专利的优质性作出贡献。在此，加拿大公司不太可能去对 3 项加拿大专利的拥有者发起诉讼。

c. 地域平衡的一个关键在于聚焦发力点：遗憾的是，在该案例中，地域平衡性并不明显。尽管 Silanis 公司是一家加拿大公司，其主要的市场似乎是位

---

❶ 本评论依据的只是在公共网站上报道的专利项——不包括未被公开的专利申请，也未包括欧洲和亚洲特定国家或地区的专利（除了德国和日本这两国的专利被包含在内）。

于美国，52%的Silanis公司专利项目是欧洲、德国的或者国际申请。❶

7-2-2（专利组合） 一个优质的专利组合在时间上是均衡的。该公司在其早期没有关注专利，这一点是可以理解的，但是高科技公司通常在早期聚焦于它们的大多数专利活动。该公司在2000～2003年，变得非常活跃。在这段时间里产生了它专利组合的大约2/3，并且在2000年获得了专利US5606609。从规模来看，该公司在专利方面的投资，特别是在这个阶段，是值得钦佩的。但是，近些年来，其专利活动少有报道，特别是在美国。

7-2-3（专利组合） 如果缺乏专利保护，就去购买。Silanis公司在获取US5606609时，就是这样做的。该专利在过去的13年提供了重要的专利保护。同时，参考美国专利商标局的转让数据库，该专利被用作担保权益帮助该公司获得借款和证券投资。该专利在金融方面显然已经被非常好地执行了。然而，随着专利US5606609将于2014年到期，接着会发生什么？

（3）Qualcomm，US5414796

1）关于Qualcomm及其技术的介绍：

在第四章中，笔者讨论过Qualcomm花费巨资与Broadcom进行和解。平衡一下前述讨论，聚焦Qualcomm名下的一项优质专利是公平适宜的。

Qualcomm由Irwin Jacobs和Andrew Viterbi两位博士于1985年在美国圣地亚哥创建。从其创立之初，该公司就是蜂窝通信CDMA技术的积极开发和应用者。CDMA技术，在第六章进行了详细讨论，已经构成移动通信技术数个技术标准的基础，包括IS-95（被认为是"CDMAOne"，是与GSM标准竞争的2G标准），以及主要的3G技术W-CDMA、CDMA2000和TD-SCDMA（这个标准只应用于中华人民共和国）。除了作为这项基础技术的先锋者和积极开发者，Qualcomm已经是并将继续是专利货币化的领导者。过去这些年，其已经通过专利许可获得数十亿美元收入和利润。尽管Qualcomm也出售产品，但销售额的重要份额，其利润的更高份额，均来自技术包括专利的许可。

支持Qualcomm专利货币化的是其规模巨大的专利组合，见表7-6。

---

❶　为什么该专利组合在这个方向权重如此之大？是否该公司已经在这些地方进行产品生产和设计？如果是这样，为什么不聚焦于一地？Silanis International是蒙特利尔Silanis公司的主要投资者，可能是其母公司，公司基地在英国（更精确地说是在泽西岛），或许可以有助于解释为什么欧洲被集中开发。但是，除非那里有活跃的销售、顾客、工厂或者竞争者，在这些市场，专利组合对于欧洲的明显聚焦，其原因不得而知。

表 7-6　Qualcomm 专利组合❶的简单描述　　　　　　　单位：项

美国专利*	6878
美国专利申请	8752
欧洲专利和申请	12347
日本专利和申请	1687
德国专利和申请	1990
国际申请	15259
累计	46913

*在授权的 6878 项美国专利中，大约 1502（总数的大约 22%）是在 2012 年 5 月 22 日到 2013 年 5 月 21 日的 12 个月内授权的。当时的密集行动强烈表明 Qualcomm 没有放弃在专利方面的努力，并且可能在继续增加在专利方面的努力。

　　Qualcomm 专利组合的确切专利项数可能要显著高于表 7-6 中列出的数目 46913 项。列出的数目没有包括尚未公开的美国申请，也没有包括在其他 Qualcomm 有活跃行为的国家或地区的申请，包括加拿大、澳大利亚，以及亚洲的个别国家（尤其是朝鲜）、欧洲和南美。然而，只基于这 46913 项专利，可以合理地估计出 Qualcomm 从成立以来❷已经在专利方面投资了大约 14.1 亿美元。

　　除了专利信息，让我们来考虑一下有关 Qualcomm 的某些基本财务信息，这些信息来自其他年报，见表 7-7。

表 7-7　关于 Qualcomm❸ 的财务摘要

	2006 年	2007 年	2008 年	2009 年	2010 年	2011 年	2012 年	复合年均增长率
收入/10 亿美元	7.5	8.9	11.1	10.4	10.9	15.0	19.1	16.8%

---

　　❶　关于 Qualcomm 的所有美国专利组合数据来自美国专利商标局网站，www. uspto. gov。所有其他数据来自 www. freepatentsonline. com。可能存在"美国专利申请"和"美国专利"之间的某些重叠情况，随着前者不断转化成后者。但是，笔者没有努力去证实这个情况，没有去考究重叠的数量。对于当下的目的，我们需要的是专利组合和专利投资的数量级，并不需要确切的数据。所有数据于 2013 年 5 月 22 日收集。

　　❷　这个确切的数据可能是 10 亿美元或者 20 亿美元，但是这些差别无关紧要，我们寻找的是一般数量级。

　　❸　关于 Qualcomm 的财务数据来自其年报，网址为：http://investor. qualcomm. com/annuals. cfm。因为财务政策的调整和变化，关于收入、研发、税前收入在不同年报中存在某些误差。这些误差对百分比的计算可能产生轻微的影响，包括研发/收入、税前收入/收入、复合年均增长率，但是任何这些影响对于目前的目的来讲实在是无关紧要。

	2006 年	2007 年	2008 年	2009 年	2010 年	2011 年	2012 年	复合年均增长率
研发/10 亿美元	1.5	1.8	2.3	2.4	2.5	3.0	3.9	16.8%
研发/收入/%	20.4	20.6	20.5	22.6	22.3	20.0	20.5	
来自运营的税前收入/10 亿美元	2.8	3.4	3.7	2.5❶	3.7	5.0	5.7	12.51%

从表 7-7 的信息，我们可以得到什么样的结论？

① 研发强度：Qualcomm 在研发上的投入巨大。2006~2012 年，它的研发/收入比处于 20%~23% 的范围，远远超过科技类公司的平均水平，更不要说所有类型的公司。这种比例，可以在高科技创业公司看到，很少出现于成熟公司。

② 专利活动强度：Qualcomm 在专利方面的投资巨大。在表 7-7 中，我们看到研发投资在该时期大约为 174 亿美元。Qualcomm 宣称，从 1985 年成立起，累计在研发上的投资为 247 亿美元。❷ 如果我们采用笔者的保守估计，其在专利方面的投资累计为 14.1 亿美元，专利投资与研发投资的比率为 5.70%，同样，远超过科技类公司的平均水平——后者大概接近 1%。这个比率也高于高科技创业公司，但是 Qualcomm 早已不是创业公司，而其专利活动强度远在成熟公司平均水平之上。

③ Qualcomm 的公司战略：如果我们试图描画科技类公司的研发强度和专利活动强度，Qualcomm 将在这两个测度上极度偏离。这意味着什么？Qualcomm 多年前必定已作过一个基本决定——可能从 20 世纪 80 年代其创立之日起——试图开发技术并且从这些技术中通过许可的形式获取收入。Qualcomm 的 2012 年年报指出（p. F-26），Qualcomm 近年来通过技术许可获得的收入在 2010 年为 37 亿美元，2011 年为 54 亿美元，2012 年为 63 亿美元，分别构成了这 3 年 Qualcomm 总收入的 33%、36% 和 33%。同样在这 3 年，来自技术许可的利润为 2010 年 30 亿美元，2011 年 48 亿美元，2012 年 56 亿美元，同前，分别构成了这 3 年 Qualcomm 总利润的 64%、73% 和 73%（基于 Qualcomm 4

---

❶ Qualcomm 的税前收入在 2005~2012 年这段时间显示了持续的增长，只有 2009 年除外。Qualcomm 的年报表明，落差的大部分是因为 2009 年的一笔额度为 7.83 亿美元的税前费用，用于和 Broadcom 之间的和解，在第四章已经进行过讨论。参考，例如，Qualcomm 10-K Report for the Period Ending 09/26/10, at p. F-27。

❷ 从它 1985 年创立到 2013 年 3 月，Qualcomm 已经在研发上投入累计 247 亿美元。参见 Investor Fact Sheets，http://investor.qualcomm.com/factsheets.cfm。

个运营部门的结果，忽略了调节项）。所有这些收入和利润均来自技术许可，尤其来自 Qualcomm 专利组合的许可。❶

从地域视角看，对于美国、欧洲、日本、德国和国际申请的简要统计显示了在这些地方数据上的强度，暗示了在欧洲、亚洲、澳大利亚、南美等地的附加强度。

Qualcomm 的努力至少从 20 世纪 90 年代开始延续至今，并且力度不断。在表 7 - 8 中，我们会看到 Qualcomm 早年努力的简要信息，聚焦它具有大量前向索引的 10 项专利。在这里分析的 US5414796，就是 Qualcomm 10 项具有大量前向索引的专利之一。笔者对前向它引和前向自引已经进行了区分。

表 7 - 8　**Qualcomm 被引用率最高的十项专利的前向索引❷**

美国专利号	前向索引	前向它引	前向自引	前向它引/前向索引	申请的年份	授权的年份
US 5103459	1482	942	540	63.56%	1990	1992
US 4901307	1324	752	572	56.80%	1986	1990
US 5056109	809	519	290	64.15%	1989	1991
US 5101501	772	480	292	62.18%	1989	1992
US 5109390	730	562	168	76.99%	1989	1992
US 5267261	610	387	223	63.44%	1992	1993
US 5267262	417	317	100	76.02%	1991	1993
US 5414796	393	249	144	63.36%	1993	1995
US 5265119	383	299	84	78.07%	1991	1993
US 5280472	382	349	33	91.36%	1992	1994

我们无论是看所有的前向索引，还是只看前向它引，Qualcomm 的这 10 项存在大量索引的专利都具有众多的前向索引。除此之外，最有趣的是，所有这些专利都是 20 世纪 80 年代后期到 90 年代早期提交申请的，并且都是在 20 世纪 90 年代早期授权的。在这 10 项存在大量索引的专利中，最晚 1 项提交申请的是 US5414796，申请日为 1993 年 1 月 14 日，大约在第一个 CDMA 标准 IS - 95 的首次公开发表的 6 个月之前。❸ 以上所列出专利的申请日期反映了 Qualcomm 在技术和相关专利方面的投资就在 CDMA 标准提交之前不久。

正如前面指出的，大规模的专利组合部分通过它们的数量规模评判。然

---

❶　许可的确包括其他类型的知识产权和技术秘密，但是许可的核心是依靠 Qualcomm 的专利组合。

❷　前向索引、前向它引和前向自引的数据于 2013 年 5 月 22 日取自网址 www.patentbuddy.com。

❸　US5414796 是更早申请的继续申请，因此它的优先权日为 1991 年 6 月 11 日，但是专利具体权利要求在该专利于 1993 年 1 月申请时提交。

而，即使在最大规模的专利组合中，少数专利也会占有不成比例的价值份额。笔者没有评估表 7–8 中的所有 10 项专利，但是它们看上去是高价值的很好代表。除了大量的前向索引，它们具有早期的优先权日，特别是申请日早于第一代 CDMA 标准的颁布时间。作为一个整体，这 10 项专利覆盖了该技术的某些主要特征，包括信号波形、无线电中继器、传输功率控制、软切换、天线和"语音编码器"。

2）关于 US5414796 的介绍

这项专利，发明名称是"可变速率语音编码器"（Variable Rate Vocoder），于 1993 年 1 月提交申请，1995 年 5 月 9 日授权，截至 2013 年 5 月 22 日拥有 249 项前向它引。与申请日不同，优先权日是 1991 年 6 月 11 日，因为这项专利是更早一项专利申请的继续申请，更早的申请后来放弃了。

该专利讨论的技术被称作"可变速率语音编码器"，简称为"语音编码器"。该编码器执行两个功能，即分析和合成。在分析过程中，编码器分析模拟语音，将其转换成数字信号。这种转换允许语音信号以更小的带宽传输，因此速率更高。分析的过程被称作"编码"。除了分析过程，编码器接受数字化的语音编码并进行解码，重新形成原始模拟语音。这个过程被称作原始语音的合成。分析和合成的过程合起来称为"语音编码"。在"可变速率语音编码器"中，像这里讨论的这种，语音编码器分析语音的模式，检测高使用的区间（比如快速说话时）以采用高数据速率，检测低使用区间（比如沉默时）以采用低数据速率。针对不同类型语音或沉默采用不同数据速率通过应用"可变速率语音编码器"得以实现。

3）为什么 US5414796 是一项基础专利

第一，该专利具有 CDMA 技术和 CDMA 标准开发早期的优先权日。第二，它拥有 249 次前向它引，远超一项专利的平均引用率。第三，它解决了对于 Qualcomm 和蜂窝通信领域来说非常重要的技术问题。第四，它的解决方案可以应用于大规模的市场，这一点我们将进行讨论。

对于蜂窝系统，一项重要和经常存在的问题是最大化系统容量。当更多的人使用同一个系统，或者新的服务内容被引入，或者人们密集使用当前的服务，就会产生这样的问题。增加系统容量最明显的途径就是增加更多的基站。方法虽然可行，但是费用过于昂贵。第二种解决方案是引入新的更为高效的空中协议，这也正是为什么系统从 1G 转换到 2G，或者 2G 转换到 3G，最近 3G 正在向 4G 转换。这种向新一代技术的迁移大约 10 年会发生 1 次。尽管新的技术总会带来附加容量的巨大效益，此种迁移还是会花费大量的时间和费用。第三种解决方案是进行语音压缩，从而更多的语音可以在同一带宽中传输。带宽没有增加，但是信息吞吐速率因为压缩增加了。任何可以提高压缩速度和增加压缩效果的改进都是有益的创新。❶

专利 US5414796 的创新并不在于只在语音出现时传输信息比特（当语音不存在时，则不传输数据比特）。尽管这种技术确实是一种压缩技术，但在该专利提交申请时已经是众所周知。这种众所周知的技术具有严重的质量问题，包括①当对话恢复时语音却被剪裁，②在沉默阶段声音完全消失（会让人感到奇怪），③因为环境噪声产生的烦人的噪声爆发；④添加"舒适的背景噪声"通常无效（之所以无效，因为它将类似于添加电梯音乐——添加的噪声不能忠实地模拟人们在对话过程中出现沉默时听到的效果）。这里的创新不是试图消除沉默阶段的所有数据（这项技术在现有技术中已经众所周知），而是试图通过使用相对更高的或者更低的数据速率压缩数据，始终保持一定水平的数据传输。换言之，这不是一项提高压缩比的专利，而是一项将适中的压缩比和更高质量的语音结合起来的专利。

之所以说明该专利的实质内容，是为了解释为什么这项专利对于 Qualcomm 和蜂窝通信领域是重要的。并不让人感到吃惊的是，这项专利已经获得数百前向它引，直到目前仍继续被引用。综合考虑其具备早期的优先权日和对于其受让人乃至整个领域的贡献，这是一项基础专利。对于 Qualcomm 从权利要求角度看是一项优质专利，尽管不能算是足够好，因为如果专利中的个别失误得以避免的话，该专利可以更为优质。

4）为什么 US5414796 是一项优质专利

独立权利要求为 1 "语音信号的压缩方法"，18 "用于压缩声音信号的设备"，29 "用于压缩声音信号的电路"，48 "语音信号压缩的方法"。我们马上可以看出，尽管只有 4 项独立权利要求，该专利却具有很好的权利要求多样性。

现在，让我们考虑 2 个方法独立权利要求 1 和 48。理解这些权利要求的最好方法是将它们并排放置以作比较。见表 7 – 9。

---

❶ 语音未曾真的被压缩，因为这在物理上是不可能的。压缩的含义在于，语音被数字化，重现语音时用不着的信息可以被舍弃，系统只需按照时间顺序传输最小数量的数据比特，以用于在接受器端重现语音。

表7-9　专利 US5414796 中，独立权利要求 1 和 48 的比较

方法权利要求 1	方法权利要求 48
1.［前序］一种语音信号的压缩方法，对于语音数字化采样帧采用可变速率编码，包括以下步骤：	48.［前序］一种语音信号的压缩方法，对于数字化语音采样帧采用可变速率编码，包括以下步骤：
［1A］对于语音数字化采样帧确定语音活跃级别；	［1A］对于一系列数字化语音采样帧的一个数字化语音采样帧乘以一个窗函数，提供一个语音数据的加窗帧；［2A］根据所述加窗语音帧，计算自相关系数集；
［2B］基于所述帧确定的所述语音活跃级别，从速率集中选择一个编码速率；	［3B］根据所述的自相关系数集，决定一个编码速率；
［3C］根据对应于所选择的编码速率的编码格式集中的一个编码格式编码所述帧，其中每个速率对应不同编码格式，每个编码格式根据语音模型提供表示所述数字化语音采样的多个不同的参数信号；且	［4C］根据所述自相关系数集计算线性预测编码系数集；［5C］转换所述线性预测编码系数集为线谱对值集；［6C］根据所述速率命令和所述编码速率，量化所述线谱对值集；［7C］从预定义的音调值集中选择一个音调值，为每一个数字语音帧的每一个音调子帧提供一个选择的音调值；［8C］根据所述编码速率和所述的速率命令量化所述选择的音调值；［9C］从预定义的音调值集选择一个码本值，为一个音调子帧提供一个选择的音调值；［10C］根据所述的编码速率和所述的速率命令量化所述选择的码本值；并且
［4D］生成所述帧的所述参数信号的数据包。	［11D］生成一个输出的数据包，包括所述的量化线性谱对值，量化的选择的音调值，以及量化的选择的码本值。

　　这两项权利要求 1 和 48，解决同样的问题并提供了同样的方法。在表 7-9 中，笔者给每个权利要求特征添加了一个数码，例如 1、2、3 等。除此之外，笔者添加了一个字母以对权利要求 1 和权利要求 48 进行直接对比。例如，权利要求 1 中的特征［1A］是权利要求 1 的第一个特征，对应权利要求 48 中的特征［1A］和［2A］；同样地，特征［2B］是权利要求 1 的第二个特征，对应权利要求 48 的第三个特征［3B］。因此，权利要求 1 中的特征［3C］对应权利要求 48 的所有特征［4C］~［10C］；权利要求 1 中的特征［4D］对应

权利要求 48 的特征［11D］。

尽管权利要求 1 和 48 在问题和解决方案方面是相似的，但权利要求 1 是优质的，而权利要求 48 并非如此，至少不满足本书对于"优质"提出的要求。这两个权利要求可能都是有效的，但是权利要求 1 中的特征十分清楚和宽泛，会存在很多侵权者，而权利要求 48 如此冗长和复杂，似乎无法逮住任何侵权者。

权利要求 1 中方法的相对简要框架为：确定语音级别⇒基于语音级别，为每一帧确定编码速率⇒对每一帧应用合适的参数信号⇒为每一帧使用参数信号生成一个数据包。简而言之，权利要求 1 提供了一项清楚简要的方法。

与此相反，权利要求 48 的特征几乎 3 倍于权利要求 1（11 项特征对 4 项特征），字数几乎为 2 倍多（220 个单词对 117 个单词），并且更多的细微和复杂的差别，可以让被告用来回避侵权控告。权利要求 48 中不存在技术上的错误，但是权利要求保护范围太狭窄，以至于似乎没有什么经济价值。实际上：

● 可能没有人曾侵犯过权利要求 48 的专利权，将来似乎也不会侵犯；

● 即使侵犯了权利要求 48 的专利权，侵权的发现也会极其困难，原因在于侵权方法必须呈现在很多方面；

● 即使存在可以发现的侵权，侵权者可以采用有效的规避设计，只需要对侵权产品的一个方面进行些许改动。

一个具有如此特点的权利要求是"专利权利要求审查百分之九十规则"的实例。这项规则是讲，大多数专利申请都可以获得专利——大概 90% 甚至以上——即使专利中的基本创新已经被现有技术完全覆盖。从专利审查员手中获得这样的授权的方法是，在限制上添加限制，在细节上添加细节，在审查过程中反复让步，直到专利权利要求的保护范围是如此狭窄，最终审查员只得说："是的，这里确实有现有技术中不存在的东西，因此我将批准这项权利要求。"不仅这项权利要求被批准，而且该权利要求击败任何对于其有效性发起攻击的可能性也非常高。但是，任何人侵犯该项权利要求的机会也非常小，因为其保护范围是如此狭窄。❶

----

❶ "专利权利要求审查百分之九十规则"是笔者的自造短语，表达的概念在于绝大多数的专利申请最终都会有一项或多项权利要求获得批准，但前提是申请人准备对权利要求作出足够的限缩修改且/或声明对权利要求的覆盖范围作出让步，最终至少权利要求中出现某些不被现有技术所阻挡的东西。这个短语总结了两个概念：①在绝大多数情况下，权利要求会被授权；②在某些情况下，保护范围的退让太过头，以至于继续申请变得没有任何经济意义。笔者确实不知道 90% 是否是正确的比例。笔者也不了解是否有任何研究可以表明正确的比率是多少，要获得这个比率，任何研究都必须至少考虑那些被放弃的专利申请是否本来可以获得授权，我们可能永远无法确定准确的比例。

　　这里的创新不在于特定的权利要求术语，而在于对于数字化的语音采用不同的速率。实际上这是权利要求中所有特征的共同作用，但在权利要求 1 的特征［3C］中进行了总结。这项专利是对系统运作基本方法的创新。权利要求保护范围因此相对宽泛，以对抗任何想实现这项基本创新的任何被告——即试图基于帧内语音活跃级别对不同帧采用不同数据速率。

　　在 4 项独立权利要求中，我们已经讨论了方法权利要求 1 和 48。对于剩下的权利要求，让我们直接将它们和方法权利要求 1 进行对比。见表 7 - 10。

表 7 - 10　专利 **US5414796** 中，独立权利要求 **1**、**18** 和 **29** 的比较

独立方法权利要求 1	独立设备权利要求 18	独立电路权利要求 29
1.［前序］一种语音信号的压缩方法，对于数字化语音采样帧采用可变速率编码，包括以下步骤：	18.［前序］用于将声音信号压缩成可变速率数据的设备，包括：	29.［前序］用于将声音信号压缩成可变速率数据的电路，包括：
［1］对于数字化语音采样帧确定语音活跃级别；	［1］为所述声音信号的数字化采样的输入帧确定声音活跃级别的装置；	［1］为所述声音信号的数字化采样的输入帧确定声音活跃级别的电路；
［2］基于所述帧确定的所述语音活跃级别，从速率集中选择一个编码速率；	［2］依据所述帧中声音的所述确定的声音活跃级别，从预定义的速率集中选取一个输出数据速率的装置；	［2］依据所述帧中声音的所述确定的声音活跃级别，从预定义的速率集中选取一个输出数据速率的电路；
［3］根据对应于所选择的编码速率的编码格式集中的一个编码格式编码所述帧，其中每个速率对应不同编码格式，每个编码格式根据语音模型提供表示所述数字化语音采样的多个不同的参数信号；且	［3］根据对应于所选择的编码速率的编码格式集中的一个能够提供多个参数信号的编码格式编码所述帧的装置，其中每个速率对应不同编码格式，每个编码格式根据语音模型提供表示所述数字化语音采样的多个不同的参数信号；且	［3］根据对应于所选择的编码速率的编码格式集中的一个能够提供多个参数信号的编码格式编码所述帧的电路，其中每个速率对应不同编码格式，每个编码格式根据语音模型提供表示所述数字化语音采样的多个不同的参数信号；且
［4］生成所述帧的所述参数信号的数据包。	［4］为以所述选择速率相关的数据速率提供所述帧的相关数据包的装置。	［4］为以所述选择速率相关的数据速率提供所述帧的相关数据包的设备。

　　即使对于这 3 项权利要求粗略的一瞥，也可以觉得它们是为了保护同样的基本创新点的不同形式，其中权利要求 1 是方法，权利要求 18 是设备，权利要求 29 是以电路形式出现的组件。这种方法——使用相似的前序、特征和术

语保护同一创新点的多个方面——被称作"权利要求平行原则"。这是对于特别重要的创新点提供最大保护的极好的技术。但是在专利 US5414796 的案例中，我们会看到术语上的某些改变破坏了权利要求平行主义原则，因此削弱了对于创新点的保护。特别是，一方面是权利要求 1，另一方面是权利要求 18 和 29，存在术语上的某些差别。

在前序中，权利要求 1 使用短语"数字化语音采样"，然而权利要求 18 和 29 使用短语"声音信号"。这种不同权利要求的差别是允许的，不会造成任何权利要求无效，但是我们可以看到，该专利已经偏离了真正的权利要求平行原则，原因在于在不同种类的权利要求中使用了不同的术语。

在独立权利要求 1 的特征［1］中，使用的术语是"数字化语音采样"，在权利要求 18 和 29 中等价的术语是"所述声音信号的数字化采样"。每个权利要求本身都保持一致，但是权利要求不再平行这一点现在绝对是显而易见的，因为权利要求 1 不同于权利要求 18 和 29。如果专利权人当时试图遵守权利要求平行原则，那么现在就会因为不同权利要求的术语转换而无法达到这样的效果。

在特征［2］中，权利要求 1 表述为"确定的所述语音活跃级别"，然而在权利要求 18 和 29 中平行的术语为"确定的声音活跃级别"。尽管我们无法确知为什么使用不同的术语，至少我们可以说在每个权利要求中特征是保持一致的，但权利要求 1 不同于权利要求 18 和 29。也就是说，在这一点上，权利要求 1 的不同部分本身是保持一致的，权利要求 18 的不同部分本身是保持一致的，权利要求 29 的不同部分本身是保持一致的。权利要求 1 不同于权利要求 18，也不同于权利要求 29，但是再次，每一项权利要求本身是保持一致的，尽管和权利要求 1 的权利要求平行原则不再存在。

在特征［3］中，权利要求 1 提到"根据语音模型提供表示所述数字化语音采样的多个不同的参数信号"。权利要求 18 的特征［3］和权利要求 29 的特征［3］使用了和权利要求 1 的特征［3］逐字相同的术语，权利要求 18 中的术语转换使该专利产生了巨大的问题，权利要求 29 中也存在同样的问题。在此之前，权利要求 18 和权利要求 29 虽然已经不同于权利要求 1，但是 3 项权利要求的每一项（1、18 和 29）本身都保持一致。但是，权利要求 18 和 29 转而使用了权利要求 1 中的"所述数字化语音采样"，而不是"所述数字化声音信号采样"。问题是，权利要求 18 和权利要求 29 中，无论是在前序中，还是特征［1］～［2］的任何一个中都没有出现短语"数字化语音"或者"语音采样"。因此权利要求 18 和权利要求 29 的任何一个的特征［3］看起来都是不清楚的，违背了 35 USC sec. 112（2）。不清楚的权利要求是无效的，因此不可能被侵权。现在，我们看到了，存在于权利要求 18 和 29 中的，被称为"单一权利要求中的术语切换"的情况。

表 7 – 11 所示是造成问题的特定词语。

表 7 – 11　US5414796 的清楚和不清楚的权利要求

	权利要求 1	权利要求 18	权利要求 29
前序	数字化语音采样	声音信号	声音信号
特征［1］	数字化语音采样	所述声音信号的数字化采样	所述声音信号的数字化采样
特征［2］	语音活跃	声音活跃	声音活跃
特征［3］	所述数字化语音采样	所述数字化语音采样	所述数字化语音采样
结果	权利要求没有问题	因为特征［3］中出现了术语转换，权利要求是不明确的，因此是无效的	因为特征［3］中出现了术语转换，权利要求是不明确的，因此是无效的

所有这些意味着什么？据笔者所知，该专利从来没有涉及诉讼。假设该专利涉及了诉讼，法官极有可能会无效掉独立权利要求 18 及其从属权利要求 19 ~ 28，以及独立权利要求 29 及其从属权利要求 30 ~ 47。换言之，法官极有可能无效掉专利 US5414796 中 62.5% 的权利要求。为什么？因为阅读权利要求 18 和 29 的人无法知道"声音信号"和"数字化语音"的含义，他们无法知道为什么权利要求使用的语言从一个短语转变为另外一个短语，因此无法知道权利要求 18 和 29 的确切的保护范围。作为权利要求 18 中，以及权利要求 29 中的术语转换的结果，"竖向权利要求模糊"产生了，问题产生于同一权利要求的不同特征使用不同的术语时。对于出现该问题的权利要求，竖向权利要求模糊是致命的缺陷。❶

来自专利权人 Qualcomm 的辩论：专利权人 Qualcomm 应该如何辩论以挽救权利要求 18 ~ 47？以下是一些或许可以让法官保留权利要求的论点：

① 显然，专利中"声音信号"等同于"数字化语音"，实际上数字化语音是声音信号的一种形式。因此，"所述数字化语音"应该被理解为"所述声

---

❶　如果专利权人的意图是建立不同权利要求的权利要求平行性，则不同权利要求之间术语的切换会造成"横向权利要求模糊"，造成平行性原则破坏，并且弱化对于创新点的保护。但是，"横向权利要求模糊"不会毁坏一项单独的权利要求，因为每项权利要求会依然保持自身的一致性。作为对照，"竖向权利要求模糊"意味着同一权利要求的相同特征使用不同的术语，这是个致命的缺陷，因为权利要求的读者无法知道权利要求的明确范围。存在竖向权利要求模糊的权利要求不应该被美国专利商标局批准。如果因为失误获得了批准，其几乎肯定不会在专利诉讼中生存下来。

音信号"，不存在 35 USC sec. 112（2）规定不清楚的情况。

② 即使存在这样的问题，CAFC 已经清楚地在以往的判决中作出过裁决，如果不存在关于权利要求含义的混淆，缺乏引用基础不是无效权利要求的理由。❶ 不仅如此，证明模糊的责任在于被告。因为内容是清楚的，不存在模糊的真实证据，只是因为权利要求 18 和权利要求 29 中错误出现的"所述"而无效掉超过 60% 的权利要求将是不公平的。

来自被告对于 Qualcomm 的反驳：听取了来自 Qualcomm 的辩论，被告可能在庭上如下回应：

① 根据 35 USC sec. 112（2），权利要求 18 ~ 47 都是不明确的，这是没有疑问的。一个明确的短语，例如"所述名词"，要求"名词"，无论是什么，在权利要求的前面出现。这不是可选的规则，而是必需的条件。术语"数字化语音采样"或者"语音采样"可以出现在权利要求 18 和 29 的特征［3］中，但是没有出现在前序中，也没有出现在特征［1］和［2］中。因为权利要求明显是不明确的，它们所有的从属权利要求也是不明确的，结果是权利要求 18 ~ 47 都是不明确的。这些权利要求是否可以修复是另一个问题，但首先它们都是不明确的。

② 专利权人 Qualcomm，已经正确说明了是"不明确性"的法律标准，但是目前的问题是在这个特定的权利要求中是否存在模糊的情况。被告指出：

a. 在该专利中，"数字化语音"根本不等于"声音信号"，短语"语音采样"也不等于"声音信号"。这本身是模糊的。如果该专利曾试图使"声音信号"等同于"数字化语音采样"，则：第一，应该在专利中公开其定义；或者第二，应该给出两个术语等同的示例；或者第三，最简单的——专利中不应该在权利要求 18 和 29 中使用"声音信号"，而是应该在这两项权利要求的前序和特征［1］中使用"数字化语音采样"或者"数字化语音"。以上这些都不

---

❶ 参考 *Energizer Holdings*，*Inc. v. International Trade Commission*，435 F. 3d 1366；77 U. S. P. Q. 2D 1625（Fed. Cir. 2006）. 在该案中，专利权利要求存在的问题与权利要求中出现的修饰词"所述"有关，其中修饰词所修饰的对象在权利要求中没有出现。似乎问题和现在 Qualcomm 的专利中发生的情况类似。在该案中，短语为"所述锌正极"，而前提对象"锌正极"在权利要求中未曾出现。在目前的案例中，存在问题的术语是"所述数字化语音采样"，其中"数字化语音采样"没有在权利要求 18 和 29 中出现。因此 Qualcomm 会依据该案的判决进行辩论，"所述"的不正确使用可能会使权利要求不够优雅，但是不应该因为不明确性使得权利要求无效。然而，应当注意两种情况存在巨大的区别，在该案中，引用基础是"电极凝胶包括锌"，然后，其被不正确地称为"所述锌正极"，正确的表达应该为"所述由锌组成的电极凝胶"。Energizer Holding 撰写权利要求非常糟糕。但是，任何人，不仅是该领域的专家，都会知道专利的含义。US5414796 不是这种情况，其引用基础是"声音信号"，而进一步的细化是"所述数字化语音采样"。US5414796 中的错误使得读者会非常难以理解专利的真正含义。这是潜在的致命缺陷，这种类型的模糊会消灭 Qualcomm 专利中的大部分权利要求。

存在，因此独立权利要求 18 和 29 的含义是模糊的，所以权利要求 18～47 应该被无效。

b. 现有技术存在的，也是该专利试图解决的一个问题，如说明书正文第二列第 31～38 行说明的，是如何于解码的过程中在语音信号中引入令人舒适的噪声。现有技术在如何引入令人舒适的噪声方面做得很不成功，因为根据该专利的内容，"令人舒适的噪声不能对编码器端的背景噪声进行建模"。专利 US5414796 通过保留背景噪声解决了这个问题，采取的方法是"减少数据速率，而不是完全停止数据传输"（说明书正文第二列，第 46～47 行）。因此该发明同时包括压缩语音和背景噪声。然而，语音和背景噪声都是属于"声音信号"。

简而言之，"语音"和"噪声"都是"声音信号"。因此当"声音信号"同时出现在权利要求 18 和 29 的前序和特征［1］中，但是在特征［3］中出现的却是"所述数字化语音采样"，则权利要求 18 和 29 在试图只包括"语音"，还是同时包括"语音"和"噪声"这一点上，是存在模糊的。这是 35 USC sec. 112（2）试图阻止出现的特定类型的模糊。因此权利要求 18 内的术语转换造成了竖向权利要求模糊，造成权利要求 18 及其从属权利要求 19～28 都是无效的。同样，权利要求 29 内的术语转换造成了竖向权利要求模糊，使得权利要求 29 及其从属权利要求 30～47 均无效。所以，对于专利 US5414796，所有的权利要求 18～47 如果上法庭的话都应该被无效，其原因都在于权利要求 18 和 29 中的术语转换。

在被告对于 Qualcomm 的答复作出反驳之后，Qualcomm 可能对被告的辩论作出它的反驳，如此往返。我们无法知道最终法庭如何作出裁决。我们只能说被告可以有一个强有力的论点以无效所有这些权利要求，主要是因为"声音信号"似乎同时包括"噪声"和"语音"，结果是人们很难在阅读权利要求 18 和 29 时理解这些权利要求的真正范围。

实际上，问题不是真的出在短语"所述数字化语音采样"，而是"所述"这一单个词语的出现。除了这个词语以外，权利要求 18 和 29 中特征［3］不必引证前序和在前特征就可以解释，从而权利要求可能通过某种方式的解释保留它们的有效性。词语"所述"和权利要求 18 和 29 中特征［3］的转换术语的致命结合，使人对权利要求 18～47 的有效性产生了怀疑。

有效性：对于独立权利要求 1、从属权利要求 2～17 或者独立权利要求 48，笔者未曾发现有效性问题。但是权利要求 18～47 的有效性是存疑的。

保护范围：独立权利要求 1、18 和 29 的保护范围是宽泛的，尤其是权利要求 1。该专利没有覆盖所有形式的语音压缩。它没有覆盖某些压缩技术，例如，没有语音就不进行传输，或者插入人工"舒适噪声"以模仿自然背景噪声。但是，该专利包括每一帧使用独立数据速率的语音压缩实现方式。这是一项重要技术的宽泛的范围，专利因此颇有价值。

权利要求的类型混合非常好，其中权利要求1（方法）、权利要求18（设备）、权利要求29（组件，特别是电路）。遗憾的是，有效性存疑的权利要求18和29严重减损了由权利要求混合而产生的价值。

独立权利要求48是如此冗长和复杂，使得其在专利保护范围方面几乎是无用的。它具有11个权利要求特征和超过200个单词，意味着侵权可能未曾发生，如果确实发生了，侵权可能也会难以发现，如果侵权可以发现，侵权者仍可以对权利要求48进行规避设计。如前所述，有效性和保护范围天生就是敌人。在该案例中，权利要求48几乎肯定是有效的，但是它的权利要求保护范围非常狭窄。

侵权的可发现性：对于权利要求1、18和29，笔者未曾看到侵权的可发现性存在大的问题。但是如前所述，权利要求48的侵权是非常难以发现的。

总结：该专利具有数百项前向它引，所覆盖的语音压缩实现技术对于Qualcomm和蜂窝通信领域都是具有巨大价值的。除了权利要求48，独立权利要求的特征都很少，特征是清楚的，并且关键权利要求术语或者容易理解，或者在专利中进行了定义。

遗憾的是，因为在权利要求18和29的特征［3］中添加了词语"所述"，结合着每项权利要求中存在的术语转换，几乎所有结构权利要求的有效性都是存在疑问的。然而，在专利US5414796中，即使权利要求18~47被无效掉，甚至尽管权利要求48实质上对于抓住侵权者没有任何价值，方法权利要求1~17的有效性和它们保护范围的宽度结合起来，就可以为Qualcomm创造重要的价值。即使权利要求18~47不存在，这项"基础专利"也会保留重要的价值。

经验启示：从Qualcomm获得授权的专利US5414796的权利要求1、18、29和48，可以得到某些启示。这些启示既有针对单项专利的，也有针对公司专利组合的。让我们对不同的主题分别看一下。

对于单一专利的启示：

7−3−1（单一专利）一项基础专利可能只覆盖某些实现方式，但仍然是基础专利。在该案例中，非常与众不同的一点在于创新之处不是通过改进带宽或者增加系统容量去改进数据的压缩。实际上，该专利反其道而行之，因为它保证在任何时间甚至在语音沉默期间——都会有一定速率的数据传输，虽然很慢。更确切地讲，创新之处在于将数据压缩和优质的语音质量结合起来，这样的结果是通过在传输数字化和压缩语音的同时传输背景噪声得到的。尽管这个专利没有覆盖所有的数据压缩的实现方式，但是它覆盖的压缩实现方式足以使其成为一项基础专利。

7-3-2（单一专利）"标准的权利要求"和"遵守百分之九十规则的权利要求"是显著不同的。"标准的权利要求"是可以通过通常的专利申请准备和审查的权利要求。"遵守百分之九十规则的权利要求"是只有经过增加足够的修改和限制，以最终使其创新点区别于现有技术的，才能获得批准的权利要求。"遵守百分之九十规则"的权利要求不仅仅是获得了批准，而且对于有效性挑战具有足够的抵抗力，因为创新点是基于区别于现有技术的清楚和狭窄的创新点。然而"遵守百分之九十规则"的权利要求存在 3 个缺点：①保护范围狭窄，不太可能被侵权；②侵权发现困难；③容易被规避设计。在该案例中，权利要求 48 显然是"遵守百分之九十规则的权利要求"的典型情况。

7-3-3（单一专利）如果所有术语在现有技术中众所周知，关键权利要求术语的定义并非必需。当前的专利就是这种情况。创新之处不在于某个权利要求术语的改变，而是推翻通常的技术方法。现有的方法教导"让我们尽力压缩数据"。该专利中的方法提出"让我们进行合理程度的压缩，但是可以在保留语音质量的同时继续以更低速率传输数据"。这种方法，不需要使用新颖的独特权利要求术语，也不需要改变现有技术中众所周知的权利要求术语的标准含义。

7-3-4（单一专利）不同权利要求的平行权利要求结构需要准确的平行权利要求语言。要求可能看上去非常明确，但是在很多情况下都未被遵守。方法权利要求 1 使用短语"数字化语音采样"，然而平行的设备权利要求 18 和组件权利要求 29，使用术语"声音信号"。术语之间的不同破坏了权利要求之间的平行原则，因为权利要求涉及不同的东西。如果专利权人的意图在于使用权利要求平行原则去最大化一个创新点的保护，则该意图是失败的，并未获得最大程度的保护。由于不同权利要求之间的术语转换，平行的权利要求模糊。后果是，该专利中本来可以非常突出的权利要求多样性被破坏了，因为方法权利要求"谈东"（"数字化语音采样"），而结构权利要求——包括设备和组件——则在"言西"（"声音信号"）。当您自问"怎么知道我的专利质量如何"时，应该先自问一下"我是否在为权利要求多样性建立平行权利要求"。如果回答是肯定的，则确保权利要求的语言实质上是平行的。实质上专利 US5414796 中的权利要求 1、18 和 29 正是这一点没有做到。

7-3-5（单一专利）同一个权利要求中的术语转换会引起灾难性的后果。同一个权利要求中术语转换的结果是"竖向权利要求模糊"。现在发生的情况就是这样。独立权利要求 18 和 29 使用术语"声音信号",然后令人费解地转换为"数字化语音采样"。这种术语上的转换本身造成了模糊。更糟糕的是,使用的术语不仅仅是"数字化语音采样"——这可能还可以通过某种方式解释——而是"所述数字化语音采样"。词语"所述"是一个专利术语,含义是"指代在同一权利要求中已经引入的术语,再进行附加的限制"。但是,如果在同一权利要求中不存在在前的参考,"不确定性"情况就会产生,违背了 35 USC sec. 112(2)的要求。如果法庭确信任何人清楚知道其实际意图,则法庭可能恢复这项否则"不明确的权利要求"。但是,这里的问题是 2 个术语"声音信号"和"数字化语音采样"之间存在冲突,前一个术语似乎同时包括"数字化语音"和"背景噪声"。结果是非常难以搞清权利要求 18 和 29 覆盖的是什么。如果这项专利涉及诉讼,则 2 项权利要求及其从属权利要求都会被无效的情况明显有可能出现。这个灾难性的后果会导致大多数权利要求被无效,原因在于权利要求术语的转换以及因为单个词语"所述"造成的不明确性。

7-3-6(单一专利)受困于权利要求灾难性失败的专利可能仍旧是有价值的。即使权利要求 18 ~ 47 被无效了,权利要求 48 过于狭窄以至于没有什么价值,方法权利要求 1 ~ 17 依然会存活下来,存在于专利 US5414796 的价值大多可以得以保留。外部事件(如第五章讨论的专利 US5774670 延迟申请)可以摧毁整个专利及其所有权利要求。与此不同,专利内部事件(如权利要求 18 和 29 的术语转换)可能摧毁的只有依赖于该术语的所有权利要求,而不影响其他权利要求。

关于专利组合的启示:

7-3-1(专利组合)科技公司必须确定关于专利的战略焦点。Qualcomm 是一个激进的专利开发者和许可者。我们可以根据它在研发方面的多年投资规模、在专利上的投资规模、专利组合、来自技术许可的收入以及来自技术许可的利润,作出这样的判断。我们也可以根据例如研发投资/收入、专利投资/研发投资、技术许可收入/总收入,以及许可利润/总利润的基准比例作出这样的判断。在所有这些基准中,Qualcomm 的数据都远远高于科技类公司的平均水平。所有这些信息和公司聚焦于激进的技术开发和许可的战略保持一致。

7-3-2(专利组合)一个优质的专利组合匹配其所有权人的战略焦点。Qualcomm 的专利组合拥有至少 40000 项专利,也可能更多,从地域上看分布在其关注的多个国家。在时间方面,Qualcomm 在 20 世纪 80 年代晚期和 90 年代早期,也就是在 CDMA 技术的早期,进行了大量的投资,而且该公司仍在持续不断地每年产生数项专利。根据专利组合的 3 个测度,即①专利组合的绝对规模、②专利组合的地域均衡性，以及③专利组合的时间均衡性，Qual-comm 的专利组合支持它的战略焦点。

关于 Qualcomm 专利组合的问题是其关键专利的质量和保护范围。笔者在这里讨论的只是 Qualcomm 被大量引用的专利之一。❶ 如果对该专利组合进行全面的评估，则至少先要识别专利组合中的关键专利，随后还要评估这些关键专利的权利要求。无论评估的结果是什么，很清楚的是 Qualcomm 付出了巨大的心血，渴望创造专利组合的质量和保护范围可以支持其许可活动。❷

7-3-3（专利组合）为了保持专利组合的价值，专利活动必须持之以恒。这可能是显而易见的，但是许多公司在一个集中的时间段投身于爆发式的专利活动，然后就停止了努力。这可能是正确的，例如，前面讨论的 Silanis 公司。尽管暂停专利活动是可能的战略方法，但其不可避免地会降低专利组合覆盖的保护范围和质量。Qualcomm 持久地实行激进的专利战略，在专利方面进行了持续的投资。不是任何公司都能模仿 Qualcomm 的方法，但是每家公司都应该定期评估它的战略，并且对如何专注于持续的专利活动作出决策。无为而治是一个合理的选择，但是这应该是一个充分考虑后的决策，而不只是随波逐流。

7-3-4（专利组合）以技术标准为着眼点的专利活动时间选择可以影响专利组合的价值。在 Qualcomm 的专利中，具有最多前向索引的 10 项专利，都是在 1986～1993 年申请的，并且在 1990～1995 年授权的。这 10 项专利的申请均发生在 CDMA 技术标准的发表时间 1993 年 7 月之前。这些专利均在第一个 CDMA 系统第一次被部署之前，即 1995 年 9 月在中国香港的部署之前，获得授权。可以看出，Qualcomm 有意识促成 CDMA 标准，并且获得关于标准的专利。建立专利与标准之间的相关性，并且在标准公开之前进行申请，可以强化专利组合的价值。❸

---

❶　实际上，截至 2013 年 5 月 22 日，至少 7 项 Qualcomm 的专利具有比 US5414796 更多的前向索引，至少有 9 项 Qualcomm 的专利具有比 US5414796 更多的前向它引。

❷　Qualcomm 一直是先进技术的首要开发者和许可人。和许多涉足于技术货币化的公司类似，Qualcomm 发现它的许可活动有时会遭遇挑战。对于 Qualcomm 专利活动基于 FRAND 许可的英勇抵抗，作者 Stéphane Tronchon（Qualcomm 的知识产权政策主管）曾有撰文描述，该文发表在 Claudia Tapia 的著作中，参见 *Industrial Property Rights*, *Technical Standards and Licensing Practices*（*FRAND*）*in the Tele-communications Industry*, Carl Heymanns Verlag, Cologne（2010）, at pp. 269-280。这是一本关于 FRAND 许可法律问题的优秀图书，在附录中附有一些极好的主要原始资料。图书作者，根据现在的了解，全名是 Claudia Tapia Garcia, 她是文章 "Patent Application Prioritization and Resource Allocation Strategy" 的共同作者，此文在前引用过。

❸　与标准"相关"不同于对标准"必要"。笔者在第六章讨论了专利"必要性"，也可参考笔者以前的图书，*Technology Patent Licensing*, op. cit. in Chapter 3, pp. 88-141。

第三篇

总　结

第八章
总　结

第八章对于前面各章的主要观点进行了总结。这些主要观点包括第一章中关于专利的基本概念、第二章中专利评估的方法，以及第三章至第七章中关于专利和专利组合的"经验启示"。这些主要观点在第八章中呈现为一问一答的形式，并且按照逻辑主题进行了分组。

Ⅰ. 优质专利的基本特征（"问题 & 回答"1~6）

Ⅱ. 何为有价值的权利要求？（"问题 & 回答"7~23）

Ⅲ. 何为权利要求的充分支持？（"问题 & 回答"24~29）

Ⅳ. 什么能摧毁专利的价值（"问题 & 回答"30~31）

Ⅴ. 专利组合的评估（"问题 & 回答"32~45）

Ⅵ. 终极考虑（"问题 & 回答"46~48）

Ⅰ. 优质专利的基本特征

问题1：何为优质专利？

参考前言中的图1，一项"优质"专利具有两个特征：

- 优质的权利要求。
- 说明书正文对于权利要求的充分支持。

满足这两个标准的专利是一项撰写得有质量的专利，具有给定专利保护主题下合理宽度的保护范围。但是，一项"优质专利"本身不是一项"有价值的专利"。

一项有价值的专利不仅是一项优质的专利，还需要现在正被侵权或者在不久的将来会被侵权。同时，也不存在"摧毁专利价值的外部事件"。一项专利如果满足所有这些标准——优质的权利要求、充分的支持、被侵权，以及不存在摧毁价值的外部事件——就具有"真正价值"。

如果经市场和金融研究发现有对于权利要求大量侵权的存在，则该专利将进一步成为"高价值专利"。

本问题的回答总结了全书的内容，剩下的不过是进一步的解释。

问题2：专利价值和专利质量是否有区别？若有，区别为何？

当谈到专利，许多人交替使用术语"质量"和"价值"，好像它们是同义词。这两个术语并不相同，应该进行区分。

一项"高质量"专利是一项"优质"专利，意味着其具有优质的权利要求（权利要求是有效的，并且其保护范围在合理的情况下尽可能宽泛），具有说明书正文对于权利要求的充分支持（尤其是，对"关键权利要求术语"进行了清楚的解释）。这只意味着专利撰写非常好，并非专利就具有价值。

价值是质量的强化，要求存在重大的侵权行为，以及不存在摧毁专利价值的任何外部事件。

问题3：评估专利的关注点

"权利要求是根本。"理解权利要求，并且确定说明书正文和附图对于权利要求是否提供了充分支持。

对于权利要求，至少对于每一个独立权利要求，应该进行 VSD 分析。要完成这样的分析，您应该：

① 对于每一项独立权利要求定义创新点；

② 识别每一项独立权利要求的关键权利要求术语；

③ 确定关键权利要求术语是否得到支持，形式为定义、示例、附图特征以及其他在说明书正文中的解释。

问题4：判断专利优劣的必须关注点

为了评估专利权利要求以及是否能得到支持，必须至少检查：①专利本身；②美国专利商标局的审查历史。综合考虑，它们会提供依据确定专利是否是优质的。尽管只有这些还不够，因为它们没有考虑"外部事件"，但是专利本身及其审查历史是必要的出发点。

问题5：评估专利审查历史的关注点

关注以下内容：

① 对于权利要求所作的任何修改；

② 每一次拒绝（rejection），无论是不是美国专利审标局的"最终拒绝"（它们被称作"审查意见"）；

③ 申请人对于拒绝意见的辩论和解释；

④ 期末放弃，如果存在的话；

⑤ 建议性审查意见，如果存在的话；

⑥ 授权通知书；

⑦ 专利审查员引用的现有技术。

换言之，评估可能是对权利要求造成实质影响的审查历史中任何一部分进行。

当您阅读审查资料，尝试着去确定①是否有任何权利要求未获批准及其原因（其中"未获批准"意味着审查员"拒绝"（rejected）或者"驳回"（objected）了一项权利要求），②权利要求是否进行过修改，③申请人是否作出可能会限制权利要求的放弃或其他让步，④在授权通知书中，确定为什么审查员选择批准这项权利要求。

根据笔者的经验，评估审查历史，在最初的几次会感觉非常困难。如果评估的次数多了，您就会感到非常适应了。但是，这确实是一个具有巨大复杂性的领域，您应该在得出关于审查历史的意义和影响的最终结论之前，考虑咨询一位专利代理师。然而，您的预备工作可以节省时间和金钱，同时给您评估和使用专家指导意见提供更好的基础。

问题6：只通过代理型的某些考虑因子，例如权利要求数量、前向索引数量去评估专利，可否代替全面的评估？

这个问题实际上在问代理式基础分析（PFA）和专家式基础分析（EFA）的区别。代理式基础分析基于可以自动化方式实施的因子，而专家式基础分析需要人工评估。两者的区别在第二章进行了解释。

专家式基础分析质量要比代理式基础分析高，但是专家式基础分析在技术专家和法律专家的咨询上要花费更多的时间和金钱。当一项专利或者一组专利，因为面临出售、许可、诉讼，或者公司知识产权的价值在进行评估时被认为是重要资产或者具有潜力的资产，专家式基础分析才有意义。这可能看起来涵括太多的情形，但实际上多数分析不是深入的专家式基础分析。更确切地讲，多数分析或者是自动的代理型分析，或者是简化的专家式基础分析（经常每个专利持续时间不超过2~5分钟）。因为专家式基础分析成本高昂，代理式基础分析在专利分析中扮演了重要的角色。

代理式基础分析是不完美的，无法达到深入的专家式基础分析的质量。但是，某些因子，或者"指标"，预示专利可能是优质的，因此可以作为专家式基础分析的候选对象。笔者已经提出几个可能的指标，可能无法证实但是可以强烈暗示专利的价值。诉讼胜利、以不菲的价格售出、重要技术标准的必要性、重要技术领域和市场需求的基础性——所有这些都可以进行自动处理。它们没有一项证明专利的价值，但是暗示专家式基础分析可能发现其价值。

当评估之质量至关重要的时候，经验丰富的人工评估者的深入评估是不可替代的。对于这样的评估，无论是由您本人还是会同他人完成，提供相应的帮助正是本书的目的之一。

II．何为有价值的权利要求？

问题7：何为优质的专利权利要求和何为有价值的专利权利要求？

一项"优质专利"是一项可能有效的专利，其专利保护范围对于相关保护主题要尽可能合理地宽泛。一项"有价值"的权利要求是一项创造其"价值"的优质权利要求。价值的前提有3个：

① 专利所解决的技术问题的重要性；

② 专利保护主题的市场规模；

③ 专利权利要求提出的解决方案的简单易行。

市场和技术对于判断专利价值是重要的。但是，不要忘记在专利法中，专利权利要求才如同桥牌中的王牌——它们优先于市场的规模和专利解决的技术问题。一项专利，即便具有早期的优先权日、很好的市场，并且解决重要的技术问题，它也会被"将军"。也就是说，其专利权利要求会被无效，如果专利权利要求关键术语的定义存在严重问题的话。实际上，质量很差的专利，由于脆弱的权利要求，其不可能有重要的价值。

参考第七章7-1-2的启示，在确定专利价值的过程中，市场规模和技术重要性可以克服权利要求的细小问题，但是参考第七章7-1-3的启示，它们无法克服权利要求中的重大问题。

这三样东西——所解决技术问题的重要性、市场规模以及权利要求提出的解决方案——适用于任何类型的专利，无论是其创新是突破性的还是改进型的。

问题8：为何专利所解决技术问题的重要性是专利价值的考虑因素？

这是在案例中出现数次的启示。第七章中的所有基础专利——包括 Check

Point Software 公司、Scientific Atlanta 公司/Silanis Technology 公司以及 Qualcomm 的专利——都分别在相应的领域内，例如电子防火墙、电子签名、蜂窝通信的语音编码领域，解决了重大并且迫切的技术问题。

相反，第六章讨论的，被确定为 MPEG – 2 和 W – CDMA 必要专利的所有专利，包括 Philips 公司、Sharp 公司和 Siemens 公司的专利，只提供了渐进型的改进。第六章的专利是有价值的，但是并非"基础的"或者突破性的专利，这是因为所讨论的技术问题重要性在下降（Philips 公司的案例，与光盘有关），或者因为虽然解决的技术问题是重要的，但是解决方案是改进型的（Sharp 公司和 Siemens 公司的案例，与蜂窝通信功率控制的微小改进有关）。具有渐进技术改进的专利可以是高质量的，也可以作为专利组合的一部分提高经济价值，但是一般这样的专利在许可和诉讼程序中并不占优。

问题 9：未曾阅读专利，是否通过技术领域就可以判断专利价值可能不高？

本书聚焦信息通信技术（ICT）专利，并非生物化学制药（BCP）专利。生物化学制药专利可能极其有价值，但不是这里的关注焦点。在信息通信技术领域，半导体和生产工艺专利往往问题较大，尤其是侵权行为的发现通常非常困难。这并不意味着专利是无价值的，实际上在半导体领域存在某些法庭支持的巨额赔偿的判例。❶ 然而，确定这些专利的价值是相对困难的，原因是侵权行为难以发现。但是，如果发现侵权行为的困难可以克服的话，那么在半导体和生产工艺专利上不存在不正常和令人困惑的事项。

问题 10：技术领域可否为专利价值增彩？

第二章第 V 节讨论了"技术拐点"。存在两种技术拐点。第一种是现有技术中因为处理方式的改进，系统性能得到了极大改进的时候。第二种是当前典型技术转为使用新型技术时。著名的案例见于运输、有线通信、无线通信以及互联网领域。

新技术不是变魔术，而是有计划的工作。在许多情况下，分析者和评估者可以预测新的技术拐点。如果您创造了或者购买了具有早期优先权，并且有力覆盖技术拐点的专利，您可能会创造巨大的专利价值。

---

❶ 在最近的半导体判例中，*Carnegie Mellon University v. Marvel Technology Group*，*Ltd.*，*and Marvel Semiconductor*，*Inc.*，*U. S. District Court*，*Western District of Pennsylvania*，*No.* 09 – 00290（*decided December* 26，2012），因为 2 项专利均有 1 项权利要求被侵权，陪审团支持了原告 11.7 亿美元的索赔。尽管在半导体案例中，侵权行为的发现相对困难，但该案例中提出了诉讼，并且获得了胜诉。

问题 11：为何市场规模是决定专利价值的考虑因子？

关于"市场规模"，笔者的意思在于："谁在侵权"以及"谁会在不久的将来侵权"。"不久的将来"并无可以接受的定义。有的人选取"3 年"作为时间界限，但是这依赖个人的时间范围和对于风险的容忍度。在特定案例中，无论"不久的将来"如何定义，您可以确信两件事情：①如果现在不存在侵权，并且在不久的将来也无法期望出现侵权，则不存在市场，因而不存在市场规模，专利不具有金融价值，无论专利是否是高质量的；②如果现在不存在侵权，但是可以期望在"不久的将来"出现侵权，则该专利将具有价值，但是专利的价值会因为侵权可能不会实际发生的风险而打了折扣。

当您试图确定是否存在，或者即将存在侵权行为，不要忘记侵权可以是直接或者是间接的。记住在判例 *Broadcom v. Qualcomm* 中，Broadcom 的专利 US6714983（第四章启示 4 - 1 - 7）获胜的主要原因在于双重威胁，包括来自 Qualcomm 的非直接侵权和来自 Qualcomm 客户的直接侵权。同时考虑一下 Ballantyne 的专利 US5133079（第五章启示 5 - 1 - 6），存在有线电视客户可能直接侵权的严重威胁，进而造成线缆设备和线缆系统控制器的供应商负有间接侵权责任。❶

当您试图确定专利的价值时，请尝试考虑所有可能的侵权者，包括直接和间接，现在和不久的将来。

问题 12：如何理解"权利要求中技术方案的简洁与优雅"？

笔者的意思在于权利要求在 VSD 的评估中表现良好。

问题 13：何为 VSD 评估？

这是评估专利中权利要求质量的方法。"VSD"是短语"*Validity, Scope of coverage, and Discoverability of infringement*"（有效性、保护范围、侵权行为的可发现性）首字母的缩写词。对于 V 项、S 项和 D 项的评分，是专家式基础分析的典型结果，是人工评估者的分析值。

在执行 VSD 分析的过程中，记住有效性和保护范围是天生的敌人。一项具有极大保护范围的专利可能看上去是一项很棒的专利，但是遗憾的是，具有

---

❶ 引申一下，CAFC *Akamai* 的主要观点创造了关于法定责任的全新理论，即"非直接侵权责任（特别是诱导侵权），其中不存在直接侵权"。法律上的这种改变增加了为了确定专利价值的考虑因素，包括可能的直接侵权和可能的非直接侵权。

这样保护范围的权利要求在诉讼中往往受制于有效性的挑战。相对地，专利权利要求的范围可以撰写得非常狭窄，从而几乎肯定有效，但是最终会受制于"专利申请的百分之九十规则"，造成权利要求对于发现和追诉侵权行为实质上没有任何价值。

关于有效性和保护范围之间的紧张关系，判例 *Broadcom v. Qualcomm*，US6714983 是一个完美的示例（启示 4 - 1 - 5）。在该案中，专利的所有权人作为原告，争辩应该给关键权利要求术语"不同"一个狭窄的定义，然而被告争辩应该给予该关键权利要求术语一个宽泛的定义。为什么原告和被告在专利诉讼中的站位和典型情况截然相反？双方清楚如果该权利要求关键术语被进行宽泛的解释，该权利要求极有可能会因为缺乏新颖性被无效掉。换言之，Broadcom 争辩的是一个较窄的保护范围以保证更大可能的有效性，而 Qualcomm 争辩的是一个更宽的保护范围以保证更大可能的无效性。法庭对词语"不同"进行了较窄的解释，在最终的和解过程中，Qualcomm 付给 Broadcom 8.91 亿美元（假设法庭对"不同"进行了宽泛的解释，权利要求可能已经被无效，Qualcomm 对 Broadcom 不承担任何支付义务）。

问题 14：何为专利权利要求审查百分之九十规则？

这个规则的含义在于，经过审查获得一项专利权利要求的可能大约是90%，但是最终的权利要求因为修改和其他限制，保护范围如此狭窄，以至于无助于证明任何侵权的目的。这样的权利要求可能会被批准，但是保护范围非常狭窄，因为①可能不会有人侵权或者将会侵权，②如果确有侵权，您无法知道，③即使您确实发现了侵权行为，侵权者将极有可能通过规避设计绕过侵权行为。

专利 US5414796 中的方法权利要求 48［启示 7 - 3 - 2（单一专利）］，可能是服从这个规则的权利要求示例。该示例非常有启发性，因为平行权利要求，方法权利要求 1，具有比权利要求 48 大得多的保护范围。

问题 15：何为专利权利要求的重要部分？

权利要求有 3 个组成部分，均是重要的。

权利要求组成部分①：前序。对于简要的前序，除了主题的基本介绍，细节不多，几乎总是好的。例如，在 AT&T 的专利 US6487200 中（启示 3 - 1 - 1），完整前序为"电话系统"。这个前序介绍了主题，但是不包含任何细节。前序中的细节带来的麻烦是有时它们变成权利要求的一部分（如果这些细节引入了权利要求特征部分讨论的权利要求术语），而有时它们又不是权利要求的一部分，在诉讼之前您无法 100% 确定，法庭是否会将前序中的细节解释为权利要求的一部分。混乱的局面可以通过省略前序中的细节避免，将它们放入权利要求的主体部分。

这里有一个示例，第一眼看上去，似乎和笔者刚才所言恰好相反。在判例 *Uniloc v. Microsoft* 中（启示 3 - 2 - 1，US5490216，权利要求 19），完整的前序为"远程注册站"。权利要求的特征似乎同时包括服务器端特征（如远程身份信息 ID 生成手段）和客户端特征（如当地 ID 生成手段）。Microsoft 的第二个理由，如第三章提到的，实质上是一个分离式侵权理由。Microsoft 声称其并不控制本地特征，由于这些特征并不满足，因此不存在直接侵权行为。CAFC 支持了原告 Uniloc，法庭声称原因在于整个权利要求为"远程注册站"，前序已经作出了这样的设定，而这样的工作站实际上被 Microsoft 提供和使用。因此将特征划分为"客户端"（"当地"）和"服务器端"（"远程"）的做法并不相关。因为如前序所叙，这只是被 Microsoft 控制的单一工作站。前序中词语"远程"的添加使 Uniloc 的争辩获得了成功。

但是，这个判例并不有违通常的规则，因为 *Uniloc v. Microsoft* 的出路可能很容易是另外一个方向，导致原告获胜的术语出现在前序中（不适当地），而不是出现在权利要求的主体中（本该如此）。如果该术语出现在权利要求主体中，毋庸置疑，原告不必争论就可以获得支持（实际上，Microsoft 几乎肯定不会作出这样的争辩）。再一次，您无法在诉讼之前确定法庭如何解释权利要求的前序部分。如果您在前序中添加了细节，您无法确定法庭是否会将这些特征包含在权利要求中（在 Uniloc 中法庭是这样做的）。更好的做法是，将所有细节放入权利要求的特征中，而不是前序部分。

权利要求组成部分②：连接词。在一个信息通信技术专利中，不采用标准的权利要求连接词"包括"（comprising）是毫无益处的做法。这是一个"开放式"（open - ended）连接词，含义在于不仅包含权利要求的任何内容，而且任何其他内容的添加不会改变对于侵权行为的判断。相反，"封闭式"（closed - ended）的连接词，例如"由……构成"（consisting）和"本质上由……构成"（consisting essentially of）可能适合生物化学制药专利，但是不应该出现在信息通信技术申请中。短语像"具有"（having），不一定会被解释为"包括"（comprising），不应该被使用，因为它们是模糊的，不如"包括"（comprising）。

如果笔者看到一项信息通信技术专利的独立权利要求中具有连接词"由……构成"，笔者对专利价值的评价会大打折扣。如果笔者看到独立权利要求中的任何连接词可能不是"包括"，而是例如"具有"等，笔者将会进一步观察，但是对于权利要求的保护范围一定会产生疑问。

权利要求组成部分③：特征。"连接词"之后的任何内容都被称为权利要求的"主体"部分。权利要求限定部分的任何内容，包括每一个词语和每一个标点符号只属于权利要求的一个"特征"。所有的前序、连接词、权利要求特征都会决定权利要求的有效性、保护范围和侵权行为的可发现性。但是，对于一个精心撰写的权利要求，有效性、保护范围和侵权行为的可发现性都只取决于权利要求的特征，而不是前序和连接词。

问题 16：专利权利要求如何分类？

分类的方法有数种，在此笔者只提两种。第一，权利要求或者是独立权利要求（意味着它们不引用任何在前的权利要求），或者是从属权利要求（意味着它们引用一项或多项在前的权利要求）。专利评估通常主要，甚至专门聚焦于独立权利要求。独立权利要求决定了专利权利要求的有效性、保护范围和可发现性。只有从属权利要求引用的独立权利要求无效或者不可实施时，从属权利要求本身才会苏醒，意味着它变得相关。人们有时会说，独立权利要求创造专利的宽度，而从属权利要求决定了专利的深度。

权利要求的第二种分类方式是区分方法权利要求和结构权利要求，其中结构权利要求可以是系统、制品（例如设备和装置）或者组件。一项优质的专利在具有方法和结构权利要求的"完美混合"时，被称为具有"好的权利要求多样性"。

问题 17：优质独立权利要求有哪些特征？

关于优质的独立权利要求，我们可以提几点。

① 典型的优质独立权利要求非常简要，特征比较少，并且每个特征的单词也很少。一个非常好的示例是 Qualcomm 的语音编码器专利 US5414796 中的权利要求 1 和 48。这两项权利要求的主题名称相似，但是权利要求 1 具有 4 个特征和 116 个单词，而权利要求 48 具有 11 个特征和 221 个单词。

另一个例子是"Jepson 权利要求"。许多美国的专利从业者不喜欢这种权利要求，因为它具有列举现有技术的缺点。但是它也有优点，一个权利要求特征就可以明确地聚焦改进现有技术的创新点。考虑一下 US6430398 中的权利要求 1 和 US6549785 中的权利要求 1（启示 6 - 1 - 1）。这种类型的权利要求，一般不会出现在来自美国的专利中，但经常出现在来自欧洲的专利申请中。二分法权利要求清晰阐释了期望独立权利要求中特征更少的想法。

即使一项具有很多特征和/或很多单词的冗长权利要求，也可以是优质的。如果其特征非常上位（含义简单清楚），并且如果描述功能和结构的特征是您总期望在权利中描述方法和产品时看到的。AT&T 专利 US6487200（启示 3-1-3 和启示 3-1-4），提供了很好的示例。

② 一项优质的独立权利要求应该只有一个创新点。如果有两个或更多创新点，则权利要求撰写得过于狭窄。第二个创新点不是必需的，应该单独撰写一个权利要求。不仅如此，作为权利要求被批准依据的创新点可能不是专利权人开始所设想的，这一点我们可以参考 Siemens 公司专利 US6885875 的权利要求 25（启示 6-2-2）。当您撰写权利要求时，每一项独立权利要求只应包含一个创新点。当您分析权利要求时，应该期望在一项精心撰写的独立权利要求中只看到一个创新点。

③ 一项优质的独立权利要求不会混用方法和结构特征。之所以不要这样做，是因为根据 35 USC sec. 112（2）会造成"不清楚"，导致权利要求无效。❶ 但是还是存在下列情况。

a. 方法权利要求在某种产品上运行，而该产品必须在说明书正文中和附图中进行解释，以对方法权利要求提供支持。

b. 结构权利要求产生某种效果以执行技术方案。尽管结构权利要求可以没有方法特征，它们可以有"结构标签"，通常是描述当下状态的动词，例如"适于……"（adapted to）、"配置成……"（configured to）、"设定为……"（set up to）、"设计为……"（designed to）等。判例 *Broadcom v. Qualcomm* 中，专利 US6714983 的权利要求 1 的特征［2b］（启示 4-1-4），具有产品修饰语"适于……"，该标记对于挽救该权利要求以及 Broadcom 胜诉至关重要。

如果您使用结构标签，请坚持使用标准术语，不要拼凑使用例如"准备……"（ready to）、"试图……"（intended to）等。当众所周知的、广泛采用的替代词可以采用时，为什么还要使用不标准的术语，以至于让您的专利陷入风险之中呢？

问题 18：为何要撰写从属权利要求？

如果专利中要紧的内容只有独立权利要求，究竟为什么还要撰写从属权利要求？从属权利要求看上去没有用处。然而实际上，诉讼中经常发生独立权利

---

❶　实际上，任何混合使用方法特征和结构特征的权利要求本身是不明确的，因此无效。这一点对于独立和从属权利要求都成立。对于从属权利要求，尽管很少发生，但可能会出现从属权利要求在独立结构权利要求上添加了一个方法特征，或者在独立方法权利要求上添加了一个结构特征的情况。US5606668 就是这种情况，其中的从属权利要求 25 引用方法独立权利要求 24，添加了一个新的方法特征。权利要求 24 是一个系统权利要求，不是方法权利要求，这意味着权利要求 25 的引用部分是错误的，权利要求 25 可能因为在同一权利要求中混合使用结构和方法特征被无效。这样的事情不是经常发生，但是确有发生。

要求被无效的情况，被无效的独立权利要求的从属权利要求会变成新的独立权利要求。例如，在 ITC 判例 *Trend Micro v. Fortinet*（第四章）中，当权利要求 4 被无效后，权利要求 8 变成新的独立权利要求。同样，在 Netscape/AOL/Microsoft 专利 US5774670（启示 5 - 2 - 3）中，权利要求 1 被法庭无效，但是从属权利要求 2~8 得以保留，每一个都变成了独立权利要求。❶

不要忘记，以从属权利要求替代独立权利要求，只会发生在现有技术破坏了独立权利要求而没有无效从属权利要求的情况下。但是，如果问题不是现有技术，而是权利要求 1 中定义糟糕的关键术语，则权利要求 1 的缺陷会传导给所有的从属权利要求，从而导致整个权利要求组合——而不仅仅是独立权利要求——无效。

这是为什么关键权利要求术语正确定义至关重要的原因之一，缺乏这样的定义也是构成"糟糕"专利特征的原因之一。

问题 19：何为创新点？随之会产生什么问题？

创新点是专利权利要求中代表创新性的那部分内容，也就是专利审查员据以批准专利、实质上的创新之处。

每一项独立权利要求应该有且只有一个创新点。不仅如此，每一个从属权利要求，就是它自己的创新点。只有在引用的独立权利要求相对于现有技术因缺乏新颖性或者被认为显而易见而被无效时，从属权利要求发生才会作用，用来抓住侵权的被告。

尽管每项独立权利要求应该只有一个创新点，但逆命题并不成立。并不能说每一个创新点只能有一项独立权利要求。实际上，同一个创新点对应的独立权利要求越多，同一创新点的"权利要求多样性"越大，创新点以某种形式生存的概率越高。在 TiVo 的专利 US6233389（启示 3 - 4 - 2）中，存在 4 项独立权利要求，但是都聚焦于同一个创新点，都与数字视频录制器的功能有关。在 *TiVo v. EchoStar* 的判例中，TiVo 因为这四项权利要求中的两项，即所谓的"软件权利要求"被侵权，赢得 5 亿美元赔偿。同一个创新点的权利要求多样性对于 TiVo 来说，被证明是非常有价值的。

当在撰写一项优质的专利时，您必须定义每一个创新点，然后为每一个创

---

❶ 关于专利 US5774670，笔者在第五章中谈到所有权利要求的有效性因为提前公开的问题都是存在疑问的，提前公开的问题正是法庭无效权利要求 1 的理由。这一声明是成立的。但是关于这项专利的诉讼在对权利要求 2~8 作出裁决之前就结束了。因此，除非或者直到作出这样的判决，这些权利要求都会得以保留，并且因为独立权利要求 1 被无效，还会全部变成独立权利要求。

新点撰写一项或者多项独立权利要求，每一项独立权利要求中有且只有一个创新点，但是每个创新点要有尽可能多满足需要的独立权利要求。

当您分析一项专利并且追问："如何知道专利的质量？"时，可以自问："每一项独立权利要求的创新点是什么？"或者"基于专利权人认定的创新性内容，是否每个创新点都有至少一项独立权利要求？"如果专利中描述的创新点没有出现在权利要求中，则根据法律，该创新点已经被专利权人捐献给了社会公众。这对于社会公众是有益的，但是对专利权人无益。如果您在专利中定义了一个创新点，那么请确保您要求了相应的保护。

如果您在撰写一项专利时关于创新点遇到了困难，一项有时被使用的创造性技术是对于标准技术方法反其道而行之，然后来评估结果。例如，Qualcomm 的专利 US5414796 就是这种情况，它的增值点不在于提供提高压缩比，而是以稍微降低的压缩比换取语音质量的显著提高。

问题 20：如果专利撰写使得定义发明的创新点产生，是否意味专利的撰写者可以取代发明人？

这是一个好问题，原因在于它突出了专利申请过程中一个非常重要的方面。答案是否定的，发明者作出了发明，而不是专利的撰写者，但一个好的专利撰写者不限于为所描述的发明提供书面材料。专利撰写者工作的重要部分在于挑战发明人的设想，并且提出发明实现方式的替代方案——发明可以实施的不同途径。撰写专利的行动是一个创造性的过程，在其中，撰写者必须利用文字和附图抓住并且呈现发明。这一切的完成，尤其要通过撰写者选择用于权利要求的"关键术语"，并且确保这些术语在专利中进行了充分的解释。权利要求的保护范围，即法定保护范围，深刻依赖撰写者对于支持发明创新点的关键权利要求术语的选择和定义。

问题 21：何为权利要求的关键术语？专利的何处对这些术语进行解释？

权利要求的关键术语是专利权利要求中有助于定义权利要求的重要术语。尽管关键权利要求术语可以是一个技术表述，但其通常是一个普通非技术词语，该词语在专利上下文中非常重要。

关键权利要求术语通常在附图、说明书正文中单独或者同时进行解释。这一点将在后面的第Ⅲ部分进行讨论。权利要求中的关键术语也可以根据该术语在不同权利要求中的使用进行解释，这一过程被称为"权利要求区别"。这一点也将在后面的第Ⅲ部分进行讨论。

问题 22：如果权利要求无效，专利是不是毫无价值？

可能如此，取决于失效的原因。由外部事件所造成的权利要求无效通常是灾难性的——整个权利要求组均被无效，并且经常整个专利失去价值。Netscape/AOL/Microsoft 专利 US5774670（启示 5 - 2 - 1）是一个很好的示例。尽管法官 Ellis 只无效了独立权利要求 1，让从属权利要求 2~8 和专利中许多其他权利要求得以保留，但无效的原因在于提交申请一年前，包含该发明的产品已经被售出。无效的原因使得专利中的每一项权利要求都陷入危险境地，该案此后不久进行了和解。❶

因为外部事件造成灾难性后果的另一个例子是"潜水员的声音报警"，也就是 US5106236（第四章的附加启示 4）。在该判例中，因为未向美国专利商标局提交现有技术，整个专利可能都已经不可实施。尽管法庭没有如此判决，但依然存在这样的可能。

相比于灾难性的外部事件，内部事件的后果不总是很清楚。如果所有权利要求被发现无效或者未被侵权，那么后果当然会是覆盖甚广的。但是，在很多情况下，重要的权利要求可以存活下来，但是其他权利要求被无效。假设被推上了法庭，Qualcomm 的专利 US5414796（启示 7 - 3 - 6）的大多数权利要求是可能被无效的，但是该专利可以基于幸存的权利要求而保存住它的大部分价值。

问题 23：是否存在无关紧要的错误？

可能令人吃惊，即使专利撰写中出现的严重问题有时也不会影响专利的价值。在判例 *Uniloc v. Microsoft* 中，Uniloc 专利 US5490216（启示 3 - 2 - 2）的独立权利要求 19 使用了一次非标准的词语"包括……"（incorporating）作为权利要求前序和特征部分的连接词，使用了两次非标准词语"包含……"（including）作为一项权利要求特征到另一项权利要求特征的连接词。这些用法是错误的，因为会导致法庭或者 ITC 的质疑。如果使用传统的术语"包括"（comprising），这些质疑就不会被提出。尽管在该案中，这些非传统的连接词未曾在诉讼中对权利要求造成损害，但它们的使用显然缺乏慎重思考。

另一个示例是 Ballantyne 专利 US5133079（启示 5 - 1 - 1），其中关键权利要求术语"接收手段"没有清楚解释，为独立权利要求 8 的有效性布下疑云。进

---

❶　假设进行另外的诉讼，所有的权利要求将处于被无效的危险。原告可能成功挽救某些权利要求，但这不确定。

一步来说，因为权利要求 8 的问题是独立权利要求的特征定义不清楚（缺乏提供支持的产品），该独立权利要求的所有从属权利要求——权利要求 9 ~ 16 ——的有效性也存在疑问。换言之，因为特征功能性限定权利要求的术语"接收手段"缺乏清楚的产品支持，该专利超过一半的权利要求有效性存在疑问。然而，这个原本看起来非常严重的问题，在专利出售的时候却没有造成影响。原因有二：第一"接收手段"的不清楚没有影响任何一项方法权利要求，即权利要求 1 ~ 7；第二，或许是更重要的原因，权利要求 8 ~ 16 没有被无效，而是存在某些疑问，专利早期的优先权日、对巨大规模市场的覆盖，以及解决的主要技术问题，还有权利要求缺陷的克服，一同保证了超过 100 万美元的市场价格。

III. 何为权利要求的充分支持？

问题 24：怎么知道附图和说明书正文是否支持权利要求？

附图和说明书正文应该支持权利要求，不应造成模糊。要求就是这样。如果达到了这样的目标，它们就提供了充分的支持。如果没有，它们就失之本分。

专利的每一个部分都为达到这样的目标扮演了重要角色，但是有的部分更重要一些。本书特别讨论的专利文件组成部分名称为："背景技术"（或者"相关技术"）"摘要""发明概述""发明详述"（附有附图）。让我们检查这些组成部分。

背景技术：背景技术或者相关技术部分的主要问题，是不要包含任何发明的实现方式——传统叫法是"发明实施例"。除此之外，不应包含任何特征或者关键权利要求术语的定义。背景技术部分包含这样的内容是一种错位，会对实施例和有关定义到底是属于现有技术还是发明内容造成模糊。

在背景技术部分，您必须讨论现有技术的某些方面。讨论部分要尽可能简要，尽可能直接指向发明的技术领域。对于现有技术泛泛而谈会造成限制权利要求保护范围的风险。

不应该在背景技术部分添加不必要的限制。在第六章讨论的案例涉及指定技术标准。如果必须作出这样的指定，请学习一下第六章讨论的 Siemens 公司和 Sharp 公司在 CDMA 专利中的做法，不要去限制所作出的指定。例如，表述"本发明应用于所有类型的空中协议，但是更特别适合 CDMA 协议"，要好于表述"本发明应用于 CDMA 协议"，更好于表述"本发明应用于 W – CDMA"

（属于 CDMA 的特定实现方式）。❶

然而，前一段提供的案例有一个主要的缺陷。它们使用短语"本发明"。这是一个常见错误，不必要地限制了您的发明——实质上您是在讲，"这是我的发明，不涉及其他"。限制更少的替代表述是："在本发明的某些实施例中"，或者更简单的"在某些实施例中"。❷

摘要：与背景技术部分相反，给出的摘要应该涵盖整个发明，不仅仅是"背景技术"，或者"相关技术"，或者"现有技术"。如果必须要在摘要中提及现有技术，以解释为什么您的发明与众不同，则应尽量清晰："现有技术是X。不同于现有技术，现在的发明实施例要做 Y"。

概述和发明详述部分：这两个部分，尽管是独立的，但实际操作及其效果是联系在一起的。所有发明不同实施例的描述材料，都应该出现在其中一个或者两个部分。所有的定义和示例都应该出现在其中一个或者两个部分。为了实现专利价值的目的，"概述"和"发明详述"这两部分要协同工作。那么，两者有何区别？

① 每一个附图，以及附图中的每一个特征，都必须在说明书中进行解释，而且通常只出现在发明详述部分，而不出现在概述部分。

② 专利可以被理解成通信设备。您试图和读者交流：发明是什么？为什么有价值？如果您想突出什么东西，请将其放进概述部分。您也可以将其放入发明详述部分，但是这是可选操作。❸ 记住，在很多情况下，专业评估者最多花费 2～5 分钟去检查一项专利。这些评估者往往会阅读概述部分，跳过发明详述部分。如果您想让人对于专利内容有一个快速清晰的了解，请将其放入概述部分。❹

---

❶　同样考虑一下专利 US5606539，第六章亦进行过讨论。该专利限定到相对狭窄的 CD‑i 标准。Philips 公司的这项专利被专业评估者纳入了 MEPG‑2 标准专利池。这意味着该专利是实现 MEPG‑2 的必要专利，只有该专利没有局限于 CD‑i 标准，而是能够涵括 MPEG‑2 标准，这种情况才能成立。显然评估者不相信该专利局限于 CD‑i 标准。他们很可能是对的，如果该专利涉及诉讼，法庭可能会同意进行如此宽泛的解读。这里没有理由去制造不确定性，但是，这种不确定性本该容易避免，只要表明专利可以应用到所有的 CD 标准，而不只是 CD‑i。

❷　关于因为采用表述"本发明"从而违反这个原则的情况，笔者引用了 Sharp 公司的专利 US6430398（启示 6‑2‑4）。无论什么时候，笔者看到专利中出现"本发明"，尤其是如果反复出现，就有理由质疑专利的保护范围。

❸　如果材料很长，则应该放入发明详述部分，而不是概述部分。概述部分应该突出重点内容。

❹　如果专利面临许可，涉及诉讼或者被出售，专利代理师或者其他专业评估者将花费时间通读专利，假设专利或者独立存在，或者属于专利组合的首要专利。然而，如果该专利的评估只是专业评估者所评估大量专利的一部分，或者该专利只是大规模专利组合的一部分而不是为首者，那么在该专利上会分配有限的时间。

问题 25：权利要求的关键术语与附图及正文有什么关系？

解释关键权利要求术语是附图和说明书正文应该做的主要工作。如果正确处理，不造成混淆，就会给权利要求提供充分的支持。如果它们无助于定义关键权利要求术语，则没有承担好其基本角色。

问题 26：解释权利要求关键术语的步骤是什么？

首先，识别关键权利要求术语是什么。如果在撰写一份申请时，您应该始终清楚，在开始撰写权利要求之前，您要保护的创新点是什么。您总是应该通过撰写提纲来规划独立权利要求是什么。通过所有这些预备工作，您将在撰写权利要求之前的某个时刻弄清关键权利要求术语是什么。

在其他情况下，在撰写权利要求之后，您需要以批判的眼光反复进行阅读。您要运用您的想象力回答以下问题："如果我第一次阅读这些权利要求，引起我关注的术语是什么，或者对于哪个术语我需要定义或者解释去理解这个权利要求？"非常常见的是，专利的撰写者难以做到这点，因为撰写者通常会深深陷入期望的撰写效果，而不是实际呈现在纸面的撰写结果。如果出现这种情况，可以请求朋友或者同事阅读这些权利要求并尝试识别关键权利要求术语是什么（或者专利走向法庭时，关键权利要求术语可能是什么）。

尽管您不能称任何东西为"关键权利要求术语"，但必须识别为了清楚理解专利的重要术语，必须识别如果错误理解将会引起严重混淆的重要术语。

一旦您弄清关键权利要求术语是什么，就应该规划您想如何去作出解释。

以上描述的是如何撰写一项专利的程序。如果您是分析而不是撰写一项专利，过程实质上相同。对于每一个独立权利要求，识别创新点和关键权利要求术语，使用批判的眼光进行探讨。一旦术语被识别，检查一下这些术语是否被充分解释。

问题 27：如何最为恰当地解释权利要求的关键术语？

解释关键权利要求术语的方式有数种。除了最后一种，所有这些方式都会出现在附图和说明书正文，而不是权利要求中。下面是关键权利要求术语可能被在专利中解释的方式：

① 使用定义。关键权利要求术语可以被明确地在说明书正文中定义，形式如"X 含义为……"。

在说明书正文中进行明确的定义可以消除关键权利要求术语可能的混淆。如果您在撰写一个定义，或者您因为分析要评估一个定义，请确保定义不要太

狭窄。例如，表述"包含所有传输协议"强于"是 GSM 协议"。❶

② 通过示例。一个关键权利要求术语可以通过一个示例进行解释，或者优选使用多个示例。

只用一个示例是可能的。CAFC，美国唯一的专利案件上诉法院，已经在裁决中认为说明书正文中的单一示例并不意味着诸权利要求被完全限缩到此示例，"除非在专利中或者专利审查过程中，专利权人限缩的意图是清楚的"。❷然而，如果您必须依赖这个原则"单一示例并不必然限缩诸权利要求到该单一示例上"，则会身处草率境地，无疑是将身家性命押宝于最后一张牌。何必如此？

在诉讼中，专利权人总是会讲权利要求未曾限缩，但是被告则总会声称"专利权人试图限缩发明的保护范围"。或许法庭会认可专利权人并声称"专利权人未曾通过在所有实施例中只使用其中一个去限缩专利"，或许法庭会认可被告并声称"是的，专利权人的意图是限缩权利要求的保护范围以获得批准"。您无法知道法庭怎样判决。不要冒这个风险，您将自陷绝境！如果您想使用示例解释权利要求关键术语，请使用几个示例加上明确定义。

类似的，如果您要试图确定某一项专利是否是优质的，那么一个关键权利要求术语只提供一个示例的做法是不鼓励的，专利的权利要求会因为可能的无效或者狭窄的保护范围大打折扣。

第六章的所有专利中都有解释关键权利要求术语的示例。例如，Philips 公司的专利 US5606539 错误地指定技术标准 CDI。可能其实际意图是想包含多个压缩盘标准，但是该意图不清楚。

对比第六章中 Sharp 公司和 Siemens 公司的专利，指定为"CDMA"，但是没有限定专利只为"CDMA"。例如，Siemens 公司专利 US6885875 在"发明领域""背景技术"和"概述"部分指定"CDMA"。发明领域部分尤其进行了深思熟虑，其声明"本发明涉及用于基站和用户基站之间进行功率控制的方法和无线通信系统，尤其是宽带传输频道中的 **CDMA** 传输方法"（加粗表示强调）。"尤其是"包含了所有 CDMA 系统，但是恰当地对将专利用于 TDMA

---

❶ 同样，根据先前的解释，不要将这样的定义放入背景技术部分（或者"相关技术"部分），因为读者将无法知道这定义是只适用于现有技术还是发明，或者两者都适用。如果您读过很多专利，您经常会发现这种情况，这是糟糕的做法。为了避免混淆，应将定义放入发明概述部分或者发明详述部分。

❷ 这是 CAFC 的裁决，出现在判例 *Liebel – Flarsheim Co. v. Medrad，Inc.*，358 F. 3d 898（Fed. Cir.，2004）*cert. denied* by U. S. Supreme Court in 2004，在 Irah H. Donner 的图书中有所讨论，具体为"*Constructing and Deconstructing Patents*"，（BNA Books，Arlington，Virginia，2010），at pp. 77 – 79。

和 FDMA 系统的行为保持了开放性。❶

③ 通过附图。权利要求关键术语可以表示为附图特征，同时在说明书正文中还要有对附图作出的相关解释。

用附图进行解释是说明功能和结构组成关系的好方法。这一方法，尽管未被要求，却值得期待。另一个有效的权利要求术语处理方式参见第六章中 Philips 公司的专利 US5606539。其中只有一幅结构附图，但是关键权利要求术语"编码器"和"解码器"作为特征包含在附图中，并且在说明书正文中进行了很好的解释。

④ 通过权利要求区别。关键权利要求术语可以通过"权利要求区别原则"进行定义。这个原则的含义是没有权利要求会重复另一个权利要求。

该原则必然的结果是权利要求组合中的独立权利要求必须比同一权利要求组合中的每个从属权利要求更上位。一个很好的例子是 Silanis 公司的专利 US5606609（启示 7－2－2）。每一项独立权利要求都使用了未作解释的术语"选择信息"，但是每个独立权利要求都拥有一个从属权利要求，其中存在表述"其中所述选择信息包括安全信息"。从属权利要求，按照权利要求区别原则，将独立权利要求扩大为同时包括"安全信息"和"非安全信息"。

当没有其他方式解释权利要求的时候，法庭和其他评估者使用权利要求区别原则去理解关键权利要求术语的含义，也就是说这时候专利没有定义该术语，或者提供示例，或者在附图中说明该术语。换言之，这是解释方法的最后手段。尽管因为缺乏替代手段，评估者不得不使用该方法，但权利要求区别原则不应该被撰写者用来定义权利要求术语的范围。这不是该原则的初衷。撰写者应该采用上述方法①～③中的一种或多种来定义权利要求术语。撰写者可以在方法①～③之外，不作为替代方式地使用权利要求区别原则创造专利的宽度（如果独立权利要求被无效，从属权利要求应该补位），或者在定义、示例和附图特征之外强化关键权利要求术语的含义。专利撰写者不应该依赖权利要求区别原则作为唯一或者主要定义权利要求术语的方式，因为在很多判例中搞清法庭如何使用该原则几乎是不可能的。

问题 28：为什么权利要求关键术语会引起不清楚？

引起关键权利要求术语不清楚的方式有数种。

（1）术语未被定义，并且不存在示例或者附图中没有发明特征：没有定

---

❶　或许更优的方式应该是"尤其是 CDMA……方法，但是也包含 TDMA 和 FDMA 方法"。总是会有不同的短语可用，但关键是不要去不必要地限制权利要求。

义和示例，可能无法理解术语含义。尽管任何关键权利要求术语都会发生这种情况，但常见的情况是非技术术语。为什么专利撰写者竟会没有给权利要求术语撰写定义或者提供示例？可能的原因是对于申请的撰写者来说，术语的含义看上去如此清楚，以至于看不到提供定义和示例的需要。这样的情形出现在判例 *Broadcom v. Qualcomm* 中的专利 US6714983（启示 4 - 1 - 1），其中权利要求 1 的关键术语是单词"不同"。这个术语没有在专利任何地方被定义或者解释。尽管提出了多个解释，但还是无法确定这个单词的含义。

另一个例子是专利 US5490216 判例 *Uniloc v. Microsoft*（启示3 - 2 - 3），其中两个关键权利要求术语为"远程生成被许可人唯一 ID 的手段"和"本地生成被许可人唯一 ID 的手段"。"生成手段"的含义并不清楚。Uniloc 就术语的含义辩论获胜，因此在该案中获得 1 亿美元的赔偿，但是判决也可能是另外的样子。

简而言之，关键权利要求术语的清楚至关重要。

②专利中的术语转换：在 Qualcomm 语音编码器专利 US5414796［启示 7 - 3 - 5（单一专利）］的一项权利要求中，独立权利要求 18 和 29 使用短语"声音信号"，但然后不作任何解释地转换为"所述数字化语音采样"。这是关于术语转换的完美案例。在这个特定案例中，术语转换可能无效掉专利的大多数权利要求（尽管因为剩下来的权利要求，专利会保留某些价值）。在 Siemens 公司专利 US6885875（启示 6 - 2 - 4）中，一个概念出现了不同的形式："中断"（interrupt）、"被中断"（interrupted），以及"中断"（interruption），不同用法是否改变了具体含义，这里产生了不确定性。

存在几种不同类型的术语转换。

第一种术语转换是横向权利要求转换，其中不同的权利要求类型（例如方法、系统和设备）试图通过使用"权利要求平行原则"为同一创新点提供最大的保护范围，但是平行原则因为在不同的权利要求中使用不同的术语而被破坏了。专利 US5414796 中出现了这种情况，其中独立权利要求看上去是平行的，但是术语出现了转换。一方面权利要求 1 使用的术语是"数字化语音采样"，另一方面独立权利要求 18 和 29 使用的是"声音信号"。在第五章的 Ballantyne 专利 US5133079 中也发生了这种情况，其中方法独立权利要求 1 使用了术语"接收器"，然而独立权利要求 8 不作任何解释地转为"接收手段"。横向权利要求转换的结果是造成横向权利要求模糊，破坏了权利要求平行原则，没有获得对于创新点的最大保护。但是只要每一项单一权利要求其自身内部是一致的，权利要求不会被无效，尽管独立权利要求之间并不平行。

第二种术语转换是竖向权利要求转换，其中同一权利要求的不同特征出现术语转换。这本不该发生。这样的权利要求不应该被美国专利商标局批准。如果被批准，其在诉讼中很可能被无效。然而，这种情况有时确实会发生，例如专利 US5414796 的权利要求 18 和 29。竖向权利要求转换造成竖向权利要求模糊——读者无法理解权利要求并且无法搞清权利要求的保护范围。可能的结果是，出现竖向模糊的权利要求及其所有从属权利要求将在诉讼中被无效。在此，专利 US5414796 的所有权利要求 18 ~ 47 有效性存在质疑。

第三种术语转换是说明书正文中讨论关键术语采用的是一种方式，而权利要求本身讨论的该关键权利要求术语是另一种不同方式。专利 US6885875 发生了这种情况，其中权利要求中讨论的术语是"中断"（interrupt），然而说明书正文中讨论的是"被中断"（interrupted）和"中断"（interruption）。这里关于权利要求的含义出现了模糊。在诉讼中，该权利要求可能存活下来，也可能被无效。如果该权利要求存活下来，法庭和 ITC 可能将其解释为任何一种方式。这种出现在说明书正文和权利要求之间的术语转换，不像同一权利要求中出现的竖向转换那么糟糕（竖向转换通常对权利要求是致命的），但是往往比多个权利要求之间的横向转换糟糕（因为横向转换本身不会破坏权利要求，只要其本身内部保持一致，然而说明书正文和权利要求之间的术语转换可能会无效该权利要求）。

第四种术语转换是只出现在说明书正文中的术语转换。如果权利要求术语依赖说明书正文中的术语，说明书正文中的术语转换本身会造成模糊。专利 US6885875 发生了这种情况，其中说明书正文提到了不同的"被中断"（interrupted）和"中断"（interruption），但未作任何定义。在 Philips 公司的专利 US5606539 中也发生了这种情况，我们在第六章讨论过，其中说明书正文似乎分别讨论了不同的压缩盘（CD），交互（interactive）压缩盘，其中的交互只是描述性的，或者是 Philips 公司创造的特定技术标准（"CD – i"）。说明书正文中的术语转换造成的后果——如果其中一个关键权利要求术语依赖说明书正文，本质上和前面讨论的第三种术语转换，即说明书正文和权利要求之间存在术语转换的后果相同。第四种术语转换，和第三种术语转换一样，权利要求可以生存下来或者被无效掉，并且如果生存下来，它会被以多种方式解释。

第五种术语转换被称作"术语延伸"。在这种情况下，一个术语在专利中被用于覆盖两个或多个不同的概念。用一个术语代表多个概念是一种糟糕的做法，至少会导致权利要求模糊，最糟糕的情况造成权利要求无效。专利 US6714983 中出现了术语延伸的示例，第四章对此结合判例 *Broadcom v. Qualcomm* 进行过讨论，其中关键权利要求术语"不同"被应用于多个协议。"术语延伸"总是会造成模糊，应该被避免。

第六种术语转换不是真的在专利中出现转换，而是指当某领域通常以特定的方式使用一个术语时，专利中却以不同的方式使用该术语。这个问题可以在专利中解决，因为一般规定专利权人可以自己作为词义编撰者。然而，这种行为会造成模糊，除非相关术语进行了清晰的定义。

在判例 *i4i v. Microsoft* 中，专利 US5787449（启示 3 - 3 - 4）出现了将领域内有明确定义的词语以非标准的形式使用的情况，其中关键权利要求术语"元代码"（metacode）出现在权利要求 14 中，但是专利权人的意思明显是"我想要一个像'元代码（metacode）'一样的词语，但是不需要本领域关于'元代码'（metacode）定义的所有特征"。如果这是专利权人的意思，似乎就发生了所讨论的情况，专利权人原本应该①特别撰写一个不同于本领域的'元代码'（metacode）定义，或者②更佳的做法，为这个概念造一个属于自己的新术语，而不是使用一个现有的词，比如这里的"元代码"（metacode）。❶

以非标准方式使用本领域标准术语会造成模糊。必须尽可能消除或减少此类模糊。

问题 29：手段功能性限定的结构权利要求的关键术语有什么特殊性？

根据手段功能性限定类型权利要求的定义，这种权利要求不包含特定的结构，而是表述为"执行的手段"。这是一种结构权利要求，其中结构没有出现在权利要求中，而是出现在说明书正文中。所有已经描述过的方式可以用来澄清"手段"：①在说明书正文中给出的"手段"的定义，②"手段"的示例，③附图中的特征加上其解释。"手段"必须在说明书正文中以某种方式澄清。一个示例是 Philips 公司的专利 US5606539（启示 6 - 1 - 3），其中权利要求 18 有一个手段功能性限定特征"用于编码的手段"。这个产品在附图 2 中以"编码器"的形式出现，在说明书正文中进行了相关解释。这是一个特别好的示例，因为只存在产品的一个附图，使得"用于编码的手段"定义得非常清楚。

作为对照，Check Point Software 的专利 US5835726（启示 7 - 1 - 3）在权利要求 24 的特征［2］中使用术语"处理手段"，但是没有对其进行定义或者解释。假设这个专利涉及诉讼，权利要求 24 可能无法生存。

手段功能性限定权利要求面对的特别挑战，是它们给专利权人增加了负

---

❶ 专利权人被授予词义编撰者的称号，并且可以在专利中发明术语，包括用新的词语和短语来代表预期的概念。但是，如果专利权人发明了一个术语，那么该术语必须进行明确的定义和澄清，而专利 US5787449 没有如此处理。

担，需要在说明书正文中——最好包括附图中——解释其结构。如果该结构没有被充分解释，权利要求可能被无效。

Ⅳ．什么能摧毁专利的价值？

问题30：外部事件为什么能摧毁专利的价值？

无论专利的质量有多么好，无论审查历史是多么完美，与专利本身无关的外部事件可以限缩权利要求的保护范围，甚至无效所有的权利要求。

在第五章，我们看过 Netscape 公司的专利 US5774670。该专利是一个专利组合的一个部分，该专利组合被 AOL 以 10.56 亿美元的价格卖给了Microsoft。这项专利是艺术珍宝，本该非常有价值，因为它具有早期的优先权日而且包含了网页浏览的 cookies。遗憾的是，Netscape 公司在专利提交申请的 14 个月之前与被称为 MCI 的公司达成协议，在专利提交申请的 12 个月28 天之前完成了对于 MCI 的一个浏览器产品的售出。在美国，存在严格限定为 12 个月的宽限期，意味着您可以售出包含发明的产品，然后最晚到售出的 12 个月时提交专利申请，但是 1 天也不能再晚。对于专利 US5774670，售出日期多出的 28 天超过了这个限制，使得法官无效了权利要求 1，严重限制了专利的价值，尽管导致无效的事件发生在 15 年前。这个外部事件就是所谓的"销售禁止"（on - sale bar）。

还有另外一个例子，笔者曾卷入其中。有一项专利要以大约 100 万美元的价格售出，定价的基础是期望从一个大型公司获得的许可费用。然而却发现 5年前，发明人已经给予同一公司特定的技术许可，条件是获取该公司大约价值5000 美元的研究设备。结果，因为专利已经许可给最大的潜在侵权者（因此也是最大的潜在被许可人），这一外部事件导致专利出售取消。换言之，某个时刻价格低廉的授予许可会极大降低随后的专利价值。❶

有时候问题会涉及发明人，如果出现无法确定谁真正发明了专利中的技术，或者专利所列出的发明人是错误的。

当专利权人的转让环节出现缺陷，这样的情况会导致专利的所有权关系出现疑问。

---

❶ 在某种意义上，对外许可是好事情，可以为专利权人获取利益。但是，对任何随后的所有权人来说，它也会减少专利的价值。如果专利许可是以公平合理的价格授予，那么最好不过。如果专利许可以低廉的价格授予，专利权人可能因为不明智的许可行为破坏了专利的价值。

可以无效整个专利的外部事件包括：在审查过程中未能告知美国专利商标局一份重要的现有技术，或者未能缴纳专利维持费（无论是忘记或者是故意如此以节省费用）。

问题 31：如何采取措施发现摧毁专利价值的外部事件？

如果您未曾受雇于专利权人，并且也不是发明人，您发现外部事件的能力是有限的。尽管如此，您可以采取下列行动：

① 核实已知和相关已经向美国专利商标局提供的现有技术，特别是任何来自亚洲、欧洲和其他情况的已经提交给美国专利商标局的相关现有技术。

② 检查确保发明名称适当，并且转让备案呈现无误。

③ 检查确保所有维持费用已经缴纳。

如果您被雇用，或者在其他情况下和专利权人联系在一起，您可以做得更多，包括：

① 查看是否在专利上正确列出发明人。您可以与发明人和其他相关人员交流以查明事情的真相。

② 列出专利所授权的每一个被许可人。这样您可以判断是否大部分潜在的价值已经变现。

③ 与涉及开发技术和专利的人员交流。设法发现是否存在技术的任何出售或者公开，如果存在，确定时间。

这里只是初步的答案。检查外部事件是所谓"尽职调查"程序的一部分。尽职调查全面和精确的描述不在本书的范畴之内。如果您涉及具体的案子，您怀疑某个外部事件可能会破坏或者减损专利的价值，或者因为任何其他原因，作为交易的一部分您必须进行尽职调查，应该咨询专业人士，不要仅仅依赖这里提供的一般信息。

Ⅴ．专利组合的评估

问题 32：何为专利组合？

专利组合是为同一实体所有，指向同样的技术主题或技术问题，包括 2 项以上专利项（授权专利或者在审专利申请）的专利集合。在某些情况下，专利项被称为"同族成员"，其中随后项目是在前项目的继续申请、部分继续申请（Continuations – In – Part，CIP）或者分案申请。在其他情况下，专利项不是同族成员，只是具有共同技术主题和技术问题的单一专利和申请。

"专利组合"也可以指被一个实体所有的专利和申请的全部或者重要部分。AOL 出售给 Microsoft 的"专利组合"包括大约 800 项专利。这些专利被称为"专利组合",其意义只在于它们为同一家公司拥有,并被出售给另外一家公司。在出售时,为了分析专利并确定它们的价值,必须将专利划分到相应的技术领域,然后按照技术领域分析作为专利组合部分的每一项专利。

问题 33:什么让专利组合变得有价值?

专利组合压倒性的第一个优势是创造更宽保护范围的混合权利要求。第二个优势是拥有众多的专利,会极大降低在诉讼中所有专利权利要求被无效的风险。

这些优势适用于所有专利组合,特别是专利组合中的专利不是同族成员的情况。

问题 34:何为混合权利要求?

也被称为"权利要求多样性",这是同一实体拥有的不同类型权利要求合并组成的专利包。当人们使用术语"混合权利要求"或者"权利要求多样性",他们通常指权利要求类型的混合,包括结构权利要求(系统、设备和组件)和方法权利要求。笔者用这个术语来包括:①传统的含义,包括结构和方法权利要求;②硬件和软件权利要求的混合;③客户端和服务器端权利要求的混合;④独立权利要求及其从属权利要求很好的混合。这四种类型混合权利将在下面进行进一步的讨论。

混合权利要求可以通过以下 4 种类型混合权利要求的一种或者多种得到。

① 权利要求类型的混合:其含义是结构权利要求(如系统、设备和组件)和方法权利要求的混合。本书中有数个此种类型混合的示例。在判例 *Trend Micro*,*Incorporated v. Fortinet*,*Inc.*,US5623600(启示 4 - 2 - 1),所有结构权利要求被无效——所有的系统权利要求在 ITC 的诉讼程序中被无效,并且所有的设备权利要求在美国专利商标局的再审程序中被无效。然而,该专利仍旧因为方法权利要求的存活保留了其价值。

同样,Qualcomm 的语音编码器专利,US5414796 有 18 项方法权利要求,9 项设备权利要求和 19 项组件权利要求(专利中称作"电路权利要求")。因为独立权利要求中的术语转换,可能所有的结构权利要求(包括 9 项设备权利要求和 19 项组件权利要求)如果涉诉将被无效,但是方法权利要求将存活下来(启示 7 - 3 - 5),由此保留专利大部分价值。

② 硬件权利要求和软件权利要求的混合:一个很好的例子是判例 *TiVo*

v. *EchoStar*，TiVo 的专利 US6233389（启示 3 - 4 - 2、启示 3 - 4 - 3 和启示 3 - 4 - 4）。

通过研究权利要求构建的方法，可以表明软件权利要求是事后添加的。如果是这样，这种添加成功了，因为法庭发现硬件权利要求没有被侵权，但是两个软件权利要求被侵权。最终的结果是 EchoStar 付给 TiVo5 亿美元。硬件权利要求和软件权利要求的混合实质上可以很有价值。

③ 服务器端权利要求和客户端权利要求的混合：有两个不同的概念需要在此澄清。第一，在同一项权利要求中，客户端特征和服务器端特征的结合可能会消灭该权利要求。第二，一项专利中包含完全的客户端权利要求和完全的服务器端权利要求，这将形成权利要求的混合并强化该专利。

a. 单一权利要求：在同一项权利要求中同时包含客户端和服务器端的特征会招致权利在分离式侵权原则下的无效。在 2012 年 8 月的 CAFC *Akamai* 案以前，如果一项方法权利要求包含客户端和服务器端特征，那么它将因为分离式侵权被无效。因此，在 CAFC *Akamai* 案之前，在任何方法权利要求中不混合客户端和服务器端特征是至关重要的，即一项权利要求必须是全服务器端或者全客户端。在 *Akamai* 案之后，根据该案多数观点确立的新的分离式侵权标准，原告可以寻求证明非直接诱导式侵权，即使缺乏任何直接侵权，也尽管这不是容易证明的。虽然 CAFC *Akamai* 案之后，现在可以在一项权利要求中结合客户端特征和服务器端特征，但这仍旧是一个糟糕的做法，原因有二：

第一，*Akamai* 只适用于方法权利要求。结构权利要求仍旧依照 *Akamai* 案前的标准进行审判，这意味着对于结构权利要求，不可以在同一项权利要求中结合使用客户端和服务器端特征。

第二，分离式侵权还没有最终成为定论。现在的情况是存在两种截然不同的法律制度，一种是针对方法权利要求的制度，另一种是针对结构权利要求（特别是对于"系统"结构权利要求）的不同制度。在笔者看来，这是缺乏逻辑并且完全站不住脚的。在专利界，创造性的构思经常能同时表述为系统和方法权利要求。一直来都是如此。本书中有数个例子，同样的创新性构思或者说创新点，同时表现为结构和方法权利要求。一种法律制度应用于一个表现为系统的创新性构思，而一种截然相反的法律制度应用于一个表现为方法的同样的创新性构思，怎么可以存在这样的情形？有些东西必须改变——或者系统权利要求解释为方法权利要求以遵循 *Akamai* 案确立的规则，或者方法权利要求必须回到 *Akamai* 案以前的理解，或者系统和方法权利要求必须同时采用一个完全不同的制度。最终的答案尚无定论。因此，即使 *Akamai* 案之后，在一项权利要求中结合客户端和服务器端特征对于方法权利要求来说也是危险的，对于系统权利要求来说则是毁灭性的。如果您在撰写专利权利要求，不要在同一项权利要求中结合使用客户端和服务器端特征。如果您在评估专利权利要求，并且看到在同一项权利要求中出现客户端和服务器端特征，权利要求的价值就应该打折扣。❶

对于分离式侵权原则，您应该采用和权利要求区别原则同样的思路。在这两种情况下，这些原则会被评估者——包括法院——用来解释不清楚（通过权利要求区别原则进行澄清）或者无效的权利要求（通过分离式侵权原则让其重生）。这些原则适用于现有专利的评估者，因为无替代选择可用，对于专利撰写者来说，不应该依赖这样的选择，而应该清楚定义关键术语（避免依赖使用权利要求区别）或者确保在同一项权利要求中不混合客户端和服务器端特征（消除对于 *Akamai* 案确立的新标准的依赖）。

b. 在一个专利中客户端和服务器端权利要求的混合：在有关通信系统和方法的专利中，始终考虑撰写单独的客户端权利要求和单独的服务器端权利要求，不要在同一权利要求中混合客户端和服务器端特征（这个建议不适用于制品和组件权利要求，本质上，它们不会在两个或多个不同的侵权者中分离）。包含同一系统不同端的权利要求将会增加权利要求的多样性，可能提升专利的价值。在一个专利组合中，如果有的专利覆盖服务器端实施例，另外的专利覆盖客户端实施例，专利组合的价值会被强化。

④ 独立权利要求和从属权利要求的混合：如同在关于 Trend Micro 专利 US5623600 的判例中的解释（启示 4 - 2 - 4），一项优质专利的权利要求必须有好的宽度以创造好的覆盖范围以及好的深度以应对无效指控。好的宽度因优质的独立权利要求产生。好的深度来自对独立权利要求提供支持的优质从属权利要求。

---

❶ 在 *Akamai* 案中，CAFC 认为，"诱导式侵权案中有关分离式侵权存在的问题通常只会出现在方法专利中。当权利要求关注在制品或者设备上，出现的总会是直接侵权，因为侵权实体会安装终端设备，而重现了要求保护的发明成为直接侵权者。" 692 F. 3d at pp. 1305 - 06。无论这个关于制品和设备的表述是否正确，这个意见不适用于"系统"——本质上系统包含多个"制品和设备"。因此，法庭指出的问题不仅出现在方法权利要求中，而且出现在系统权利要求中。因为完全相同的创新性概念经常会同时要求方法和系统权利要求的保护，对于这些不同类型的权利要求应用不同的法律原则似乎是没有逻辑的。最终，CAFC 可能会说，"不，我们认为 *Akamai* 案同样可以应用于方法和系统权利要求，但是不适用于制品和设备"。无论最终是否是这样，无论这是否是一个明智的解决方案，无关紧要。对于我们来说，还不存在有关分离式侵权有关问题的最终解决方案，专利撰写者不应因循 *Akamai* 案，将方法或者结构权利要求撰写成在同一权利要求中，同时包含客户端和服务器端特征。

问题35：优质的混合权利要求有什么示例?

看看 Scientific Atlanta/Silanis 公司的专利 US5606609（启示 7 – 2 – 1）。其中设备、组件（"嵌入对象翻译器"）、系统和方法权利要求完美地混合。尽管某些系统权利要求在诉讼中可能被无效，该专利可能会因为存在其他权利要求而保留其价值。

同样看一下 Fuji Photo Film 的专利组合（在第四章中，附加启示3）。该专利组合有 15 项专利，为相机和胶卷的包装和外观及其使用方法创造了一个密集的权利要求丛林。这种类型的权利要求混合给侵权的被告造成了严重的麻烦。

问题36：混合权利要求的优势有哪些示例?

专利组合的两个最大优势是诉讼中权利要求的生存机会和覆盖的保护范围。在上面所述的"问题 & 回答"34 和 35 中引用的权利要求混合示例，权利要求的生存机会在案例 Trend Micro、Qualcomm、TiVo 和 Scientific Atlanta/Silanis 中进行了解释，而保护范围在案例 TiVo、Scientific Atlanta/Silanis 和 Fuji Photo Film 中有所体现。

问题37：如何得到优质的混合权利要求?

通常有两种途径。第一种途径是坐下来考虑一下可以实现发明的所有各种结构和方法，为每一个实施例撰写一项独立权利要求外加一个权利要求集合。

第二种途径是识别您想要保护的创新点，为该创新点撰写一项独立权利要求，然后再撰写一项或多项和第一项独立权利要求使用平行语言的独立权利要求。在第三章中讨论的 TiVo 专利 US6233389 中，硬件方法权利要求 1 和硬件设备权利要求 32 几乎是镜像的，具有相同数目的特征、同样的顺序、许多共同的单词以及几乎相同数目的单词。相同的相似性出现在该专利的软件方法权利要求 31 和软件设备权利要求 61 中。这是使用平行语言以生成多项独立权利要求，具有同一创新点的权利要求混合的 2 个示例。

如果您采用平行语言撰写权利要求，则确保语言确实平行。在 Qualcomm 的语音编码器专利 US5414796 中，在第七章进行了讨论，3 项独立权利要求 1、18 和 29 分别覆盖一种数据压缩方法、一种数据压缩设备和一种数据压缩电路。3 项权利要求都有 4 个特征，顺序相同，有类似的单词，覆盖类似的概念。遗憾的是，其中权利要求 1 通篇使用短语"数字语音"，而权利要求 18 和 29 在前序和特征［1］中指示为"声音信号"。这种不同独立权利要求中术语的改变是术语转换毁坏权利要求平行主义原则的一个示例。如果您决定采用平行权利要求语言最大化创新点的覆盖范围，请确保权利要求语言真正平行。

问题 38：为什么在关于专利组合的"问题 & 回答"章节中讨论单一专利?

"专利组合"的想法是对于同样的技术主题有多项权利要求，尤其是在专利组合中有一项权利要求的混合。在这种意义上讲，单独一项专利可以产生类似"专利组合"的效果，因为具有同一技术主题下的多项权利要求，在专利中形成权利要求的混合。实际上，一项非常强的专利比一组比较弱的专利更有价值。尽管如此，专利组合的两个优势往往使得其强于单项专利。

第一，根据法律，一项专利必须限于一项发明。如果存在两个或多个发明，专利审查员将要求在审查程序中只审查一项发明。相反的是，一组专利，本质上可以包括多个发明，因此可以具有一个比单项专利更宽泛的权利要求保护范围。

第二，单独一项专利容易因为各种类型的内部和外部事件导致整个权利要求集合无效，甚至导致整项专利无效。一组专利不容易被无效——某些专利可能被无效或者被限缩，但是其他专利可能完整生存下来。

最佳的专利组合策略是在一个专利组合中拥有一项或少数强大专利，加上许多相对弱一些的专利。然而，无论一项专利是强还是弱，作为同一技术主题下一组专利成员的一员都会增加其他任何专利的价值，无论该专利单独有多强。

问题 39：如何创造专利组合?

在 ITC 判例 No. 337 – TA – 406 中，Fuji Photo Film 创造了专利组合，标题为"有关适合特定镜头的胶卷包装"，*Fuji Photo Film Co.，Ltd.，of Japan v. Achiever Industries of Hong Kong*（第四章中的附加启示 3）是一个极好的示例。该示例中有 15 项专利——11 项标准的实用发明专利，1 项再审实用发明专利以及 3 项外观设计专利。在 15 项专利中，有 4 项属于一个专利同族，剩下的是独立的申请。总共有 214 项权利要求，包括 50 项独立权利要求和 164 项从属权利要求。所有这些专利都涉及一次性手持式相机和胶卷。权利要求覆盖照相的"胶卷单元"（一次性相机）、照相胶卷包装、安装照相胶卷的方法、手持相机的装饰性设计。对于被告来说，面对这个覆盖手持相机各个方面的专利和权利要求丛林将会心生恐惧。最终，ITC 认定被告侵犯了 33 项独立权利要求，包括所有 3 项外观设计权利要求。

这个专利组合通过对于不同但是相关的主题，即相机和相机胶卷，进行多项专利申请创造获得。这个专利组合强有力的影响，不可能通过单项专利获得，原因有二：第一，实用发明和外观设计发明同时存在于该专利组合，不可能通过单项专利获得；第二，该专利组合存在多个实用发明，而多个发明只能通过多项专利获得保护。

问题 40：专利组合的特征是什么？

专利组合的特征取决于两种专利："相对优质的专利"——可以增加专利组合的某些价值；"非常优质"的专利——可以产生非常强的 VSD 分析结果并且给专利组合增加主要的价值。

专利组合几乎总是会拥有相当大数量的专利，每一项专利给现有的技术带来一个很小的改进。这些是"相对优质的专利"，可以为专利组合价值作出贡献，但是自身不会产生许多价值。这是真实的，例如第六章讨论的属于 Philips 公司、Sharp 公司和 Siemens 公司的专利。

一个专利组合可能也会有少数非常优质的专利，可以单独被许可，或者承担专利组合主要专利的角色。Qualcomm 拥有这样的专利，包括第七章讨论的语音编码器专利 US5414796。

问题 41：专利组合如何货币化？

如果专利组合拥有一些"非常优质"的主要专利以及很多保护微小改进的"相对优质"的专利，那么它就是一个极好的专利组合，本身可以进行许可。如果它只拥有具有微小改进的专利，则它可以依然是非常有价值的专利组合，可能本身并不适合进行许可，只能作为专利组合包的一部分（可能是在专利池中，或者通过专利聚合者）进行许可。另一个选择是将专利组合出售给另一家公司，后者可以将购买的专利组合融入一个更大的专利组合。

问题 42：判断专利组合价值的主要途径是什么？

专利组合价值的判断主要通过①战略覆盖范围、②地域平衡性、③时间平衡性进行。

问题 43：如何判断专利组合的战略覆盖范围？

一家管理良好的科技类公司对于其专利有一个一贯的战略流程。第一，该公司确定其公司战略。第二，它确定一个可以支持公司战略的专利战略。第三，它自问和回答以下问题："公司需要什么类型的专利组合以支持这个专利战略？特别是，在覆盖范围、地域平衡性、时间平衡性方面，我们需要什么？"第四，它自问和回答以下问题："在时间和金钱方面，我们必须什么时候投入什么样的资源，以获得所需要的专利组合？"

那些要分析该公司的人或组织——无论是证券分析师、竞争者、潜在的买家、潜在的投资者或者其他分析者——都会采用同样的方法，但是以大概反向的顺序。证券分析师将检查该专利组合，从而可以确定在专利上已经投入的资源水平、可能的专利战略、可能的公司战略（至少是关于专利的）。分析师肯定会看一下第七章提出的各种比率，例如①研发投入/总收入、②专利投入/研发投入、③专利收入/总收入以及④a专利利润/总利润或者④b专利收入的利润率比上总收入的利润率。

在第七章中，Qualcomm 与 Silanis 公司或者 Check Point 公司的对比是让人惊讶的。研发/销售额大约为 20%，专利投入/研发大约为 6%，❶ 专利收入/总收入大约为 35%，并且专利利润/总利润超过 50%。Qualcomm 是技术的激进开发和货币化的最好示例。尽管这个战略对于 Qualcomm 来说运作得极其好，也给该公司造成了持续而强烈的压力去取得技术进步，去加大专利投入，去忙于许可 & 诉讼程序而不可避免地会导致至少某些诉讼。这是一种进攻的姿态。

Silanis 公司和 Check Point 公司在专利方面的姿态要缓和一些。Silanis 公司在专利方面的投入相对于它的公司规模要大，但是专利组合未曾被诉，近些年来投入明显很少。这明确是一种防守的姿态。然而，尽管 Silanis 公司可以继续它的防守姿态，但专利 US5606609 将于 2014 年到期的情况可能促使该公司对于自身姿态的重新考虑，特别是促使其在美国专利组合方面进行额外的投入。

Check Point 公司作为原告和被告曾经卷入某些专利诉讼，但是这些诉讼似乎没有造成严重的后果。该公司拥有一些非常早期的专利，但是整体看上去在专利上进行的投资不过是中规中矩。过去的内部投入经由 2004 年和 2009 年有关专利的重大收购进行了补充，2006～2012 年其内部投入似乎又有重大增长。尽管历史上 Check Point 公司的专利战略是防守型的，它最近的行动却难以解读。

Check Point 公司在其 20 年的历史中至少有 80 项专利申请和专利，超过 55% 的处于 2009 年初之后，仅在 2012 年就申请其所有美国专利的大约 30%。在过去的数年，该公司已经大力增加了内部的专利活动。这是它防守式姿态的继续，还是新的进攻姿态？目前的战略尚不清楚，但是无论何种情况，Check

---

❶ 计算值为 5.70%。这个数据基于笔者对 Qualcomm 为创造一个具有 46913 项专利的组合进行的费用估计。笔者对费用的估计不包含任何专利诉讼的费用。

Point 公司需要应对面前的问题——它的 2 项最重要的专利 US5606668 和 US5835726 将于 2014 年到期。

问题 44：如何判断专利组合的地域均衡性？

与专利组合利益攸关的可能地域往往至少有以下三处。

第一处是美国，原因在于它是世界上科技和科技类产品的最大市场，并且具有高度发达的知识产权系统。专利诉讼会涉及极高的代价（伴随可能的损失赔偿和可能的产品出售禁令）。任何公司如果活跃于或者计划活跃于美国市场，都必须至少考虑将强有力的美国专利保护提供给专利组合。第七章讨论的所有公司都拥有或者至少拥有合理强度的美国专利保护。尤其是 Check Point 公司，其将专利活动的主攻方向放在了美国。

第二处是其公司所属的国家。这里专利保护的意义在于阻止竞争者在其主要的经营活动场所对其提起诉讼。这似乎是 Silanis 公司的关注点，其主要的专利活动在本国加拿大。

第三处包括其公司有经营活动的地方，或者因为某些原因（如竞争对手的所在地）公司在该地拥有利益。例如，Qualcomm 在美国有强大保护，拥有超过 15000 项专利，并且 Qualcomm 在欧洲的专利申请超过 12000 项，几乎等于美国的数量。总体上，大概 2/3 Qualcomm 的专利申请在美国之外。

在这三个地域——美国、本国和利益相关国——每一家公司都要确定优先权。每家公司需要根据优先权分配专利资源，并且根据地域优先权随着时间的变化去调整资源分配。

问题 45：如何判断专利组合的时间均衡性？

如果专利所有者的目标经过相关时间阶段得以实现，专利组合在时间上就是均衡的。如果专利组合中的关键专利到期后，替代专利无法取代其位置，则该专利的到期标志着从该时间点起，专利组合在时间上不再均衡。随着关键专利临近到期，公司到达了一个决策点。

据笔者所知，Qualcomm 是一个专利组合在时间上总是均衡的示例。从它在 20 世纪 80 年代晚期和 90 年代早期开始其专利活动努力之初，该公司持续在专利活动上投入大量资源以支持其核心战略，即通过研发投入获取金融回报。该公司的专利组合已经拥有超过 40000 项专利，包括近些年来获批的许多专利。

相反，Silanis 公司拥有一个不同的时间模式。早期，专利活动相对较少，但是在其最近的 10 年之初，其专利活动有一个爆发式的改变，特别是于 2000

年 1 月获取了 US5606609。Silanis 公司在过去的 5 年内，专利活动中规中矩。已经获得的 US5606609 专利很快就要到期，剩下的 5 项美国专利中的 4 项将在本个 10 年期结束之前到期。综上，我们可以说 Silanis 项的时间模式先是不具有均衡性（因为早期专利活动为零），随之再平衡（在 2000～2004 年有相对活跃的专利活动），随之随着专利到期，少有新的活动，呈现近年来的逐年递减趋势（2008～2012 年）。由于其历史活动，Silanis 公司已经或者即将到达其专利活动的决策点。

Check Point 公司也具有独特的时间模式。在公司成立的最初 10 年（大约 1994～2004 年），其专利活动很少，但是在这个时间阶段，产生了两项高质量和颇有价值的专利（第七章评估过），并且在 2003 年，当其收购 Zone Labs 时，获得了一项被大量引用的专利。但该公司的专利活动在过去的 5 年里（2008～2013 年）有了重要增长，产生了其专利组合 50% 的专利。Check Point 公司的时间模式要比 Qualcomm 或者 Silanis 公司复杂。综上，我们可以说 Check Point 公司的专利组合质量在早些年是均衡的，但是随着它最好的专利到期，专利组合质量现在变得不再均衡。同时，通观其历史，该公司专利活动的数量相对平庸，但是在最近这些年来（2010～2013 年）已经重新活跃起来，尤其在美国。

VI. 终极考虑

问题 46：谁应该拥有一项专利？

如同其他经济资产，通常知识产权——尤其是专利，对于一个实体——经常是一个公司——应该物尽其用。什么样的用处？古老的罗马格言讲 "*Si vis pacem, para bellum*"，译为 "要想获得和平，就要做好战争准备"。有的公司想在研发投资上获得回报，因此它们通过建造重要的专利组合做好战争准备，并且投入许可和诉讼的战斗。有的公司不想招致专利诉讼的麻烦以求天下太平，因此它们建造专利组合以使用反诉威胁潜在的原告。无论何种情况，无论是为了获取金钱或者是阻止他人夺取您的金钱，专利最好被极为关注专利所在技术领域的实体所拥有。

这个原则可以用第七章讨论的专利 US5606609 所有权关系来解释。这项专利，关注电子签名，被一个有线调制器生产商所创造，被卖给一家国防航空电子设备公司，最终又被出售给该领域合适的拥有者——Silanis 公司❶。据笔者所知，这项专利未曾涉诉，但是它已为 Silanis 公司提供了非常有价值的防御。

问题47：如果您缺少专利，怎么办？

答案是明显的，但是笔者不知道什么原因，公司有的时候没有采取合适的行动。如果您缺少专利，需要首先要了解您缺少什么，然后去获取您需要的专利。

所谓的"了解您缺少什么"，笔者的意思是您必须清楚公司的战略，并且必须了解为了支持该战略，专利应该扮演什么样的角色。然后评估需要什么样的专利，将其与现有的专利进行比较，确定必须弥补的差距。

有两种途径去弥补差距。第一种是您可以提交自己的专利申请并配合审查。这个途径有几个优势。它允许您最大程度控制整个程序，并且和第二种途径相比，相对没有那么昂贵。但是这个途径也有劣势，它消耗了您的资源——特别是研发人员的时间。在您获取专利之前，它需要很长时间——以年来度量。它存在不确定性，因为您不可能提前知道申请中的哪项权利要求会最终被美国专利商标局批准。

第二种途径是通过市场购买您所需的专利。这在过去或许是不可能的，但是专利市场在过去的 20 年有了惊人的扩张。今天，在很多领域购买专利是可能的。

第二种途径的优势和第一种途径的劣势大约相反。购买专利相对快捷，不会消耗您许多研发资源。您确切知道您购买的专利权利要求和说明书文本，尽管不掌控权利要求的撰写，但是确实掌握如何选择您购买的专利。

购买专利主要的劣势是花费金钱——经常是可观的数额。在重要的技术领域获得关键专利将可能花费数百万美元。这种投资是否值得？每家公司必须自己作出决策，在购买费用和输掉专利诉讼可能会造成的损失（例如，侵权损害赔偿和可能的禁止在市场上出售产品的禁令）之间寻找平衡。这是每家公司必须作出的平衡，寻求将其专利组合的种类、规模和质量匹配其公司的战略目标。

在本书中，我们已经看到数家公司通过购买专利获取保护的示例。笔者现在将列举 3 个这样的案例。

Silanis 公司获取了专利 US5606609，在第七章进行过讨论。

---

❶ 一家公司不属于专利所在的技术领域，则可以只对外许可该专利。但是即使这样，因为该公司缺乏相关的专门知识，其让对外许可程序尽可能成功的能力会受抑制。

在 *Broadcom v. Qualcomm* 的诉讼中（启示 4 – 1 – 1 和表 4 – 5），Broadcom 在 ITC 起诉 Qualcomm 侵犯其 5 项专利，其中 3 项是其提交申请并参与审查的，另外 2 项是 Broadcom 从其他公司获取的。Broadcom 也在联邦地区法院起诉 Qualcomm 侵犯其 3 项专利，其中 1 项是 Broadcom 提交申请并参与审查的，其中另外 2 项是 Broadcom 从其他公司获取的。在 ITC 的诉讼中，Broadcom 在专利 US6714983 上获胜，该专利是其自己提交申请并参与审查的。在法院的专利诉讼中，Broadcom 在专利 US5657317 和专利 US6389010 上获胜，2 项专利都是从外部获得的，前者来自 Norand Corporation，后者来自 Intermec IP Corporation。内部申请的专利和外部获取的专利相结合被证明在诉讼中对于 Broadcom 是如此强有力。

最后，笔者引用 Check Point 公司是第七章给出的第一个案例。笔者分析过 2 项专利 US5606668 和 US5835726。这两项专利都是内部申请的，都基于公司创始人和公司 CEO 的最初发明。第三项专利 US5987611 是因为 2003 年收购 Zone Labs 获得的。笔者未曾分析 US5987611，但是它具有比 US5606668 和 US5835726 更多的前向它引，可能会在其他专利到期之后提供某些保护。❶

问题 48：可能的错误是什么？

您无法 100% 确定专利的价值，无论您在撰写、审查或者专利评估上花费多少时间和金钱。不确定性发生在和专利直接相关的法律程序中，例如美国专利商标局的审查和再审程序，ITC、联邦地区法院、CAFC，甚至最高法院的诉讼。不确定性发生在和该专利并不特别相关的法律改变中，例如有关分离式侵权法律规则的进展、新的法律（如美国专利法在 2011 年的修改），以及来自美国专利商标局和 ITC 新的条例。不确定性出现在外部活动或者专利申请人的失败举措中，也就是那些尽管与权利要求和说明书的质量无关，但是会对专利的金融价值产生巨大影响的有关活动。这些不确定性通常涉及权利要求有效性和权利要求保护范围，但是与侵权行为的可发现性通常无关。

专利的不确定性是很大的。在只限于美国的专利战中，会在多个法庭发生诉讼，每个法庭会有多轮诉讼，一项专利可能会在任何诉讼中被限缩或者无效。当 2 家大型公司卷入横跨 3 ~ 4 个洲，涉及 5 ~ 10 个国家或地区的多个法律诉讼中时，这个情形会变得更复杂。此种多国专利战近来发生得越来越多，尤其是在信息通信技术领域。在这种情况下，您无法确定最终的结果是什么，

---

❶ US5987611 专利本身将于 2017 年 5 月到期，因此增加的保护将仅持续数年，但是这数年时间对 Check Point 公司是有用的。

不管在专利上进行了多少投资。您当然能够采取行动通过加大投入提高胜诉的机会，但是您无法知道如何确保胜诉。笔者称此为专利评估的不确定原理。

但是不确定性并不意味着我们无计可施，让我们尽其所能。当您分析一项现存的专利时，请问一下"怎么知道我的专利质量如何?"尽您所能，看一下这项专利及其审查历史，以减小不确定性并预期存在的问题。首先自问一下这个最难的问题，因为如果您不提前为此做好准备，您很可能随后会在不利的条件下面对这个问题。

我们既不是先知，亦无此自信。然而，我们已经掌握有关专利质量的经验启示应该会帮助我们对于专利权利要求的有效性和保护范围作出合理的估计。因此，尽管不可能消除专利价值及专利诉讼结果的不确定性，我们仍旧可以减小这种不确定性，那么何乐不为呢?

后　记

　　图1-1表明了公司价值在1975~2005年的剧烈再定位。在这段时期的早期，知识产权的价值少于公司总价值的20%。到最后的10年，如图1-1所示，知识产权构成了公司价值的80%。伟大的美国作家马克·吐温曾经如此评述："世界上有三种谎言——谎言、该死的谎言、统计数字"。那这些统计数字是谎言，还是真相？

　　针对这一问题，笔者提出两个建议。

　　首先，创新始终是经济发展的驱动力量。1975年如此，当下也是如此，并且在下一个40年还会如此。从这个角度讲，图1-1的统计数据是谎言，因为它们给出的变化是基于经济价值基础的。这样的变化并不存在，因为经济价值基础本身也会随着创新不断变化。

　　其次，图1-1提供了公司资产测算值的巨大变化。这种变化是真实的，从这个角度讲，图1-1的统计数字是真相。但是，测算值基于你对测算对象的理解。在过去的40年中，尤其是过去的10年中，我们目睹了世界经济的快速剧烈的变化。特别是，很多制造业迁往低成本地区，如果不是计算机和通信技术的革命，这是不可想象的。同时，我们看到，有的公司不再从事实际生产，而是专攻设计、规划和市场，产品的生产由其他公司承担，这类公司的价值有了快速的增长。

　　在本书中，我们已经看过大约20家科技公司拥有的专利。这些公司的价值测算主要基于它们创新和发明新产品、新服务，并将其投向市场的能力。过去的40年见证了公司价值从生产制造和实物资产向基于新理念创新的革命性转变。在这种意义下，图1-1的统计数字是真实的，因为它正确地告知我们：对于重要的公司，公司价值的测算已经强有力地转向新知识和技能创新。

　　Peter Drucker无疑是历史上最伟大的管理顾问，他的一个最常为人们引用的论断讲道：

　　商业的目的是满足需求，企业具有两个——也只有两个——基本功能：交易和创新。交易和创新产生利润，而其他都要计入成本。交易是商业唯一的显著功能。

　　专利既不是创新，也不是交易，但是与两者密切相关。专利定义、描述和专注于创新，记录发明以便顺畅沟通交流，并且保护发明进步。不只于此，专利还通过设置"独特的卖点"，提供法律保护并阻止模仿，从而使公司获得区别于竞争对手的能力。专利可以帮助公司市场化，出售它们的创新并获取利润，满足它们创新的主要动机。知识产权在新产品和新服务的创新和市场中不断增强的角色，使得专利成为当下的热点话题，并且必将在可见的未来继续改变商业和技术的版图。

术语（包括缩写词）

聚合者（Aggregator）：聚合管理同一主题专利的实体。最常见的例子是非实施主体（Non-Practicing Entity，NPE）通过聚合专利用于许可或者诉讼。另一个常见的例子是防御型专利聚合者（Defensive Patent Aggregator，DPA）聚合专利预防恶意对象的攻击。专利池的管理者一般不会被视为聚合者，尽管专利池是专利的聚合。同样地，当一家公司或者实体聚合专利，无论其是出于什么目的，该公司或实体都轻易不会被视为聚合者，尽管事实上公司的行为很像。参考"防御型专利聚合者""非实施主体"以及"专利池"。

Akamai：参考"分离式侵权"。

后向引用（Backward Citation）：当专利 Y 向后引用更早的专利 X，我们称 Y"后向引用"X，也可以称为"反向引用"。对照"前向引用"。

BCP：生物化学制药的缩写词（Biotechnology，Chemical，and Pharmaceutical），代表基于应用化学和生物学的 3 个技术领域。这些领域与信息通信技术（ICT）有本质的区别。这些领域有时被称为"不可预测的艺术"。纳米技术，鉴于其可以通过化学方法操作处理，所以能被归于生物化学制药技术，否则的话属于信息通信技术。对照"信息通信技术"。

CAFC：联邦巡回上诉法院的缩写（Court of Appeals for the Federal Circuit），在法律引用上通常写为"Fed. Cir."。在美国，专利诉讼由联邦而不是州管辖，一审由联邦地区法院管辖。对于联邦地区法院判决的上诉，由 CAFC 管辖。同时，CAFC 管辖对于 ITC 裁决的上诉。纠纷的任何一方都有权利对联邦地区法院的判决，或者 ITC 的裁决上诉。如果纠纷的一方要对 CAFC 的判决不满，其必须要求美国联邦最高法院审理该案。美国联邦最高法院可以批准或者驳回（大概率如此）审理该案。

CAFC *Akamai*：参考"分离式侵权"。

更正证书（Certificate of Correction）：专利授权之后，专利人可以通过 3 种程序修改一项专利，其中之一是从美国专利商标局获取更正证书。如果专利仅仅存在形式错误，例如发明人名字错误、单词拼写错误或者漏掉一个单词，专利权人可以请求美国专利商标局颁发更正证书，附在授权的专利之后，标识相关更正。参考"再审"和"专利再颁"。

权利要求区别原则（Claim Differentiation）：这条原则要求一组权利要求的任何一项权利要求必须具有与同一组中的其他任何权利要求都不能相同的内容或者保护范围（法律禁止两个权利要求保护范围完全相同）。因为权利要求的保护范围由法院决定，因此法院对于不同的权利要求会给予不同的保护范围解释。在实际操作中，法院会将一组权利要求中的独立权利要求解释为比任何从属权利要求的保护范围都要大。例如，"权利要求 1 是一种保护家养宠物健康的设备。权利要求 23 如权利要求 1 所述的设备，家养宠物是狗。"依照权利要求的区别原则，权利要求 1 涉及狗和一种以上的其他动物，不能仅仅限缩解释为狗，因为这将使得权利要求 1 和权利要求 23 的保护范围完全相同。

混合权利要求（Claim Mix）：判断专利质量的方法之一是看专利中是否存在混合权利要求或者多样性权利要求。当人们使用"混合权利要求"，通常指专利中的权利要求类型包括系统权利要求、设备或者结构权利要求、组件权利要求（可以是电路结构、子系统或者执行特定功能的设备部件）以及方法权利要求。这一术语，也可以指包括硬件与软件的混合权利要求，以及客户端和服务器端的混合权利要求。这一术语，还可以指独立权利要求（确定专利保护的宽度）和从属权利要求（确定专利保护的深度）的混合。专利中权利要求的混合，通常意味着更高的质量和价值，因为同样的发明创造可以获得多种方式的保护。高价值的混合权利要求意味着更大的保护范围，并且在诉讼程序中被无效的可能性更小。参考"权利要求平行原则"。

权利要求平行原则（Claim Parallelism）：一种特殊的混合权利要求，要求同一个创新点在同一专利中由多种类型权利要求保护，包括方法权利要求、装置权利要求以及组件权利要求。这些权利要求，要求具有同样的结构并使用同样的术语。正确地使用权利要求平行原则，同一创新点可以获得非常强的保护。但是，权利要求平行原则要求不同的权利要求使用相同的术语。如果使用了不同的术语，违反该原则，就无法获得最大的保护。专利 US5414796 中，平行原则没有恰当地使用，详见经验启示 7 - 3 - 4（单一权利要求）。同时可以参考"混合权利要求""横向权利要求模糊"以及"术语转换"。

权利要求组（Claim Set）：权利要求组中包含不引用任何其他权利要求的独立权利要求，以及引用该独立权利要求的从属权利要求。从属权利要求改变并压缩了独立权利要求的保护范围。一项独立权利要求，加上其所有的从属权利要求，被称为一个权利要求组。从逻辑上讲，权利要求组中的所有权利要求都是同一类型（如方法权利要求、装置权利要求、系统权利要求），由同一独立权利要求衍生而来。

客户端（Client – side）：多数通信系统包括客户端，有时被称为用户端、消费终端、移动基站、住宅等，以及服务器端。对于信息通信技术的系统和方法权利要求，搞清权利要求的特征是在客户端还是服务器端非常重要。如果一项权利要求同时具有客户端和服务器端特征，则存在因为分离式侵权而无效的风险。当然这种风险主要是针对系统权利要求，装置权利要求和组件权利要求由于分离使用，自然不存在这样的风险。对照参考"服务器端"。

专利抵押（Collateralization of a Patent）：如果以专利或者专利的收益作为担保物权借债，则专利已被抵押。如果借债或者投资，不是以专利的收益作为担保，而是要求破产时的专利优先获得权，则专利同样是被抵押。

关键权利要求术语（Critical Claim Term）：参考"Key Claim Term"。

防御型专利聚合者（Defensive Patent Aggregator）：聚合专利预防恶意对象攻击的公司或者实体。参考"聚合者"。对照"非实施主体"。

从属权利要求（Dependent Claim）：从属权利要求引用其他先前的权利要求。每一个从属权利要求的引用关系都可以追溯到一开始被引用的权利要求。例如，"2. 权利要求1，进一步包括……"，是从属权利要求2，从属于先前的权利要求1。从属权利要求包含被引用的权利要求的所有特征，加上其本身的附加技术特征。从属权利要求的保护范围必然小于其引用的权利要求。除非被引用的权利要求被无效或者不可实施，从属权利要求将处于睡眠状态，也就是不会在实际中起作用。参考"独立权利要求"。

说明书权利要求不一致（Description – Claim Mismatch）：当权利要求的关键术语的含义和使用方式不同于说明书正文，则存在不一致。存在两种情况。第一种情况是说明书正文和权利要求中的含义不一致。这种不一致将导致权利要求无效，或者限缩权利要求的保护范围，而且这样的后果无法提前预料。第二种情况是说明书正文中同样的关键术语存在两个以上的不同含义。换言之，在说明书正文而不是权利要求中存在术语转换。当权利要求中使用了该关键术语，该术语可以解释成说明书正文中的一种或者多种含义。这种情况将导致混乱：权利要求可能会因为不清楚而被无效掉，或者根据说明书正文限缩为一个较小的可能含义，或者被解释为包含说明书正文中的所有含义（假设这些含义之间不相互矛盾）。

规避设计（Design Around）：如果某一产品或者方法侵犯了专利权，有的时候侵权者可以通过修改产品或者方法消除侵权问题。在这种情况下，过去的侵权行为虽然还要承担责任，但是重新设计的非侵权产品或方法不会再被禁止。这种修改产品或者方法避免侵权的方法被称为"规避设计"，有时候也称为"绕过设计"（Work Around）。

外观设计专利（Design Patent）：一种专利，通常是一幅图，附有一句声称权利的简单声明"如图所示设计（The design shown in the figure）"。

分离式侵权（Divided Infringement）：也称为共同侵权（Joint infringement），这一原则有所争议，专利法中认为只有当一个单一主体实施了权利要求的所有内容时才会直接承担专利侵权责任。如果权利要求的内容被两个以上的主体分别实施了，则这些主体的任何一方不承担直接专利侵权的责任，除非一个主体是另外主体的代理，或者一个主体控制另外的主体，或者这些主体串谋实施侵权行为以避免承担责任。按照专利法的原有侵权判断原则，除非存在直接侵权行为本身，否则共同侵权和诱导侵权不存在非直接侵权责任。

最近，这一原则有所变化。2012 年 8 月 31 日，CAFC 在合并审理案例 *"Akamai Technologies v. Limelight Networks"* 和 *"McKesson Technologies v. Epic Systems"*（在本书中称为 CAFC *Akamai*）时，认为对于方法权利要求，即使没有直接侵权行为，专利人也可以主张非直接侵权。原有形式的分离式侵权原则对于所有结构类型的权利要求依然成立，但是对于方法权利要求，因为 *Akamai* 案例已经有所改变。

衡平原则（Doctrine of Equivalents）：这一原则在美国和其他一些国家的法律制度中都有效。在这一原则下，被告即使没有原封不动实施结构或者方法权利要求的内容，也可能承担侵权责任。在美国，有两种测试方法。第一种测试方法中，被告的行为和权利要求的内容无实质性差别，则被告的行为认为是等同行为。第二种测试方法中，如果被告①实质上实现了与权利要求相同的功能，②采用了与权利要求实质上相同的方式，③产生了实质上相同的效果，则其要承担侵权责任。

在衡平原则下，保护范围在提起诉讼之前并不清楚。不仅如此，根据美国联邦最高院对于 *"Festo v. Shoketsu Kogyo Kabushiki Co.（2002）"* 的判决，对于权利要求在申请过程中修改的特征，基于衡平原则的保护不再存在，除非修改是技术性的或者非实质性的。Festo 案进一步增加了特定案例中基于衡平原则保护的不确定性。尽管如此，衡平原则扩大了专利权利要求的保护范围。

DOE："Doctrine of Equivalents"（衡平原则）的缩写。

DPA："Defensive Patent Aggregator"（防御型专利聚合者）的缩写。

绘图（Drawings）：参考"附图"。

EFA："Expert Fundamental Analysis"（专家式基础分析法）的缩写。

专家式基础分析法（Expert Fundamental Analysis，EFA）：通过人工阅读专利且确定质量，分析专利的价值。此为本书的主要讨论主题。

摧毁专利价值的外部事件（External Events that Destroy Patent Value）： 专利的价值体现在优质的权利要求上，说明书正文对于权利要求的充分支持可以覆盖当下或者不久的将来的侵权行为。但是，即使最优质的专利，其价值也可能被与专利本身无关的外部事件摧毁。一个明显的例子是：①第五章描述的 Netscape/AOL/Microsoft 专利所发生的事情，专利的独立权利要求 1 无效了，因为专利权人在申请日的 1 年 28 天之前出售过实施该权利要求的产品，这样的行为不应提前超过 1 年时间。许多其他的外部事件也会摧毁专利的价值，例如②在申请过程中，没有告知美国专利商标局一项非常重要的现有技术，③专利中署名的发明人错误，④忘记或者蓄意不缴纳年费，⑤对外许可专利，收取的许可费用自然应该从专利的残余价值中扣除。所有的这些情况，与专利的保护主题、权利要求、说明书正文对于权利要求的支持无关，都属于破坏专利价值的外部事件。这些事件，取决于具体的环境情况，可能导致某一权利要求无效或者对于某一主体无法执行，甚至在最坏的情况下，导致专利的所有权利要求无效。

发明领域（Field of Invention）： 有时也称为技术领域（Field of Technology），或者领域（Field），是专利所处一般领域的简单声明。在专利申请文档中，发明领域一般紧随发明名称之后（如果专利交叉引用其他可能存在的专利申请，则紧随其后），背景技术之前。发明领域部分是可选的，很多专利文档没有这样的部分。一方面，发明领域是快速简要地传达一般主题的好工具；另一方面，也存在风险，如果发明领域范围太窄，则将限制发明的保护范围，如果发明领域太宽，专利审查员或者法庭会采用本来不会使用的现有技术对权利要求提出质疑。有的专利从业者会试图通过使用发明领域引导发明申请给特定的专利审查员们去审查。

附图（Figures）： 几乎所有的专利申请都会使用绘图去解释演示发明的结构以及实现的方法。35 USC sec. 113，规定专利必须包括"一幅绘图，如果对于理解寻求专利保护的主题有必要"。但是，在实践中，发明专利往往需要包括多幅绘图。然而对于外观设计，一般只会有一幅绘图。专利领域术语一般称绘图为附图。

前向索引（Forward Citation）： 如果先前的专利 X 被之后的专利 Y 作为相关文献引用，则专利 X 存在前向索引，因为是被引用专利从时间上看向前的被引用关系。如果专利 X 和 Y 属于同一个专利权人，这种前向索引称为"前向自引"（Forward self-Citation）。如果专利 X 和 Y 属于不同的专利权人，这种前向索引称为"前向它引"（Forward Non-self Citation）。理论上，前向索引可以是被专利或者技术论文引用，但是人们提到前向索引时，通常是指被之后的专利引用。对照"后向索引"。

前向它引（**Forward Non – Self Citation**）：参考"前向索引"。

前向自引（**Forward Self – Citation**）：参考"前向索引"。

横向权利要求模糊（**Horizontal Claim Confusion**）：专利的一项或多项权利要求的权利解释或者保护范围出现横向模糊，原因在于没有成功使用权利要求平行原则。权利要求平行原则要求平行的独立权利要求之间采用一致的术语。当术语使用不一致，违反平行原则，权利要求的解释将变得非常复杂，不同权利要求对于创新点的保护范围就会出现空隙。然而，横向权利要求模糊不会导致特定的权利无效，只要该权利要求本身的术语使用保持一致（尽管不同的独立权利要求出现了术语的转换）。之所以称其为横向模糊，是因为在制作权利要求对照表（或者是如表 7 - 10 和表 7 - 11 那样对于专利 US5414796 的权利要求之间进行的对比，或者一项特定权利要求与一项现有技术之间的特征对比，或者是一项特定权利要求与一项可能侵权的产品和方法之间的特征对比）进行对比时，一般将权利要求和对比对象放到一起，将权利要求的特征和对比对象组件成分在纸面或屏幕上逐一进行横向对比。因此，可能存在横向的模糊。参照"权利要求平行原则"和"术语转换"。对照"竖向权利要求模糊"。

横向转换（**Horizontal Shift**）：也称为横向术语转换。这一情况发生在同一专利的不同独立权利要求对于关键术语的使用出现了转换。出现这种情况后，就会造成横向权利要求模糊。轻则会造成权利要求按平行原则保护失败，获得保护范围低于专利权人预期。换言之，权利要求保护范围几乎一定会缩小。甚至，权利要求会因此无效，尽管这不是无法避免的。参照"权利要求平行原则""横向权利要求模糊"以及"术语转换"。

ICT：信息通信技术（Information & Communication Technologies）的缩写，相应的权利要求往往是基于应用物理，撰写成电子或机械结构或者方法的形式。属于这一领域的有计算机、电子设备和通信系统，包括软硬件。这一领域同样包括机械专利以及医疗器械专利（如植入物、工具）。材料科学专利——特别是纳米技术相关专利——也可以归于这一领域。对照"生物化学制药"。

独立权利要求（**Independent Claim**）：一项权利要求如果不从属于任何先前的权利要求，那么它就被称为独立权利要求。独立权利要求无须引用先前的权利要求。独立权利要求只包含其本身的特征，如果撰写适当，只会包含一个创新点，尽管可能多项独立权利要求保护同一个创新点（如系统、方法、硬件、软件等独立权利要求）。对照"从属权利要求"。

ITC： 国际贸易委员会（International Trade Commission）或者美国国际贸易委员会（United States International Trade Commission）的缩写。ITC 对于专利诉讼提供了一种不同于联邦地区法院的选择。ITC 和地区法院同样可以处理很多专利诉讼，但是它们之间还是存在几个区别点。

ITC 的程序往往没有那么正式。例如，ITC 的程序通常没有马克曼听证的类似程序，权利要求的解释主要在审理程序中进行。

在联邦诉讼程序中，最终决定判决的往往是陪审团的行外人士而不是法官。而 ITC 的程序中，法律和技术专家——也被称作行政法官——决定最终的判决。

尽管 ITC 和法院都可以裁决专利侵权案件，但 ITC 只可以颁发禁令，不可以判给赔偿金。

作为一个行政部门，ITC 受到法律约束，但不受 CAFC 和美国联邦最高法院的司法原则约束。

ITC 的程序比法院诉讼程序往往要快（尽管有几个地区法院的速度和 ITC 一样快甚至更快）。

ITC 的程序近些年来非常流行，提起的诉讼非常多，主要是因为 ITC 的处理速度，同时因为胜诉的原告获得禁令的可能性很大。

共同侵权（Joint Infringement）： 或称作"共同侵权原则"，也被称为"分离式侵权原则"。参照"分离式侵权"。

关键权利要求术语（Key Claim Terms）： 确定权利要求内容的重要词语和短语。这些关键术语往往与权利要求创新点相关，尽管关键术语可能出现在权利要求的前序部分或者出现在与权利要求创新点并不相关的特征中。

Lear 异议（Lear Challenge）： 美国联邦最高法院在 *Lear*，*Inc. v. Adkins*，305 U. S. 653（1969）判决中确立了这一原则。该原则实质上是说，尽管事实上专利的被许可人已经取得专利的相关许可，其仍然可以对专利或者其权利要求的有效性提出异议。这一原则有的时候也称作"*Lear* 异议原则"。

获得许可（License – in）： 当一个主体付费获得专利的许可使用，这一主体称为被许可人，获得许可使用专利的权利。对照"对外许可"。

对外许可（License – out）： 当一个专利权人收取费用许可他人使用专利，专利权人被称为许可人，对外许可使用专利。对照"获得许可"。

马克曼听证会（Markman Hearing）： 在美国，只有联邦地区法院——而不是 50 个州法院——有专利一审案件管辖权。在一审之前，联邦地区法院举行所谓的马克曼听证会程序，程序结束之后，法官会撰写意见，声明一审法庭如何解释关键术语。法官也可能宣布所有权利要求无效。诉讼各方在知悉马克曼听证会程序的结果之后，诉讼各方的预期结果往往会比较接近了，因此会导致诉讼在一审前和解。此类听证程序，最初由美国联邦最高法院在 *Markman v. Westview Instruments*, *Inc.*（1996）案例中确立。

百分之九十权利要求申请法则（Ninety percent of patent claim prosecution）：这条法则含义是指大多数专利申请最终可能获得一个特定的权利要求。但是，获得的权利要求经过修改或者其他限制，保护范围被压缩太大，以至于无法用于证明侵权行为。这个法则是笔者自造的一个词，用于简明地表述如下想法：

（1）大多数专利申请都可以获得一个具有一定保护范围的权利要求；

（2）经过了限缩式修改或者放弃材料而妥协获得的权利要求与已花费的费用相比可能并不值得；

（3）对于少数专利申请——大概 10%——因为存在有力的现有技术或者申请自身的问题，没有任何权利要求获得授权。

笔者不知道 90% 的百分比是否合适，但是这是笔者的最高估计，并且简明地表达了以上 3 个想法。

非实施主体（**Non – Practicing Entity**）：一家公司或者其他实体聚合专利，用于在专利许可和诉讼中维护自己的权利，对抗可能的侵权人。之所以称其为"非实施"主体，在于对于聚合的专利主题，其并不是真的实现相关专利方法或者生产相关专利产品。术语"非实施主体"是中立的。类似的贬义术语是"专利流氓"。参考"聚合者"。对照"防御型专利聚合者"。

非标准用法（**Non – Standard Usage**）：当专利中出现了在相关领域常见关键权利要求术语，但是其在专利中的用法不同于领域内的用法，这就一定会导致模糊。如果专利中提供了非标准用法术语的清晰定义，该定义将会决定权利要求的解释。如果专利中没有定义，则权利要求的保护范围和有效性就会不确定。在第三章，专利 US5787449 对于术语"元代码"的使用不同于领域内的通常用法，这一非标准用法对于权利要求的保护范围造成模糊。参照"转换术语"。

NPE："Non – Practicing Entity"（非实施主体）的缩写。

专利客观价值（**Objective Patent Value**）：也称为客观价值（Objective Value），是由权利要求的内在质量、说明书正文和附图对于权利要求的支持以及权利要求的保护范围决定的。专利客观价值也称为"真正的基础价值"。证实专利客观价值的唯一途径是通过技术和法律专家的专家式基础分析，或者是某些决定性的重要事件（例如，第三章至第四章中描述的重大诉讼胜利，第五章描述的高价出售，第六章描述的被专利池接收，满足第七章描述的基础性专利条件）。对照"主观专利价值"。

专利活动强度（Patent Activity Intensity）：用于衡量一家公司或者实体对于专利的投资强度。一种衡量专利活动强度的方法是将同一时期内的投入专利的资源量比上投入研发（R&D）的资源量。对照"研发强度"。

专利同族（Patent Family）：一件专利可能没有任何同族成员，仅是单独存在。一件专利也可能是一组专利和申请的成员之一，所有这些专利基于某一优先权顺序链。在美国，一件专利可能是继续申请，如果这件专利特别声明其依赖于先前的专利申请或已授权专利的话。在美国，有3种方式可能产生一个优先权顺序链，即"继续申请""部分继续申请"以及"分案申请"。对于专利同族关系是否能够产生正向价值存在不同的观点，有的人认为一件具有许多专利和申请的同族是具有正向价值的标志，但是其他人认为是负向价值的标志。

专利池（Patent Pool）：若干由不同主体拥有的专利，如果为了共同许可或者共同诉讼聚合成一组，则被称为进入专利池。专利池典型的形成方式是基于成文的技术标准，并且只纳入从法律意义上来讲为了实现标准必不可少的基础专利。因为专利要进入一个专利池的话，必须经过技术专家和法律专家的评估，经判定确实是实现标准的必要技术才可以，因此专利被纳入专利池是专利具有潜在价值的标志。

专利质量（Patent Quality）：专利的内在价值，主要考虑专利的权利要求、支持权利要求的说明书正文和附图。专利质量是专利价值的基础，虽然本身不能等同于专利价值。

专利丛林（Patent Thicket）：用于保护同一综合发明不同方面的专利集合。一般来说，由同一家公司所有和管理，但是也有可能仅被一家实体管理而不是所有，例如专利池的管理者、非实施主体或者防御型专利聚合者。专利池、非实施体专利聚合、防御型专利聚合，一般不被当作领域内的专利丛林，但是事实上这正是它们的本来面目。参考"聚合者""防御型专利聚合者""非实施主体"以及"专利池"。

专利价值（Patent Value）：专利的价值由基础分析决定，所作的分析可能是专家式基础分析法或者代理式基础分析法。一项专利如果质量比较高的同时还能覆盖当下的或者不远的将来的侵权行为，那么就是一项有价值的专利。有的专利非常有价值，估值在数百万美元和数千万美元之间，这些高价值专利属于有价值专利的一个子集。

PFA："Proxy Fundamental Analysis"（代理式基础分析法）的缩写词。

创新点（Point of Novelty，PON）：权利要求的创新之处，审查员因此而批准该专利权利要求。每一项独立权利要求应该只有一个创新点。有的时候，审查员确定的创新点不同于专利权人的认知。在第六章，我们可以看到，对于 Siemens 的专利 US6885875，Siemens 认为权利要求 25 的创新点是特征［2］，但是审查员是因为特征［4］才批准该权利要求。

PON："Point of Novelty"（创新点）的缩写。

现有技术（Prior Art）：早于专利所描述的发明之前的结构或者制作方法。没有任何发明可以无中生有，创新不是变魔术。发明是汲取现有技术，重新组织以创造一个新的有用的物品。正如发明同时包含了创新和发明所基于的现有技术，一项专利也会同时包含该发明和该发明对所基于的现有技术的修改和重组。

优先权日（Priority Date）：专利被认为已经申请的日期。如果专利不指定在先申请，则该专利的优先权日就是该专利的最先申请日。如果专利明确指定在先申请，则优先权日就是在先申请的申请日。假设存在专利 Y，如果专利 Y 指定在先的专利 X，则专利 Y 的优先权日就是 X 的申请日，而不是 Y 本身的申请日。

例如，一项在先的申请可能是一项美国临时专利申请（Provisional Patent Application，PPA），一项美国非临时专利申请，或者一项国际 PCT 申请。如果专利 Y 特别声明依赖于在先的申请，则它就是在先申请的连续申请，优先权日就是在先申请的申请日。优先权对于确定专利申请相对于现有技术是否具有新颖性和创造性非常重要。现有技术决定于优先权日，只可早于优先权日，因此专利 Y 不会因为优先权日之后的现有技术被驳回，即使现有技术出现于专利 Y 的申请日之前。

代理式基础分析法（Proxy Fundamental Analysis，PFA）：一种使用预先定义的算法分析专利价值的方法，关注与专利价值相关的一项或几项因子。PFA 经常通过计算机来执行，但是它也可以在严格遵守算法的情况下，以人工来执行。

研发强度（R&D Intensity）：公司或者实体投资研发强度的评测方法。评测研发强度的一种方法，是对比研发的投入资源与该公司在同一时间阶段的总收入。对照"专利活动强度"。

再审程序（Reexamination）：美国专利商标局有时会因为原始申请过程中没有考虑过的现有技术而对专利进行再审。再审过程可以因为专利权人、第三方或者美国专利商标局自身启动。美国专利商标局决定哪一项权利要求进行再审，被再审的权利要求可能被确认有效、撤销或者修改。再审程序是专利权人可以在授权之后修改专利的 3 种程序之一。对照"更正证书"和"专利再颁"。

专利再颁（Reissue Patent）：当一项专利被专利权人认为在某些方面无效，则专利权人可以请求美国专利商标局以再颁专利（Reissue Patent）替代最初的专利。专利再颁与更正证书的区别在于，专利中的问题不仅是形式上的，例如，可能是说明书正文的缺陷、附图的缺陷或者本不该被授权的对权利要求的撤销请求。再颁程序也可以扩大原始专利的保护范围，但是有授权两年内的限制。再颁程序是专利权人在授权后修改专利的 3 种方式之一，而且是专利权人在授权后扩大保护范围的唯一方式。对照"更正证书"和"再审程序"。

反向引用（Reverse Citation）：参照"向后引用"。

基础专利（Seminal Patent）：一项专利具有特定的特征，可以使得其在特殊的领域具有基础性和开创性。这些特征是：①更早的优先权日；②数百次的前向它引；③解决了一个重要的技术问题或者对于技术领域有重大贡献；④有充分大的保护范围因而覆盖了广泛的市场。技术问题和保护范围是专家式基础分析的一部分。

服务器端（Server – side）：很多通信系统往往有客户端和服务器端，后者也称为是首端、网络操作中心、网络控制中心。对于信息通信技术的系统和方法权利要求，重要的是弄清权利要求的每项特征是在客户端还是服务器端。如果您有一项权利要求同时具有服务器端和客户端特征，则权利要求具有因为分离式侵权无效的危险。对照"客户端"。

术语转换（Shifting Terminology）：权利要求关键术语解释的变化会影响权利要求的保护范围和有效性。这样的变化可能只发生在发明的说明书正文中，或者权利要求中，或者同时发生在说明书正文和权利要求中。术语转换毫无益处，在某些情况，结果可能是灾难性的。存在几种类型的术语切换，包括：

（1）当同一专利的不同独立权利要求出现术语切换，将会导致横向权利要求模糊。权利要求不一定是会无效，但是权利要求的保护范围一定会受到负面的影响。参考"横向转换"。

（2）当同一权利要求的不同特征出现术语转换，将会导致竖向权利要求模糊。权利要求的解释和保护范围会变得无法理解。竖向权利要求模糊可能会导致该模糊的权利要求及其从属权利要求均无效。参考"竖向转换"。

（3）当说明书正文关键术语采用的表达不同于权利要求中的表达，术语转换即会发生。这种术语转换频繁发生在专利中的关键术语没有给出清楚定义的情况，少数的情况发生在虽然专利中给出了清楚的定义，但是权利要求偏离了这一定义时。这种类型的术语转换所导致的结果，在诉讼之前无法提前预知。权利要求可能会被无效，也可能被法院或者 ITC 限制保护范围。最终的结果虽然是糟糕的，但是还没有和竖向权利要求模糊一样严重，参照"说明书权利要求不一致"。

（4）当说明书引用一个具有多种形式的概念，而权利要求使用其中的一种形式时，术语转换就会发生。权利要求在其使用的特定术语形式下可能是有效的，但是权利要求的保护范围是否包含说明书中采用的其他形式，这本质上就是可疑的。这种模糊是因为说明书正文本身的术语转换导致的，其出现的概率是非常惊人的。参照"说明书权利要求不一致"。

（5）当一个关键术语被扩大为包括了 2 个以上的概念，术语转换就会发生。这种扩展可能发生在说明书正文中（说明书正文中 1 个术语描述了 2 个概念）、或者发生在权利要求中（权利要求的 1 个术语描述了 2 个概念），或者说明书（使用 1 个术语描述了 1 个概念）和权利要求（使用同样的术语描述了另外 1 个概念）不一致。根据笔者的经验，术语扩展发生的频率比前面提到的几种术语转换类型要低。但是，当其发生时，其对于术语扩展影响到的每一个权利要求均会造成对相应权利要求有效性和保护范围的重大质疑。参考"术语扩展"。

（6）采用相关领域的一个众所周知的关键术语，但是使用的方式不是本领域通常理解的含义，这也是一种术语转换。这种转换保准会让读者迷惑，无论是潜在的被许可人、竞争者、潜在的购买者还是陪审团成员、行政官员或者其他评估者。用非标准的方式使用一个标准术语是一种糟糕的行为，应该被避免。如果您采用标准的方式使用领域的标准术语，那么不会有什么问题。如果您想采用非标准的方式使用，则应该在专利中明确定义这种非标准的使用方式。或者更好的方式是，发明一个新的术语，定义其含义，使用这个发明的术语，而不是以非标准的方式使用领域的标准术语。参考"权利要求平行原则""说明书权利要求不一致""横向权利要求模糊""横向转换""非标准用法""术语转换""竖向权利要求模糊"以及"竖向转换"。

说明书（Specification）：说明书是专利的构成部分，描述发明及其相关的现有技术。专利说明书包含正文、权利要求和附图。说明书实质上包含整个专利申请，但是不包含美国专利商标局的官方表格和往来信函资料。

结构标记（Structural Tag）：这一术语描述了结构权利要求中技术特征的状态。结构标记有利于将方法转换成一个结构，而不用在同一权利要求中混合使用结构和方法的特征（这样的混合使用是被专利法禁止的）。类似的术语包括，"某一结构……适于……"（some structure…adapted to…），"某一结构……配置成……"（some structure…configured to…）。

主观专利价值（Subjective Patent Value）：某一方——通常是专利权

人——眼中的专利价值。主观专利价值通常是指专利权利人或者其他主体认定的专利价值，但是所认定的专利价值不是通过市场或者技术、法律专家进行的专家式基础分析法所确立的。对照"客观专利价值"。

技术拐点（Technology Inflection Point，TIP）：当技术变化时，我们有时会去预测这种变化可能是什么。重大的变化会发生①方法的变化能够对于现有技术的性能带来巨大冲击或者②新的技术在变换的范例中替换了旧技术的时候。

术语扩展（Term Stretching）：试图用单一名词去覆盖 2 个以上的不同概念，会有误导效果并且注定失败，因为一个名词不可能充分涵括多个概念。如果此被扩展的名词是一项或多项权利要求中的关键术语，权利要求的有效性和保护范围将会不清楚。参考"术语转换"。

TIP：Technology Inflection Point（技术拐点）的缩写。

真正的基础价值（True Fundamental Value）：也称为"专利的真正价值"，是由专家式基础分析法或者代理式基础分析法决定的专利价值。专利的此种价值本质上决定于权利要求的清楚有效、说明书正文对于权利要求的支持以及权利要求的保护范围（覆盖了当下的侵权行为或者不久的将来的侵权行为）。这种价值是金融价值的基础，但是不是金融价值本身。

专利的真正价值（True Patent Value）：参考"真正的基础价值"。

专利价值的不确定原则（Uncertainty Principle of Patent Value）：这一概念的含义在于，专利会遭到如此多不同层级的挑战、如此多可能的攻击途径、如此多可能的外部事件影响，您不可能 100% 确定专利的价值甚至专利的有效性。不同层级的挑战包括 ITC 的听证、美国专利商标局的再审、联邦地区法院的马克曼听证会、向陪审团或者地区法院法官提出的无效或者不侵权诉讼、向 CAFC 提出的上诉、向美国联邦最高法院提起的上诉。不同的攻击途径包括一大堆权利要求的无效理由（例如相对于现有技术不具有新颖性，相对于现有技术显而易见）、专利无效（专利的获得弄虚作假，授权后滥用）、不侵权或者因为规避设计不侵权。

独特的卖点（Unique Selling Point）：有的时候称为"独特的销售主张"（Unique Selling Proposition），是指某家公司相对于竞争对手建立起的优势。这是一个众所周知的用于反映公司价值的市场术语。拥有优质的专利组合会帮助一家公司建立独特的卖点。

USP：Unique Selling Point（独特的卖点）的缩写词，有时称为"独特的销售主张"。参照"独特的卖点"。

实用发明专利（Utility Patent）：专利的一种，是指符合 35 USC sec. 101

所规定的新的和有用的方法、机器、产品，或者物质组合物的相关专利。对照"外观设计专利"。

竖向权利要求模糊（**Vertical Claim Confusion**）：当同一概念在同一权利要求的不同技术特征中使用了不同的术语，就会导致竖向权利要求模糊。这是一种完全出现在同一权利要求中的术语转换。这种转换在专利中不常见，一旦出现，其导致的模糊经常是灾难性的。如果法庭或者 ITC 不能理解权利要求的含义——这是极有可能的，导致的结果将是模糊的权利要求及其从属权利要求全部被无效。（之所以称这种权利要求的模糊是竖向的，因为当权利要求呈现在屏幕或纸张上时，读者总是从上到下扫描权利要求的技术特征。这种竖向扫描揭示了模糊性，因此称其为竖向模糊）。参考"术语转换"。对照"横向权利要求模糊"。

竖向转换（**Vertical Shift**）：也称为"竖向术语转换"，当关键术语的用法和含义在同一权利要求的不同技术特征里出现转换时，就会发生竖向转换。竖向转换发生时，竖向权利要求模糊就会出现。竖向转换的结果通常是灾难性的，会导致存在相应缺陷的权利要求及其从属权利要求全部无效，因为存在缺陷的权利要求的含义无法确定。在第七章，专利 US5414796 的独立设备权利要求 18 中和独立权利要求 29 中存在竖向转换。尽管只有法院或者 ITC 才能作出最终裁决，但这个案例中的竖向转换导致专利权利要求在诉讼中无效的可能性超过了 50%。参考"术语转换"和"竖向权利要求模糊"。

绕过设计（**Work Around**）：参考"规避设计"。

说明书正文（**Written Description**）：如 35 USC sec. 112（1）所述，说明书正文包括专利中描述如何利用发明的不同实现方式的所有部分，包括发明的结构和方法。多个结构和/或多个方法，会以替代实施例的方式描述。专利说明书正文的主要部分包括发明名称、为确立更早的优先权而对于相关申请的交叉引用、发明领域（可选，通常不出现）、发明背景（通常称为相关背景技术）、发明的概述、附图的简要说明、发明的详述（或者优选实施例的详述，或者仅仅是详述）以及摘要。专利的解释通常被称为说明书正文而不是说明书。说明书正文包括专利中除了附图和权利要求的其余部分。对照"说明书"。

附录： US *5133079*

US005133079A

United States Patent [19]

Ballantyne et al.

[11] Patent Number: 5,133,079

[45] Date of Patent: Jul. 21, 1992

[54] METHOD AND APPARATUS FOR DISTRIBUTION OF MOVIES

[76] Inventors: Douglas J. Ballantyne, 21 Horner Dr., Nepean, Ontario, K2H 5E6, Canada; Michael Mulhall, 28 Carlyle Ave., Ottawa, Ontario, K1S 4Y3, Canada

[21] Appl. No.: 573,707

[22] Filed: Aug. 28, 1990

[30] **Foreign Application Priority Data**

Jul. 30, 1990 [CA] Canada 2022302

[51] Int. Cl.⁵ H04H 1/02; H04N 7/10
[52] U.S. Cl. 455/4.1; 358/86; 358/335; 455/5.1; 455/72
[58] Field of Search 455/3, 5, 6, 72, 4; 358/86, 102, 142, 146, 133, 335; 381/34, 35, 30, 31; 370/110.1, 109; 360/8, 13, 15; 369/30

[56] References Cited

U.S. PATENT DOCUMENTS

4,787,085	11/1988	Suto et al.	370/110.1
4,920,432	4/1990	Eggers et al.	360/33.1
4,949,170	8/1990	Yanagidaira et al.	358/86
4,949,187	8/1990	Cohen	358/335
4,961,109	10/1990	Tanaka	358/84
4,963,995	10/1990	Lang	358/335
4,975,771	12/1990	Kassatly	358/146

Primary Examiner—Curtis Kuntz
Assistant Examiner—Chi H. Pham
Attorney, Agent, or Firm—Burke-Robertson

[57] **ABSTRACT**

A new and useful method and apparatus for distribution of movies for viewing on a customer's television set. Digitized compressed signals containing audio and visual components of the movie selected by the customer are sent to the customer's receiver. The digital signals are converted to corresponding electronic signals; which are decompressed and converted to audio and video signals. These converted signals are passed to a conventional television set for viewing by the customer.

16 Claims, 6 Drawing Sheets

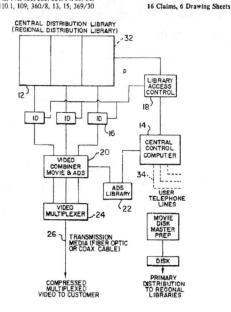

VIDEO MASTER COMPRESSION SYSTEM

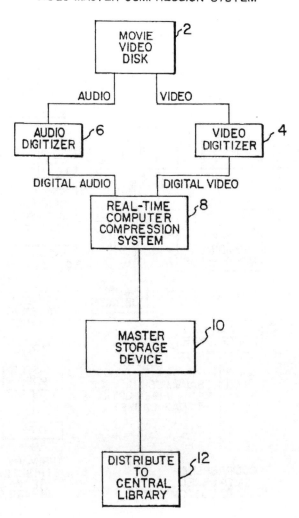

FIG.1A

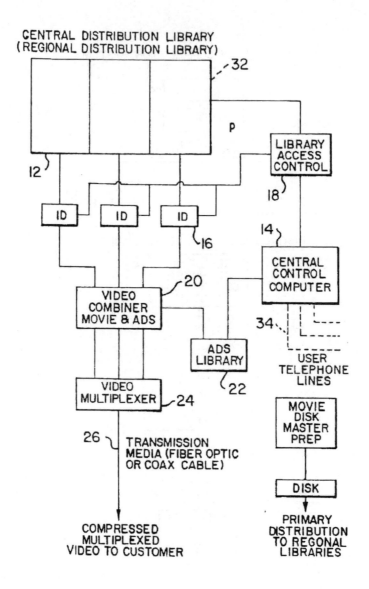

CENTRAL DISTRIBUTION LIBRARY
(REGIONAL DISTRIBUTION LIBRARY)

32

P

LIBRARY ACCESS CONTROL

12

18

ID ID ID

16

14

CENTRAL CONTROL COMPUTER

34

VIDEO COMBINER MOVIE & ADS

20

ADS LIBRARY

22

USER TELEPHONE LINES

VIDEO MULTIPLEXER

24

MOVIE DISK MASTER PREP

26

TRANSMISSION MEDIA (FIBER OPTIC OR COAX CABLE)

DISK

COMPRESSED MULTIPLEXED VIDEO TO CUSTOMER

PRIMARY DISTRIBUTION TO REGIONAL LIBRARIES

FIG. IB

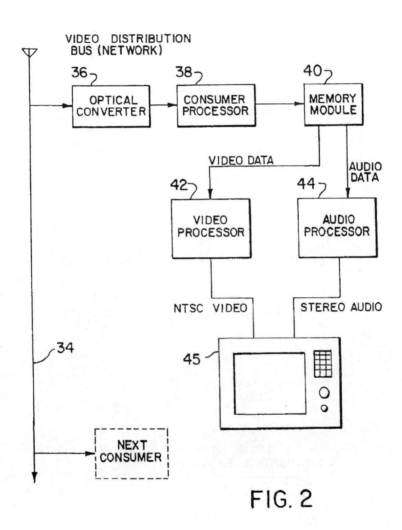

FIG. 2

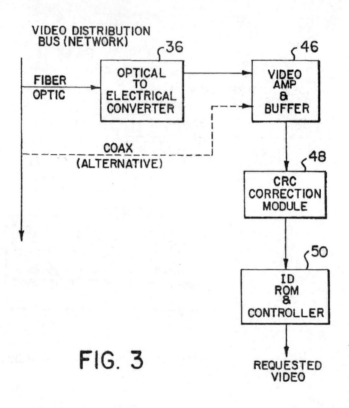

FIG. 3

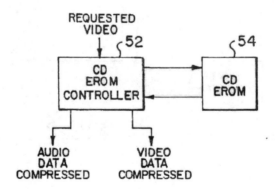

FIG. 4

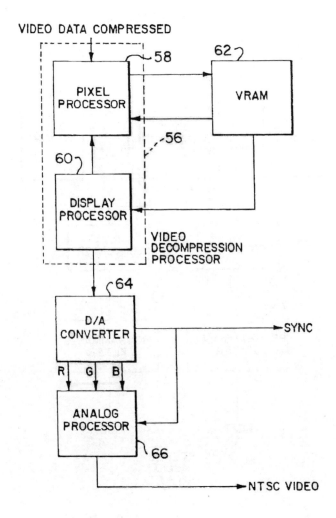

VIDEO DATA COMPRESSED

FIG. 5

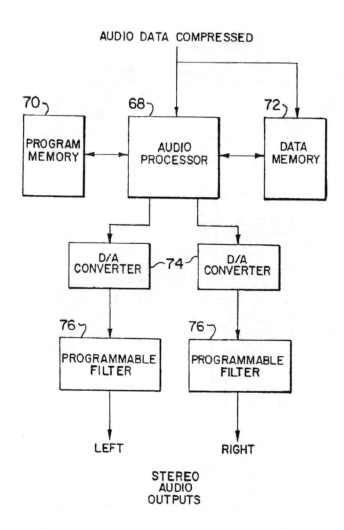

FIG. 6

METHOD AND APPARATUS FOR DISTRIBUTION OF MOVIES

BACKGROUND OF THE INVENTION

The present invention relates to a method and apparatus for distribution of movies to a customer's home, and more particularly to an electronic system whereby movies may be selected from a central library, from a customer's home and supplied electronically to that home for subsequent viewing at a time determined by the customer, on that customer's television set.

At the present time, commercial movies selected by a customer for home viewing are conventionally provided on cassette tapes in electromagnetic form. These tapes are often rented for a short period of time by the customer at a video cassette shop, taken to the customer's home and pi – yed there on a video cassette player electronically connected to the customer's television. This method of delivery of movies to a customer's home requires the customer to have a video cassette player and requires the customer actually to go to a video cassette rental shop to select the movie to be played.

It is an object of the present invention to provide a system which will avoid the need for a customer to leave home to select a movie, and as well avoid the need for a video cassette player at the customer's home to enable the viewing of a selected movie. It is a further object of the present invention to provide a novel method and apparatus to electronically distribute movies selected by a customer to the customer's home from a central location.

SUMMARY OF THE INVENTION

In accordance with the present invention there is provided a method for distribution of movies for viewing on a customer's television set. The method comprises the steps of sending digitized compressed optical signals containing audio visual data corresponding to the movie selected by the customer from a source to the customer's receiver over a fibre optic network, passing the optical signal to an optical converter to convert the optical signal to corresponding electronic signals, passing the electronic signals to processors where they are decompressed and converted to audio and visual signals compatible with conventional television sets, and passing these converted signals to a conventional television set for viewing by the customer.

A preferred embodiment of the method according to the present invention additionally includes the step wherein the signals from the optical converter are stored in memory means for retrieval and passage to the signal processors for decompression and a single viewing on the television set at a time selected by the customer.

As well, in accordance with the present invention there is provided an apparatus for enabling a customer to electronically receive and play on a television set a pre – determined movie. The apparatus comprises a receiver to receive from a source, data in digitized compressed optical signal format containing audio visual data corresponding to the movie. An optical converter is electronically associated with the receiver to convert the optical signal data to corresponding electronic signals. A video processor is electronically associated with the optical converter to receive the video electronic signals, decompress them and convert them to electronic video signals compatible wnth the television set to provide a video image of the movie on the television set. An audio processor is electronically associated with the optical convener to receive the audio electronic signals from the optical converter, decompress them and convert them to electronic audio signals compatible with the television set to provide an audible sound track of the movie through the television set with the video processor and audio processor electronically associated with the television set.

The present invention provides a novel method and apparatus to electronically distribute movies for viewing to a customer's home from a central or regional library. This may be achieved for example through existing coax cable or fibre optic networks. If coax cable is used, electrical to optical conversion, as described in the previous paragraphs, is not required. A

customer may, from his or her own home, electronically access the central library, select a movie to be viewed and have the movie electronically sent to the customer's receiver in compressed form where it is then decompressed and played on the customer's television set or stored for subsequent viewing.

BRIEF DESCRIPTION OF THE DRAWINGS

These and other objects and advantages of the invention will become apparent upon reading the following detailed description and upon referring to the drawings in which:

FIGS. 1A and IB constitute a flow chart illustrating the manner in which movies are prepared for storage and stored in a distributor's library, and accessed there by a customer, in accordance with the present invention:

FIG. 2 is a schematic diagram of the method of and apparatus for retaining movies at a customer's location for viewing on the customer's television set. in accordance with the present invention;

FIG. 3 is a schematic diagram of apparatus to be used

by a customer in receiving and converting electronic signals from a distributor's library, for subsequent viewing on a television set;

FIG. 4 is a schematic diagram of apparatus for use in storage of signals through the apparatus of FIG. 3;

FIG. 5 is a schematic diagram of apparatus to be used to convert the compressed video signals received by a customer into signals to provide for the video display on the customer's television set; and

FIG. 6 is a schematic diagram of apparatus to be used to convert audio signals received by a customer into signals to produce the movie's audio tract on the customer's television set.

While the invention will be described in conjunction ' with an example embodiment, it will be understood that it is not intended to limit the invention to such an embodiment. On the contrary, it is intended to cover all alternatives, modifications and equivalents as may be included within the spirit and scope of the invention as defined by the appended claims.

DETAILED DESCRIPTION OF THE INVENTION

The present invention relates to a commercial movie distribution system consisting of a central distribution centre comprised of a video master compression system and a digital movie data bank library, illustrated in more detail in FIGS. 1A and IB. Located at the customer's site is a compatible digital video storage system (FIGS. 2 – 6) facilitating movie playback in real – time on the user's television unit.

1. Video Compression Mastering Process

Turning to FIGS. 1A and IB. a complete motion picture movie is received on laser disks (2) either in conventional video analog or digital format. Typically, video output is in real – time at 30 frames per second portraying full motion effects with synchronized stereo audio. The video and audio signals are digitized with separate video and audio analog to digital converters (4 and 6 respectively) and input to the computer compression system (8).

The computer compression system (8) consists of a typical P. C. /A. T. computer with a CD – ROM drive and special purpose software. The system captures and compresses motion video in real – time and stores the compressed video ci ´ the CD – ROM at a reduced frame rate. A typical data compression factor of 150: 1 will give the following level of data reduction: Conventional video frame in digital form 512 × 480 pixels = approximately 750 kbytes Compressed video frame at 150 : 1 compression 5 kbytes/frame

Compressed video storage requirements for a typical 2

hour movie

5 kbytes/frame

30 frames/sec.

150 kbvtes/sec.

9000 kbytes/min.

1. 08 Gbytes/2 hrs.

The master storage device (10) must have the capacity to store the required amount of compressed data for the entire duration of the movie, as received from computer compression system (8). Various technologies can be utilized for this storage device. The following lists several such technologies as well as their present capacities.

These technologies can be grouped individually to ensure sufficient storage capacity or a combination of different technologies can be utilized. However, the actual technological combination must be portable enough to allow distribution to the Central Distribution Library (12).

2. Central Distribution Library

Illustrated in FIG. IB, the Central Distribution Library (CDL) (12) is the central depository for the compressed movie data from the video master com-

pression system. It is arranged such that each movie type has a unique identification code that is appended to the digital video data when it is initially entered into the Library. The data is retrieved in digital formal and at a very high rate such that the data from a 2 hour movie can be transmitted in a very short time duration. Because the data is compressed, it actually appears as if it is scram bled. thus allowing a secure transmission of proprietary movie information.

Central control computer (14) is responsible for the access control of the library and all interaction with the user. Initial user requests are taken either through CD), operator intervention or totally automatic by mean the digital telephone system. In either case, the movie is requested by using its unique identification number (ID) (16). After verification of the customer's credit and/ or membership card number, confirmation is given to the user as to the movie to be transmitted and the actual time of transmission. User requests are queued as the demand increases. Confirmation of the transaction (i. e. movie title, time of transmittal, etcetera) may be provided on the screen of the user's television set. The central control computer (14) also automatically collects statistics (busy time periods, most frequently requested movie, etc.) and performs all accounting requirements.

The library access control (18) contains a record of where the relevant movies are located within the library and requests data transmission when a specific movie is requested. It is also responsible for appending the user identification number (UIN) to the requested movie to ensure the correct distribution of the movie is completed.

The video combiner (20) makes it possible to mix specific advertisements, previews of additional movies, etc. to each movie being transmitted. It also generates an error check code to enable the re – generation of lost data due to poor transmission interconnections.

As an option, an advertisement library (22) may be provided which contains a repository of digital video ads that have been authored by the master video compression system. These ads can be custom created and can be specifically transmitted on a daily basis, only during busy periods, only with respect to specific movies (environmentally conscious advertisements), etc.

The compressed digital video is then converted into light energy to facilitate the transmission over a fibre optic communication network. If standard coax cable is used, this optical conversion is not required. The data may also be multiplexed at multiplexer (24) with respect to light wavelength enabling the transmission of several movies at the same time. (This is not feasible if coax cable is the transmission media.)

The compressed multiplexed movie data is then broadcast over a wide area fibre optic network (26) for user distribution.

As illustrated in FIG. IB, a regional distribution library (32) of similar make – up to Central Distribution Library (12), but accessible through customer or user telephone lines (34) as illustrated, is preferably provided in each of the geographical areas to be provided with a commercial movie distribution system in accordance with the present invention.

Turning to FIG. 2, there is illustrated in schematic form the digital video storage and movie playback system at the customer's location, where transferred movie data from the central or regional distribution library is transferred to be played back at a desired time. This system comprises an optical converter, if a fibre optic network is used (36), consumer processor (38), memory module (40), video processor (42), audio processor (44) and the customer's television set (45). The transmission system connecting the central or regional distribution library to the customer's facility is preferably a fibre optic communication network which will serve addi – tionalJy as the user's telephone lines (34). The digital movie data is transmitted at a very high rate allowing a typical two hour movie to be transmitted in several minutes. Digital data bit error correction is performed, as will be described in more detail hereinafter, at the customer's facility to restore the integrity of the data after transmission.

As can be seen in more detail in FIG. 3, a signal from transmission line (34) passes to optical converter (36) which is preferably an optical – to – electrical converter photo diode module (available, for example, from Optical Data Systems). There the optical data is converted to electrical data. The consumer processor (38) comprises a video amplifier and buffer (available, for example, from National Semi – Conductor) intended to enhance the video signal level and act as a temporary video frame_buffer memory capable of storing at least two frames of video data (approximately 10 Kbytes). The Cyclic Redundancy Code (CRC) correction module (48) (available from Texas Instruments) receives the signal from the video amplifier and buffer (46) and detects and corrects the digital video data on a frame – by – frame basis, identifi-

cation read only memory (ID – ROM) (50) (also available from Texas Instruments) contains the customer identification number (UIN). This UIN value is checked against the UIN number tagged to the distributed video movie, and if a match occurs, the signal is passed for further processing to the compact disc erasable read only memory (CD – EROM) controller (52) (FIG. 4). This controller (available from Sony Corp.) stores and retrieves the video digital data from the physical compact disk. Once the entire video data has been read from the disk it is erased, preventing further replay. There is no limitation as to the length of the time of storage, but the data can only be replayed once. The video data is still in compressed form rendering it unusable if copied, at this stage. Controller (52) outputs audio and video data as illustrated. Associated with controller (52) is a physical compact disk erasable read only memory (CD – EROM) (54) (available from Sony Corp.) which at the present state of technology development has the capacity of storing 600 Mbytes of digital data.

Video data form controller (52) is passed, when desired by a customer, to video decompression processor (56) which comprises two microprocessors, a pixel processor (58) and an output display processor (60) (both available from Intel Semiconductor), configured as illustrated in FIG. 5. These are responsible for converting the compressed video data to conventional video signals. The special decompression algorithms are inherent in these microprocessors.

Video random access memory (VRAM) (62) (available, for example from Toshiba) is a type of digital memory that has two ports, one with random access for storing data at any memory location and the other, a serial port to output data at a high rate compatible with television scanning techniques. Activity at either port is independent of the other. VRAM (62) is electronically associated with pixel processor (58) and display processor (60) as illustrated.

The digital – to – analog (D/A) converter (64) receives the signal from video decompression processor (56) as illustrated, and converts the digital video data into analog data that can be used by. for example, colour RGB monitors. Analog processor (66) converts the RGB output from D/A convener (64) into contemporary or NTSC colour television format to be viewed on a conventional television set (45).

Compressed audio data from controller (52) is passed, as required, to audio processor (68) (available from Texas Instruments) which decompresses the retrieved audio data. Program memory module (70) (also available from Texas Instruments) stores the operations program of audio processor (68) to perform the decompression process. Data memory module (72) (also available from Texas Instruments) temporarily stores the audio data from controller (52) if required.

The digital – to – analog (D/A) converters (74) translate the digital decompressed audio data to analog and programmable filters (76) smooths out any D/A conversion anomalies that can distort the final output. Full stereo output is available as illustrated. While a conventional television (45) that requires NTSC video format for viewing is illustrated, it should be noted that the video processor will also support future digital television video formats.

3. Operation

In operation, a customer requests the delivery of a desired movie by phoning the central distribution centre or regional distribution centre (12) and identifying the movie with an identification code unique to the movie. Membership and credit card validation is then requested and if authorized, movie distribution is initiated. At the start of transmission, the customer's UIN is appended to the video being distributed.

This UIN is embedded in the customer video storage system (at the customer's location) ensuring a one – to – one match between the customer and the requested movie. The customer's requests are either conveyed verbally over the phone system to a CDL operator or through an automated communication system using a touchtone key pad on a telephone handset (not illustrated).

It is a preferred aspect of the present invention that the customer's storage device allows only one replay, where upon the stored data is either erased or locked from further replay.

Thus it is apparent that there has been provided in accordance with the invention a method and apparatus for distribution of movies to a customer's home and the like that fully satisfies the objects, aims and advantages set forth above. While the invention has been described in conjunction with a specific embodiment thereof, it is evident that many alternatives, modifications and variations will be apparent to those skilled in the art in light of the foregoing description. Accordingly, it is intended to embrace all such alternatives, modifications and variations as fall within the spirit and broad scope of the invention.

What we claim as our invention:

1. A method for distribution of movies for viewing on a customer's television set, the method comprising the steps Of:

(a) compressing and digitizing audio visual data corresponding to an entire movie and storing the compressed, digitized data at a remote source;

(b) sending digitized compressed signals containing audio visual data corresponding to the entire movie selected by the customer from a source to a receiver of the customer;

(c) passing the signals to a converter to convert the signals to corresponding electronic signals;

(d) passing the electronic signals to processors where they are decompressed and convened to signals compatible with conventional television sets; and

(c) passing these converted signals to a conventional television set for viewing by the customer.

2. A method according to claim 1 wherein the signals from the convener are temporarily stored in memory means for retrieval and passage to the signal processors for decompression and single viewing on the television set at a time selected by the customer.

3. A method according to claim 2 requiring the preliminary step of the customer providing a satisfactory identification electronically to the source and

being cleared by the source before the digitized compressed signal is sent to the customer's receiver by the source.

4. A method according to claim 2 wherein a library of movies in digitized compressed form is maintained at the source, individual " movies thereof to be selected by a customer for viewing.

5. A method according to claim 4 further comprising the preliminary step of digitizing and compressing audio visual data making up the films for storage at the source.

6. A method according to claim 1 wherein the digitized compressed signals are sent from the source in optical signal format.

7. A method according to claim 1 wherein the digitized compressed signals are sent from the source via coaxial cable.

8. An apparatus for enabling a customer to electronically receive and play on a television set a pre – deter – mined movie, the apparatus comprising:

(a) receiver means to receive from a remote source data in digitized compressed signal format containing audio visual data corresponding to the movie;

(b) a converter to be electronically associated with the receiver means to convert the signal data to corresponding electronic signal data;

(c) a video processor to be electronically associated with the converter to receive the electronic video signals, decompress them and convert them to electronic video signals compatible with the television set to provide a video image of the movie on the television set; and

(d) an audio processor to be electronically associated with the convener to receive the audio electronic signals from the converter, decompress them and convert them to electronic audio signals compatible with the television set, the video processor and audio processor to be electronically associated with the television set to provide an audible sound tract of the movie through the television set.

9. Apparatus according to claim 8 further comprising a television set electronically associated with the video processor and audio processor to receive signals therefrom.

10. Apparatus according to claim 8 further comprising memory means to be electronically associated with the converter and with the video processor and audio processor, to store and retrieve electronic signals from the converter until desired by the customer for viewing the movie on the television set.

11. Apparatus according to claim 10 wherein the signals from the conven-

er are placed on a compact disc and wherein the memory means comprises a compact disc erasable read only memory (CD – EROM) controller to store and retrieve the electronic signals from the compact disc.

12. Apparatus according to claim 10 wherein the video processor comprises a pixel processor provided with a decompression algorithm to convert the compressed electronic video signals to conventional decompressed video signals and a video random access memory (VRAM) to be electronically associated with the pixel processor for storing data and providing output data at a high rate compatible with the television set.

13. Apparatus for electronically distributing movies to a customer's television set in conjunction with the apparatus of claim 8, comprising a video library of movies stored in digitized compressed audio visual format and comput-

er means electronically associated with said library to provide customer electronic access to individual movies in that library and to send to said receiver means in digital signal form the digitized compressed audio visual data for a selected movie in that library.

14. Apparatus according to claim 13 further comprising electronic customer access means electronically associated with said computer means to control and document customer access to the library.

15. Apparatus according to claim 8 wherein the receiver means is adapted to receive data from the source in optical signal format and the converter is an optical convener.

16. Apparatus according to claim 8 wherein the receiver means is adapted to receive data from the source from a coaxial cable.

* * * * *

参考文献

ARTICLES, BOOKS, AND QUOTATIONS

Allison, John R. , and Lemley, Mark A. , "Empirical Evidence on the Validity of Litigated Patents", *AIPLA Quarterly Journal*, Vol. 26, Number 3, pp. 185 – 275 (1998), available at *http: //bayhdolecen – tral. c0m/3_DIV_SCAN/3068_001_OCR_DBL_ZIP_0. pdf.*

Allison, John R. ; Lemley, Mark A. ; and Walker, Joshua, "Extreme Value or Trolls on Top? The Characteristics of the Most – Litigated Patents", *University of Pennsylvania Law Review*, Vol. 158, N0. 1, pp. 101 – 137 (December, 2009).

Allison, John R. ; Lemley, Mark A. ; and Walker, Joshua, "Patent Quality and Settlement Among Repeat Patent Litigants", *Georgetown Law Review*, Vol. 99, pp. 677 – 712 (2011).

Bader, Martin A. , and Ruether, Frauke, "Still a Long Way to Value – Based Patent Valuation: The Patent Valuation Practices of Europe's Top 500", printed in *Les Nouvelles*, Journal of the Licensing Executives Society International, June, 2009, at pp. 121 – 124. *http: //www. wipo. int/edocs/mdocs/sme/en/wipo_ insme_smes_ge_io/wipo_insme_smes_ge_io_ref_themeo6_oi. pdf*

BBC News, "Compact disc hits 25th birthday", August 17, 2007, available at*http: //news, hbc. co. uk/2/hHtechnology/6930845. stm.*

Bessen, James E. , "The Value of U. S. Patents by Owner and Patent Characteristics" *Boston University School of Law Working Paper no.* 06 – 46, pp. 1 – 35 (2006).

Bible, Ecclesiastes 12: 12. I have made the translation myself. The original Hebrew is Bloomberg Businessweek, "Silanis Technology Inc. Reports Unaudited Consolidated Earnings Results for the Six Months Ended June 30, 2012", (September 5, 2012).

Branham Group, "Silanis Technology", reporting 2011 and 2012 revenues, available at*http: // www. branham300. com/detaib. php? year = 2012 ID = i8i.* This article had no date of publication.

Brinckerhoff, Courtenay C. , partner at Foley & Lardner, LLP, "USPTO considers best practices to improve patent application quality", published in*Lexology*, an on – line publication of ACC, the Association of Corporate Counsel, and available also at *http: //www. foley. com/uspto – considers – best – practices – to – improve – patent – application – quality – 02 – 14 – 2013/.*

Brookings Institution—the Metropolitan Policy Program, "Patenting Prosperity: Invention and Economic Performance in the United States and its Metropolitan Areas", Washington, D. C., February, 2013, available at URL*http*: //*www. brookings. edu/ ~ /media/Research/Files/Reports/20i3/o2/patenting% 20pros - perity% 2orothwell/patenting% 20prosperity% 2orothwell. pdf.*

Chien, Colleen V., and Lemley, Mark A., "Patent Holdups, the ITC, and the Public Interest", *Cornell Law Review*, Vol. 98: 1 - 46, 2012.

Chien, Colleen V., "Predicting Patent Litigation", *Texas Law Review*, vol. 90, pp. 283 - 328 (2011).

CNET, "Patents: a necessary evil", January 5, 2002 (copyright by the*Wharton School of the University of Pennsylvania*, one of the leading business schools in the United States), at http: //news. cnet. c0m/2009 - 1001 - 801896. html).

Donner, Irah H., *Constructing and Deconstructing Patents*, (BNA Books, Arlington, Virginia, 2010).

Drucker, Peter F., *Management* (Taylor & Francis, London, 1999).

Duhigg, Charles, and Lohr, Steve, "Innovation a casualty in tech patent wars", *International Herald Tribune*, October 9, 2012, page 14.

Ethics of the Fathers, also known as Pirkei Avot, a compilation of ethical teachings and moral principles of the Rabbis from the Talmudic period.

Federal Register / Vol. 78, No. 10 / Tuesday, January 15, 2013 / Notices, p. 2960, United States PTO Docket No. PTO – P – 2011 – 0046, "Request for Comments on Preparation of Patent Applications", available at *http*: //*www. gpo. gov/fdsys/pkg/ FR – 2013 – 01 – 15/pdf/ʹ2013 – 00690. pdf.*

Fish, Robert D., *Strategic Patenting*, (Trafford Publishing, Victoria, British Colombia, Canada, 2007).

Gambardella, Alfonso; Harhoff, Dietmar; and Verspagen, Bart, "The Value of European Patents", *European Management Review*, Vol. 5, pp. 69 - 84, (2008).

Gambardella, Alfonso; Giuri, Paola; Mariani, Myriam; Giovannoni, Serena; Luzzi, Alessandra; Magazzini, Laura; Martolini, Luisa; and Romanelli, Marzia, "The Value of European Patents: Evidence from a Survey of European Inventors: Final Report of the PatVal EU Project", European Commission (2005).

Gertner, Jon, *The Idea Factory: Bell Labs and the Great Age of American Innovation*, (Penguin Press, New York, 2012).

Gies, Erica, "Baby steps vs. giant leaps in motors", *International Herald Tribune*, June 21, 2012, page12.

Goldstein, Larry M., and Kearsey, Brian N., *Technology Patent Licensing: An International Reference on 21ˢᵗ Century Patent Licensing, Patent Pools and Patent Platforms*, (Aspatore Books, a division of Thomson Reuters, Boston, Massachusetts, 2004).

Greene Jay, and Shankland, Stephen, "Why Microsoft spent $1 billion on AOL's patents",

CNET News, April 9, 2012, available at *http: //news. cnet. com/8301 – 10805 – 57411434 – 75/ why – microsoft – spent – $ i – billion – on – aols – patents/.*

Horace, formal name Quintus Horatius Flaccus, Roman poet of the1[st] century bce, *Odes*, 1: 11.

Hughes, Christopher, and Lutz, Regina, Cadwalader, Wickersham & Taft "Doctrine of equivalents: prosecution beyond the literal patent claims", printed in*Patents in the USA* 2008, Intellectual Asset Management Magazine (2008). *http: // www. iam – magazine. com/issues/ Article. ashx? g = c112a8a4 – 87b2 ~ 487S – ae38 – 8dfdbo5b9827*

Intellectual Asset Management Magazine, *Patents in the USA* 2008 (2008).

Kahrl, Robert C., and Soffer, Stuart B., *Thesaurus of Claim Construction*, (Oxford University Press, New York, 2011).

Kerstetter, Jim, "How much is that patent going to cost you?", CNET News, (April 5, 2012), available at *http: //news. cnet. com/8301 – 32973_3 – 57409792 – 296/ how – much – is – that – patent – lawsuit – going – to – cost – you/).*

Lemley, Mark A., "Inducing Patent Infringement", *University of California Davis Law Review*, Volume 35, pp. 225 – 247 (2005).

Malackowski, James E., and Barney, Jonathan A., "What is Patent Quality? A Merchant Bancs Perspective", published in*les Nouvelles*, Journal of the Licensing Executives Society, June, 2008, at page 123.

Marvell, Andrew, English poet and politician (1621 – 1678), *To His Coy Mistress*.

McMillan, Robert, "Trend Micro: Barracuda Suit Not About Open Source", *PC World*, *PCW Business Center*, June 13, 2008, available at *http: //www. pcworld. com/article/147085/ article. html.*

Moore, Kimberly A., "Worthless Patents" Berkeley Law Journal, volume 20, pp. 1521 – 1552, (2005), available at *http: //btlj. org/data/ articles/20_04_02. pdf.*

Mouawad, Jad, "Use of university's patents costs Marvel a big penalty", *International Herald Tribune*, December 28, 2012, p. 15.

Paczkowski, John, "Google Says Some Apple Inventions Are So Great They Ought to Be Shared", in the on – line publication*AllThingsD. com*, wholly owned by Dow Jones & Company, member of the Wall Street Journal Digital Network, July 20, 2012, available at *http: //allthingsd. cOm/ 20120720/g00gle – claims – popularity – has – made – some – apple – patents – de – facto – essentials/.*

Parchomovsky, Gideon, and Wagner, R. Polk, "Patent Portfolios", *University of Pennsylvania Law Review*, Vol. 154, No. 1, pp. 1 – 77 (2005).

Patently Obvious, "Intellectual Property Analysis of Intellectual Ventures' U. S. Patent No. 5, 987, 610", December 16, 2010, available at*http: //www. m – cam. com/sites/www. m – cam. com/ files/20101216_IntellectualVentures_v_McAfee. pdf.*

Plambeck, Joseph, "As CD Sales Wane, Music Retailers Diversify", New York Times, May 30,

2010, available at*http：//www. nytimes, com/2010/05/31/business/media/31bestbuy. html.*

PwC, (formerly known as PriceWaterhouseCoopers, which to the best of my knowledge is also still the legal name), "2012 Patent Litigation Study： Litigation continues to rise amid growing awareness of patent value", (2012), freely available at*http：//www. pwc. com/en_US/us/forensic − services/publications/ assets/2 012 − pa ten t − litiga tion − study, pdf.*

Qualcomm, Inc. , "Accelerating Mobility： How Qualcomm's business model drives wireless innovation and growth", June 5, 2012, at p. 8, available at*http：//www. qualcomm. com/media/ docu − ments/files/qualcomm − business − model − white − paper − accelerating − mobility. pdf.*

Quinn, Gene, "Happy 5th Anniversary： The Impact of eBay v. Merc Exchange", *IPWatchdog*, an intellectual property law blog, published May 15, 2011, available at *http：//www. ipwatchdog. com/2on/o5/i5/happy − 5th − anniversary − ebay − v − mercexchange/ id − 168941.*

Rahnasto, Ilkka, *Intellectual Property Rights*, *External Effects and Anti − Trust Law： Leveraging IPRs in the Communications Industry*, (Oxford University Press, 2003).

Rich, Giles S. , "The Extent of the Protection and Interpretation of Claims − American Perspectives", 21 *Infl Rev. Indus. Prop. & Copyright L.* , 497, 499 (1990). I have not found the original article by Judge Rich, but his statement about "the claim" is very famous in the patent world, and is quoted in literally dozens of articles, books, and judicial decisions. See, for example, Warren, Leigh M. , "Term Interpretation in Patents and Trademarks Refining the Vicarious Inquiry in Claim Construction" *Columbia Science and Technology Law Review*, Volume 7, at p. 5 (2006)；and *In re Hiniker Co.* , 150 F3d 1362 (Fed. Cir. 1998).

Sreedharan, Sunita K. , *An Introduction to Intellectual Asset Management*, (Kluwer Law International, London, 2010).

Tapia, Claudia (current name Claudia Tapia Garcia), *Industrial Property Rights*, *Technical Standards and Licensing Practices (FRAND) in the Telecommunications Industry*, Carl Heymanns Verlag, Cologne (2010).

Tu, Sean, "Luck/Unluck of the Draw： An Empirical Study of Examiner Allowance Rates", 2012 *Stanford Technology Law Review* 10 (2012).

Wilson, Kelce S. , and Tapia Garcia, Claudia "Patent Application Prioritization and Resource Allocation Strategy", appearing in the June, 2011 edition of*les Nouvelles*, Journal of the Licensing Executives Society International, June, 2011, at p. 87. *http：//www. iam − magazine. com/issues/Article. ashx？ g = c112a8a4 ~ 87b2 − 4875 − ae38 − 8dfdbosb9827.*

LEGAL AUTHORITIES：

Conventions and Statutes：

European Patent Convention：

Rule 43 (i) (b)

United States Patent Statutes：

19 United States Code Chapter 4, sections i202 − i683g, commonly known as the U. S. Tariff Act

of 1930

35 United States Code, sections 1 – 376, commonly known as the U. S. Patent Act. (Note: The Leahy – Smith America Invents Act, which became law in September, 2011, amends the Patent Act and is included within the various sections of the Patent Act.) Sections of the Patent Act cited in this book include the following:

35 United States Code sec. 100

35 United States Code sec. 101

35 United States Code sec. 102

35 United States Code sec. 103 (a)

35 United States Code sec. 112

35 United States Code sec. 112 (1)

35 United States Code sec. 112 (2)

35 United States Code sec. 112 (3)

35 United States Code sec. 112 (4)

35 United States Code sec. 112 (5)

35 United States Code sec. 112 (6)

35 United States Code sec. 113

35 United States Code sec. 271 (a)

35 United States Code sec. 271 (b)

35 United States Code sec. 271 (c)

35 United States Code sec. 282

35 United States Code sec. 283

35 United States Code sec. 302 – 307

Judicial Decisions, Administrative Decisions, & Administrative Reports:

Akamai Technologies, Inc. v. *Limelight Networks, Inc.* , consolidated with *McKesson Technologies, Inc.* v. *Epic Systems Corp.* , 692 F. 3d 1301 (Fed. Cir. 20i2) (en banc).

Aro Mfg. Co. v. *Convertible Top Replacement Co.* , 377 U. S. 476 (1964).

AT&T Corp. v. *Vonage Holdings Corp.* , Civil Docket 3: o7 – cv – 00585 – bbc, Federal District Court for the Western District of Wisconsin, 2007. This case settled before trial, and therefore, no decision is reported.

Broadcom Corporation v. Qualcomm, Inc. , 543 F. 3d 683 (Fed. Cir. September 24, 2008).

Broadcom Corporation v. Qualcomm Incorporated, "In the Matter of Certain Baseband Processor Chips and Chipsets, Transmitter and Receiver (Radio) Chips, Power Control Chips, and Products Containing Same, Including Cellular Telephone Handsets", U. S. International Trade Commission ("ITC") Case No. 337 – TA – 543.

Carnegie Mellon University v. Marvel Technology Group, Ltd. , *and Marvel Semiconductor, Inc.* , U. S. District Court, Western District of Pennsylvania, No. 09 – 00290 (decided December 26,

2012).

DSU Medical Corp. v. JMS Co., 471 F. 3d 1293 (Fed. Cir. 2006).

eBay Inc. v. MercExchange, L. L. C., 547 U. S. 388 (2006).

Energizer Holdings, Inc. v. International Trade Commission, 435 F. 3d 1366 (Fed. Cir. 2006).

Festo Corp. v Shoketsu Kinzoku Kogyo Kabushiki Co., 535 U. S. 722 (2002).

Fuji Photo Film Co., Ltd. v. Achiever Industries, Ltd. (and twenty – six other defendants), "In the Matter of Certain Lens – Fitted Film Packages", U. S. International Trade Commission ("ITC") Case No. 337 – TA – 406.

Funai Electric Corporation v. Vizio, Inc. (and 10 *other defendants*), "In the Matter of Certain Digital Televisions and Certain Products Containing Same and Methods of Using Same", U. S. International Trade Commission ("ITC") Case No. 337 – TA – 617.

Hancock, David A., and Ideations Designs v. Duton Industry of Taiwan and IKH International, "In the Matter of Certain Audible Alarm Devices for Divers", . S. International Trade Commission ("ITC") Case No. 337 – TA – 365.

141 Limited Partnership v. Microsoft Corporation, F. Supp. 2d 568 (E. D. Tx. 2009), *affirmed* 589 F. 3d 1246 (Fed. Cir. 2009), *withdrawn and superseded on rehearing*, 598 F. 3d 831 (Fed. Cir. 2010), *affirmed* 564 U. S. _____, 131 S. Ct. 2238, Slip Opinion 10 – 290 (2011) /

In re Hiniker Co., 150 F3d 1362 (Fed. Cir. 1998).

In re Nuitjen, 515 F. 3d 1361 (Fed. Cir. 2008).

Jazz Photo Corporation et al. v. ITC and Fuji Photo Film, Co., Ltd., 264 F. 3d 1094 (Fed. Cir. 2001), *cert, denied* 122 S. Ct. 2644 (2002).

Kyocera Wireless Corporation LG USA v. ITC, No. 2007 – 1493 (Fed. Cir., Oct. 14, 2008).

Lear, Inc. v. Adkins, 395 U. S. 653 (1969).

Liebel – Flarsheim Co. v. Medrad, Inc., 358 F. 3d 898 (Fed. Cir. 2004), *cert, denied*, 543 U. S. 925 (2004).

Magnequench International, Inc. of Indiana, USA (*formerly a division of General Motors*), *and Sumitomo Special Metals Co., Ltd., of Japan v. Houghes International, Inc., of Great Neck, New York* (and nine other defendants from the United States, Republic of China—Taiwan, and Peoples Republic of China—PRC), "In the Matter of Certain Rare – Earth Magnetic Materials and Articles Containing the Same", U. S. International Trade Commission ("ITC") Case No. 337 – TA – 413.

Markman v. *Westview Instruments, Inc.*, 517 US 360 (1996).

McKesson Technologies, Inc. v. Epic Systems Corp.: See *Akamai Technologies, Inc. v. Limelight Networks, Inc.*, above.

Netscape Communications Corp. v. ValueClick, Inc., 684 F. Supp. 2d 678 (E. D. Va., October 22, 2009) (The "first Netscape opinion").

Netscape Communications Corp. v. ValueClick, Inc., 684 F. Supp. 2d 699 (E. D. Va., January

29, 2010) (The "second Netscape opinion").

Netscape Communications Corp. v. ValueClick, Inc., 704 F. Supp. 2d 554 (E. D. Va., April 2, 2010) (The "third Netscape opinion").

Netscape Communications Corp. v. ValueClick, Inc., 707 F. Supp. 2d 640 (E. D. Va., April 15, 2010) (The "fourth Netscape opinion").

TiVo, Inc. v. EchoStar Communications Corporation, 446 F. Supp. 2d 664 (E. D. Tx. 2006), *affirmed in part, reversed in part, and remanded* in TiVo Federal Circuit I, 516 F. 3d 1290 (Fed. Cir. 2008) (TiVo "District Court I").

TiVo, Inc. v. EchoStar Communications Corporation, 516 F. 3d 1290 (Fed. Cir., 2008), *cert. denied*, 129 S. Ct. 306 (2008) (TiVo "Federal Circuit I").

TiVo, Inc. v. Dish Network Corporation, 640 F. Supp. 2d 853 (E. D. Tx. 2009), *affirmed* in TiVo Federal Circuit II, 597 F. 3d 1247 (Fed. Cir. 2010), *affirmed in part, vacated in part, and remanded* in TiVo "Federal Circuit III", 646 F. 3d 869 (Fed. Cir. 2on) (en banc) (TiVo "District Court III").

TiVo, Inc. v. Dish Network Corporation, 655 F. Supp. 2d 661 (E. D. Tx. 2009) (TiVo "District Court III").

TiVo, Inc. v. EchoStar Communications Corporation, 597 F. 3d 1247 (Fed. Cir. 2010) (TiVo "Federal Circuit II").

77 Vd, *Inc. v. EchoStar Communications Corporation*, 646 F. 3d 869 (Fed. Cir. 2011) (en banc) (TiVo "Federal Circuit III").

Trend Micro, Incorporated v. Fortinet, Inc., "In the Matter of Certain Systems for Detecting and Removing Viruses or Worms, Components Thereof, and Products Containing Same" U. S. International Trade Commission ("ITC") Case No. 337 – TA – 510.

Trend Micro: United States Patent and Trademark Office, *Ex Parte* Reexamination of US 5, 623, 600, Decision of the Board of Patent Appeals and Interferences ("BOPAI").

Trend Micro: United States Patent and Trademark Office, *Ex Parte* Reexamination of US 5, 623, 600, Examiners Answer.

Trend Micro: United States Patent and Trademark Office, *Ex Parte* Reexamination of US 5, 623, 600, Final Initial and Recommended Decisions of Administrative Law Judge Paul J. Luckern.

Trend Micro: United States Patent and Trademark Office, Fortinet s Request for Reexamination of US 5, 623, 600 Under 35 USC Sections 302 – 307, *Ex Parte* Reexamination of US 5, 623, 600.

Uniloc USA, Inc., and Uniloc Singapore Private Limited v. *Microsoft Corporation*, 632 F. 3rd 1292 (Fed. Cir., 2011).

United States Patent and Trademark Office, "AVERAGE MONTHLY ALLOWANCE RATE—PPH RATE VS USPTO OVERALL RATE", 2011, available athttp://www. uspto. gov/ about/strat-plan/ar/20ii/vl_mdao2_03_fig6. html.

United States Patent and Trademark Office, "Ex Parte Reexamination Filing Data – September 30, 2012", available athttp: //www. uspto. gov/patents/stats/ex_parte_historical_stats_roll_up_EOY 2012. pdf.

United States Patent and Trademark Office, "Inter Partes Reexamination Filing Data – September 30, 2012", available athttp: //www. uspto. gov/patents/stats/inter_parte_histori – cal_stats_roll_up_EOY 2012. pdf

Vizio, Inc. v. International Trade Commission, 604 F. 3d 1330 (Fed. Cir. 2010).

VMWare, Inc. v. Connectix Corporation and Microsoft Corporation, Nos. C 02 – 3705 CW, C 03 – 0654 (N. D. Ca. 2005), cited in Kahrl, Robert C. , and Softer, Stuart B. , *Thesaurus of Claim Construction*, (Oxford University Press, New York, 2011).

PATENTS:

Des. 345750, "Single use camera" original assignee is Fuji Photo Film Co. of Japan.

Des. 356101, "Single use camera", original assignee is Fuji Photo Film Co. of Japan.

Des. 372722, "Camera", original assignee is Fuji Photo Film Co. of Japan.

RE 34168, "Lens – fitted photographic film package", original assignee is Fuji Photo Film Co. , Ltd. , of Japan.

US 4496395, "High coercivity rare earth – iron magnets", original assignee is General Motors Corporation" .

US 4833495, "Lens – fitted photographic film package", original assignee is Fuji Photo Film Co. , Ltd. , of Japan.

US 4855774, "Lens – fitted photographic film package", original assignee is Fuji Photo Film Co. , Ltd. , of Japan.

US 4884087, "Photographic him package and method of making the same", original assignee is Fuji Photo Film Co. , Ltd. , of Japan.

US 4901307, "Spread spectrum multiple access communication system using satellite or terrestrial repeaters", original assignee is Qualcomm, Inc.

US 4954857, "Photographic film package and method of making the same", original assignee is Fuji Photo Film Co. , Ltd. , of Japan.

US 4972649, "Photographic film package and method of making the same", original assignee is Fuji Photo Film Co. , Ltd. , of Japan.

US 5056109, "Method and apparatus for controlling transmission power in a CDMA cellular mobile telephone system", original assignee is Qualcomm, Inc.

US 5063400, "Lens – fitted photographic film package", original assignee is Fuji Photo Film Co. , Ltd. , of Japan.

US 5101501, "Method and system for providing a soft handoff in communications in a CDMA cellular telephone system", original assignee is Qualcomm, Incorporated.

US 5103459, "System and method for generating signal waveforms in a CDMA cellular telephone system", original assignee is Qualcomm, Incorporated.

US 5106236, "Audible alarm device for divers and others", no original assignee listed, inventors are David A. Hancock and Barry A. Kornett.

US 5109390, "Diversity receiver in a CDMA cellular telephone system", original assignee is Qualcomm, Incorporated.

US 5133079, "Method and apparatus for distribution of movies", no original assignee, inventors are Douglas J. Ballantyne and Michael Mulhall.

US 5235364, "Lens – fitted photographic film package with flash unit", original assignee is Fuji Photo Film Co., Ltd., of Japan.

US 5265119, "Method and apparatus for controlling transmission power in a CDMA cellular mobile telephone system" original assignee is Qualcomm, Incorporated.

US 5267261, "Mobile station assisted soft handoff in a CDMA cellular communications system" original assignee is Qualcomm, Incorporated.

US 5267262, "Transmitter power control system", original assignee is Qualcomm, Incorporated.

US 5280472, "CDMA microceflular telephone system and distributed antenna system therefore", original assignee is Qualcomm, Incorporated.

US 5361111, "Lens – fitted photographic film unit with means preventing unintended actuation of pushbuttons" original assignee is Fuji Photo Film Co., Ltd., of Japan.

US 5381200, "Lens – fitted photographic film unit", original assigned is Fuji Photo Film Co., Ltd., of Japan.

US 5408288, "Photographic film cassette and lens – fitted photographic film unit using the same", original assigned is Fuji Photo Film Co., Ltd., of Japan.

US 5414796, "Variable rate vocoder", original assignee is Qualcomm, Incorporated.

US 5436685, "Lens – fitted photographic film unit whose parts can be recycled easily", original assignee is Fuji Photo Film Co., Ltd., of Japan.

US 5490216, "System for software registration", original assignee is Uniloc Private Limited (Singapore).

US 5606539, "Method and apparatus for encoding and decoding an audio and/or video signal, and a record carrier for use with such apparatus", original assignee is U. S. Philips Corporation.

US 5606609, "Electronic document verification system and method" original assignee is Scientific Atlanta, subsequently acquired by Smiths Industries Aerospace & Defense Systems, Inc., subsequently acquired by Silanis Technology, Inc. (Montreal, Canada).

US 5606668, "System for securing inbound and outbound data packet flow in a computer network", original assignee is Check Point Software Technologies, Ltd.

US 5623600, "Virus detection and removal apparatus for computer networks" original assignee is Trend Micro, Incorporated.

US 5657317, "Hierarchical communication system using premises, peripheral and vehicular local area networking, original assignee is Norand Corporation, subsequently acquired by Broadcom Corporation.

US 5682379, "Wireless personal local area network" original assignee is Norand Corporation, subsequently acquired by Broadcom Corporation.

US 5761477, "Methods for safe and efficient implementations of virtual machines", original assignee is Microsoft Corporation, cited in Kahrl, Robert C., and Softer, Stuart B., *Thesaurus of Claim Construction*, (Oxford University Press, New York, 2011).

US 5774670, "Persistent client state in a hypertext transfer protocol based client – server system", original assignee is Netscape Communications Corporation, subsequently acquired by AOL, Inc., subsequently acquired by Microsoft Corporation.

US 5787449, "Method and system for manipulating the architecture and the content of a document separately from each other", original assignee is Infrastructures for Information, Inc. ("i4i", Toronto, Canada).

US 5835726, "System for securing the flow of and selectively modifying packets in a computer network", original assignee is Check Point Software Technologies, Ltd.

US 5987610, "Computer virus screening methods and systems", original assignee is Ameritech Corporation, subsequently acquired by Intellectual Ventures.

US 5987611, "System and methodology for managing internet access on a application basis for client computers connected to the internet", original assignee is Zone Labs, Inc., subsequently acquired by Check Point Software Technologies, Ltd.

US 6115074, "System for forming and processing program map information suitable for terrestrial, cable or satellite broadcast", inventors are Ozkan, Mehmet; Teng, Chia – Yuan; and Heredia, Edwin Arturo; assigned first to Thomson Consumer Electronics, Inc., subsequently acquired by Funai Electric Co., Ltd., of Japan.

US 6201839, "Method and apparatus for correlation – sensitive adaptive sequence detection" original assignee is Carnegie Mellon University.

US 6233389, "Multimedia time warping system", original assignee is TiVo, Inc.

US 6359872, "Wireless personal local area network" original assignee is Intermec IP Corporation, subsequently acquired by Broadcom Corporation.

US 6374311, "Communication network having a plurality of bridging nodes which transmit a beacon to terminal nodes in power saving state that it has messages awaiting delivery", original assignee is Intermec IP Corporation, subsequently acquired by Broadcom Corporation.

US 6389010, "Hierarchical data collection network supporting packetized voice communications among wireless terminals and telephones", original assignee is Intermec IP Corporation, subsequently acquired by Broadcom Corporation.

US 6430398, "Method for improving performance of a mobile radiocoinmunication system using power control", original assignee is Alcatel (Paris, France), subsequently acquired by Sharp Corporation (Osaka, Japan), but the assignment from Alcatel to Sharp is not recorded in U. S. PTO Patent Assignment Database.

US 6438180, "Soft and hard sequence detection in ISI memory channels", original assignee is Carnegie Mellon University.

US 6487200, "Packet telephone system" original assignee is AT&T Corporation.

US 6549785, "Method for improving performances of a mobile radiocommunication system using a power control algorithm", original assignee is Alcatel (Paris, France), subsequently acquired by Sharp Corporation (Osaka, Japan), but the assignment from Alcatel to Sharp is not recorded in U. S. PTO Patent Assignment Database.

US 6583675, "Apparatus and method for phase lock loop gain control using unit current sources", original assignee is Broadcom Corporation.

US 6714983, "Modular, portable data processing terminal for use in a communication network", original assignee is Broadcom Corporation.

US 6847686, "Video encoding device", original assignee is Broadcom Corporation.

US 6885875, "Method and radio communication system for regulating power between a base station and a subscriber station", original assignee is Siemens Aktiengesellschaft (Munich, Germany).

US 7536312, "Method of appraising and insuring intellectual property", original assignee is Ocean Tomo, LLC.

WEB SITES:

Awika AB. This is a Swedish 1PR consulting firm. *www. avvika. com*, and in particular *www. avvika. com/patenten gineering*4. *html*, which discusses differences between wh called "Discrete Technologies" and "Complex Technologies'

Check Point Software Technologies, Ltd. Annual Report for 2012 (Form 20 – F) *http*: // *www. check – point. com/corporate/investor – relations/index. html*. Comparative financial information *http*: //*www. checkpoint. com/corporate/investor – relations/earn – ings – history/index. html*.

Freepatentsonline. Databases of the following:

(1) U. S. patents,

(2) Published U. S. patent applications,

(3) European patents and patent applications,

(4) Abstracts of Japanese patents,

(5) International patent applications filed with the World Intellectual Property Organization ("WIPO") under the Patent Cooperation Treaty ("PCT"),

(6) German patents, and

(7) some non – patent literature *www. freepatentonline. com*.

Ocean Tomo. An intellectual capital merchant bank: *http*: //*www. oceantomo. com*/.

In particular, the chart comparing tangible and intangible assets is at*http*：//*www. oceantomo. com/ productsandservices/ investments/intangible – market – value.*

Patentbuddy. Web site with patent citation statistics, including forward and reverse citations, self – citations and non – self citations, with detailed citation listings by year, and with comparisons to other patents of the same filing year and same general subject：

www. patentbuddy. com.

PricewaterhouseCoopers. A world – wide accounting and business consulting firm. Publishes an annual review of patent litigation in the United States.

www. pwc. com.

For the 2012 patent litigation study：

http：//*www. pwc. com/en_US/us/forensic – services/publications/ assets/2012 – patent – litigation – study. pdf.*

Qualcomm, Inc.

Annual financial statements：

http：//*investor. qualcomm. com/annuals. cfm.*

TruePatentValue. The name of the Web site associated with this book, and with its author.

www. truepatentvalue. com

United States Patent and Trademark Office. Official Web site for both U. S. patents and published U. S. patent applications, including search capabilities, prosecution histories of many patents and applications, a Patent Assignment Database, fee schedules, a status of maintenance fees paid, and much more information：*www. uspto. gov.*

关于引用文献的注释：

[1] 所有引用的网页最后都查验过，至少到 2013 年 5 月 22 日是可以访问的。在最后查验日之后，可能会有所改变或者已经被移除。

[2] 如果专利文献扉页上没有列出受让人，笔者就列出发明人。

[3] 某些专利除了包含原始的受让人，还有一位或多位后续的所有人。笔者考虑了这些专利的后续所有人，前提是这些所有人与本书的案例及探讨有关。但是，笔者未曾细述任何专利的完整所有权转让链条。而且，专利文献如果没有标出后续的所有人，并不意味着这些专利未曾从原始的受让人处转让，笔者未曾检查本书所涉及的所有专利的所有权转让链条。对于这些专利，在此并无所有权关系的声明或者暗示。

图表索引

引用文献[*]

BOOKS and POEMS

An Introduction to Intellectual Asset Management, 258 n. 150, 262
n. 155

Bible (Ecclesiastes), XV

Constructing and Deconstructing Patents, 436 n. 234 *Ethics of the Fathers*, iii

Intellectual Property Rights, *External Effects and Anti – Trust Law*: *Leveraging IPRS in the Communications Industry*, 8 n. 11

Management, 470 n. 242

Odes, iii

Patents in the USA 2008, 41, 42 n. 32

Strategic Patenting, 12 n. 14, 54 n. 44, 287 n. 165

Technology Patent Licensing: *An International Reference on 21ˢᵗ Century Patent Licensing*, *Patent Pools and Patent Platforms*, 8 n. 11, 258 11. 150, 159 11. 152, 406 n. 223

The Idea Factory: *Bell Labs and the Great Age of American innovation*, 80 n. 58, 83 n. 61

Thesaurus of Claim Construction, 107 n. 75, 338 n. 197

To His Coy Mistress, iii

CASES (Judicial and ITC)

Akamai Technologies, *Inc. v. Limelight Networks*, *Inc.*, 51, 111 n. 77, 167 n. 106, 224 n. 132, 237, 240, 241, 241 n. 141, 249, 418 n. 225, 450 45i > 451 n. 238, 452, 473, 474, 479

Aro Mfg. Co. v. *Convertible Top Replacement Co.*, 52 n. 41

---

* 该部分页码为原著页码，便于读者查询。

名称索引

说明：本索引的编制格式为原版词汇（中译文），原版页码。